अदब में बाईं पसली

खंड : एक

एफ़्रो-एशियाई कविताएँ

अदब में बाईं पसली

खंड : एक

एफ़्रो-एशियाई कविताएँ

संपादन व अनुवाद

नासिरा शर्मा

लोकभारती प्रकाशन

लोकभारती प्रकाशन
पहली मंजिल, दरबारी बिल्डिंग, महात्मा गांधी मार्ग
इलाहाबाद-211 001

वेबसाइट : www.lokbhartiprakashan.com
ईमेल : info@lokbhartiprakashan.com

शाखाएँ : 1-बी, नेताजी सुभाष मार्ग, दरियागंज
नई दिल्ली-110 002

अशोक राजपथ, साइंस कॉलेज के सामने
पटना-800 006

36 ए, शेक्सपियर सरणी
कोलकाता-700 17

पहला संस्करण : 2017

मूल्य : ₹795

आवरण-चित्र : नास्सेर ओवेस्सी

बी.के. ऑफसेट
नवीन शाहदरा
दिल्ली-110 032 द्वारा मुद्रित

Adab Mein Baaeen Pasli-1
AFRO-ASIAYI KAVITAYEN
Edited and Translated by Nasera Sharma

ISBN : 978-93-86863-06-5

जनाब अली एबाद नैसाँ के साथ
उन सभी कवियों के नाम
जिनकी पांडुलिपियों के अक्षर समय के बहाव ने धो डाले
या फिर हमारी नादानी ने

अनुक्रम

गुज़ारिश

ख़ातून से ख़िताब	असरारुल हक़ मजाज़	13
ऐ मेरी हमरक़्स मुझको थाम ले	नासिरा शर्मा	15

नेपाल

मंत्रों के बीच गूँजती कविता की ऋचाएँ		29
आक्रोश की नब्ज़ पर धड़कती कविताएँ	पारिजात	31
ऊबे क्षणों का कविता राग	कुंदन शर्मा	35
अपनी अस्मिता की तलाश करती औरत	भुवन धुगाँना	37
बेख़ौफ़ अभिव्यक्तियों के शब्दजाल	बनिरा गिरी	39
निराशा में विवेक की आहटें	सीता पांडेय	42

अफ़ग़ानिस्तान

हिन्दु कुश पर्वतमाला में शायरी की सघन गुफाएँ		47
शायरी की देवी का तराना-ए-ज़िंदगी	राबिया बल्ख़ी	51
बेबाक बयानी का विद्रोही तेवर	मेहरुन्निसा	53
दर्रों में गूँजती शायरी की बाज़गश्त	आयशा अफ़ग़ान	55
सदियों बाद भी सफ़ेद फूल की ताज़गी	मस्तूरे-ग़ौरी	56
मेरे बेहाल अहवाल की ख़बर दो	राबे असीर	57
मासूमाना इज़हार की कवयित्री	मख़फ़ी बदख़्शी	58
बहते पानी को क़ैदी कौन बना सका	महज़ूबा सफ़ोरा	59
दास्ताने बुलबुले शीरीन सुख़न	मसतूरह-ए-अफ़ग़ान	61
परिवेश के प्रति संवेदनशील आत्मा	शरीफ़ा दानिश	62
क्रांति के दौर में कवयित्री की संवेदनाएँ	लैला कावियान	64
आशा और निराशा का संतुलन	लैला सराहत	66
उथल-पुथल-जैसे संगीन दौर की शायरा	हुमैरा नकहत दस्तगीरज़ाद	69
सामाजिक विषयों की संवेदनशील कवयित्री	हाज़क़े	70

इथियोपिया (एबीसीनिया)

सियाहफ़ाम ग़ुलामों के स्वतंत्र सुनहरे गीत		73
मुहब्बत की धड़कनों का गीतकार	अनतरा	79

मुहब्बत की दहलीज़ पर ज़िंदगी के गीत गानेवाला कवि **सोहेम-अब्द-बनि-अल-हशास** 82
अपनी आदतों का ग़ुलाम कवि **अल-सालेक इब्ने-अल-सलाका** 85
अपने रंग के कटघरे में खड़ा कवि **नोस्सायब सर** 87
मसख़रे के मुखौटे के पीछे का दर्द **अबू-दुलमा** 89

सोमालिया

ज़बानी शायरी का सोमाली कवि **रागे उगास** 93

कुवैत व अन्य देश

परदेस में शायरी की फुहारें 99
दो फाँक हुए अहसास **सुल्ताना मेहर** 104
मासूम इक़रार की ईमानदारी **तसनीम आबदी** 106
तहरीर से तहरीर का रिश्ता **रज़िया इस्माइल** 107
सरकटे लोगों की बस्ती **रशीद जहाँ** 109
अहसास का यकसाँ होना **ख़दीजा ज़ुबैर अहमद** 110

फ़िलिस्तीन

ख़ून से भरे पोखरों में कविता के कँवल 115
कविताओं में एक तूफ़ानी नाम **फ़दवा तूकान** 122
न हारनेवाला कवि **कमाल नासिर** 128
क़ैदी मन के सपने **मोईन बिसेसो** 130
आक्रोश से फूटी कविता **तौफ़ीक़ ज़याद** 132
ग़म के क्षणों में उम्मीद का तराना **राशिद हुसैन** 137
वतन के दर्द में डूबी आवाज़ **समी-अल-क़ासिम** 139
जलावतनी और वतन की यादों का चश्मदीद गवाह **महमूद दरवेश** 141
ज़िंदगी का सच और शायरी **मुरीद-अल-बरग़ौती** 143
बचपन की यादों के बयान का माहिर **हसन ज़कतान** 147
जद्दोजहद से भरी शताब्दी **अतीफ़ जानम** 151
क्रोध से झुलसी कविता **सलीम जुबरान** 152

ईरान

फ़ारसी शायरी की शराब में बारूदी हलावत 155
बेनियाज़ इश्क़ की तस्वीर **ज़र्रीन ताज** 160
शायरी के गुलदस्ते का सबसे महकता फूल **फ़रोग़ फ़र्रुख़ज़ाद** 165
शायरी में वायदे वफ़ा **मस्तूर-ए-कुरदिस्तानी** 177

असली कविता तो मेरी ज़िंदगी है — **मर्ज़ियेह अहमदी ओस्कोई** 179
सुर्ख़ रंग से गहरा नाता — **आत्फ़े गुरगीन** 183

सीरिया

रानी ज़िनोबिया के देश में 187
काश! जीवन भी कला की तरह अमर होता — **उमर अबू रिशा** 198
सीरिया का महिला हिमायती कवि — **निज़ार क़ब्बानी** 203

इराक़

बैबिलॅान के खँडहरों पर लिखी जा रही आधुनिक देवमालाएँ 213
लिखता रहूँगा तब तक जब तक है साँस — **जमील सिद्दीक़ी अल-जहावी** 218
औरतों की ज़बान में कविता कहनेवाला कवि — **मारूफ़ अल रूसाफ़ी** 220
अवसाद की गायिका का जीवन से भरा राग — **नाज़िक-अल-मलायका** 222
अरब यथार्थ का अग्रदूत — **अब्दल-अल-वहाब-अल-ब्याती** 229
ज़िंदगी भर औरत का इंतज़ार करता मर्द — **बदर शाकिर अल-सय्याब** 234
समय के साज़ पर धड़कती शायरी — **अली जाफ़र** 238
समय की ज़ालिमाना चाल से घायल — **साजिदा अल-मोसवी** 241
नये रूपक का चितेरा — **फ़ारूक़ यूसुफ़** 249

हिंदुस्तान

क़ुसूर किसका है नयी हव्वा या पुराने आदम का 255
फ़िराक़ गोरखपुरी के शेरों में ज़नाना तरन्नुम — **रघुपति सहाय फ़िराक़ गोरखपुरी** 271
ज़िंदगी में नाकाम मगर शायरी का कामयाब लहजा — **साहिर लुधियानवी** 276
आधुनिक कविता का एक बदनाम मुसाफ़िर — **मीरा जी** 279
ज़िंदगी और फ़न में औरत का अहम रोल — **कैफ़ी आज़मी** 284
शेरों के महराबों में नयी औरत की तस्वीरकशी — **निदा फ़ाज़ली** 287
जन्नत में दोज़ख़ी हवाओं की शायरी — **सय्यदा नसरीन नक़्क़ाश** 292
तल्ख़ अनुभवों का कड़वा बयान — **शबनम एशाई** 295
गीत-घाटी में कविता की बयार 299
रिश्तों की नयी अभिव्यक्ति — **मोना ज़ोट** 305
अपने अंदर यात्रा करनेवाली कवयित्री — **लालरिनमावी ख़ियांटे** 307
विद्रोही स्वर की गूँज — **मालसोमरिआतज़ुआली जेकब** 310
प्रकृति से प्यार करनेवाली कवयित्री — **ललथियांगलिमी ज़ोट** 312
औरत का दर्द समझनेवाले कवि — **प्रो. एल. ख़ियांटे** 316

पाकिस्तान

सियासी उमस में शायरी की सोंधी महक 321

खोया खोया-सा वह जवाँ ख़ामोश **अख़्तर शीरानी** 332

'गुलामी'औरत के शोषण का रूपक **नून मीम राशिद** 340

इंक़िलाब के पंखों पर सवार शायरी **फ़ैज़ अहमद फ़ैज़** 349

मैं लाइनें क्यों खींचती हूँ **अज़रा अब्बास** 353

शायरी में इंसानी जज़्बों को ज़िंदा रखनेवाली शायरा **फ़ात्मा हसन** 358

मैंने एक ख़्वाब बुना **सकीना साजिद पिनाह** 361

ताजिकिस्तान

झरोखे से झाँकता अतीत 365

बच्चों का अहसास पढ़नेवाली शायरा **गुलचेहरा सलीमानवा** 366

आज़ादी की तमन्ना की तड़प **गुलरुख़सार सफ़ी योवा** 367

लेबनान

अंगूरों के बाग़ानों में नवजागरण की भोर 371

दो देशों का एक कवि **ख़लील मोतरान** 378

आज के लेबनान की आधुनिक कविता **जोउमाना हद्दाद** 383

जलावतनी

जलावतनी के ग़मों से तार-तार हुई ज़िंदगी की शायरी 389

बंद आँखों से सच्चाई महसूस करनेवाला **मिख़ाइल नोएमा** 392

शायरी को ज़िंदगी की धड़कन माननेवाला शायर **इलिया-अबू-मादी** 396

मुलाक़ात

ख़्वाब और बेदारी में डूबी एक शाम **नासिरा शर्मा** 401

परिशिष्ट

अपने समय का चमकता सितारा **मीर अली एबाद 'नैसाँ'** 413

वह शायर जिससे न ज़िंदगी ने वफ़ा की न मुहब्बत ने **असरारुल हक़ मजाज़** 415

अपनी शायरी से दिलों पर राज करनेवाला कवि **अहमद शामलू** 417

रंगों को शब्द देनेवाला **नास्सेर ओवेस्सी** 419

गुज़ारिश

ख़ातून से ख़िताब

असरारुल हक़ मजाज़

हिजाबे फ़ितना परवर अब उठा लेती तो अच्छा था
ख़ुद अपने हुस्न को परदा बना लेती तो अच्छा था
तेरी नीची नज़र ख़ुद तेरी इस्मत की मुहाफ़िज़ है
तू इस नश्तर की तेज़ी आज़मा लेती तो अच्छा था

तेरी चीने जंबीं ख़ुद इक सजा क़ानूने फ़ितरत है
इसी शमशीर से कारे सजा लेती तो अच्छा था।
ये तेरा ज़र्द रुख़, ये ख़ुश्क लब, ये वहम, ये वहशत
तू अपने सिर से ये बादल हटा लेती तो अच्छा था।

दिले मजरूह को मजरूहतर करने से क्या हासिल?
तू आँसू पोंछकर अब मुस्कुरा लेती तो अच्छा था
तेरे ज़ेरे नगीं घर हों, महल हों, क़सर हों, कुछ हों
मैं ये कहता हूँ तू अर्ज़ व समा लेती तो अच्छा था

अगर ख़िलवत में तूने सर उठाया तो क्या हासिल?
भरी महफ़िल में आकर सर झुका लेती तो अच्छा था।
तेरे माथे का टीका मर्द की क़िस्मत का तारा है
अगर तू साज़े बेदारी उठा लेती तो अच्छा था

अयाँ हैं दुश्मनों के ख़ंजरों पर ख़ून के धब्बे
उन्हें तू रंगे आरिज़ से मिला लेती तो अच्छा था
सिनानें खींच ली हैं सिरफिरे बाग़ी जवानों ने
तू सामाने ज़राअत अब उठा लेती तो अच्छा था

तेरे माथे पे यह आँचल बहुत ही ख़ूब है लेकिन
तू इस आँचल से इक परचम बना लेती तो अच्छा था।

(मजाज़, 1937)

ऐ मेरी हमरक़्स मुझको थाम ले

किताब आपके हाथ में है। असंख्य प्रश्नों से भरी हुई, इसलिए वज़नी लगेगी। मेरे दिल और दिमाग़ ने लगातार पिछले कई दशकों से इसका बोझ उठाया है। देस और परदेस में ही क्यों बल्कि पूरे विश्व में बुद्धिजीवियों ने दोहरे दुखों को झेला है–कुछ अपना कुछ पराया। जो क़लमकार मर्द हैं अपने एक शब्द के कारण शहीद हो जाते हैं और पीछे छोड़ जाते हैं अपनी बेसहारा माँ, बहन और पत्नी को जो दर-दर की ठोकरें खाती हैं। यहाँ तक कि बाप, बेटे व शौहर के क़ातिलों के बच्चों की माएँ बनने पर मजबूर होती हैं। वे समझ नहीं पातीं कि उनके गर्भ से पैदा होनेवाला बच्चा वास्तव में उनका कौन होगा–दुश्मन या उनके जिगर का टुकड़ा?

जो औरतें हाथों में क़लम लिये हैं उनकी नियति भी यही है। हर तरह के ज़ुल्म सहती वे अपने परिवार और बच्चों को सिर्फ़ इस उम्मीद पर लावारिस छोड़कर मौत को गले लगा लेती हैं कि उनकी क़ुर्बानी रंग लाएगी और कल उनके बच्चे न सही, बच्चों के बच्चे तो ज़रूर उस सुख, उस आज़ादी को पा लेंगे। आज बरसों गुज़र गए हैं, मगर समस्याएँ नहीं सुलझीं। लोगों की क़ुर्बानी से ज़मीन लाल हो उठी। जवानों की नसों में ख़ून उबलता रहा, मगर बातें सिर्फ़ बातों तक सीमित रहीं और समाधान तक न पहुँच पाईं। यह कितनी गहरी साज़िश है कि एक इंसान ही दूसरे इंसान के विरुद्ध खड़ा हो आम इंसान का सुख व चैन छीन लेता है। इसमें सबसे ज़्यादा पिस रहा है कला व साहित्य से सरोकार रखनेवाला वर्ग जो अमन और सुकून चाहता है।

इत्तफ़ाक़ कहूँ या फिर कर्तव्य या फिर वे अनुभव जो अपनी गति से मेरी तरफ़ बढ़े और मैं उन अनुभूतियों की तरंग में अपनी क़लम की रौशनाई काग़ज़ पर बिखेरती रही, कभी अपने ख़्याल तो कभी दूसरे के विचार। जो अच्छा लगा उसे अपना बनाने की तीव्र इच्छा हुई और बहुत सी कविताएँ फ़ारसी और अंग्रेज़ी की अक्षर-काया से निकल हिंदी का वस्त्र धारण करने लगीं। मुझे याद है जब मैं एक अंग्रेज़ी साहित्यिक पत्रिका के पन्ने पलटते हुए यूँ ही इराक़ी कवि अली ज़ाफर की कविता पढ़ने लगी। वह कविता अपनी तरफ़ मुझे खींच रही थी। अरबी की

कविता का अंग्रेज़ी अनुवाद आँखें पढ़ रही थीं। ज़हन में छवियाँ बन-बिगड़ रही थीं और ज़बान बिना कुछ अदा किए दिल की स्लेट पर हिंदी में उन पंक्तियों को दोहरा रही थी। एकाएक पन्ने पर अक्षर उभरने लगे और पूरी कविता अनूदित-सी मेरी आँखों में झिलमिला रही थी :

यहाँ एक घर वहाँ एक औरत
वहाँ एक सपना जिसमें एक औरत!
यहाँ एक मर्द जिसमें एक औरत!
ख़ून से भरी नाव
डूबने से पहले पानी के बीच
किसी फूल की तरह उभरी थी!
नाव के डूबने के बाद, वह ख़ून में बैठी औरत
रो पड़ी थी।
शाम ढलते ही,
चिड़ियों का एक झुंड
घास और शहीदों की लाशें
सभी अलवान की शवयात्रा में शामिल हुए।

मैं कुछ भी नहीं जानती थी, न कवि के बारे में न उस कविता के संदर्भ के बारे में, और अरसे बाद पता चला कि कवि ने माशीलैंड की उस दुखद घटना पर यह कविता लिखी थी जिसमें जाने कितने इंसानों एवं जानवरों के जिस्म जलवेग में बह गए थे।

यह भी अजीब इत्तफ़ाक़ है कि जब मैं विवाह के बाद लंदन गई तो मेरे पति विद्यार्थी के रूप में थार रेगिस्तान पर पी-एच.डी. करने एडिनबरा गए। और जब मैं ईरान पहुँची तो फ़ारसी भाषा सीखने और ईरानी सभ्यता को देखने, अपने एम.ए. के दूसरे वर्ष में पहलवी साम्राज्य की पचासवीं वर्षगाँठ पर; हम कुल तेरह लोग आमंत्रित थे जिसमें अध्यापक व विद्यार्थी दोनों शामिल थे। यानी कि हमारा विदेश जाना कभी पर्यटक की तरह नहीं रहा और यात्रा के मूल में सदा अध्ययन रहा।

दो क्रान्तियों को अपने सामने होते देखा। ईरान में जहाँ अपने लिखने और बोलने की आज़ादी को लेकर बुद्धिजीवी समाज व्यवस्था के साथ टक्कर ले रहा था। मगर क़लम रखने को तैयार नहीं। लिखित शब्दों के लिए बड़ी-से-बड़ी क़ुर्बानी देने पर तुला हुआ था।

मेरे लिए यह बात कम अहमियत नहीं रखती थी कि लेखक वर्ग अपनी इच्छाओं और सपनों को मेरे द्वारा कुछ दूर तक फैलाना चाहता था। मैं महत्त्वपूर्ण नहीं थी बल्कि मेरा देश उनकी नज़र में ऐसा देश था जहाँ लिखने, पढ़ने, बोलने,

रहने की आज़ादी थी। मेरी जगह कोई भी होता तो अपने देश के प्रति उन सबका यह विश्वास देखकर कैसे प्रभावित न होता और उनके संघर्ष को अपने लेखन के दायरे में न लाता। जबकि वह वर्ग खुलकर यह भी कह चुका था कि हमारी क़लम से निकला हर शब्द आपका है, उसे अपना समझकर दूसरों तक पहुँचाएँ।

अफ़ग़ानिस्तान, इराक़ की समस्याएँ ईरान से अलग थीं मगर तबाही में कोई कमी न रही और अब सीरिया वही बर्बादी झेल रहा है। 2004 में सीरिया जाना हुआ। विभिन्न शहरों में हमारे सम्मान में आयोजित कार्यक्रमों में कुछ न कुछ बोलना पड़ता था। बोलते हुए मेरे मुँह से अचानक यह वाक्य निकला, 'मैं यहाँ दुखों की खेती काटने आई हूँ' इन देशों में दुखों से लहलहाते खेत में से जो पक्की फ़सल काटी है मैंने, वह आपके साथ-साथ बाँटी है जिसमें कई-कई पर्तों की पीड़ाएँ साँस ले रही हैं–सामाजिक, राजनीतिक, आर्थिक, धार्मिक और जलावतनी की।

अपने सृजनात्मक स्रोतों के सूखने और अपनी ज़मीन में दबे खनिज स्रोतों के खनन से परेशान आम व ख़ास लोग अरसे से कभी ख़ुद को, कभी देश को, कभी क़लम को ग़ुलाम बनता देखते चले आ रहे हैं; और अब तो सीधे ओलों, बर्फ़ और बारिश की तरह उन पर क्लस्टर बम भी गिरते हैं जो इंसानों के साथ धरती की टोपोग्राफ़ी के प्रति भी नाइंसाफ़ी करते हैं। हर इंसान अपनी ज़िंदगी में शुरू से आख़िर तक अपनों को मरता हुआ देखता है। टूटता है, सँभलता है, मगर मेरे साथ हुआ यह अनुभव विचित्र था जो सैकड़ों की तादाद में मेरे दोस्तों, मिलनेवालों और लेखक, कवि को मुझसे दूर ले गया और यह अनुभव दे गया कि इंसान नश्वर है मगर शब्द नहीं। शब्द पीढ़ी-दर-पीढ़ी एक ज़हन से दूसरे ज़हन की यात्रा करते हुए तब तक ज़िंदा रहेंगे जब तक यह दुनिया क़ायम है।

मेरे इस तरह के लेखन और अनुवादों का हमेशा हिंदी साहित्य-संसार ने स्वागत किया है। सम्मान भी मिला। मुझे साहित्य से इतर दूसरे कार्यक्षेत्र के लोगों ने सदा बढ़ावा दिया कि मैं इन देशों पर काम करना न छोड़ूँ। मुझे याद है मेरी शिकायत लेकर दिल्ली के ईरानी दूतावास के प्रेस अटैची विदेश मंत्रालय पहुँचे थे। लेकिन उन्हें वहाँ से जवाब मिला कि हम किसी के क़लम पर रोक नहीं लगा सकते, क्योंकि हमारा प्रेस आज़ाद है। मैं आभारी हूँ उन सभी हिंदी, उर्दू, अंग्रेज़ी संपादकों की जिन्होंने मेरे लेखों और अनुवादों को छापा। मैं प्रकाशकों को भी धन्यवाद दूँगी कि उन्होंने खुलेमन से मेरे उपन्यासों, कहानी संग्रहों और इन देशों पर लिखे रिपोर्ताजों को छापा और एक बेहद अहम मुद्दे को आगे बढ़ाने में अपना सहयोग दिया।

इस पुस्तक की सामग्री के बहुत सारे अनुवाद बहुत पहले के हैं और कुछ अनुवाद अभी के हैं ताकि पुस्तक अपना आकार ले सके। एक बार फिर इन अनुवादों और उन देशों की वर्तमान सामाजिक, राजनीतिक, आर्थिक, धार्मिक

परिस्थितियों से गुज़रते हुए महसूस हुआ कि कवियों की कविताओं से कहीं ज़्यादा प्रभावित करनेवाली उन कवियों की ज़िंदगियाँ रही हैं जिनकी तल्ख़ियाँ आज भी पढ़ते हुए गहरी कड़वाहट भरे अवसाद का अहसास दे जाती है।

इन सारे प्रश्नों की जो अतीत में पूछे गए और वर्तमान में उनके जवाब की जगह कुछ और नए सवाल जुड़ गए, जिसमें एक प्रश्न औरत की स्थिति को लेकर है। ऐसी मुसीबत में फँसे देशों में औरत की स्थिति उतनी ही भयावह है जितनी मर्दों की, शायद कुछ प्रतिशत का फ़र्क़ होगा! मगर वे देश जहाँ सामाजिक रूप् से औरत प्रताड़ित है और उसे उसके शत्रु नहीं, बल्कि उसके अपने भी उस पर क़हर ढाह रहे हैं; उसके विरोध में विश्व स्तर पर उठी आवाज़ों की गूँज साफ़ सुनाई पड़ रही है कि नज़रिए में बदलाव लाना होगा। जो ज़रूरी नहीं बेहद ज़रूरी है ताकि औरत हवा, धूप, चाँदनी और दुख-सुख को एक इंसान की तरह महसूस कर सके; न केवल भय और पीड़ा से अर्धमूर्च्छित अवस्था में साँसें लेती रहे!

पिछले कई वर्षों से मैं महसूस कर रही थी कि औरतों की मुखरता एकतरफ़ा हो रही है ठीक विश्व के परिदृश्य की तरह। वह आकाश में साझीदारी की जगह अपना अलग आकाश लेना चाहती हैं जो उचित सोच नहीं, बल्कि एक तरह की प्रतिक्रिया है कि जो तुम करते आए हो वह हम तुम्हारे साथ करके दिखाएँगे। यह प्रतिशोध अभी कम संख्या में है ज़रूर, मगर एक संतुलित समाज-परिवार और व्यक्ति के लिए ठीक नहीं है।

जब मैं इस संग्रह की पांडुलिपि तैयार कर रही थी तो महसूस हुआ कि यहाँ तो हर कवि औरत के अधिकारों के प्रति अपनी आवाज़ बुलंद किए हुए है जो मुझे यह विश्वास दिला गया कि मेरा सोचना सही है। रचनाकार दमित, शोषित, पिछड़े लोगों के प्रति सजग है और उसमें औरत तो शामिल है ही! इस पुस्तक का नाम मैंने इसीलिए 'अदब में बाईं पसली' रखा जिसका साफ़ मतलब था कि दोनों एक-दूसरे से अलग नहीं, बल्कि पूरक हैं। रचनाकार चाहे स्त्री हो या पुरुष दोनों अपने लेखन में एक-दूसरे को किस दृष्टिकोण से पेश करते हैं? उनकी अभिव्यक्तियों द्वारा उनकी सोच और संवेदना का इज़हार हो जाता है कि वह अपने हमशक्ल दूसरे इंसान को किस तरह देख और समझ रहे हैं। उसे दुनिया और परिवार में क्या मक़ाम देना चाहते हैं।

तेरी माथे का टीका मर्द की क़िस्मत का तारा है
अगर तू साज़े बेदारी उठा लेती तो अच्छा था।
तेरे माथे पे ये आँचल बहुत ही ख़ूब है लेकिन
तू इस आँचल से इक परचम बना लेती तो अच्छा था।

[नौजवान ख़ातून से]

इसी बात को नज़र में रखते हुए मैंने मजाज़ की इस नज़्म को शुरू में रखा है जो औरत को एक बदले रूप में देखने की इच्छुक है। मर्द के इस बदले नज़रिए को भी हमें समझना होगा। पुस्तक के अन्त में शामलू की कविता रखी है जो साफ़ शब्दों में औरतों से आग्रह कर रहे हैं कि—

ख़ुदाया-ख़ुदाया
यह लड़कियाँ हरगिज़ ख़ामोश न हों
जब उनके मर्द
थकन और निराशा से बूढ़े हो रहे हों!

नून मीम राशिद ने भी औरत को हमरक़्स (यथार्थ रूप में जीवन-संगिनी) कहकर बराबरी का दर्जा देने के बाद यह ज़िम्मेदारी भी सौंपी है कि इस दुनिया के ऊबड़-खाबड़ रास्ते में मुझे थामकर रखना जिसके अर्थ बहुत गहरे हैं।

ज़िंदगी से भाग कर आया हूँ मैं
डर से लरज़ाँ हूँ कहीं ऐसा न हो
रक़्सगाह के चोर दरवाज़े से आकर ज़िंदगी
ढूँढ ले मुझको, निशाँ पा ले मेरा
और जुर्मे ऐश करता देख ले।
ऐ मेरी हमरक़्स मुझको थाम ले।

नून मीम राशिद ने अपने इंटरव्यू में अपनी नज़्मों के द्वारा ख़ुद को ग़लत समझे जाने पर बहुत अच्छा जवाब दिया है, और इसी तरह की तंगनज़री और संकीर्ण सोच को लेकर मैंने 'ख़्वाब और बेदारी में एक काल्पनिक मुलाक़ात' ख़लील जिब्रान से दिखाई है जो कुछ बेजा सवालों का जवाब भी है। अकसर क़लमकार मर्द-औरत की किसी भी स्तर की दोस्ती या रिश्ते को जिस्मानी संबंधों में बदलने की कोशिश में ऊँची उड़ान भरने लगते हैं, जो ग़लत है। जो नहीं है उसे बिलावजह अपनी कुंठाओं के चलते आरोपित करने की कोशिश न करें। साहित्यकार का उससे क्या लेना देना है। उस पर पर्दा डालने की जुर्रत भी न करें। यदि वे पन्नों पर सच लिख सकते हैं तो संबंधों के सच को भी समझें, उसे दूषित न करें। मर्द-औरत के बीच अनेक तरह के संबंध होते हैं सिर्फ़ प्रेमी-प्रेमिका वाले नहीं! जो ऐसा सोचते हैं, मेरी नज़र में वे लोग उसी सोच की पंक्ति में खड़े नज़र आते हैं जो इस दुनिया में अपने अलावा किसी दूसरे का वजूद सहन नहीं कर पाते हैं।

यह पुस्तक हर एतबार से मेरी सोच का आईना है जिसमें दूसरे के चेहरे भी पूरी आब व ताब के साथ झिलमिला रहे हैं। जो यह कहना चाह रहे हैं कि हम मर्द मुट्ठी भर सत्ताधारी मर्दों (जिसमें औरतें भी शामिल हैं) से आतंकित,

शोषित, अपमानित और हैरान हैं। उन मुट्ठी भर लोगों से यदि हमें लड़ना है तो हमें मर्द-औरतों के अलग-अलग ख़ेमे बनाकर लड़ना नहीं चाहिए बल्कि साथ मिलकर हमें इस भयावह समय को बदलने की कोशिश करना चाहिए। क्योंकि यह प्रश्न लिंग-भेद के साथ सोच की विभिन्नता का भी है! पाठकों से मेरा विशेष अनुरोध है कि पुस्तक में भरे सवालों के जवाबों की तलाश जारी रखें, क्योंकि ये प्रश्न बिना जवाब के दरअसल हमारी बुज़दिली की दलीलें हैं।

अब मैं आपसे वह बातें कहना चाहूँगी जो इस किताब को तरतीब देते वक़्त मेरे अनुभव का हिस्सा बनीं। यह सच है कि मैं अचानक विश्व स्तर के बौद्धिक वर्ग के संपर्क में आई। ज़िंदगी और ज़हन का असीमित संसार मेरे सामने था, जो हर पल मुझे कुछ न कुछ सिखा रहा था। साथ ही मुझे उड़ने की पूरी आज़ादी भी दे रहा था कि मैं अपनी बौद्धिक चाह की प्यास बुझाऊँ। उन्हीं दिनों फ़ारसी के सबसे महत्त्वपूर्ण कवि अहमद शामलू से ईरान में 1980 में मुलाक़ात हुई। बातों के दरमियान अहमद शामलू ने मुझसे पूछा था कि मैं उनकी कविताओं का अनुवाद कर पाऊँगी जबकि कई यूरोपियन अनुवादकों को ख़ासी परेशानी हुई। जैसे मेरी यह नज़्म है, कहकर उन्होंने छोटी-सी फ़ारसी नज़्म मुझे दिखाई। उसे पढ़कर मैं मुस्कुराई और उनकी तरफ़ देख बड़े अदब से बोली, "कर सकती हूँ क्योंकि यह सब 'अक़ीक़', घास, दूज का चाँद ये सारे रूपक भारतीय हैं जो सांस्कृतिक साहित्यिक रूप से काफ़ी समानता रखते हैं।" उन्होंने गहरी नज़रों से मुझे पल भर देखा फिर हल्के से मुस्कुराये। शायद उन्हें भी यह मुहावरा याद आ गया होगा कि भारत और ईरान एक चने की दो दालें हैं।

अनुवाद का चस्का लगा तो कुछ और भी अन्य भाषाओं की ख़ूबसूरत चीज़ें अनुवाद के रूप में सामने आईं मगर वे सब अंग्रेज़ी में मुझे पढ़ने को मिलीं, जैसे—मिज़ोरम, नेपाल, फ़िलिस्तीन, इराक़ वग़ैरह की। अरब देशों और अरब इंसान को मैं कभी संजीदगी से न लेती अगर इराक़ जाने का मौक़ा न मिलता। ग़ैरज़रूरी आदतों के चलते कुछ अरबों का बहुत अच्छा प्रभाव ज़हन में नहीं था। लेकिन वहाँ जाकर भ्रम टूटा और अपने सीमित ज्ञान पर शर्मिंदगी भी हुई। सभ्यता, संस्कृति एवं मानव विकास का शुरुआती दौर तो यह इलाक़ा रहा है फिर...? इस फिर में मेरी तरह बहुत से विद्वान्, लेखक और आम इंसान भी एक लापरवाही भरा अंदाज़ इस इलाक़े के बारे में ज़रूर रखते होंगे।

पिछले पंद्रह-बीस साल से जो माहौल बन रहा था, उससे यह ध्वनि निकल रही थी कि मध्यपूर्वी देशों को सख़्त ज़रूरत है बदलाव की, शिक्षा की और लोकतंत्र की! मगर जो बात छुपी हुई थी, इस प्रचार-बिगुल के पीछे कि वहाँ के

बुद्धिजीवियों, रचनाकारों, कलाकारों और आम आदमी पर क्या गुज़र रही है और इन देशों के हाकिम महान शक्तियों की इच्छाओं और जनता की ज़रूरतों के बीच संतुलन कैसे साधते हैं और एकाएक तख़्ता पलट जाता है या फिर देश में विद्रोह उन्हीं के अंगरक्षकों द्वारा उठता है और पलक झपकते ही वह मार डाले जाते हैं। ऐसी स्थिति को वहाँ का संवेदनशील वर्ग कैसे झेलता है जो जेल में है, जलावतन है या फिर देश से भागकर अपनी जान बचाने के फ़िराक़ में है। उसके ख़्यालात क्या हैं? वह क्यों नहीं सरकार की आलोचना करना बंद करते हैं और क़लम गिरवी रखकर आराम से ज़िंदगी जीते हैं जैसे बहुत से लोग जीते हैं अपना ज़मीर बेचकर!? उनके इस दर्द को समझने का मौक़ा मिला और मुझे महसूस हुआ इस हक़ीक़त को मैं सिर्फ़ अपने तक न रखूँ बल्कि हिंदी पाठकों के साथ साझा करूँ कि हमारे क़लमकार परिवार के ये सदस्य कितना कुछ झेल रहे हैं। सर कटा देते हैं मगर झुकते नहीं। अभी लेबनान की कवयित्री जोउमाना हद्दाद (6 दिसंबर, 1970) ने डेढ़ सौ कवियों की एक एंथ्रोलॉजी बनाई है जिन्होंने आत्महत्याएँ की हैं। कवियों द्वारा आत्महत्या करना कोई अजूबा नहीं है और न असहज। जब हालात आपको इतने तनाव और दबाव में लाते हैं कि संवेदना का आवेग एक अच्छी कविता की तरह लेखक का अंत लिख डालता है।

मुझे मध्यपूर्व के कुछ इलाक़ों में जाने का मौक़ा मिला। कुछ पढ़ा और जाना। महसूस हुआ कि मुझे अपनी ज़िम्मेदारी निभानी चाहिए। वक़्त-वक़्त पर किये गये अपने अनुवाद 'अदब में बाईं पसली' में जमा कर दिये। क्योंकि मेरा एक उद्देश्य नहीं था अनेक थे। कवि के साथ उसके देश और जीवन पर थोड़ी मालूमात और स्त्री-विमर्श के इस तूफ़ानी दौर में उन रचनाकारों को तलाश करना जिन्होंने सृजन के साथ विचार और भावना का संस्कार दिया। जिनके ख़ुद के अदब में औरत मौजूद है। कोई भी इंसान औरत की तरफ़ से आँखें कैसे बंद कर सकता है जबकि ज़िंदगी औरत के चारों तरफ़ घूमती है।

'अदब में बाईं पसली' किसी नारे या स्त्री-विमर्श के एकतरफ़ा नज़रिये को लेकर आपके सामने नहीं रखी गयी है बल्कि मौजूदा दौर से उसे जोड़ दिया है। यह तलाश है एक-दूसरे में अपने को तलाश करने की और साथ ही उस परिवेश को समझने की जिसे ख़ुद इंसान ने इंसान के लिए दुश्वार बना दिया है। दुश्मन कोई और है और दुश्मनी हम कहीं और निभाते हैं। तल्ख़ी अगर एक तरफ़ है तो उसकी वजह जानने की जगह उसका जवाब दुगुनी कड़वाहट के साथ दिया जाता है। मुखरता बढ़ी है और ख़ूबसूरती कम हुई है रिश्तों में भी और शायरी में भी, जो गहरी चिंता का विषय है।

इस पुस्तक में नये-पुराने रचनाकार एक साथ हैं। मर्द और औरत क़लमकारों की रचनाएँ आमने-सामने हैं, जो विभिन्न संवेदनाओं, बिंबों और रूपकों से हमारा परिचय कराती हैं। यह सोचने पर ज़रूर मजबूर करती हैं कि हम एक घर में रहकर एक-दूसरे को कितना ऊपरी रूप से जानते हैं। अदब की दुनिया में हम एक-दूसरे से या तो डरते हैं या चिढ़ते हैं। ईर्ष्या भरे अंदाज़ से मुठभेड़ करते हैं जबकि होना यह चाहिए कि हम जिस तरह अपने साहित्य में इंसानी संवेदनाओं को सामने लाते हैं, कुछ उसी ईमानदारी और ख़ूबसूरती से हमें ख़ुद को सामने लाना चाहिए ताकि हमारी सहजता आम इंसान की ग्रंथियाँ खोलने में मददगार साबित हो।

यहाँ पर अनुवाद के सिलसिले से अहमद शामलू से कही अपनी बात को पाठकों के लिए दोहराना चाहूँगी। मैंने उनसे यह मजबूरी भी बतायी थी कि मैं कवि नहीं हूँ इसलिए आपकी नज़्मों को नज़्म में क़लमबंद नहीं कर पाऊँगी। मगर आपकी संवेदना और ख़्याल को आज़ाद नज़्म में ज़रूर क़लमबंद करूँगी। वही मैंने यहाँ किया भी है। दूसरों की रचना पर सृजन करना आसान भी है क्योंकि आपको स्वतंत्रता मिल जाती है कि एक रचना की भावभूमि को अपनी तरह कहने की! मगर इस आज़ादी में आप ज़्यादा, वह कवि कम नज़र आता है। इस बात से मैं बची हूँ क्योंकि मैं एक वाक्य हर बार वैसा नहीं लिखूँगी जैसा पहले लिखा है क्योंकि रचना प्रक्रिया निरंतर प्रवाह में है। फिर किसी की मूल संवेदना में हस्तक्षेप करना एक तरह की अनैतिक क्रिया हो सकती है। मूलप्रति और अनुवाद में समानता न हो तो फिर अनुवाद की ज़रूरत ही क्या है?

अरबी की कुछ रचनाएँ अंग्रेज़ी से कुछ अरबी भाषा जाननेवालों के साथ बैठकर मैंने अनूदित की हैं। मेरा उद्‌देश्य बुनियादी रूप से यह रहा कि पाठक उनके मर्म को पकड़ सके। उनकी उपमाओं, रूपकों, बिंबों को समझ सके। भारत में खजूर का दरख़्त वास्तव में सुंदरता का प्रतीक नहीं माना जाता है। मगर यह रेगिस्तानी इलाक़े का वह पेड़ है जिसे अरब नागरिक बचपन से उगता बढ़ता देखता है। उससे उसकी संवेदना और मौसम जुड़े होते हैं। उसका स्वाद और रंग उन्हें लुभाते हैं। नख़लिस्तान के हुस्न का कहना ही क्या! लेकिन अनुवाद के समय खजूर या पाम के वृक्ष को मैं नीम या आम के पेड़ में बदलना उचित नहीं समझती। क्योंकि संवेदना के अनुवाद के अलावा कवि के परिवेश को व्यक्त करने में ईमानदारी बरतनी होगी सिर्फ़ इसलिए नहीं कि हिंदी पाठक उससे सीधा रिश्ता नहीं बना पाएगा। मैं हिंदी के प्रचलित प्रतीक उसमें डाल दूँ जो ग़लत है। आप दूसरों को पढ़ रहे हैं तब ज़रूरी है कि आप थोड़ा मेहनत करें। उस पेड़ के बारे में जानें। उसे महसूस करें। तभी दूसरों की कृतियों को पढ़ने का सुख मिलेगा वरना रस बेरस हो जाएगा।

गाफ़ वृक्ष अरब देश का चप्पू और ऊँट नाव कहलाता है। गाफ़ वहाँ का राष्ट्रीय वृक्ष है। जब अपने उपन्यास ज़ीरो रोड में गाफ़ को प्रतीक माना तो लगभग दर्जन भर गाफ़ के पेड़ दुबई में देखे और उसकी छाँव में बैठकर उसकी ठंडक को महसूस भी किया। अपने अलावा जब दूसरों को आप देखते हैं तो ख़ुशी महसूस होती है और यही ख़ुशी वास्तव में अनुवाद का केंद्र बिंदु है—दूसरे को जानना, अजनबी परिवेश को समझना, कुछ नया हासिल करना।

पाकिस्तानी उर्दू भाषा के कवियों को पढ़ते हुए मैं गहरे सोच में डूब गयी। उर्दू शेरों को मैंने उसी तरह रखा है यह सोचकर उससे छेड़छाड़ ज़रूरी नहीं समझी, क्योंकि एक-दो शब्द डालने से उसका अर्थ साफ़ हो जाता या नहीं मगर लुत्फ़ ख़त्म हो जाता और लय बिगड़ जाती। अक्सर उर्दू शायरी के साथ हिंदी में कठिन शब्दों का अर्थ दे दिया जाता है। जो शब्द अर्थ के लिहाज़ से ठीक होता है मगर एक शब्द का एक ही अर्थ नहीं होता और शेर के साथ अक्सर वह शब्द अर्थ उस मायनों में नहीं आ पाता जिस अर्थ में शायर ने कहा है। इसलिए मैंने ऐसा नहीं किया क्योंकि जब मैं किसी शब्द के लिए शब्दकोश खोलती हूँ तो फिर कोई दूसरा यह ज़हमत क्यों नहीं उठा सकता! इससे फ़ायदा यह होता है कि शब्दकोश में न केवल उस शब्द के चार-पाँच अर्थ पढ़ने को मिलते हैं बल्कि उस शब्द के सही प्रयोग शेर और वाक्य दोनों में हमें जानने को मिलते हैं। इससे फ़ायदा अपना होता है, जैसे नून मीम राशिद की नज़्म दाशता में 'मर्देलईम' शब्द आया जिसे मैं फ़ौरी तौर पर समझ नहीं पायी। जिन साहब से ज़िक्र किया वह भी कुछ कह नहीं पाए जबकि वह उर्दू के आलिम और शायर हैं। शब्दकोश ने फ़ौरन बताया 'कंजूस, बेहद बुरा आदमी' वग़ैरह, वग़ैरह। आज के दौर में नयी फ़ारसी में 'बख़ील' शब्द चलन में है जो मैं जानती थी कंजूस के लिये। कुछ पल बाद ज़हन के तहख़ाने से 'लईम' शब्द गर्द झाड़कर सामने आन खड़ा हुआ और मुझे अचानक याद आया कि यह शब्द मेरे लिए अजनबी नहीं था मगर फ़िलहाल उसका प्रयोग कम हो गया है। हमारे लिए शब्दकोश को रटना ज़रूरी नहीं। हर कवि, लेखक और अध्यापक के लिए ख़ासकर तब जब भाषा की टहनियाँ पत्तियों की तरह बेशुमार शब्दों से भरी रहती हैं और मुरझा के गिर जाती हैं और नयी पत्तियों में से कवि कोई भी शब्द अपनी पसंद का उठा सकता है। इस सिलसिले से आपको मेहनत करनी होगी। अगर आपको एक महत्त्वपूर्ण कवि को पढ़ना है और हर इंसान के पास उसके पसंदीदा शब्दों का ख़ज़ाना होता है। उसी को वह अपने अदब में लाता है। हर शब्द से रिश्ता गहरा नहीं बन पाता क्योंकि चुने हुए शब्द और लेखक का आपसी रिश्ता भी लंबा और गहरा होता है जो उसकी भाषा का रचाव गढ़ता है।

इस किताब को तरतीब देते हुए मुझे शिद्दत से यह महसूस हुआ कि एक भाषा का एक या दो देशों तक बोला जाना और उसके साहित्य का पढ़ा जाना दो भिन्न अनुभवों से गुज़ारता है। फ़ारसी, दरी फ़ारसी और ताजिकी भाषा ईरान-अफ़ग़ानिस्तान, ताजिकिस्तान में उर्दू पाकिस्तान-हिंदुस्तान, मध्यपूर्व देशों, योरुप में अंग्रेज़ी और अरबी भाषा का उसके मुक़ाबले में अनेक देशों में बोला जाना एक अलग तरह की परत हमारे सामने खोलती है जिसमें अनेक देशों और भाषा की अनेक अभिव्यक्तियों को हमारे सामने लाकर खड़ा कर देती है और उस भाषा के विकास, साहित्य, प्रयोग और सदियों के अनुभवों की दौलत की कोई तुलना दूसरी भाषाओं से नहीं की जा सकती। लेकिन इसका अर्थ यह क़तई न लगाया जाए कि एक या एक से कम भाषा बोले जानेवाले देशों में उत्कृष्ट साहित्य उपलब्ध नहीं है या उनके यहाँ साहित्य का ख़ज़ाना मौजूद नहीं।

भाषा को नज़र में रखकर मैंने यह अनुवाद नहीं किये हैं बल्कि जिन देशों को मैंने देखा, वहाँ के कवियों और साहित्य से परिचय हुआ। जिसके प्रति मेरा दिल खिंचा उसे ही मैंने किसी ख़ामोश दोपहर में पन्ने पर उतार दिया, जब अपना मौलिक लेखन करने का मन न था। यहाँ पर कहा जा सकता है कि फिर अंग्रेज़ी अदब से यह परहेज़ क्यों? शायद इसका कारण यह हो कि अंग्रेज़ी साहित्य को हम सब पढ़ते हैं और उस पर ढेरों काम भी हो चुका है। इसी तरह जैसे बचपन से किशोर अवस्था तक मैंने रूसी साहित्य घोंट डाला था। जिसकी कम क़ीमत, बढ़िया छपायी तो अपनी तरफ़ खींचती ही थी, साथ ही उसके किरदार और क़ुदरत भी। वहाँ मैं कभी गयी नहीं मगर फ्रांस और लंदन तो रही। फिर घर का माहौल भी आधा अंग्रेज़ीदाँ और आधा उर्दूदाँ था। फिर भी उर्दू और अंग्रेज़ी या फिर रूसी साहित्य के अनुवाद की तरफ़ इसलिए नहीं बढ़ी कि मैं कोई नया काम करना चाहती थी और जो हो चुका है उसे दोहराने में मेरी रुचि न थी। मेरा दिल व दिमाग़ तो हमेशा नयी ज़मीन या नया आसमाँ देखने के लिए बेचैन रहता है और यही यहाँ हुआ। मैं इराक़ से उड़ती हुई ईजिप्ट, लेबनान, सीरिया के अरबी साहित्य तक पहुँच गयी। फ़िलिस्तीन की कविताओं और वियतनाम की लोक-कथाओं का अनुवाद 1973-74 में इराक़ जाने के पहले ही कर चुकी थी।

मेरा विषय 'ईरान और फ़ारसी ज़बान' बनना जहाँ मुझे चकित करता है वहीं मैं इस बात पर ताज्जुब करती हूँ कि मुझे मध्यपूर्व के देश क्यों लुभाते हैं जबकि मेरी इच्छा बचपन से अफ़्रीका के जंगलों में खो जाने की थी। चीन की अफ़ीमी दुनिया में जाने की थी। मध्यपूर्वी देशों, उनका जादुई यथार्थ या ऐतिहासिक कहानियों का भंडार; शोषण, ज़ुल्म, दर्शन या फिर बुद्धिजीवियों की घुटन भरी

ज़िंदगी आख़िर क्या है जो मुझे बार-बार घसीटकर वहाँ ले जाती है और किसी ऐसे व्यक्तित्व से मुलाक़ात करा देती है कि मैं उसमें डूब जाती हूँ। जबकि यह कैफ़ियत कोई नयी दीवानगी नहीं है जब क़लम हाथ में नहीं था तब बचपन और किशोर अवस्था में रूसी और अंग्रेज़ी साहित्य का जादू सर चढ़कर बोलता था। आज क़लम है तो वह चाहत अनुवाद में ढल जाती है।

मैं इस अनुवाद के अपने काम को पाठकों के सामने सीधे रख सकती थी। उसे किसी विमर्श या वाद से जोड़ने की क़तई ज़रूरत न थी। लेकिन मुझे ज़रूरत इसलिए महसूस हुई कि एक ख़ास क़िस्म की खाई साहित्य-कला को मर्द-औरत के ख़ानों में बाँट रही थी, जो मुझे उचित नहीं लगती। मानती हूँ, एक औरत अपनी व्यथा जितनी प्रामाणिकता से कहेगी वह एक पुरुष नहीं कह सकता है, मगर कहने और उसे कलात्मक रूप से पेश करने में फ़र्क़ है। जहाँ कला और साहित्य की बात आती है वहाँ यह भेद मिट जाता है। उसकी कसौटी पर कोई रचना न स्त्रीलिंग होती है, न पुल्लिंग। वह किसके द्वारा रची गई है यह भी महत्त्व की बात नहीं, बल्कि कला के नाम पर नया क्या पेश किया गया जो साहित्य कहा जा सकता है।

मैं अपने इस नये इश्क़ के बारे में एक दोपहर गहराई से सोच रही थी कि सामी भाषा के अरब कवियों को पढ़ने में मैं क्यों इस तरह डूब रही हूँ। उनका हर ग़म, हर घटना क्यों मुझे इस तरह प्रभावित करती है जैसे मैं उसकी चश्मदीद गवाह हूँ जबकि यह सारे कवि कब के मर-खप चुके हैं। उस दोपहर एक अजीब सन्नाटा मेरे ज़हन की तख़्ती पर फैल रहा था। उकसा रहा था कि इस पर कुछ हर्फ़ उभरने हैं, पुस्तक 'अदब में बाईं पसली' का मसविदा तैयार था। उसमें एक जगह ख़ाली थी—वह थी ख़लील जिब्रान की। कुछ वर्षों पहले मैं ख़लील पर एक आलेख (किताब के बहाने—किताबघर प्रकाशन) लिख चुकी थी। मैटर तो वही था। उसे दोहराना कुछ मुनासिब नहीं लग रहा था और ख़लील जिब्रान को वहाँ न रखना क़ुबूल न था। उस दोपहर ने मेरे सारे सवालों की शमा पिघलाकर वह इबारत मुझसे ख़ाली ज़हन की स्लेट पर लिखवाई जिसका शीर्षक 'ख़्वाब व बेदारी में डूबी एक शाम' है। यह अकस्मात् निकला स्रोत है जो मेरे अंदर अरसे से सोया पड़ा होगा और मौक़ा देख फूट पड़ा।

इस पुस्तक को पाठक जिस खाते में रखना चाहें रखें, मगर मेरे लिये यह किताब 'अहसास की हरारत' की ऐसी तेज़ आँच है जिसमें हमारे दिवंगत अदीब व शायर आज भी जीवित हैं। पाठकों से मेरा निवेदन है जो कि पिछले कई दशकों से मेरी दीवानगी को पढ़ते रहे हैं और मुझे प्रोत्साहित करते रहे हैं। सो, मेरे जुनून की एक और कैफ़ियत को स्वीकार करें। इसके साथ ही पाठकों से

एक और बात कहना चाहूँगी। मिजोरम की जिन कवयित्रयों की कविताएँ इस खंड में शामिल हैं, बहुत कोशिशों के बाद भी और लाइब्रेरी, साहित्यिक पत्रिका तथा इंटरनेट पर खोजबीन के बावजूद भी उनके विषय में जानकारी प्राप्त नहीं हो सका। मैंने उनकी कविताओं का अनुवाद कर लिया इसलिए पाठकों के लिए इसे भी किताब का हिस्सा बना लिया।

मैं अपना आभार इस शृंखला के छह खंडों के लिए विशेष रूप से प्रूफ उठाने वालों को देना चाहूँगी जिन्हें उर्दू भी नहीं आती मगर उन्होंने बड़े लगन और मेहनत से अरबी-फ़ारसी के नामों और शब्दों को पूरे सात वर्षों के लंबे समय में बड़े धैर्य से देखा उसी के साथ राशिद अली का शुक्रिया जिन्होंने प्रेस कॉपी बड़ी ईमानदारी से बनाई और सुमन एवं राकेश जी को विशेष आभार जिन्होंने इन खंडों को अंतिम रूप दिया और राजकमल समूह के अशोक महेश्वरी जी और आमोद महेश्वरी को विशेष धन्यवाद जिन्होंने इस काम को छापने का ज़िम्मा लिया। इस काम को अंत पहुँचवाने की रमेश ग्रोवर जी की इच्छा के प्रति मेरा आदर और सम्मान! आशा है मेरे पाठकों के मन में मेरी रुचि और सरोकार के प्रति प्रेम भाव जरूर उमड़ेगा!

—नासिरा शर्मा

मंत्रों के बीच गूँजती कविता की ऋचाएँ

नेपाल

पारिजात
कुंदन शर्मा
भुवन धुगाँना
बनिरा गिरी
सीता पांडेय

मंत्रों के बीच गूँजती कविता की ऋचाएँ

नेपाल हिमालय की गोद में बसा एक ऐसा स्वर्ग है जहाँ मौसम की तरह सत्ता में बदलाव आता है और ठहरे पानी की तरह व्यवस्था जनता को कुछ भी नया नहीं दे पाती है। भूख, बेकारी, ग़रीबी और पुराने मंदिरों में खोया आध्यात्मिक चिंतन एक रहस्यमय वातावरण को जन्म देता है। ऐसे वातावरण में रचना के मन के कपाट खुलते हैं। शब्द अहसास की सीढ़ियाँ उतरते हैं। घंटों की तेज़ आवाज़ अलसायी घाटी में गूँजती है। बुद्ध के शांतिमय वैचारिक चेहरे के चारों तरफ़ निर्वाण की प्राप्ति को तड़पती प्रश्नों की पंक्तियाँ रोज़मर्रा के जीवन की पगडंडियों को तय करती हुई कविता का पीछा करती हैं।

पोखरा और चितवान में हिमालय के दीदार की प्यास बुझाने के संग उपन्यास और कहानी का संसार प्रकृति बसाती है। फ़िज़ा में पुराने मंत्रों के बीच जाने कितने उपन्यास और कहानियों के किरदारों के संवाद गूँजते महसूस होते हैं। ख़ामोश पहाड़ियाँ, हरे नीले पानी की झीलें और झूमते दरख़्तों की सरसराहटें। बहुत-कुछ है देखने-समझने के लिए, उसी को पकड़ने के लिए पर्यटकों की भीड़ नेपाल में घूमती नज़र आती है। क्लिक-क्लिक करते कैमरे और चाँदी, लकड़ी से बनी नक़्क़ाशीदार वस्तुओं से भरी दुकानों के बीच घूमते सैलानी। पशुपति मंदिर के फैले परिसर में रेलिंग से लगकर बहते पानी के किनारे पिंडदान के चावल लड्डुओं को खाते बंदरों का बिखराव एक अलग राग अलापता है।

नेपाल, बैंकाक और जापान के कुछ हिस्से इस तरह एक-दूसरे से घुले-मिले नज़र आते हैं कि आपको अकसर धोखा हो सकता है कि आप कहाँ हैं? नेपाल में बड़ी संख्या में बिहारी देखे जा सकते हैं जो कई पीढ़ियों से वहाँ रचे-बसे हैं मगर आज भी भोजपुरी गानों को सामूहिक रूप से गाते हुए वे अपने पूर्वजों की मातृभूमि में पहुँच जाते हैं। नेपालियों की एक बहुत बड़ी तादाद भारतवर्ष में घरों में काम करने से लेकर ऑफ़िस, व्यापार और कई अहम क्षेत्रों में व्यस्त हो अपनी रोज़ी-रोटी कमाते नज़र आएगी।

नेपाल में जहाँ प्राकृतिक सौंदर्य है वहीं मनुष्य के जीने की स्थितियाँ काफ़ी कठिन है। इन्हीं जड़-कठिन परिस्थितियों को कवयित्रियों ने अपनी अभिव्यक्ति का माध्यम बनाया है जिसमें वेदना है, सपने हैं, भविष्य की चिंता और अतीत की चेतना है।

नेपाली भाषा इंडो-आर्यन भाषा परिवार से है। कहा जाता है कि पहली कविता *पृथ्वी नारायण* थी जिसके रचयिता सुबानंदा दास थे। जिन्होंने काठमांडू घाटी की जीत के अवसर पर क़लमबंद की थी जब नये नेपाल की बुनियाद रखनेवाले पृथ्वी नारायण शाह (1722-1775) ने विजय प्राप्त की थी।

इसके बाद एक लंबा सिलसिला चल पड़ा, भानुभला आचार्य (1814-1869), मोतीराम भट्टा (1866-1896), लेखनाथ पाउदेल (1884-1965), बालकृष्ण सामा (1902-1981), लक्ष्मीप्रसाद देवकोटा (1909-1959), गोपाल प्रसाद रिमल (1917-1973), भूमिशेरचंद (1936-1989), मोहन कोयराला (1936) आदि। बाक़ी कवयित्रियाँ यहाँ अपनी कविता के साथ पुस्तक में मौजूद हैं।

नेपाल के साहित्यिक कार्यक्रमों में जाने का मौक़ा मिला जहाँ अनेक तरह के बुद्धिजीवी और विभिन्न रचनाकार थे। उस समय वहाँ के भारतीय राजदूत जवाहरलाल नेहरू विश्वविद्यालय के प्रोफ़ेसर विमल प्रसाद जी थे जिनकी इच्छा थी कि मैं नेपाल पर खुलकर लिखूँ। मेरा प्रोजेक्ट पास भी हो गया था मगर इन कविताओं के अनुवाद से बात आगे नहीं बढ़ी जिसका आज भी मुझे अफ़सोस है।

हिमालय की वादी का हुस्न, पोखरा की झीलें, घने दरख़्त, मंदिरों पर लकड़ी के काम की नक़्क़ाशी बहुत-कुछ ऐसा था जो रहस्यमयी लगता था, परियों के देश-जैसा एक सपना-जैसा जो सपना रह गया।

नेपाल की दो यात्राओं में कई लेखकों एवं कवियों से मुलाक़ात और नेपाल अकादमी जाने का मौक़ा मिला था। शैलेंद्र सिंह जो पद्मा कन्या कैम्पस में अंग्रेज़ी के अध्यापक थे उन्होंने कुछ महत्त्वपूर्ण नेपाली कवयित्रियों की कविताओं के अंग्रेज़ी अनुवाद की पुस्तिका मुझे भेंट की थी। उन्हीं के अंग्रेज़ी अनुवाद से मैंने हिंदी में अनुवाद किया है। कुछ अनुवाद अंग्रेज़ी में बारबरा निमरी अज़ीज़ और बारबरा सोरोस ने किये हैं।

आक्रोश की नब्ज़ पर धड़कती कविताएँ

पारिजात

नेपाल में 1937 में जन्मी कवयित्री पारिजात की कविताएँ समय की चेतना से परिपूर्ण है। *लाल गुलाब* और *माँ* कविता देश-भक्ति और संघर्ष की गाथा का संकेत है जिसके पीछे इतिहास के दरवाज़े खुले हैं। नेपाली साहित्यकारों में पारिजात एक सम्मानित नाम है। पारिजात के साहित्य का फ़लक छोटा नहीं है उनकी अनुभूतियाँ व्यक्तिगत दुख-सुख के साथ मानवीय मूल्यों और संबंधों से बिंधी हुई हैं। इनके दो काव्य-संग्रह *पारिजात की कविता* (1988) और *बेनसालू वर्तमान* (1993) नाम से प्रकाशित हुए हैं। पारिजात ने उपन्यास और कहानियाँ भी लिखी हैं। पारिजात आज मौजूद नहीं हैं। उनकी मृत्यु 1993 में हुई, मगर उनकी कविता की महक आज भी नेपाली साहित्य में विद्यमान है।

मैं और मेरा अतीत

लंबे बाँस के वृक्ष की तरह,
'जैस्था' की तेज़ हवा के चलते
मैं अपने अतीत का स्पर्श करती हूँ
चमकता सूरज फटी धरती, मेरी
यादों में परछाईं बन उभरती है।
बिना वर्तमान एवं भविष्य के
मैं तुमसे कह सकती हूँ—
मेरा अतीत चिटखा, टूटा था।
मेरा अतीत जानता है मैं
अंदर से खोखली
ठीक बाँस वृक्ष की तरह हूँ।

☙ लाल गुलाब ☙

गुलाबों से बसी हवा ने
दहलीज़ पार की और
लाल घाघरे में बसंत कन्या बन
मेरे कमरे में
दाख़िल हुई।

दर्पण के समीप पहुँच हवा
एकाएक ग़ायब हो गयी
लाल फूल व सुगंध के संग।
मैंने पाया
मेरे कमरे में, कुछ भी न था।
सारे गुलदान,
फूलों से ख़ाली थे।

यकायक
क्या देखती हूँ
फूलों की जगह, शहीदों का लाल रंग,
शहीदों के ताज़े ख़ून की महक को
एकाएक महसूस किया और कहा :
स्वागत! रक्त पुष्प!
हार्दिक स्वागत मेरे कमरे में तुम्हारा
मेहरबानी कर प्रवेश करो, कुछ देर ठहरो
फिर जाना मगर,
इजाज़त मत देना कि सुगंध तुम्हारी त्वचा से रिसे
कोशिश करना कि
वह तुम्हारे ख़ून से टपके।

मैं चाहती हूँ काश्तकारी करना
हर बेकार की गंध से बचाकर
घनी शहीदों की महक की यहाँ।

ओह! भला चाहनेवाले
मत तोड़ो काँटों से भरे गुलाब को
ख़ुद कोट में लगाने के लिए।

मत इजाज़त दो गुलाबों की हत्या की
उनकी पँखुड़ियों को मसलने की।

ये ख़ून और सुगंध का मिश्रण है
ये ख़ून और अभिलाषा का मिश्रण है।

ॐ माँ ॐ

मुझसे पूछा गया
तुम्हारी पहचान क्या है?
हिमालय
समांतर षट्फ़लक

तुम्हारी बनावट क्या है?
उपजाऊ घाटियाँ
अनेक नदियों का जाल, हरे घने वन
प्रचुर प्राकृतिक स्रोत।

तुम्हारा नाम क्या है?
माँ

यह बूढ़ा आदमी कौन है?
जो तुम्हारी गोद में प्यार से बैठा है?
यह कुपोषित नवजात!
मेरा बेटा है जो बलात्कार की उपलब्धि है।

इसका पिता कौन है,
मुझे नहीं मालूम
तुम ज़िंदा कैसे हो?
मज़दूरी के बल पर

पीली औरत! तुम कुछ भी हो
लेकिन
हो केवल दो लटकती छातियों के संग
बारह पसलियों का ढाँचा भर।
कहाँ है तुम्हारी उपजाऊ मिट्टी
असंख्य खेत-खलिहान?

कहाँ से लाती हो,
रोटी इस बच्चे के पोषण के लिए?

क़बीले की माताओं में से,
मैं एक माँ हूँ, यह
ख़ून मेरा है!

उसके जाने के बाद
मैंने अपने पुत्र को फिर से देखा।
उसका चेहरा
झुर्रियों से भरा, सत्तर वर्ष के
बूढ़े-जैसा लटक रहा था।

मेरे अंदर पीड़ा का ज्वार उठा
लेकिन
मैंने थाम लिया आवेग को,
मुझे पता है रोटी से ख़ाली पेटवालों के लिए
कोई आँसू नहीं टपकाता।

ऊबे क्षणों का कविता राग

कुंदन शर्मा

सन् 1942 में नेपाल में जन्मी कुंदन शर्मा की अपनी एक पहचान है। उनका कविता संग्रह 1988 में *मेरी कविता* नाम से छपा है। आपकी कविताओं में आक्रोश और विद्रोह का स्वर काव्यात्मक लय के साथ मौजूद है, जिसमें समय की ज्वलंत समस्याएँ और भविष्य का भय एक नयी तरह के प्रश्न सामने रखते हैं। वर्तमान समय के बदलते राजनीतिक परिदृश्य किस तरह इंसानों को आहत कर रहे हैं, इसकी कसक इनकी कविताओं में प्रचुर मात्रा में मौजूद है।

☙ नया ब्रह्मांड ☙

यह धरती टुकड़ों में बँट गयी,
सभी ने पाया अपना-अपना हिस्सा।
यहाँ तक आकाश और समंदर भी बँट गये।

हम नहीं जानते,
हम कब से भटक रहे हैं,
अपने जीवन का अर्थ ढूँढते हुए।

हम नहीं जानते,
हम कब से यात्रा पर निकले हैं;
अपने बुनियादी अधिकारों को पाने के लिए।
पीछा करता हर युग, देश-निकाला हर एक से,
हम चाहते हैं कोई नयी जगह अब रहने की।

लेकिन यह धरती तो पहले से
उबल रही है भीड़ से।

कोई नहीं बदल सकता इसके भूगोल को
केवल आंतरिक खलबली के।
या फिर
हम रहने के लिए ढूँढें
कोई दूसरा ब्रह्मांड

☙ आज़ादी ☙

मैं आज़ादी चाहती हूँ
आज़ादी इस दीवार से
आज़ादी इस सड़क से
आज़ादी इस घर से
आज़ादी अपने सारे संबंधों से
यहाँ तक अपने आस-पास के वातावरण से।

आज
जो मैं महसूस कर रही हूँ कि
हर चीज़ से
मैं आज़ादी चाहती हूँ
वास्तव में उसमें
मैं भी शामिल हूँ।

अपनी अस्मिता की तलाश करती औरत

भुवन धुगाँना

1945 में जन्मी भुवन धुगाँना नयी अनुभूतियों एवं अभिव्यक्ति के संग नेपाली साहित्य में आयीं। उन्होंने कहानियाँ लिखी हैं जिसमें मध्यवर्गीय नगर के जीवन की विषमताओं का जीवंत वर्णन मिलता है। फ़िलहाल त्रिभुवन विश्वविद्यालय में अंग्रेज़ी की अध्यापिका हैं। आपकी कविताओं में नये रूपक मिलते हैं जो उनकी दृष्टि की सूक्ष्मता का परिचय देते हैं।

दर्द

आत्मानुभूति की पीड़ा से,
अचेत।

दर्द को,
एक दोपहर
मैंने महसूस किया, जैसे
बिस्तर में तुम्हारे साथ हूँ।
मेरा तन वस्त्रमुक्त है,
और मैं,
उबले आलू की तरह दिख रही हूँ,
जिसका छिलका उतर गया हो।
लज्जित, भयभीत, आतंकित।

दर्द
मैं महसूस कर रही हूँ
तुम्हारा स्पर्श और तुम,
चिपके हो मुझसे जोंक की तरह
मेरा लहू पीते हुए।

उस दोपहर
एकाएक
मक्खियों की भनभनाहट ने
जाने कैसे मेरे दर्द को जगा दिया
जैसे वह मुझे याद दिला रहा हो, कि
मैं अभी ज़िंदा हूँ!
मैं अभी ज़िंदा हूँ!

❧ हम : मछलियाँ ❧

हम मछलियों की तरह हैं।
देश : एक तालाब
युद्ध : मछुआरा
अपना जाल फैलाता हुआ
मछलियाँ भागती हुई।

मूँगफली के दाने और
ललचाती मछलियों की इच्छाएँ
अहसास जो दिखायी नहीं देता,
नज़र आता है केवल
मछलियों का फिसलना।

बड़ी मछलियाँ
अपना मुँह खोलती हैं और
मूँगफली के दाने निगल जाती हैं।
साथ ही गटक जाती हैं
बेचारी छोटी मछलियों को भी।

तुम और मैं और वे,
वे और हम
संघर्ष कर रहे हैं मछलियों की तरह।

देश : एक तालाब
युद्ध : मछुआरा
जो जाल फेंक रहा है अपना, और
ताक में है अपनी बारी की।

बेख़ौफ़ अभिव्यक्तियों के शब्दजाल

बनिरा गिरी

बनिरा गिरी नेपाल की महत्त्वपूर्ण उपन्यासकार और कवयित्री हैं। आपका जन्म 1946 में हुआ। काठमांडू में रहती हैं और पद्म कन्या त्रिभुवन विश्वविद्यालय में नेपाली भाषा पढ़ाती हैं। बनिरा गिरी के पास बेबाक और नयी उपमाओं भरी तेज़, तीखी, तराशी भाषा है जो काव्य के सारे नियमों पर पूरी उतरती है। इनके तीन कविता-संग्रह *इवटा इवटा, जिंडो जंग बहादुर* (1974), *जीवन : थयामारू* (1978), *मेरे आविष्कार* (1984) में छपे थे। उनके काव्य में विद्रोह है, पीड़ा है। उनकी कविताओं में सामाजिक एवं राजनीतिक दृष्टि पैनी है।

अवैध संबंध

शंकाओं और भ्रांतियों के द्वंद्व के बीच
बनने दो मेरे बेटे को 'हैमलेट'
इस दुविधा में फँसा,
यह होगा, यह नहीं होगा।

उठाने दो उसे तलवार!
जिसमें धार लगेगी
दुर्भाग्य की सान से।
मेरे आदम के सेब में
तलवार की नोक चुभोने से पहले
वह उसे,
उस प्याले में ज़रूर डुबो ले
जिसमें भरा है पोटेशियम सायनाइड।

ताकि
मुझे देख सके, वह
कराहते, मौत से हारते।

मैं स्वीकार करती हूँ कि मैं पतिता हूँ
मैंने अवैध संबंध
अपने युग से बनाये रखा
मैंने अवैध संबंध
अपने युग से बनाये रखा।

औरत

निर्वस्त्र अप्रतिबंध
असंदिग्ध, बेधड़क
औरत सड़क के उस पार
अपने निर्दोष आदिम रूप में खड़ी है।

अंधे पुरुषों का उत्सुक झुंड
औरत के मिज़ाज को समझने के लिए आतुर।
पहली नज़र में उसके मुलायम लंबे बाल देख
वे बुदबुदाये : "औरत जलप्रपात है, वह गंगा है,
जो शिव की जटा से निकली है।"
दूसरे ने देखा, उसके हाथ, उसकी उँगलियाँ,
और ख़ुशी से घोषणा की :
"औरत सरस्वती के हाथों में पकड़ा कमल है।"

तीसरा औरत की जाँघों और स्वर के बारे में,
कहने लगा :
"औरत मुलायम बाँसों का विवाह मंडप है।

चौथे ने उसके होंठों में से
फूटती रचनात्मक गुनगुनाहट को सुनकर कहा
"औरत पकी रसभरी है।"

पाँचवें ने उसके सीने को ताका
जो ममता का अमर वरदान है। बोला :

"औरत एक कलश है जो लक्ष्मी के उपहारों से भरा है
छठे का आविष्कार था कि
"औरत एक घृणित ख़ंदक़ है।"

उस औरत की आँखें भर आयीं
अंधे आदमी के इस अपशब्द पर
उसकी डबडबायी आँखों को देख
सातवें ने मत दिया :

"अरे पापी मूर्खो! औरत सिर्फ़ ख़ंदक़ नहीं,
वह 'गोसेनकुंडा' भी है।
वह 'मानसरोवर' भी है।"

निराशा में विवेक की आहटें

सीता पांडेय

सीता पांडेय का जन्म 1958 में हुआ। काठमांडू में स्पोर्ट्स काउंटर में काम करती हैं। कविता और कहानी दोनों लिखती हैं। कविताएँ रूमानी भावना से ओतप्रोत हैं। उसमें एक ज़नाना ग़ुरूर भी है। कहानी और कविता दोनों में अभिव्यक्ति की पकड़ ज़बरदस्त है।

फ़िलहाल नेपाल में महिला लेखन के क्षेत्र में एक नयी ज़मीन तैयार कर रही हैं जो उनके विचार और संवेदना के साथ देश की स्थिति का भी आईना है।

भावना का दुर्ग

तुमने कहा :
"मैं तुम्हें प्यार करता हूँ
जी-जान से ज़्यादा
मैं तुम्हें
प्यार करता हूँ।"

तुम्हारे दुख सुनूँगा ठीक
अपने दुख की तरह।
तुम्हारी पीड़ा को महसूस करूँगा, क्योंकि
मैं तुम्हें प्यार करता हूँ।

लेकिन,
मैंने तुम पर विश्वास नहीं किया
यदि तुम सचमुच मुझसे प्यार करते
तो क्यों रेशमी पर्दे के पीछे
अपने को छुपाते?

क्यों रहते उन दीवारों के पीछे?
क्यों नहीं आए मुझे आलिंगन करने
उन पर्दों को गिरा, दीवारों को फाँदकर?

बस, बहुत हुआ
कोई ज़रूरत नहीं छुपकर चुंबन लेने की।
हमारे बीच यह सीमा-रेखा किसने खींची?
किसने उठायी ये दीवारें?
अब मैं समझ गयी हूँ कि,
भावनाओं का अपना दुर्ग होता है।

लेकिन
मैं विश्वास नहीं करती
इस तरह के क़िलों पर,
दीवारों पर,
सीमा-रेखा पर।
मुझे विश्वास नहीं है कि
प्रेम संभव हो सकता है
दीवारों को बीच में खड़ा करके।

काला ताल

अकेले तुम पार कर रहे थे
काला ताल।
मैं भी तैर रही थी, उस पार जाने के लिए,
अपनी सारी शक्ति एवं हौसले को,
सँजोकर।

तुम तैर रहे थे अपनी शक्ति भर
और मैं भी अपने सामर्थ्य से
दोनों अपने-अपने बल पर, अकेले तन्हा।

लेकिन,
ताल बड़ा था, जिसका कोई किनारा पास न था।
अपने अथाह उभारों के नीचे
सारी दुनिया के कष्टों को मथता हुआ।

तुम थोड़ा आगे थे मेरे
पाँव घसीटते-से,
धीरे से मुड़कर तुमने पूछा :
"क्या हम साथ तैर सकते हैं
एक-दूसरे के संघर्ष को बाँटते हुए?
तब हम इस ताल को बड़ी आसानी से
पार कर लेंगे।"

मैं पहले से निढाल, कमज़ोर
सोचने लगी,
"तुम्हारे साथ बाँट लूँगी अपनी थकान"
(हो सकता है तुमने भी ऐसा ही सोचा हो?)
हम साथ हो लिये तब से
इस काले ताल में,
लेकिन
साथ होने के बावजूद
हम फिर भी अकेले, बिलकुल तन्हा थे
क्योंकि
रास्ते में वह कुछ भी न घटा
जो हमने सोचा था और
कुछ न बदला।

न मेरी घोर व्यथा कम हुई
न तुम अपने को हलका महसूस कर सके
इस भ्रम में हमने, अपने को
और भी थका डाला कि
हम एक-दूसरे को बाँट रहे हैं।
तुम सुखी नहीं हो
न मैं ख़ुश हूँ।
तुम सोच रहे हो कि मैंने तुम्हारा बोझ बढ़ाया

और इधर मैं
अपनी विकलांग इच्छाओं में निहित
अपनी दुखद स्थिति के संग,
सोचती हूँ कि
मुझे वह कुछ न मिला जो मैंने चाहा था।

हिन्दु कुश पर्वतमाला में शायरी की सघन गुफाएँ

अफ़ग़ानिस्तान

राबिया बल्ख़ी
मेहरुन्निसा
आयशा अफ़ग़ान
मस्तूरे-ग़ौरी
राबे असीर
मख़्वी बदख़्शी
महज़ूबा सफ़ोरा
मसतूरह-ए-अफ़ग़ान
शरीफ़ा दानिश
लैला कावियान
लैला सराहत
हुमैरा नकहत दस्तगीरज़ादे
हाज़के

हिन्दु कुश पर्वतमाला में शायरी की सघन गुफाएँ

इस लेख को लिखते हुए पचास वर्ष पहले का अफ़ग़ानिस्तान नज़रों के सामने से गुज़रता है तो एक सवाल उभरता है कि सदियों से अफ़ग़ान कवयित्रियों को प्रोत्साहन देनेवाले उनके पिता रहे हैं। केवल एक कवयित्री के भाई ने बहन की मदद की और दूसरे भाई ने ज़माने के डर से उस पर ज़ुल्म तोड़ा। ये दोनों भाई हमारे सामने अपवाद के रूप में आते हैं मगर आज के अफ़ग़ानिस्तान की कोई छाया अतीत पर नज़र नहीं आती है। कितना विचित्र है कि जब अफ़ग़ानिस्तान को रूढ़ियों में जकड़ा होना चाहिए तो लड़कियाँ बी.ए., एम.ए. कर रही थीं और जब उन्हें विकास में शामिल होना चाहिए था तब उन्हें पर्दे में बिठाया और पढ़ाई से दूर किया जा रहा है। ज़ुल्म की रोज़ नयी कहानी मय तस्वीर के हम देखते हैं और ताज्जुब करते हैं। तब सवाल उठता है कि असली अफ़ग़ानिस्तान कौन-सा है? आज का या कल का?

कवयित्रियों की ज़िंदगी से गुज़रते हुए एक शौहर भी अपने व्यक्तित्व को उजागर करता है जो शायरी पर पाबंदी नहीं लगाता है। मगर पर्दे का हामी है और कवयित्री को घर की कोयल बनाकर रखना चाहता है ताकि उसके ग़मगीन दिल से बेहतरीन नग़मे फूटें। फ़िलहाल अख़बार द्वारा ऐसे पतियों की ख़बर भी नहीं आती है जो पत्नियों को उपलब्धियों और विकास का मौक़ा देते हैं। मगर दूसरे मुल्कों की फ़ौज से छुपाकर रखने में अपनी और औरत की सुरक्षा देखते हैं। बल्कि कुछ मर्द तो औरत के हर तरह के विकास के ही विरुद्ध हैं। अफ़ग़ानिस्तान में फ़िलहाल स्वतंत्रतापूर्वक घूमने की इजाज़त नहीं है वरना आम लोगों से सच निकलवाना बहुत मुश्किल काम नहीं है।

रूसी फ़ौज के जाने और कलस्टर बमों की बारिश से पहले एक कवयित्री ने अपना दुख कुछ यूँ बयान किया था–

मुझे अपना वतन प्यारा है
अपने पूरे वजूद के साथ

ये पंक्तियाँ बीस वर्ष की 'लीदा' की हैं जिसने 1999 में अपने ऊपर तेल छिड़ककर ख़ुदकुशी कर ली। ये पंक्तियाँ उसने अपनी नोट-बुक में जहाँ-तहाँ लिख रखी थीं। 1976 में मीना नाम की ख़ातून ने सियासी महिला संस्था 'रावा' शुरू की थी। लाल फ़ौजों का ऐसा विरोध इस संस्था ने किया कि मजबूरन वजीहे और

नाहीद को अपनी जान खोनी पड़ी और बाक़ी सदस्यों को ज़हर खाना पड़ा। 'रावा' संगठन यह बात खुले शब्दों में कहता था कि प्रगतिशील या रूढ़िवादी सोच में औरत को लेकर कोई ख़ास फ़र्क़ नहीं। दोनों ही ताक़तें औरतों पर ध्यान नहीं देतीं। ऐसी बाग़ियाना 'आवाज़' को अफ़ग़ानिस्तान में क्यों पसंद किया जाता?

गोलियों, बमबारी से बचे, घर और खेत के जल जाने से बेसहारा नब्बे वर्ष की अफ़ग़ानी कवयित्री 'समनबू' को हेरात के गली-कूचों में हाथ में अपना दीवान (काव्य-संग्रह) पकड़े भीख माँगते देखा गया था। उनके दिमाग़ पर हादसों ने गहरा असर डाला था। तभी वह अपने से बातें करतीं बेहाल-सी उसी हेरात की सरसब्ज़ ज़मीन पर बंजर धरती-सी घूमती हैं, जो कभी शेरो-शायरी के गुलबूटों से सजा हरदम महकता रहता था।

क्या करूँ ऐसा जो
गुज़र जाए आज का दिन
अपनों के हाल पर मैं रोयी आज
नहीं है मेरे पास खाना, पैसा, काम
अपना ही ग़म बला बन गया है आज।

अफ़ग़ानिस्तान की शायरी ने मुझे जो दूसरा आश्चर्य दिया यह कि फ़ारसी दरी में असंख्य कवि हैं जिन्होंने ग़ज़लें लिखी हैं। मगर बाद में नयी कविता में मुझे किसी भी शायर के यहाँ औरत को लेकर कोई नज़्म, रुबाई, बैत, हाइकू नज़र नहीं आयी। अब्दुल्ला नायबी और दस्तगीर पंजशीरी के यहाँ जो औरत आयी है वह या तो कॉमरेड या बहन। जो पार्टी से प्रतिबद्ध है। मगर उसमें भी औरत अपनी पहचान और अहसास के साथ कहीं नहीं उभरी है। न ही बहन, माँ, प्रेमिका या फिर आम घरेलू औरत की तरह नहीं मिली हैं। उन्नीसवीं सदी और बाद में विषय या तो जंग है, जवानी, अंगूर, प्रकृति, ग़रीबी, पहाड़, मुल्क, वतन का प्यार इत्यादि है। शायद इसकी वजह यह हो सकती है कि वह ग़ज़ल द्वारा औरतों से काफ़ी बात कर चुके थे। अब कहने को जो बचा है वह सिर्फ़ इंक़लाब, शहादत, पार्टी, क़ब्र, माँ का दिल आदि-आदि। अफ़ग़ानिस्तान में शायरी की बहुत बड़ी परंपरा रही है और महत्त्वपूर्ण क्लासिक कवियों का एक जगमगाता आकाश नज़र आता है। उस दौर के बाद नीम क्लासिक दौर आता है। फिर नयी कविता का समय शुरू हो जाता है। उनके अदब में आधुनिक औरत या औरत को लेकर भरपूर और संपूर्ण कविता नहीं मिलती है। यदि शुरू में उसका कोई ज़िक्र किसी संदर्भ में आया है तो बाक़ी शेर उसी संदर्भ में होंगे।

अफ़ग़ानिस्तान में लाजवर्द की खानों को भूतपूर्व नार्थ के नेता मसूद ने मुजाहिदीन से लड़ने के लिए ख़ूब इस्तेमाल किया। अफ़ग़ानिस्तान का यह नीला पत्थर औरतों के ज़ेवर में ढलकर उनके हुस्न को चार चाँद लगाता था। अफ़ग़ानिस्तान में मेवों के बेहतरीन बाग़ानों के अलावा पेट्रोल भी मौजूद है। अब ख़बर है कि वहाँ ऐसा रसायन मिला है जिसका प्रयोग चिप्स बनाने में काम आ सकता है। अब देखते हैं कि

अफ़ग़ानिस्तान का शोषण किस कोण से शुरू होनेवाला है। पोस्त की खेती करवाकर विकासशील देशों ने ख़ूब कमाया-खाया और बदनामी का ठीकरा अफ़गानों और अफ़ग़ान मुजाहिदीन के सिर फोड़ा। तालिबान इतने बदनाम हो चुके हैं कि मुल्ला उमर के शुरू के ख़्यालात और तालिबान का अमेरिकी विरोधी तेवर कोई मायने नहीं रखता है। स्वातघाटी का ज़हन से निकलना जितना मुश्किल है उतना ही सख़्त है किसी का अफ़ग़ानिस्तान के गली-कूचे, दर्रे व पहाड़ में जाकर उलझे सच को देखना।

कुछ इस तरह का ज़िक्र हमको प्रो. ख़लील उल्लाह ख़लीली के यहाँ नज़र आता है। 1907 में पैदा हुए प्रोफ़ेसर ख़लीली अपनी साहित्यिक उपलब्धियों के चलते फ्रांस अकादमी और काबुल में सम्मानित हो चुके हैं। लगभग चालीस किताबों के रचनाकार के साहित्य को ईरान और ताजिकिस्तान में बहुत आदर से पढ़ा जाता है। उनके अदब में इस तरह की कई कविताएँ हैं जैसे *फ़क़ीर की बेटी* या *फ़क़ीर की लड़की की ईदी* जो फ़ारसी कवि बहार और परवीन एतेसामी के तर्ज़ पर लिखी गयी हैं जिनमें छंद, शब्द और बिंब का सारा खेल है। उन्हीं की तरह एक दूसरा नाम मोहम्मद इब्राहीम ख़लील का है जिनके जन्म का साल बहुत साफ़ नहीं है। उन्होंने अमान उल्लाह गाज़ी के दौर में विदेश मंत्रालय में कातिब की हैसियत से काम किया। मलिका सुरय्या जब नवजागरण आंदोलन के तहत सफ़र पर निकलीं तो आप उनके सेक्रेटरी और उनके बेटे के उस्ताद की हैसियत से उनके साथ गये। नादिर शाह के क़त्ल के बाद दस वर्ष के लिए जेल में डाल दिये गये। जब बाहर आए तो शायरी और किताबत में डूब गये।

उनकी दो कविताएँ बाक़ी ग़ज़लों, बैत, रुबाई से अलग नज़र आयीं। पहली है *दुख़्तरे गुलफ़रोश* जिसमें उन्होंने माली की बेटी की तुलना फूल की ख़ूबियों से की है। इसे पढ़कर फ़ारसी कवि सादी की वह नज़्म याद आती है जिसमें मिट्टी यह स्वीकार करती है कि उसमें ख़ुशबू का आ जाना केवल फूलों की क्यारी के कारण है; जहाँ वह पड़ी थी और फूल का गुण उसमें आ गया। इस तरह के मौज़ू, संगत, ग़रीबी, फ़क़ीरी, यतीमी, विधवा एक विशेष दौर का विषय था। उर्दू में भी इन मौज़ूआत पर बड़ी प्रभावी नज़्में लिखी गयी हैं जिनमें ख़ुद फ़क़ीर और ग़रीब नहीं बोलता बल्कि शायर अपनी भड़ास निकालता है। अमानउल्लाह के दौर में जब पर्दा हटाने की बात उठी तो उस ज़माने में ख़लीली ने एक नज़्म लिखी मगर रदीफ़, क़ाफ़िये की बंदिश में! जो अपने समय की एक अहम और बाग़ी कविता होगी।

इसी दौर में बारिक शफ़ी की लिखी नज़्म का ज़िक्र करना ज़रूरी है क्योंकि इस पूरे इलाक़े और यूरोप तक में हिजाब का मसला गर्म है। यह नयी कविता के रूप में कही गयी है–'बे पर्दा जलवाकुन', जिसका अर्थ है बिना छुपे दिखो या पर्दे के बिना नज़र आओ।

बेपर्दा नज़र आओ
मेरी अज़ीज़ बहन!
आर्यों की बेटी!

मैं खुलकर और साफ़-साफ़ शब्दों में कहता हूँ
तुम फूल नहीं हो
जिसे मैं अकेला सूँघूँ

ए राबिया की आँखों का तारा!
ए यमा की बेटी!
यह बड़ी दुनिया
चंद तंगनज़रों की तरह घुटी और सियाह नहीं है
ज़िंदगी का सहरा तारों की तरह रौशन है
इस अंजुमन में जो तुम्हारी है
आओ और अपना मक़ाम हासिल करो।

ए दुख़्तरे होशमंद!
बानो नेक कामी!
तुम एक क़ीमती मोती हो
आदमी की औलाद की शक्ल में।
मर्दों की तरह सर तानो इस बेहूदा जंग में
और नैतिकता का परचम लहराओ।
तुम्हारी अज़मत और अक़्लमंदी को मेरा सलाम।

उपरोक्त नज़्म के रचयिता बारिक शफ़ी का जन्म 1931 में काबुल में हुआ। शिक्षा वहीं हासिल कर सरकारी दफ़्तर में नौकरी फिर 'जोनदून' साहित्यिक पत्रिका में कविता का विभाग देखते रहे। शुरू में बारिक पुरानी परंपरा के शायरों के अनुयायी रहे फिर अचानक अपना रुख़ नयी कविता की तरफ़ मोड़ लिया। इनका पहला काव्य-संग्रह 1962 में 'सताक' नाम से छपा था।

स्रोत

1. 'जनाने सुखनसरा दर पूयाए अदब-ए-दरी' संपादन 'अता' 1985 मतबूए दौलती अफ़ग़ानिस्तान।
2. 'शेरे मुआसिरे दरी दर' अफ़ग़ानिस्तान-डॉ. मोहम्मद लालज़ाद-इंतेशारात बुनियादे फ़रहंग व तमद्दुन, अफ़ग़ानिस्तान, देहली।
3. 'अफ़ग़ानिस्तान में दरी फ़ारसी शायरी' डॉ. ग़ुलाम मोहम्मद लालज़ाद-डॉ. शोएब आज़मी-क़ौमी कौन्सिल 95-97 पन्ना 1999।
4. शेरुलअजम-शिब्ली नोमानी जिल्द पहली पन्ना, 25।
5. पर्दे नशीनाने सुख़नगो लेखक मागेह रहमानी।
6. महज़ूबा हरवी-उस्ताद प्रो. हबीब नवाबी।
7. ज़बीह उल्लाह सफ़ा 'तारीख़े अदबयाते दर ईरान जिल्द अव्वल।'

शायरी की देवी का तराना-ए-ज़िंदगी

राबिया बल्ख़ी

दरी-फ़ारसी का पहला शायर कौन था। यह सवाल तरह-तरह के शोध सामने लाता रहा। *अफ़ग़ानिस्तानी साहित्य का इतिहास*-जैसे ग्रन्थ को लिखनेवाले अंग्रेज़ विद्वान् मिस्टर ब्राउन ने भी सवाल उठाया कि दरी भाषा का पहला कवि सासानी काल में कौन था। समय-समय पर कई नाम उभरे-जैसे पीरुज़ मशरक़ी, अबूसलीक गुरगानी, सैफ़ सीसतानी, अबूअब्बास मरुज़ी, महमूद वशक़ आदि-आदि। बहस के लंबे दौर के बाद तय होता है कि रुदकी पहला कवि था मगर वह अपने ज़माने में इकलौता तो नहीं होगा। कुछ और शायर भी समकालीन होंगे। ग़र्ज़ कि नतीजा यह निकला कि शोधकर्त्ताओं ने अंत में रुदकी समरक़ंदी को दरी कविता का पहला कवि स्वीकार कर लिया। उनको 'दरी कविता का पितामह' का लक़ब दे दिया गया।

उसी दौर में जब रुदकी समरक़ंदी वजूद रखते थे, एक शायरा राबिया के नाम से शेर कह रही थी। वह शाहक़ाब कज़दारी की बेटी थीं और बाप की बेहद दुलारी थीं। शाहक़ाब ने उसे हर तरह के 'इल्म' की शिक्षा दे रखी थी। सवाल उठता है कि जब रुदकी को 'पितामह' का लक़ब दिया जाता है तो 'राबिया' जो पहली शायरा क़ुबूल कर ली गयी है उसको यह लक़ब 'मादरे शायरी-ए-दरी-फ़ारसी' क्यों नहीं कहा गया। राबिया बल्ख़ में पैदा हुईं। यह वह दौर था जब सामानियान सत्ता में थे और सीसतान, बस्त कंधार और बल्ख़ के इलाक़े पर हुकूमत करते थे। शाहक़ाब अरब क़बीलों के बीच इज़्ज़त की निगाह से देखा जाता था। अरसे तक शाहक़ाब के बुज़ुर्ग इस इलाक़े में जंग करते रहे थे। अंत में विजयी हुए और अपने को अरब-भाषा से ज़्यादा दरी-फ़ारसी भाषा के नज़दीक पाते। शाहक़ाब बहुत पढ़ा-लिखा था। उसने बेटी को भी अच्छी तालीम दी और राबिया के गुणों से ख़ुश होकर उसे 'ज़ैनुलअरब' (अरब का सौंदर्य) का लक़ब दिया।

उस दौर में औरत का जो मक़ाम था, उसमें राबिया बल्ख़ी अपनी सारी ख़ूबियों के साथ दर पर्दा रहती थीं। पिता की मौत के बाद शहज़ादा हारिस गद्दी पर बैठा तो उसे पता चला कि बहन एक ग़ुलाम पर आशिक़ है और उसके लिखे

ख़तों को किसी दिलजले ने हारिस तक पहुँचा दिया। हारिस के दरबार में मशहूर कवि ने राबिया के चंद शेर सुनाये जो उसे राह में मिली थी। शायर को ताड़ते देर न लगी कि यह शायरा आशिक़ है। भाई की ग़ैरत ने जोश मारा। उसने बकताश के सीने में ख़ंजर उतारा और बहन की कलाई की नस काट उसे गर्म हमामख़ाने में डलवा दिया और दरवाज़ा भारी पत्थर से बंद करवा दिया। इस इश्क़ का अंत यह था मगर हक़ीक़त कुछ और थी।

एक बार बकताश को राबिया की झलक बाग़ में नज़र आयी तो वह बेताब हो आगे बढ़ा। राबिया ने यह कहकर उसे होश दिलाया "यह कैसी हवस है जबकि तुम्हें पता है कि मैं इबादत के वक़्त ख़ुदा की जगह तुम्हारा नाम लेती हूँ।"

राबिया के इस कलाम की निंदा हुई और धार्मिक व्यक्तियों ने एतराज़ करते हुए कहा कि एक इंसान को ख़ुदा के समकक्ष रखना गुनाह है।

राबिया बल्ख़ी आज ज़िंदा नहीं हैं, मगर उनकी शायरी आज भी ज़िंदा है। उर्दू के लेखक आलोचक शिब्ली नोमानी ने अपनी पुस्तक *शेरुलअजम* में लिखा है– "राबिया कज़दारी रुदकी की समकालीन हैं। शायरी के उसूलों से भरपूर, फ़ारसी और अरबी दोनों ज़बानों में बेहतरीन शेर कहती थीं। उनकी शायरी अपने ज़माने की औरतों के बीच नमूना थी।"

राबिया बल्ख़ी पर सूफ़ी कवि अत्तार ने पूरी एक मसनवी (काव्य-खंड) लिखी है। राबिया के साथ उस दौर में जो भी फ़ैसला लिया गया वह उस दौर के समाज की मजबूरी थी। मगर सवाल यह भी उठता है कि राबिया के पिता ज़िंदा होते तो वह इस दास्ताँ का अंत इतना दर्दनाक हरगिज़ न होने देते। मगर भाई हारिस ने अपनी अक़्ल और सत्ता का सही इस्तेमाल नहीं किया। राबिया शहज़ादी थी, आम औरत नहीं जिसके लिए क़ानून बदला न जाता। हारिस के इस क़दम की निंदा करनेवाले उस समय उसकी प्रशंसा ही करते अगर वह अपनी आशिक़ बहन का ब्याह बकताश से कर इन्सानियत की एक रिवायत क़ायम कर देता।

इश्क़ एक समंदर, जिसका किनारा ओझल
कौन तैरेगा इसमें, ओ अक़्लमंद!

राबिया बल्ख़ी के बाद हो सकता है कि दर पर्दा जाने कितनी कवयित्रियों ने शेर कहे होंगे मगर ख़ौफ से उसे किसी को न सुनाये होंगे, न खुलकर गुनगुनाये होंगे। क्या पता बहुत-सी शायरात अफ़ग़ानिस्तान की ज़मीन में गुमनाम होकर क़ब्रिस्तान की ज़ीनत बन गयी हों।

बेबाक बयानी का विद्रोही तेवर

मेहरुन्निसा

इनका पूरा नाम मेहरुन्निसा था। मेहरी उनका तख़ल्लुस था। मेहरी सोलहवीं सदी के मध्य में अफ़ग़ान के प्रांत 'हेरात' में पैदा हुईं। उनका देहांत भी हेरात में हुआ। उनका विवाह ख़्वाजा अब्दुल अज़ीज़ के साथ हुआ जो शाहरुख़ मिर्ज़ा के हकीम थे और अमीर तैमूर गुरगानी के पुत्र थे। वह बूढ़े, बदसूरत और बेहद चिड़चिड़े थे। उनके साथ मेहरी जीने का बहुत दिखावा करतीं मगर कुछ भी दिल से स्वीकार नहीं कर पा रही थीं। उन्होंने अपने हालात शेरों में कुछ इस तरह ढाले–

तुम्हारे घर में जैसे रहना चाहिए नहीं रह पाती
दिल आज़ादी चाहता है मगर क़ैदी भाग नहीं पाता
कहते हो कि मैं हर शै, दौलत और जवाहर की रखता हूँ
हाँ, वह सब है मगर जो होना चाहिए वह नहीं है

आगे कहती हैं–औरत का मेहरबान शौहर अगर बूढ़ा हुआ तो बुढ़ापे तक उसका दिल उदास रहेगा। उसी मुहावरे की तरह जो औरतें कहती हैं–औरत के पहलू पड़ा तीर किसी काम का नहीं है।

मेहरी अपने ज़माने की हाज़िरजवाब, शोख़ और मीठा बोलनेवाली थीं। जिसके कारण मलिका गौहरशाद जो शाहरुख़ मिर्ज़ा की पत्नी थीं मेहरी को बहुत चाहती थीं। उनकी नदीमी में मेहरी शामिल हो गयी। गौहरशाद का एक भांजा मसूद दत्तर ख़ान था। जिस पर मेहरी दिल व जान से फ़िदा थीं। कहा जाता है कि एक बार ख़्वाजा अब्दुल अज़ीज़ मलिका से मिलने आए। ख़्वाजासराओं ने गौहरशाद को इत्तला दी, वह उनके इंतज़ार में बैठ गयी। मगर बुढ़ापे के चलते अब्दुल अज़ीज़ धीरे-धीरे चलते इतनी देर में मलिका के हुज़ूर में पहुँचे तब तक मलिका का पारा चढ़ चुका था। मौक़े की नज़ाकत देख फ़ौरन मेहरी ने दो बैती कही और सुना दी–

मेरा भला तुमसे क्या संबंध,
मोहब्बत और वफ़ादारी का कोई सिलसिला नहीं,

ज़ोर और ताक़त की जगह
तुम्हारा यह बुढ़ापा और कमज़ोरी,
तुम्हारे क़दम तक उठाने में मजबूर हैं।

दो बैती सुन मलिका को हँसी आ गयी और उन्होंने ख़ुश होकर मेहरी को इनाम दिया। वह इनाम था मसूद दत्तर ख़ान से मुलाक़ात मगर छुपकर खुलेआम नहीं। जनाब फ़ख़री के *लतायफ़नामा* पुस्तक के 284 पन्ने पर ज़िक्र आया कि जब दोनों आशिक़ व माशूक़ क़िले के बुर्ज पर बैठे थे तभी बुर्ज के नीचे से अब्दुल अज़ीज़ का गुज़र हुआ। उन्हें देख मेहरी कह उठी–

बुर्ज के ऊपर मैंने अपने को चाँद की मानिंद उगाया
ऐ हकीमे बदकार! मेरी क़िस्मत को तो देखो।

इस तरह की मुलाक़ातें कब तक छुपतीं। आख़िर बात अब्दुल अज़ीज़ के कानों तक पहुँची तो उन्होंने शाहरुख़ मिर्ज़ा से शिकायत कर दी और निवेदन किया कि वह उनकी पत्नी को नसीहत करें। शाहरुख़ मिर्ज़ा ने अपने हकीम की बात ध्यान से सुनी और मेहरी को क़ैदख़ाने में डालने का हुक्म दिया। मेहरी ने एक रुबाई लिखकर शाहरुख़ मिर्ज़ा के पास भेजी।

शाह ने कुंदे में चाँदी-जैसा सर व तन तो जड़वाया,
क्या वह नहीं जानते मर्द-औरत के बीच का यह अबदी रिश्ता।
एक दिन यह कुंदा भी पुराना पड़ जाएगा,
क्योंकि यह दो शाख़ें हैं और गर्दनें सौ।

यह रुबाई ख़ैरात अहसान की किताब में भी मौजूद है। इस रुबाई को पढ़कर शाहरुख़ मिर्ज़ा ने मेहरी की आज़ादी का हुक्म दिया। ख़ैरात अहसान ने अपनी पुस्तक में एक जगह लिखा है–'वह मिर्ज़ा शाहरुख़ के दौर की औरतों में सबसे ज़्यादा अक़्लमंद, शीरींज़बान थीं और शाद बेगम के बहुत नज़दीक थीं।'

लेखक मागेह रहमानी अपनी पुस्तक *पर्दे नशीनाने सुख़नगोई* में लिखते हैं– ''अफ़सोस कि उनके ज़्यादातर शेर समय की गर्दिश में तबाह हो गये जो दस्तयाब हैं वे उनकी अज़मत को बताने के लिए नाकाफ़ी है।''

दर्रों में गूँजती शायरी की बाज़गश्त

आयशा अफ़ग़ान

अफ़ग़ानिस्तान की तीसरी महत्त्वपूर्ण शायरा 'आयशा अफ़ग़ान' हैं जो आयशा दुर्रानी के नाम से भी जानी जाती हैं। सत्रहवीं सदी में आयशा का जन्म काबुल में हुआ था। उनके पिता का नाम याक़ूब अली ख़ाँ तोपची था। याक़ूब ख़ाँ ख़ुद बहुत ज़हीन और इंसानदोस्त थे। उन्होंने बेटी को भी वही तालीम दी। आयशा अफ़ग़ान ने बीस साल की उम्र में शेर कहना शुरू किया और पहली बार अपनी रचना शाह तैमूर के सामने पढ़कर सुनायी।

शाम की नमाज़ के वक़्त अपने चारों तरफ़
शफ़क़ को लाल के फूलों की तरह खिलता देखा
लेकिन ख़ून की छींटों से पड़ी चादर पर
सूरज को क़त्ल होते देखा।

आयशा की ज़िंदगी तब तक ख़ुशियों और अरमांनों से भरपूर रही जब तक उनका पचीस वर्ष का बेटा ज़िंदा रहा। फ़ैज़ तलब जो तोपची था, वह कश्मीर महमूद शाह दुर्रानी के हुज़ूर में एक काम के सिलसिले से गया था। वहाँ इत्तफ़ाक़न एक हादसे में मौत को गले लगा बैठा। 1855 में जब उनका दीवान पूरा हुआ तो उसके तीन वर्ष बाद उनका इंतक़ाल हो गया। उनके शेरों, क़सीदों, मर्सियों को जमा करके उनके मरने के सत्तर साल बाद 1925 में छापा गया।

अजीब हालत है मेरी, ख़ुद को नहीं पहचानती,
कौन हूँ, कहाँ थी, अपनी सोच में परीशाँ हूँ।
कभी सुबह नूरानी तो कभी शाम ज़ुल्माती
कभी तख़्ते सुल्तानी तो कभी फ़क़ीरी से हैराँ हूँ
कहीं उपचार से वंचित तो कहीं दवा से दूर।
कभी दीवानगी कभी होशमंदी के जलवे
कभी रोती हूँ बादल बन, कभी ग़ुंचों में हँसती हूँ
कभी इश्क़ में डूबी हूँ, शमा की तरह पिघलती हूँ

सदियों बाद भी सफ़ेद फूल की ताज़गी

मस्तूरे-ग़ौरी

मस्तूर-ए-ग़ौरी एक ऐसी कवयित्री हैं जिनके बारे में बहुत ज़्यादा सूचनाएँ हासिल नहीं हैं। उनका एक दीवान मौजूद है जिसमें 3500 बैते हैं और जिसका नाम 'तोफ़ातुलआशिक़ान व मुफ़रेउल मुस्लमीन' है। उनका असली नाम 'हुरनिसाँ' था मगर वह 'बीबी सफ़ेद पोश' के नाम से भी मशहूर थीं। उन्होंने शादी नहीं की थी। मस्तूर-ए-ग़ौरी 1831 में अफ़ग़ानिस्तान के प्रांत गूर में पैदा हुई थीं। सारी उम्र वहीं गुज़ारी। 1865 में 34 वर्ष की उम्र में उनका देहांत हो गया। पहाड़ी जो 'ज़ूर' नाम से जानी जाती थी वहीं दफ़न की गयीं।

दो आशिक़ों के दिल आरज़ू की लय पर मस्त नाचते हैं
मगर जब शमा जलती है दो सौ पतंगे जल मरते हैं।

मेरे बेहाल अहवाल की ख़बर दो

राबे असीर

राबे असीर दरी भाषा की उन कवयित्रियों में से थीं, जिसकी ज़िंदगी ने वफ़ा नहीं की और वह जल्द ही इस जहाँ से विदा हो गयीं। राबे आसीर 1902 में लुधियाना (हिंदुस्तान) में पैदा हुईं। उनके पिता मोहम्मद अज़ीम का देहांत हो गया जब वह छह माह की ही थीं। राबे की माँ रज़िया के पास कोई और चारा न था सिवाय अपने वतन अफ़ग़ानिस्तान लौटने के। वह एक समझदार, सुशिक्षित महिला थीं। बेटी की तालीम और तरबियत बड़ी लगन और प्यार से की।

राबे के बारे में अमीर मोहम्मद लिखते हैं–

''वह एक पाक-साफ़ ख़ातून थीं। उन्हें अपने दीवान को छपवाने की कोई जल्दी न थी। उनके ढेरों शेर चोरी चले गये। वह शोहरत की भूखी न थीं। उनके दोस्तों का हल्क़ा बा-ईमानवालों का था। वह शक्ल व सूरत में और रूहानी तौर से ख़ूबसूरत और पाकीज़ा थीं।''

राबे का विवाहित जीवन केवल 12 साल रहा। चौबीस वर्ष की उम्र में 24 अप्रैल, 1926 में कराची में उन्होंने मौत को गले लगा लिया। इनकी दो रुबाइयों का अनुवाद यहाँ प्रस्तुत है–

1

रात को शराबख़ाने से मस्त व बेख़ुद निकला
हाथ में थाम लिया उस माशूक़ का हाथ
मैं नहीं जानता क्या कहा सुना मैंने
नहीं जानता क्या खो दिया मैंने

2

ख़ुदावंद मुझे सोज़े जिगर दो
आहो दर्दो फ़ुग़ाँ की सुबह दो
यारे काफ़िर न हो हालात से आगाह
मेरे बेहाल अहवाल की ख़बर दो।

मासूमाना इज़हार की कवयित्री

मख़फ़ी बदख़्शी

मख़फ़ी अफ़ग़ानिस्तान के प्रांत बदख़्शाँ के फैज़ाबाद नाम की जगह पर पैदा हुईं। इनके पिता मीर मोहम्मद शाह बदख़्शी उस दौर के बदख़्शाँ के अमीरों में गिने जाते थे। वह आलिम और हुनरदोस्त इंसान माने जाते थे। शुरू में मख़फ़ी ने पिता की संगत में रह इल्म व हुनर की तरबियत ली। बाद में भाषा और साहित्य के साथ धार्मिक शिक्षा हासिल की। बहुत कम समय में मख़फ़ी ने शायरी में नाम पैदा कर लिया। मख़फ़ी की उसी दौर की एक शायरा महज़ूबा हरवी के साथ दोस्ती और हमदर्दी थी। दोनों के बीच ख़त व किताबत भी थी जिसमें वह दर्दे दिल कह लेती थीं। महज़ूबा के दिल में मख़फ़ी बदख़्शाँ के लिए बहुत प्यार और इज़्ज़त थी। मख़फ़ी की कई ग़ज़लें महज़ूबा ने अपने दीवान में सम्मान की ख़ातिर शामिल की थीं।

तुम्हारा ख़त जो आया सफ़ेद चादर पर आहिस्ता-आहिस्ता
जैसे चमन के चारों तरफ़ उग आया सब्ज़ा आहिस्ता आहिस्ता
देखो तो बाग़बान उसके कहे लफ़्ज़ फूलों में ढल गये
सुबह की हवा बाग़ के कान में कहती है कुछ आहिस्ता-आहिस्ता
मेरी जान फ़िदा हो क़ासिद तुम पर जो मेरा ख़त पहुँचाया वहाँ तक
धीरे-धीरे करके मेरा हाल भी कह सुनाया आहिस्ता-आहिस्ता।

बहते पानी को क़ैदी कौन बना सका

महज़ूबा सफ़ोरा

महज़ूबा सफ़ोरा अफ़ग़ानिस्तान की लोकप्रिय कवयित्रियों में से एक थीं। अफ़ग़ानिस्तान के प्रांत हेरात में 1905 में पैदा हुईं। इनके पिता सफ़ूरा हाजी, अबुक़ासिम, असमत उल्लाह ख़ाँ जमशेदी के मुंशी थे। रौशन दिमाग़ मधुर भाषी और पढ़े-लिखे थे। अपने बच्चों को भी उन्होंने तालीम देने में कोई कमी नहीं की। सफ़ोरा की माँ भी बहुत सुलझी हुई ख़ातून थीं। अपने माँ बाप के साथ रह सफ़ोरा ने दरी और अरबी भाषा का ज्ञान प्राप्त किया। साथ ही अपनी तालीम और क़ाबलियत को रोज़-ब-रोज़ बढ़ाती जाती थीं। सफ़ोरा अफ़ग़ान कवयित्रियों में एक अलग जगह रखती थीं और मसतूरे अफ़ग़ानी के प्रति विशेष लगाव। उनके कलाम से बहुत सीखा और अपना तख़ल्लुस 'महज़ूबा' रखा।

महज़ूबा का विवाह मिर्ज़ा ग़ुलाम से हुआ जो तंगनज़र और ख़ुश्क तबीयत के इंसान थे। महज़ूबा की ज़िंदगी पहले दिन से काँटों की सेज बन गयी। वह बड़ी सख़्ती और बदतमीज़ी से जवान शायरा को घर की चहारदीवारी में क़ैद रखते थे। महज़ूबा बड़ी मुश्किलों से अपने समकालीन शायरों से मिल पातीं और अदबी महफ़िलों में शिरकत कर पाती थीं। अपनी इस ज़िंदगी के बारे में ख़ुद महज़ूबा ने अपनी दोस्त शायरा मख़फ़ी बदख़्शी को लिखा था :

मेरी बहन शायरा,

मैं इस बात से कितनी रंजीदा हूँ कि मैं क्योंकर शायरा पैदा हुई। दूसरे, क्यों एक ऐसे मर्द की बीवी बनी जो ख़ुदग़र्ज़, तंगनज़र और अपने पर इतराता है। एक दिन मुझसे कहने लगा, "बुलबुल, तूती और मैना पिंजड़े में बंद कैसा दर्दनाक गाना गाती हैं। अगर तुम सहरा और शहर की तरफ़ उड़ी-उड़ी फिरोगी तो इतने ख़ूबसूरत और दिलगुदाज़ शेर नहीं कह पाओगी।" वह चाहता है कि क़ैद में बंद कर मुझे अपनी बातों से तसल्ली दे।

तुम्हें अब क्या बताऊँ मेरे पास बल्ख़, काबुल, फ़ारयाब से ढेरों ख़त आते हैं। एक काबुली शायर, जिसको तुम भी जानती हो उसने मेरी तस्वीर माँगी है। उसकी इस ख़्वाहिश को पढ़कर मुझ-जैसी क़ैदी शायरा थोड़ी देर के लिए ख़ुश हो गयी मगर

वह क्या जाने मेरी परेशानियाँ और बंदिशें। अभी तक किसी ने मेरी चादर का किनारा तक बाहर नहीं देखा है। ऐसी हालत में मेरी तस्वीर क्या मुमकिन है भेजना? कई बार हेरात के फ़ाज़िल लोग मुझसे मिलने घर तशरीफ़ लाये मगर ओट में बैठकर पर्दे में छुपकर भी उनसे बात करने का मौक़ा न मिल पाया। तो ऐसी हालत में फ़ोटो खींचनेवाले का मुझ तक आना या मेरा फ़ोटो खिंचवाने जाना आसान होगा। यह तभी मुमकिन है जब मेरी ज़बान, बाल और सर काट दिये जाएँ।"

यह ख़त अफ़ग़ानिस्तान के बुज़ुर्ग कवि व शोधकर्त्ता हबीब नवाबी ने उनकी मौत के बाद उन पर लिखी पुस्तक *महज़ूबा हरवी* में कोट किया है। इन सारी दिक़्क़तों के बाद महज़ूबा के शेर एक हाथ से दूसरे हाथ तक पहुँचते और उनकी लोकप्रियता किसी ख़ुशबू की तरह हज़ार बंदिशों के बावजूद फैलती गयी। आख़िर में उन्हें लड़कियों के स्कूल में पढ़ाने को बुलाया गया। इस दावतनामे को शायरा ने क़ुबूल कर लिया। शौहर इस बात पर राज़ी न हुआ और अड़चनें डालने लगा। इस बार महज़ूबा ने पूरे विश्वास से शौहर से बात की और साफ़ शब्दों में कहा कि बेहतर है कि वह अदबी और समाजी कामों में रोड़े न अटकाये और उसे स्कूल जाने दें।

इस घटना के बाद हालात की सख़्ती और बेरहमी से टकराने के बावजूद महज़ूबा ने न शेर कहना छोड़ा न बाहर निकलना। उसकी हरदिल अज़ीज़ी बढ़ती जा रही थी। दोस्तों का दायरा भी फैल रहा था। यहाँ तक कि उनके सम्मान में काबुल के एक कॉलेज का नाम 'महज़ूबा हरवी' रखा गया। जलसों और अदबी महफ़िलों में उन्हें बुलाया जाने लगा। ऐसी ही एक गोष्ठी में उनकी तारीफ़ में एक कवयित्री ने यह नज़्म पढ़ी–

कुल मिलाकर तुम्हीं हो
राष्ट्रीय कवयित्री अफ़ग़ानिस्तान की
बहुत प्यारा है तुम्हारा वजूद इस कालखंड में
तुम बुलबुल हो और यह मुल्क है गुलिस्ताँ
शब्द तुम्हारे अनमोल और मज़मून शीरींतर
शेर तुम्हारे रौशन, फैली हैं जैसे अफ़शाँ
तुम्हारी फ़िक्र है बाला और सुख़न हैं आला

यह सब तभी हुआ जब महज़ूबा के पति का देहांत हो गया और वह अपने अधिकार और स्वतंत्रता का इस्तेमाल कर अदबी महफ़िलों में जाने लगीं और समकालीनों से मिलने लगीं। बाक़ी ज़िंदगी साहित्य की सेवा में रही। 1965 में उनका देहांत हुआ।

मेरा दिल किस काफ़िर की ज़ुल्फ़ों में क़ैद हुआ
मेरे ज़ख़्मी बदन पर किसके ख़ंजरों के निशान हैं
किस के नाज़ व नख़रे से मेरा दिल तबाह हुआ
नरगिस के फूलों को तानों से किसने मारा।

दास्ताने बुलबुले शीरीन सुख़्न

मसतूरह-ए-अफ़ग़ान

मसतूरह-ए-अफ़ग़ान काबुल में 1907 में पैदा हुईं। इनका असली नाम ज़ुबैदा था। पिता मोहम्मद अमीन ख़ान अफ़ग़ानिस्तान के बादशाह अब्दुर्रहमान के यहाँ मुंशी थे। अभी ज़ुबैदा छोटी थीं कि काबुल के एक मदरसे में पढ़ने के दरमियान बीमार पड़ीं और बिस्तर से लग गयीं और स्कूल जाना छूट गया। घर में ही तालीम हासिल करना शुरू कर दी। दरी भाषा का अदब गहराई से पढ़ने के बाद और शेर कहने के बावजूद वह पूरी तरह से ठीक न हो सकीं, जिसका उन्हें ग़म था।

1922 में शादी हुई मगर ज़िंदगी का सुख उन्हें नहीं मिला और वह इस जहाँ को जल्द ही अलविदा कह गयीं।

ज़ुबैदा ने एक जगह अपने लिये कहा था–

"मैं बेचारी बीस साल से दर्द और बीमारी से बेचैन हूँ। दिल की बीमारी ने मुझे जकड़ रखा है। ऐसी हालत में किस तरह अदब की ख़िदमत करती और किस मुँह से मैं बड़े शायरों के सामने अपना अदब रखने की हिम्मत पैदा करूँ...मेरा कमज़ोर कलाम वतन के प्यार की बात ही कर सकता है।

बुलबले शीरीन सुख़्न ख़ुश आवाज़
मर गयी मौत के जाल में फँसकर
आँखें खोलीं और देखा पिंजड़ा तंग
अपने मज़बूत पैरों को देखा लंग
अफ़सोस है मुझे इस ज़िंदगी पर
अब हौसला बंदगी नहीं है मुझ में।

परिवेश के प्रति संवेदनशील आत्मा

शरीफ़ा दानिश

शरीफ़ा दानिश 1945 में काबुल में पैदा हुईं। शरीफ़ा का ध्यान कला की ओर था। पेंटिंग, शायरी, जो भी विधा कला से संबंध रखती थी, शरीफ़ा का उसमें दख़ल था। तेरह साल की उम्र में शरीफ़ा ने *यतीम के आँसू* के नाम से नज़्म कही जो 'मीरमन' नामक पत्रिका में छपी। काबुल और क़ंधार से उसने अपनी शिक्षा समाप्त की और साहित्य के दरी भाषा विभाग काबुल विश्वविद्यालय में दाख़िला लिया। मगर एक साल बाद बिना डिग्री लिये 'कला एवं संस्कृति' मंत्रालय में नौकरी ले ली।

शरीफ़ा को शायरी के अलावा चित्रकारी, कुंदनकारी, छापे, डिज़ाइन, कढ़ाई में उस्तादी हासिल थी। इसलिए वह 'कला अकादमी' में ग़ुलाम मोहम्मद के साथ ट्रेनर के काम में व्यस्त हो गयीं। उनकी कविता 'इन शेरों को' नाम से पसंद की गयी थी। इसके कुछ शेर नमूने के तौर पर दरी से हिंदी में अनुवाद किये जा रहे हैं :

मैंने अपने इन शेरों को
फूलों से भरे काबुल के गली-कूचों में
बार-बार दोहराया है
साल हा साल गुज़र गये
जब शाम को
ख़ूबसूरत लड़कियाँ बर्फ़-जैसी सफ़ेदी के साथ
अपने नाज़-नख़रों और रमज़िया जलवों के संग
अपने दामन को
घाटियों में, पहाड़ों की चोटियों और
मैदानों के हसीन सीनों पर से
गुफाओं के अँधेरों में फैलाती थीं,
हाँ, सच!

हर जगह, बर्फ़ से भरी दहलीज़
दीवार बन-बनकर रास्ता रोके थी
दिल के संदूक़ और आँखों के शीशे
चिटखे थे।
उन दिनों दुख
दिल के कूचे में खँडहर और तख़्ते पुल बन
गहरे उतर गये थे।

क्रांति के दौर में कवयित्री की संवेदनाएँ

लैला कावियान

लैला कावियान 1950 में काबुल में पैदा हुईं। काबुल में बी.ए. तक की शिक्षा ली और अध्यापन में मसरूफ़ हो गयीं। लैला कावियान का झुकाव शेरो-शायरी की तरफ़ था। यह देखकर उनके पिता अब्दुल नासिर ने बेटी को प्रोत्साहन दिया, आगे बढ़ने और अध्ययन की सारी सहूलियतें दीं। 1974 में लैला ने दाऊद कावियान से विवाह किया और तीन बच्चों की माँ बनीं, जिनके नाम कावेह, अब्दुल्ला और मुज़दे रखा।

लैला के शेर पहली बार दूसरे कवियों के साथ 'शेर नश्तर है' पत्रिका में छपे। यह दौर इंक़िलाब का था। इनके शेर एक के बाद एक 'परचम', 'अप्रैल इंक़िलाब का सच', डेमोक्रेटिक पार्टी ख़ल्क़ अफ़ग़ानिस्तान, सांस्कृतिक पत्रिका, 'ज़नाने अफ़ग़ानिस्तान' इत्यादि में छपने लगे। लैला 1981 में डेमोक्रेटिक अफ़ग़ानिस्तान लेखक संघ की सेक्रेटरी चुनी गयीं। 1982 में उन्होंने 'ज़नाने अफ़ग़ानिस्तान' पत्रिका के संपादन का कार्यभार सँभाला। कार्यकाल पूरा होने के बाद दोबारा अध्यापन में लग गयीं।

"मेरे बच्चे!
मेरे मुल्क के प्यारे बच्चे
बच्चे जो दुबले, भूखे और कमज़ोर,
मेरे दुलारे बच्चे।
बच्चे, फटेहाल, नंगे पैर और दरबदर,
मैं तुम्हारी आँसूभरी आँखों पर क़ुर्बान।
वे आँखें जिन्होंने सख़्त दिनों को देखा है
उस लम्हे जब नक़ाब चेहरों पर डाल आए वो बेख़ुदा
हाथों में गोलियाँ और राइफ़ल लिये हुए।

सर काटा बाप का एक ने, दूसरे ने हाथ-पैर बाँधा
माँ का, और तुम।

ख़ौफ़ से कहाँ जाकर छुप गये?
उस वक़्त तुम्हारे नन्हे हाथ, पैर और होंठ
कैसे काँपे होंगे जब
तुम्हारे घर को उन्होंने आग लगा दी थी
ले गये वह सब जो तुम्हारा था,
तुम्हें पकड़ नहीं पाए और
सारी रात तुम्हारा घर जलता रहा
तुम वहाँ तक दौड़ते रहे जहाँ तक
धुआँ हवा के संग डोलता रहा।
तुम्हारे नन्हे पैरों में कितना दर्द हुआ होगा?
आख़िर उस रात जब तुम्हारा घर जला था
तो तुम कहाँ छुपे थे मेरे अज़ीज़ बच्चे?"

आशा और निराशा का संतुलन

लैला सराहत

लैला सराहत रौशनी 1958 में अफ़ग़ानिस्तान के प्रांत 'परवान' में पैदा हुईं। बचपन से ही दरी-शायरी की तरफ़ इनका लगाव गहरा था। इसी लगाव के चलते 1979 में काबुल कॉलेज की पढ़ाई ख़त्म कर काबुल विश्वविद्यालय में एम.ए. के लिए दाख़िला लिया और दरी-फ़ारसी भाषा साहित्य में डिग्री लेकर उसी विभाग में अध्यापन शुरू कर दिया। लैला ने चौबीस साल की उम्र में शायरी करना शुरू किया। लैला ने पहले ग़ज़लें कहीं जो बहुत पसंद की गयीं। 1973 तक उनकी ग़ज़लें छपने लगीं और फिर 'शेर नश्तर है' के नाम से निकलनेवाली पत्रिका में रचनाएँ छपीं। 1995 में उनका पहला ग़ज़ल-संग्रह *हरा उफ़क़* के नाम से आया। वह भी पसंद किया गया।

लैला अपनी शायरी के पीछे पहले पिता का फिर उनके देहांत के बाद अफ़ग़ानी प्रसिद्ध कवियों रफ़त हुसैनी और राज़िक़ रुइन का प्रोत्साहन मानती हैं। लैला की शायरी में ईमानदारी पहली शर्त है, जो वह कहती हैं वही करती हैं। उनके कलाम में अहसास की कोमलता और संवेदना की गहराई नज़र आती है। उनकी एक नज़्म *ऊँची उड़ान* के चंद शेर–

पंछी!
गाओ! गाओ!
मोहब्बत के बाग़ की सारी पाकीज़गी
तुम्हारी आवाज़ में है।

तुम्हारा गाना, सच्चे इश्क़ की तरह दिल को लुभाता है।
तुम्हारे पंखों की आवाज़ से
तराने गूँज उठे हैं
जो दूर दिखती मंज़िल की तरफ़ इशारा करते हैं,
फैले हुए सागर की छाती तक।

तुम्हारे गाने
वह आवाज़, तुम्हारे पंखों की पहचानी हुई
वह दिल जो, पिंजड़े में धड़क रहे हैं।

☙ तन्हाई के गीत ❧

पिंजड़े की सख़्त तीलियों के पीछे से
सब्ज़ बहार की रूह जा रही है।
तुम्हारे हाथों की याद, नामुमकिन उम्मीद बन
मेरे बदन से चिनगारी बन गुज़र रही है
ऐ मेरे नूर, इश्क़ की सुबह!
बहार के दिलनवाज़ नग़मे।

रात को थके दिल और ग़मगीन अहसास के साथ
गाती हूँ तन्हाई का गीत
दो ख़ामोश परिंदे, पंख फड़फड़ाते हुए
मेरे कोठे के छज्जे से उड़े हैं
क़ैद में पड़ा मेरा बदन और टूटे पंख
मेरे तरानों पर अंगारे बन बरसते हैं।

☙ दिलतंगी ❧

मेरा दिल अधखिली कली ही रह गया
और आवाज़ विलाप में ढल गयी।
मेरा बदन एक ऐसी शाख़ में बदला
जो शीत ऋतु की ठंड की मार से सूख गयी।
उस वक़्त से जब रात का लहू
वक़्त की रगों में बह रहा था
जब आसमान की आँखें फूटीं, उसी पल
मेरा दिल ज़िंदगी से बेज़ार हो उठा
सख़्त बेज़ार।

मेरा दिल फूलों की सुगंध से तरोताज़ा नहीं होता
क्योंकि फूल भी, रात की गंध और रंग के हैं
आओ, ए मेहरबान अपनी मोहब्बत के फ़ानूस से
इस शहरे तारीक को रौशन करो
उस तरफ़ शहर के जाना जहाँ
गलियों का दिल अँधेरे में घुट रहा है।

उथल-पुथल-जैसे संगीन दौर की शायरा

हुमैरा नकहत दस्तगीरज़ाद

हुमैरा नकहत दस्तगीरज़ाद 1959 में अफ़ग़ानिस्तान के प्रांत हेरात में पैदा हुईं और वहीं शिक्षा प्राप्त की। बचपन से ही शायरी का शौक़ था जो सत्रह साल की उम्र तक दीवानगी तक पहुँच गया। हुमैरा के पिता ग़ुलाम दस्तगीर बेटी की शिक्षा और शौक़ के प्रति तंग दिल न थे। जिन्होंने हुमैरा की परवरिश में कोई कमी नहीं रखी। पिता के इस बर्ताव से हुमैरा सदा उनकी शुक्रगुज़ार रहीं। काबुल आकर उसने बी.ए. किया और काबुल विश्वविद्यालय से राजनीति विज्ञान में एम.ए. की डिग्री हासिल की। पढ़ने के बीच अपनी कविताओं को पत्र-पत्रिकाओं में छपवाती रहीं और रेडियो में न केवल प्रोग्राम देती रहीं बल्कि दरी-फ़ारसी यूनिट के कार्यक्रमों का आयोजन भी करती रहीं। 1999 में अपने पति के साथ उच्च शिक्षा के लिए बलगेरिया चली गयीं जहाँ उन्होंने शायरी से अपना लगाव कम नहीं किया।

इंक़िलाबे अफ़ग़ानिस्तान और अमेरिकी आक्रमण के समय हुमैरा कहाँ थीं इसकी कोई ख़बर नहीं मिलती। इनकी शायरी में ज़िंदगी जीने का जोश है। यहाँ पर इनका एक शेर बतौर मिसाल प्रस्तुत है–

मैं ख़्वाबों की क़ैदी, डूबी हूँ हलचल में।
तुम हो साफ़ पानी, संगीत है जिसके चलने में।

सामाजिक विषयों की संवेदनशील कवयित्री

हाज़क़े

अफ़ग़ानिस्तान का हेरात प्रांत ऐसा इलाक़ा है जो कला और अदब के साथ-ही-साथ सबसे ज़्यादा शायराओं का वतन है। हाज़क़े वहाँ पैदा हुईं। यह भी एक इत्तफ़ाक़ ही कहा जाएगा। पच्चीस मोहर्रम सोमवार, सन् 1960 शहर हेरात में हाज़क़े पैदा हुईं और वहीं आख़िरी साँसें लीं। हाज़क़े के पिता मोहम्मद उसमान कला और साहित्य के प्रेमी थे। उन्होंने बेटी को बहुत अच्छी तालीम दी और दरी, अरबी, अंग्रेज़ी भाषाओं का ज्ञान दिया। हाज़क़े ज़्यादातर ऐसे शेर कहती थीं जो वतन की मोहब्बत और नैतिकता से संबंध रखते थे। इसलिए वह 'इत्तफ़ाक़', 'इस्लाम' व हेरात पत्र-पत्रिकाओं में छपते थे। उनके दो संग्रह *हयाते सूज़ान* और *हमकारी-ए-मिल्लत* काफ़ी चर्चित रहे हैं। इनका अंदाज़ ईरानी कवयित्री परवीन ऐतेसामी से बहुत मिलता-जुलता है।

हाज़क़े के लगभग बारह हज़ार बैत और शेर और डेढ़ सौ लेख पश्तो और दरी ज़बान में हैं। बेहतरीन शेरों में बतौर नमूना एक शेर–

तेरा अदब हाज़क़े दर्दे शराब अस्ल है
उसी दर्द की बूँद इंसान के काम में ले आ।

सियाहफ़ाम ग़ुलामों के स्वतंत्र सुनहरे गीत

इथियोपिया (एबीसीनिया)

अनतरा
सोहेम-अब्द-बनि-अल-हशास
अल-सालेक इब्ने-अल-सलाका
नोस्सायब सर
अबू-दुलमा

सियाहफ़ाम* ग़ुलामों के स्वतंत्र सुनहरे गीत

अरब, शायरी के प्रति सदा से एक जुनूनी कैफ़ियत रखते आए हैं। उनका आबशार की तरह गिरता यह प्रेम उनके आस-पासवालों को भी न फ़क़त शराबोर कर गया, बल्कि वे भी अरबी शायरी की तरंगों में खो गये। इसमें ईरानी, ग्रीक और अफ़्रीकन भी शामिल थे। अफ़्रीका के मूल निवासी सियाह (अश्वेत) अरब के नाम से इस्लाम आने से वर्षों पहले से अरब धरती पर रहते आए थे और वे भी अरब शायरी के जादू से बच नहीं पाए। यह अरब शायरी का बहुत बड़ा योगदान है कि उसने अपने जानने और पहचाननेवाले को अपनी छत्रछाया में लिया और शायरी के प्रति गहरा राग पैदा किया। उस दौर के कवियों के बीच वे सियाह कवि भी शेर कहने लगे जिनकी ज़बान अरबी न थी। उसमें ग़ुलाम वर्ग भी शामिल था। इसमें से कुछ लेजेंडरी बन गये जैसे अनतरा। इस्लाम आने से पहले जिन्होंने इस दुनिया में आँख खोली थी।

लेखक जानहेंज़ जान (Janhenz John) अपनी पुस्तक *न्यू अफ़्रीकन लिटरेचर : अ हिस्ट्री ऑफ़ ब्लैक राइटिंग* में एक जगह लिखते हैं–"मेरे विचार से एफ्रो-अरब लिटरेचर शुरू होता है एक ऐसे कवि से जो अरबी भाषा में पूर्व का 'होमर' (Homer) है (उनका इशारा अनतरा की तरफ़ है) अनतरा इब्ने शद्दाद-अल-अबसी जिसके सुनहरे संबोध गीति (मुआल-लक़ा) वास्तव में इस्लाम से पहले की सात अरबी साहित्य के शाहकारों में से एक है जो उस दौर में बेहतरीन कविता समझकर वहाँ टाँगी गयी थी जो आज का मक्का है।" (ग्रोव प्रेस, न्यूयॉर्क 1968, पृष्ठ 26) वह अपनी पुस्तक में इस बात की भी चर्चा करते हैं कि अपने अध्याय इस्लाम से पूर्व और इस्लाम के शुरू के दौर में एफ्रो-अरब लेखकों के बारे में ज़्यादा मालूमात नहीं मिलती और बहुत कम सूचनाएँ एफ्रो-ईरानियन और एफ्रो-इंडियंस के बारे में हासिल हो पाती हैं और मैं महसूस करता हूँ कि यह विषय रिसर्च और तलाश की माँग करता है जिस पर अभी किसी ने काम नहीं किया है। लेकिन एफ्रो-अरब लेखकों के बारे में तो काम हुआ ही नहीं है। जो हुआ भी है, वह सारा शोध अरबी भाषा में है।

यहाँ पर इस्लाम के पहले अरब साहित्य की परंपरा के बारे में बताना ज़रूरी

* अश्वेत

है कि उस दौर में शायरों के कलाम मक्का (हज़रत इब्राहीम द्वारा रखा संगे असवद) की दीवार पर टाँगे जाते जो पढ़े जाते। जिस कवि की शायरी कमज़ोर होती वह उसे ख़ुद ही चुपचाप उस दीवार से उतार लेता था। शायरी की कसौटी के प्रति यह ईमानदारी और चेतना उस दौर में थी जिसको 'दौर-ए-जाहिलिया' (अज्ञानता-काल) कहा जाता है।

अरसे बाद इस विषय पर लेखक और आलोचक अलीशालाश अपना क़लम उठाते हैं और अनतरा और उनके बाद के कवियों और उनकी कविताओं का अनुवाद अंग्रेज़ी में एक लेख के रूप में करते हैं। जबकि उन्होंने इस विषय पर अट्ठारह पुस्तकें अरबी में लिखी हैं। उन्होंने अपने लेख के बारे में लिखा भी है कि इतना बड़ा समंदर एक साथ समेटना मुश्किल है—ख़ासकर अरबी शायरी को अंग्रेज़ी में अनूदित करना।

इन अश्वेत अरब कवियों के बारे में कुछ जानने से पहले हमको उस समय, समाज और सियासत को जानना होगा जब छठी से सातवीं ईस्वी सदी तक के इन कवियों ने किसी विशेष माहौल, दबाव, बदलाव और वेदना से व्याकुल होकर बेहद लयात्मक गीत लिखे। इस्लाम धर्म के आने से पहले अरब इलाक़े में ग़ुलामों की ख़रीद व फ़रोख़्त एक आम बात थी। यह ग़ुलामी सिर्फ़ काले लोगों तक सीमित नहीं थी बल्कि अरब इलाक़े में भी थी। ग़ुलाम इथियोपिया (एबीसीनिया*) सूडान और नूबिया से लाये जाते थे। उन्हें क़ैदी बनाकर रखा जाता था या फिर उनको क़बीलों के हाथ बिना किसी अनुबंध के बेच दिया जाता था। इस्लाम से पहले अरबों को काले रंग से सख़्त नफ़रत थी और गोरे रंग से प्यार। अरब शायरी में गोरा रंग प्रशंसा का विषय था। यहाँ तक कि दयालु हाथ भी सफ़ेद होते हैं। ख़ूबसूरत औरत वही होती है जो गोरी होती है। सम्मानित भी सफ़ेद होता है। सच्चा आदमी वही माना जाता है जो गोरी माँ के तन से पैदा हो। स्वाभिमान की बुनियाद भी सफ़ेद थी। उस दौर में तीन तरह की औरतें क़बीलाई समाज में रहती थीं। पहली स्वतंत्र औरत, दूसरी बँधुआ और तीसरी ग़ुलाम औरत। बाद की दो क़िस्म की औरतें ज़रूरी नहीं कि अश्वेत हों। अगर बँधुआ और ग़ुलाम औरत सफ़ेद चमड़ी की हो तो सौभाग्य माना जाता था।

इस्लाम से पहले अश्वेत औरत की स्थिति बेहद दयनीय थी। ग़ैर इंसानी बर्ताव होता और साथ ही भेदभाव भी। उनसे अछूतों की तरह बर्ताव होता था। उनको बेहतर ज़िंदगी गुज़ारने का कोई अधिकार नहीं था। इस्लाम इस भेदभाव के विरोध में आया। इस्लामिक धार्मिक थ्योरी किसी भी तरह के पक्षपात और ऊँच-नीच के ख़िलाफ़ है। इस्लाम में ग़ुलाम रखना ग़ैरक़ानूनी माना गया और इस्लाम के पैग़म्बर ने साफ़ कहा कि जिस तरह कंघे के दाँत एक समान होते हैं

* एबीसीनिया का पहले नाम यतरिब था। बाद में हब्श हुआ जिसका अर्थ परछाईं है फिर नाम इथियोपिया हुआ।

वैसे ही सारे इंसान समान हैं। अगर किसी ने ग़ुलाम का कोई अंग काटा तो उसका अंग बदले में काट दिया जाएगा। जिसने ग़ुलाम को बधिया बनाया ख़ुद उसे बधिया बना दिया जाएगा।"

इसके बावजूद ग़ुलामों की स्थिति में तत्काल बड़ा बदलाव नहीं आया। मगर ग़ुलाम धीरे-धीरे करके आज़ाद ज़रूर कर दिये गये। फिर भी उन्हें देखने का नज़रिया पूरी तरह नहीं बदला। इस बुनियादी दबी नफ़रत और ग़ैर इंसानी बर्ताव एवं सोच के कारण ही उन्नीसवीं सदी में दूसरा विरोध ग़ुलाम प्रथा के लिए हुआ जो रोम में तब स्पार्टाकस के वक़्त में हुआ। लेकिन इराक़ के अश्वेत वर्ग में यह विरोध 868 ईस्वी में शुरू हुआ जिसके बुनियादी कारण सामंती व्यवस्था, भ्रष्टाचार और सामाजिक अन्याय थे। यह आंदोलन पूरे पंद्रह साल चला जिसका नतीजा यह निकला कि राज्य के अंदर एक राज्य वजूद में आ गया जिसकी अपनी राजधानी और झंडा बन गया। यह बात बताना महत्त्वपूर्ण है कि इस अश्वेत विरोध की शुरुआत अली इब्ने मोहम्मद द्वारा हुई जो ख़ुद अश्वेत नहीं थे मगर ऐसे अरब उस समय समाज में मौजूद थे जो अपनी वर्तमान परिस्थितियों से नाख़ुश थे। ख़ास कर अब्बासी काल में अश्वेत एवं सियाह की स्थिति को लेकर संवेदना और विचार के स्तर पर ख़ासी खलबली थी। इन काले लोगों में आज़ाद और ग़ुलाम दोनों तरह के लोग थे। इस तरह की ग़ैर ज़रूरी हरकतों और ज़ुल्म के ख़िलाफ़ कविगण अपने पूरे कौशल और तेवर के साथ खड़े हुए। अगर हम अश्वेत कवियों की सूची छठी से तेरहवीं सदी तक देखते हैं तो उसमें बीस से ज़्यादा अश्वेत कवियों के नाम मिलेंगे जो अपनी भाषा-शैली, शायरी के पैमाने पर न केवल खरे उतरते हैं बल्कि उनका महत्त्वपूर्ण योगदान अरब साहित्य को समृद्ध बनाता है।

अरब भाषा के पुराने आलोचक अश्वेत कवियों को कौवा के नाम से बुलाते थे। वह कौवे इसलिए थे क्योंकि उनकी माँ सियाह थीं। सियाह अरब कवियों को दो श्रेणियों में बाँटा गया है। पहली श्रेणी के वे कवि हैं जो नस्ली एतबार से सियाह हों यानी कि उनके माता-पिता दोनों सियाह हों। इसमें असंख्य कविगण आते हैं उनमें सोहेम (अलहशाश का ग़ुलाम) नोसायब सर, अबूदुलमा, इब्ने अली फ़नान और इब्राहीम अल-कानेमी (कानेम चड) और दूसरी श्रेणी में आनेवाले वे कवि हैं जो नस्ली एतबार से केवल सियाह माँ की औलाद थे। इनकी संख्या कम है। इनमें अनतरा, इब्ने ख़ुफ़ाक़, इब्ने नुदबा, अलसोलाइक इब्ने-अल-सलाका और शोकला हैं। आख़िर के तीन कवियों के नाम उनकी माँओं पर रखे गये थे।

अनतरा को छोड़कर बाक़ी कवि इस्लाम धर्म के फैलने के बाद इस दुनिया में आए। उन्होंने अपनी रंगत की वजह से अनेक कठिनाइयाँ झेलीं। ये कष्ट उन्हें समाज से अकेले नहीं मिले बल्कि साहित्य आलोचकों और इतिहासकारों ने भी उन्हें नहीं बख़्शा। न सिर्फ़ बहुत-से कवियों को रद्द किया और उनकी कविताओं को ख़ारिज किया। उनकी तुलना में दूसरे अरब कवियों को महत्त्वपूर्ण बताते हुए

उनकी ज़िंदगी और रचनाओं पर ज़्यादा लिखा गया।

ये कवि उस समय में जी रहे थे जब वाचक कविता का समय था। उस दौर में अरब साहित्य में 'नज़्मगो' (कविता सुनानेवाले) हुआ करते थे, जो कवियों की रचनाएँ सुनाते थे और बातों के बीच-बीच में कवि के शेर पढ़ते थे। उस दौर में जब लिखने और छपने की सुविधा और रिवाज नहीं था, 'नज़्मगो' बड़े चाव से अनतरा को सबसे ज़्यादा सुनाना पसंद करते थे।

इराक़ी चित्रकार और ख़त्तात (कैलीग्राफर) ने अनतरा की 'गोलडेन आड' (सुनहरे गीत) पर अरब कैलिग्राफ़ी और चित्रों द्वारा कोलाज बना एक नया प्रयोग किया है।

अश्वेत कवियों में से दो कवि इब्ने शोकला और अबू अल-हुसैन अल-रशीद इराक़ और मिस्र में सत्ता पर काबिज़ हुए। मगर इब्ने शोकला को कुछ दिन बाद भागना पड़ा और अबू-अल-हुसेन की हत्या कर दी गयी।

इनकी शायरी इसलिए भी महत्त्वपूर्ण है कि वे उसे अमूर्तता से सुस्पष्टता की तरफ़ लाये जो नये पुराने अश्वेत अरब कवियों के लिए एक मिसाल बनी। अब तक तो क़बीलों के क़सीदे कहे जा रहे थे, जो बहुवचन था। अब वह अपने क़बीले का 'स्पोकमैन' न होकर ख़ुद का वक्ता बना, वह भी एकवचन में। ये अपने समाज के आलोचक रहे हैं।

इनकी कविताओं में शेर, चीते, साँप, घोड़े वग़ैरह का काफ़ी ज़िक्र है जिनके प्रति ये दयालु हैं। प्रकृति के भी ये नज़दीक हैं। अलीशालाश जो आलोचक हैं और उनका शोध कार्य और कई पुस्तकें सियाह अरब कवियों पर है। उनका कहना है कि अमेरिकन अश्वेतों के लेखन में जो आज उनके बारे में लिखा जा रहा है या उन्होंने जो लिखा है उससे अलग सियाह अरब शायरी है, क्योंकि उनके रंग को लेकर उनका समाज उनसे नफ़रत नहीं करता था। इस्लाम धर्म से पहले भी और बाद में भी वह एक नस्ल की तरह रहते थे और उनसे जो टकराहटें होतीं वह व्यक्तिगत स्तरों पर थीं। उनसे जो भी शिकवे-शिकायत थे वह अपनी जगह थे। इसलिए जहाँ भी उनके स्वाभिमान को चोट लगी वहाँ पर उन्होंने उसे अपनी कमी नहीं माना है बल्कि बड़े ग़ुरूर से कहा कि मैं काला हूँ और बाक़ी लोगों को कटघरे में खड़ा किया जो उन्हें घृणा से देखते थे। यह भी कहा जाता है कि अनतरा ने *मौल्लाक़ा* इसलिए लिखा कि उसको सियाह कह-कहकर उस पर प्रहार किया जाता था। यह प्रतिद्वंद्वी व्यवहार अकसर कवियों के बीच छींटाकशी के रूप में उभरता था जो अश्वेत अरब कवियों के मर्म पर चोट पहुँचाता और उनके आत्मसम्मान को दृढ़ बनाकर उन्हें अपने *सियाह* रंग के प्रति विश्वास और गर्व का संचार करता जिसकी ध्वनि उनकी कविताओं में बराबर झलकती है।

अरब भाषा के मशहूर व्यंग्य कवि ज़ारीर ने अपने प्रतिद्वंद्वी कवि हईकोटान

का विवरण इन शब्दों में दिया था–"वह जब भी सफ़ेद क़मीज़ पहनता है तो देखने में गधे के लिंग की तरह लगता है जैसे उसे सफ़ेद काग़ज़ में लपेट दिया गया हो।"

अश्वेत कवि यह सुनकर काफ़ी आहत हुआ और इस वाक्य का जवाब उन्होंने अपनी कविता में दिया–

बेशक मेरे बाल घुँघराले और रंग काला है
मैं एक दयालु और सौम्य इंसान हूँ
मेरा यह काला रंग मेरा कलंक नहीं है
बल्कि मैं एक शक्तिशाली संघर्षकर्त्ता हूँ
दिन की रौशनी में।

एक-दूसरे अश्वेत कवि सोनई ने भी ज़ारीर को जवाब दिया–

जब तुम अश्वेत से मिलते हो तो
दरअसल शूरवीरों और नायकों से मिलते हो
बेटे हैं वे कुलीन घरानों के और जानो कि
शेरनी है जो बड़ा करती है अपने शावकों को

अश्वेत अरब कवियों के इस आत्मविश्वास में इस्लाम धर्म ने भी इज़ाफ़ा किया। इस्लाम में किसी तरह का भेदभाव इंसानों के बीच नहीं रखा गया है। जहाँ अल्लाह के सारे बंदों को बराबर माना गया। अश्वेत कवि इब्ने अली तालिब ने एक कवि के नाते एक इंसान की अंदरूनी हालत का बयान किया है।

हम सदा खोजते हैं उसे
जो हमारी समझ से बाहर है
और ज़िंदगी दुख हमदर्दी और मध्यस्थता से
भरी हुई है।

यह बड़ा विचित्र संयोग है कि अश्वेत कविता में मृत्यु की परछाइयाँ नज़र आती हैं और उस जगह भी यह छाया पीछा नहीं छोड़ती जब कवि शृंगार रस में डूबी कविता लिख रहा हो। शायद इसका कारण यह भी हो सकता है कि मृत्यु का अकस्मात् आगमन एक सच है। मगर अश्वेत कवियों में से बहुतों की निर्मम हत्याएँ हुईं और बहुतों ने ऐसी ज़िंदगियाँ गुज़ारीं जो मौत से बदतर थी।

अश्वेत अरब कवि अपने निजी जीवन में एक आम इंसान की तरह चोर, लुटेरे, हत्यारे, शरीफ़, सभी तरह के हुए मगर उन्होंने अपनी कविताओं द्वारा अरब भाषा-साहित्य और संस्कृति में बड़ा योगदान दिया और उनका यह योगदान अरब साहित्य के अटूट हिस्से भी स्वीकार किये गये हैं। उनके तरानों, संगीत और नृत्य ने पूरे अरब क्लासिकल कल्चर को प्रभावित किया है। इसके अनेक उदाहरण हैं।

कुछ अश्वेत कवियों में ऐसी मिसालें मौजूद हैं।

इब्ने-अल-मेहदी और ज़रयाब दो ऐसे बड़े एवं महत्त्वपूर्ण नाम हैं अरब क्लासिकल गीत और संगीत में। ज़रयाब संगीतकार और कवि दोनों थे जिनका जन्म ईरान में हुआ था और मौत एंडालूसिया में सन् 857 ईस्वी में हुई। इनको 'काली बुलबुल' कहा जाता था। अपने मालिक से मनमुटाव हो जाने के बाद यह बग़दाद छोड़कर एंडालूसिया चले गये और वहीं बस गये, जहाँ इन्होंने अरब संगीत और गीत को चरम पर पहुँचाया और साथ ही कपड़े और खाने में नयी-से-नयी शैली ईजाद की।

यही हाल इब्राहीम इब्ने-अल-मेहदी का था। जब उनके भांजे ने उन्हें सत्ता से हटा दिया तो वह दस-बारह वर्ष भूमिगत रहे और जब आए तो एक बड़े प्रभावी कवि और संगीतकार बनकर। उनका शेर–

ज़िंदगी में जिसे सोना पड़ेगा
उसे डरावने सपनों से गुज़रना भी पड़ेगा।

कविता का एक और टुकड़ा–

मेरे सर के बाल सफ़ेद हो गये
लेकिन लालच से भरा मेरा सर
अभी तक सफ़ेद नहीं हुआ है।

अरब अश्वेत कवियों के साहित्य में कहीं भी शब्द अफ़्रीका नहीं आया है। इन अश्वेत कवियों में कुछ अन्य एशियाई नस्ल के कविगण भी थे जिनमें अबू-अता-अल सिन्धी भारतीय मूल के थे और जिनकी मृत्यु सन् 775 ईस्वी में हुई।

अश्वेत कवियों की ज़िंदगी में स्थिरता नहीं थी। उनका ख़तरों से भरा जीवन, दमन, मानसिक पीड़ा, रिश्तों की टूटन, जिजीविषा और आशा एक प्रतिक्रिया के रूप में उनकी शायरी में बड़ी प्रखरता एवं तल्ख़ी के साथ उभरी है। उनके लिए शायरी एक अनिवार्य ज़रिया थी जिसके द्वारा वह अपने तपते विचारों और कोमल भावनाओं से मुक्ति पा लेते थे।

यहाँ पर पाँच महत्त्वपूर्ण अश्वेत अरब कवियों के जीवन ओर उनकी कविताओं का सारांश दिया जा रहा है।

मुहब्बत की धड़कनों का गीतकार

अनतरा

अनतरा पहले अश्वेत अरब कवि थे जिनकी शोहरत अपने इलाक़े से गुज़र दूर देशों तक फैल गयी थी। आज शताब्दियाँ गुज़र गयीं मगर अनतरा की शायरी वह भी इश्क़िया शायरी को कोई भी कवि नहीं भूल पाता। अनतरा एबीसीनियन की अश्वेत ग़ुलाम औरत के तन से पैदा हुए। उनकी माँ का नाम 'ज़बीबा' था। (जिसका अर्थ अरबी भाषा में 'किशमिश' होता है) ग़ुलाम माँ के तन से पैदा होने का तिरस्कार जीवन भर अनतरा ने झेला। जबकि उनके पिता एक महत्त्वपूर्ण क़बीले से न केवल ताल्लुक़ रखते थे बल्कि अनतरा उसी अहम क़बीले में पैदा हुए थे। मगर उस दौर के समाजी परिवेश में उन्हें जीवन भर ताना सुनना पड़ा कि उनकी माँ कौन थी। उस परंपरा ने अनतरा को केवल एक ग़ुलाम की ही पहचान दी।

अनतरा के पिता ने भी अपने बेटे की तब तक उपेक्षा की जब तक युद्ध में उसने बहादुरी के जौहर नहीं दिखाये थे। उनका यह दुख उनकी कविता में फूटा है--

"लोग मुझे पुकारते हैं--
ओ ज़बीबा की औलाद"
और रणक्षेत्र के मैदान में कहते हैं
"तुममें तो आला क़बीले का ख़ून है।"

अनतरा का इश्क़ क़बीले की लड़की 'अबला' से था, जो एकतरफ़ा था। मगर उसमें निष्ठा और मोहब्बत की शिद्दत इतनी तीव्र थी कि उसने 'रूमानी शायरी' की मज़बूत बुनियाद डाल दी। आज भी अरबों के बीच उनकी कविताएँ बेहद लोकप्रिय हैं और नये अरब साहित्य में असंख्य नाटक, उपन्यास, कहानियाँ इन को विषय बनाकर रची गयी हैं। इन पर क़ाहिरा (मिस्र की राजधानी) में फ़िल्म भी बनी है। गोकि अनतरा ग़ुलामी की लानत से स्वतंत्र हो चुके थे मगर उनकी

पहचान वही 'ग़ुलाम बच्चा' रही। इसका दुख उन्हें जीवन भर काँटे की तरह चुभता रहा जबकि इसी ज़ख़्म की प्रेरणा से वह अपने समय के शूरवीर सिपाही बने—

मैं एक सियाहफ़ाम औरत का बेटा हूँ
जो लकड़बग्घे की तरह खँडहर में पला
जिसके पैर शुतुरमुर्ग़ की तरह हैं
और जिसके बाल गोलमिर्च के दानों की तरह

अपनी महबूबा से मुख़ातिब हो अनतरा कहते हैं—

हो सकता है मेरा काला रंग अबला को सुकून दे
या फिर मेरे क्रोधोन्माद को शांत कर दे

दूसरी जगह कहते हैं—

मुहब्बत करनेवालों के बीच हर दिन दर्द बढ़ता है
मगर मेरे इस दर्द का तो कोई उपचारक नहीं
कैसे और कब तक मैं उसकी तरफ़ ध्यान न दूँ
जो मुझे हमेशा अपमानित करती रहती है
जबकि मेरी सारी कोशिश उसे ख़ुश करने में ख़र्च होती है
इसके बावजूद वह मुझसे नाराज़ रहती है
जबकि मैं प्यार से लबरेज़ हूँ उनके हाथों क्यों अपमानित हूँ
जंगल के शेर का अपमान लोमड़ियों द्वारा उचित नहीं
मेरे प्यार के अतिरेक ने अबला को मेरे अपमान पर उकसाया
जो मेरे जीवन का इकलौता सरोकार बन चुकी है।

अनतरा ने अपनी शायरी में अबला को प्यार से ओबिला भी संबोधित किया है। युद्ध के बाद अनतरा जब जीतकर लौटते हैं और अबला उनका थका और बेहाल हुलिया देख मज़ाक़ उड़ाती है तो वह आहत होकर लिखते हैं—

मेरे फटे कपड़ों और ज़ख़्मी बाज़ुओं को देखकर
मत हँसो ओबिला
मत हँसो इस तरह मुझ पर
मुझे उस वक़्त देखो जब चिंघाड़ती फ़ौजों के बीच
मैं लड़ रहा होता हूँ
उस हुस्न और मर्दानगी को देख मेरी प्रशंसा करो

एक बार अनतरा के क़बीले से एक व्यक्ति अबला का हाथ अनतरा के लिए माँगने गया तो उसके पिता का क़बीलाई ख़ून ग़ुस्से से उबल उठा और

उसने उस शख़्स पर दबाव डाला कि वह लौटते ही अनतरा की हत्या कर दे। वह आदमी अपनी कोशिश में कामयाब नहीं हुआ। उस हमले की तरफ़ अनतरा इशारा करते हैं–

यह काला मैं हूँ
यह ग़ुलाम मैं हूँ
कौन बैठ सकता है उसके घोड़े पर
जब आक्रमणकारी फ़ौजें धूल उड़ाती हैं।
मेरा वंशवृक्ष मेरी यह तलवार और ढाल है
जब रणक्षेत्र चिंघाड़ता है तो ये मुझे आराम देते हैं।

अनतरा के इश्क़ की दास्ताँ सच होने के बावजूद बड़े नाटकीय ढंग से अपनी दास्ताँ कहती है। उसमें अनतरा जो शब्द प्रयोग करते हैं उससे गहरा प्रभाव पड़ता है–ग़ुलाम, काला, सफ़ेद, कौवा, बिजली का चमकना, धूल, ख़ून, तलवार और ज़ख़्म वग़ैरह। अनतरा की शायरी अपने समकालीनों से बिलकुल अलग रही है। उनके समय के कवियों ने केवल अपने क़बीलों का गुणगान किया है। जबकि अनतरा की शायरी वास्तव में उनकी आंतरिक दुनिया को खोलती है और पूरी ईमानदारी से उनकी संवेदना को दर्ज करती है जिसमें सिर्फ़ पीड़ा है।

अनतरा की शायरी, नज़्म या ग़ज़ल क्लासिकल परंपरा की नहीं बल्कि यह गीत है जिसमें लय और बयान पाठक को बहा ले जाता है। जिसमें निराशा और आशा है और यह केवल अनतरा की नहीं बल्कि अधिकतर अश्वेत अरब कवियों की शायरी का गुण रही है। अनतरा अपना दिल व दिमाग़ खोलते हैं।

मैं तुम्हें तब याद करता हूँ जब भाले
मेरा ख़ून पीते हैं और
तलवारों से मेरे ख़ून की बूँदें टपकती हैं
तब मेरी ख़्वाहिश होती है काश मैं तलवारों को टुकड़े-टुकड़े कर दूँ
क्योंकि उनकी चमक तुम्हारी हँसी की याद दिलाती है

अनतरा के पैदाइश का साल तो नहीं पता मगर उनका देहांत सन् 610 ईस्वी या सन् 615 ईस्वी के बीच हुआ। अनतरा की शायरी छपे रूप में कुल तीस जिल्दों में मौजूद है।

मुहब्बत की दहलीज़ पर ज़िंदगी के गीत गानेवाला कवि

सोहेम-अब्द-बनि-अल-हशास

सोहेम-अब्द-बनि-अल-हशास स्याह अरब शायरी का दूसरा अहम नाम है और उनके नाम सोहेम का अर्थ अरबी भाषा में काला होता है। इनके माता-पिता के लिए बताया जाता है कि यह एबीसीनिया से थे। कुछ का कहना है यह सूडान से थे। सोहेम इस्लाम आने से पहले पैदा हुए और इस्लाम आने के बाद उनकी मृत्यु हुई। उनका एक संग्रह जिसमें ज़्यादा कविताएँ नहीं थीं, उनकी मृत्यु के बाद छपा था।

सोहेम अपनी ख़ुशमिज़ाजी और लतीफ़ेबाज़ी के साथ अपनी बहादुरी को भी औरतों के समीप पहुँचने का एक ज़रिया मानते थे। उनकी शायरी में कई नाम औरतों के आते हैं जिन तक पहुँचने की उन्होंने कोशिश की थी। इन्हीं कोशिशों में एक कोशिश के दरमियान उनकी हत्या कर दी गयी। कहा जाता है अपने मालिक की बहन की बेटी के प्रति लगाव इतना बढ़ा कि उसके प्रेम ने उनको गीत लिखने पर मजबूर किया–

हम सोये थे रेगिस्तान के दरख़्त तले
जब हवा रेत को उड़ाकर
एक जगह से दूसरी जगह मरुपिंड बना रही थी।

उसने हाथ मेरे तकिया पर फैलाये
और अपनी कलाई को मेरा तकिया बना दिया
फिर अपने पैरों से मुझे अपने आग़ोश में भर लिया
उत्तरी ठंडी हवा बहने लगी जो
हमें पूरी तरह उघाड़ गयी
सिर्फ़ मेरे और उसके जिस्म के कपड़ों को छोड़कर
उसकी गंध मेरे कपड़ों में साल भर बसी रही
जब तक वह गलकर तार-तार नहीं हो गये।

मुझे जब प्यास लगी उसने मुझे पानी दिया
मानो वह पानी जैसे ख़ुदा की ज़मीन से बरसा हो।

मैं ख़ुदा की क़सम खा के कहता हूँ
उसकी बीसों उँगलियाँ मेरे पीछे थीं
मैंने उसका बोसा दोनों तरफ़ से लिया और
अब मैं जाड़े और हवा से सुरक्षित था
ओ घाटी! तुम रेत उड़ाकर कितनी हसीन हो जाती हो
तुम कितनी महान हो।

सोहेम की शायरी में विरह और मिलन की लज़्ज़त और दर्द के अलावा भी विषय रहे हैं। अपनी माँ, कालापन और ग़ुलामी। सोहेम ने अपनी पीड़ा को शेर में ढाला है–

अगर मैं गुलाब की रंगत का होता
क्या वे मुझे प्यार करते?
लेकिन ख़ुदा ने मुझे कालेपन की लानत से
नवाज़ा है और मेरी माँ को एक ग़ुलाम के रुतबे से
जो ऊँट के दूध की देखरेख करती है।
इसमें शर्म की क्या बात है?

अपनी अगली कविता में बड़े स्वाभिमान से कहते हैं–

फ़ैसले के दिन
अब्द-बनी-अल-हशास के गीत
बदल डालेंगे दौलत और वंशवृक्ष को

ग़ुलाम होने के बावजूद
मेरी रूह आज़ाद और मैं दयालु
जबकि मैं काला हूँ
मेरे तौर-तरीक़े सफ़ेद हैं

सोहेम की कुछ कविताएँ तो इतनी बयानिया और संगीतमय हैं कि उनके साथ सुनने, पढ़नेवाले का दिल व दिमाग़ भी उसके आलापों में शामिल हो जाता है।

सोहेम पर जब अत्याचार के कोड़े बरस रहे थे, उस वक़्त वह गा रहा था–

गुलाम की गर्दन का फंदा कस दिया गया है
ताकि ज़िंदगी मौत के क़रीब हो ले
तुम्हारी बेटी का माथा मेरे बिछौने पर पसीने से छलछलाया
और उसने भर दिया सारा जहाँ सुगंध से।

कुछ आलोचकों का ख़्याल है कि सोहेम अरबी का शृंगार और विद्रोह का पहला कवि है।

अपनी आदतों का ग़ुलाम कवि

अल-सालेक इब्ने-अल-सलाका

सलाका एक एबीसीनियन (अब इथियोपिया) ग़ुलाम औरत की औलाद थे। उन्होंने अपनी शोहरत रॉबिनहुड-जैसी बना रखी थी, जिनकी कहावतें कहने में गहरी रुचि थी और जिनको खिलाड़ी बनने का शौक था। कुछ समय बाद उनको एक बेहतरीन दौड़नेवाला और लोकोक्ति बनानेवाला मान लिया गया था। सलाका को घुड़सवारी का भी शौक़ था। घुड़दौड़ में भी वह हिस्सा लेते थे।

सलाका ग़रीबी से बेहाल अपनी मौसी के साथ रहते थे, जो गायों का दूध दुहने का काम करती थीं। उस दौर में यह ग़ुलाम मर्दों का काम हुआ करता था।

मेरे बाल सफ़ेद होने को आए हैं और
मैं अपनी मौसी को रोज़ मर्दों के साथ देखता हूँ
कैसा शर्मिंदा हूँ मैं उन्हें उत्पीड़ित देखकर
जब मेरा पैसा भी उन्हें ग़ुलामी से आज़ाद न करा सका

इस्लाम धर्म जब वजूद में आया तो सलाका ने इसे क़ुबूल किया। मगर अफ़सोस मुसलमान बन जाने के बाद भी उन्होंने अपनी पुरानी आदतें नहीं छोड़ीं। जैसे लूटना, आवारगी और व्यभिचार जिसकी वजह से उनका बड़ी बेदर्दी से क़त्ल भी हुआ।

एक दिन उन्होंने एक जोड़े का अपहरण किया। उसके पति ने वादा किया कि वह फिरौती के रुपये लेने अपने क़बीले जाएगा, तब तक उसकी पत्नी सलाका की क़ैद में रहेगी। जब वह आदमी लौटा तो उसकी पत्नी ने शिकायत की और बलात्कार के बारे में बताया। सुनकर वह आदमी क्रोध से पागल हो उठा और अपने क़बीले से कहकर सलाका की हत्या करवा दी। उसकी हत्या के बाद उसकी माँ ने बेहद संवेदनशील मर्सिया उसके लिए पढ़ा था।

वह घूमता रहता था ताकि उसका विनाश न हो
मगर वह नष्ट हो ही गया
किसने तुम्हें ख़त्म किया?

कहाँ तुम बीमार पड़े जो लौटे नहीं
या फिर तुम्हारी हत्या किसी दुश्मन ने कर दी।

मौत घात में रहती है
वह भी लड़के को दबोच सकती है
अच्छी चीज़ों में से तुम किसे याद करती हो
अपने खोये हुए बेटे को?

सारी चीज़े मर गयीं तुम्हारी मौत के साथ
ऐसा घातक क्या घटा जो
तुम मुझे जवाब नहीं दे पा रहे हो?

मैं अपने को दिलासा दे लूँगी जो तुम न बोले
जानती हूँ तुम मुझसे बहुत दूर हो
मैं चाहती हूँ मेरा दिल तुम्हारी जुदाई न सहे
मेरी इच्छा है कि मुझे मौत जल्द-से-जल्द ले जाए।

सलाका की कविताओं में दूसरे कवियों की तरह अपनी रंगत की कुंठा का ज़िक्र नहीं मिलता। उनकी बहुत कम कविताएँ मिली हैं, ज़्यादातर समय के साथ नष्ट हो चुकी हैं। अभी तक ऐसा ही सोचा गया है।

अपने रंग के कटघरे में खड़ा कवि

नोस्सायब सर

नोस्सायब अश्वेत कवि कहलाते थे। यह ख़ुद को एबीसीनिया से बताते थे मगर दूसरे इनको न्यूबियन कहते थे। पूरी ज़िंदगी यह अपने काले रंग से पीड़ित और अपने परिवार की ग़ुलामी से कुंठित रहे हैं। जब इनके पास इतना धन आ गया तो इन्होंने सबसे पहले अपनी माँ को ख़रीदा फिर अपने चचा, मामा के बेटों को आज़ाद कराया।

एक बार उनसे किसी ने उनकी बेटियों के बारे में पूछा तो उन्होंने जवाब दिया–"मैंने अपनी त्वचा उन्हें विरासत में दी है जिसके कारण उनकी पूछ शादी के बाज़ार में नहीं होगी। उन्होंने लिखा है–

ग़रीबी के कारण वे मेरे घर से बँधी पड़ी हैं
उनकी पूछ का न होना
दरअसल मेरे काले रंग का प्रचार है

अपनी माँ को जब ग़ुलामी से आज़ाद कराया तो लिखा–

मैंने अपनी माँ को तब मुक्त कराया
जब उसके बाल सफ़ेद हो चुके थे

नोस्सायब के पास एक अलग तरह का हास्य-व्यंग्य था, जिसमें अपना मज़ाक़ उड़ाने की हिम्मत के साथ एक सज्जनता थी। इन्होंने अपने समय के मिस्र के हुक्मराँ को ख़त लिखा, जिन्होंने इनको अपने कोर्ट का कवि बना दिया, जिससे इनका मज़ाक़ भी लोग उड़ाते और अपमानित भी करते थे। इन सारे तूफ़ानों के आगे वह सर झुकाकर उसे गुज़रने देते थे। उन्होंने अपनी निजी लाइब्रेरी ख़रीदी और अपना अधिकांश वक़्त डिप्लोमैटिक कार्यों और शायरी में गुज़ारते।

किसी ने उनसे एक बार पूछा–"तुम क्या करोगे अपनी शायरी का, ग़ुलाम?"

उनका जवाब था, "यह मेरी ग़लती नहीं है कि लोग मुझे ग़ुलाम पुकारते हैं। मैं तो आज़ाद पैदा हुआ था, मेरे लोगों ने मुझे बेच दिया। अगर तुम मुझे काला पुकारोगे तो मैं कहूँगा–

अगर मेरा रंग सियाह है
लेकिन मेरा दिमाग़ नगण्य तथ्यों का कटोरा नहीं
जहाँ तक हो सकेगा मेरी यह ज़बान
मेरे विवेक से जुड़ी रहेगी

उन लोगों के लिए उनका जन्मजात स्रोत
होगा उनके सम्मान की वजह
मगर मेरी कविता ही मेरी पहचान है
अगर एक काला विचारशील और वाक्पटु है
तो एक सफ़ेद गूँगा और बहरा है।

वह अपने प्रति किसी ग़लतफ़हमी का शिकार नहीं थे। एक बार किसी ने कहा कि फलाँ औरत आपसे आपकी कविता सुनने की इच्छुक है। सुनकर बोले "मुझे देखकर क्या करेगीं? मैं काला और मेरे सफ़ेद बाल? बेहतर है वह सिर्फ़ मेरी कविता पढ़ें।

नोस्सायब की अहसास की दुनिया वीरान रही। उन्होंने जिसे बड़ी शिद्दत से चाहा वह बेवफ़ा निकली। फिर इनका झुकाव एक सफ़ेद रंगतवाली ग़ुलाम महिला के प्रति बढ़ा। उसने इनको गहरे आहत किया। उन ज़ख़्मों को उन्होंने शेरों में ढाला–

अगर मैं काला हूँ मेरी कस्तूरी गंध कहीं ज़्यादा काली
मेरी त्वचा के कालेपन का कोई उपचार भी नहीं
मेरी क़िस्म मर्दों में विरल है
तुम्हारी क़िस्म औरतों में आम है

अगर तुम मुझे इसी रूप में स्वीकार करती हो
तो मुझसे कुछ कहो
अगर नहीं तो नहीं।

नोस्सायब के शेरों का एक ही संग्रह है जिससे यह तथ्य निकलकर आता है कि उसे छोटी बच्चियों से बहुत लगाव था। इनकी शायरी में *फ़ाख़्ता* एक रूपक है तन्हाई का! और ऐसा महसूस होता है कि इनसे ऐसा कुछ खोया है जो फिर इनकी ज़िंदगी में लौटकर नहीं आया है। नोस्सायब का देहांत सन् 726 ईस्वी में हुआ।

मसख़रे के मुखौटे के पीछे का दर्द

अबू-दुलमा

अबू-दुलमा एबीसीनियन ग़ुलाम की औलाद थे। अबू-दुलमा की शायरी अपने समकालीन कवियों से अलग थी। उन्होंने तीन अब्बासी ख़लीफ़ाओं के दरबार में मसख़रे की पदवी सँभाली थी। इनका काम हँसाना था, इसलिए मर्द-औरत दोनों को हँसाते और फ़ीस लेते ताकि गुज़र-बसर ठीक से चल सके।

एक बार किसी महिला ने इनके बारे में कहा था कि दुलमा अगर शैतान को चुटकुला सुनायेगा तो वह भी हँस पड़ेगा।

अबू-दुलमा मुसलमान होने के बावजूद चापलूस और शराब बेचते थे। इन्होंने अपनी शायरी में अपने रंग का गिला नहीं किया उलटे अपने परिवार और ख़ुद पर तीखे कटाक्ष किये और यही कटाक्ष इनकी प्रखरता का प्रमाण थे।

ज़्यादा पीने के कारण एक बार ख़लीफ़ा नाराज़ हो गये और उन्होंने हुक्म दिया कि इसको मुर्ग़ी के दरबे में बंद कर दो। अबू-दुलमा जब सुबह उठे तो भौचक रह गये। यह कविता लिखी और ख़लीफ़ा को भेजी।

विश्वास करनेवालों के शहज़ादे!
मैं तुम पर अपनी जान निछावर करता हूँ
मुझे तुमने क्यों जेल में डाला है
और मेरे सुकून को ख़त्म किया?
इस शराबी के नशे का फैलाव तो बस एक
तेल के लैंप तक ही सीमित है।
ख़ुदा की आग से बनी यह बोतल
कितनी पक्की और पवित्र है
दिल ख़ुश हो जाता है
और इसकी चाहत बढ़ जाती है
जब यह गिलास में चमकती है

मैं किस जुर्म के अहसास के साथ जेल में नहीं हूँ
जैसे कि टैक्स अफ़सर

उनके साथ भी जेल में डाला होता तो ठीक था
मगर मैं यहाँ
चूज़ों और मुर्ग़ियों के साथ बंद हूँ
मेरी गुनाहों की गिनती ने मुझे सजा दी है
फिर भी मैं बुराई से मिला
मैं आपकी अच्छाई का इंतज़ार कर रहा हूँ
बुराई से मिलने के बाद।

अबू-दुलमा सिर्फ़ ख़लीफ़ा को अपने अच्छे-बुरे मज़ाक़ से नहीं हँसाते थे बल्कि अपना ख़ुद का मज़ाक़ बड़ी बेदर्दी से उड़ाते थे।

अबू-दुलमा, तुम!
न दयालु हो न शानदार
तुम बिलकुल बंदर लगते हो
जब टोपी पहन लेते हो
तुम एकदम सूअर लगते हो
जब उसे उतार देते हो
तुम्हारी बदसूरती और नटखटपना
असल में यह नटखटपना ही तुम्हारी बदसूरती को बढ़ाता है
अगर तुम्हारे जीवन में कोई स्वर्ग है तो ख़ुश मत होना
तुम्हारे अंतिम न्याय का दिन क़रीब है।

ये पाँचों कविजन प्रारंभिक शायरी के स्तंभ माने जाते हैं जिनकी शायरी को आज भी सराहा जाता है और सम्मान दिया जाता है। अरब कवियों के लिए ये प्रेरणा-स्रोत हैं। इनकी शायरी में दो गुण मुखर हैं—पहला इनका गीतमय होना। दूसरा अपने कालेपन पर ख़ुद पर तरस नहीं खाना बल्कि उस हक़ीक़त को क़ुबूल करके उसका ज़िक्र बड़े गर्वीले अंदाज़ से करना। यही नहीं अपनी ख़ूबियों को उजागर करना और उन ख़ूबियों को अपनी पहचान बताना।

स्रोत

1. सोहेम, दायवान सोहेम (इनकी कविता का संग्रह) संपादन अब्दू अल-अज़ीज़ अल-मेमानी, अल-दार-अल-कामिया क़ाहिरा, 1965।
2. अल-हिफ़नी महमूद। सिरातू अनतरा (अनतरा का रोमान्स) अल-दार अल-कामिया कैरो, 1964।
3. ख़ोलीफ़ यूसुफ़ अल-शारा अल-सलीक (कवियों का भ्रमण) हयात अल-किताब क़ाहिरा, 1979।
4. अली सालाश लेख।
5. नियो अफ़्रीकन लिटरेचर : 'अ हिस्ट्री ऑफ़ ब्लैक राइटिंग' जानहेन्ज़ जान ग्रोव प्रेस, न्यूयॉर्क।

ज़बानी शायरी का सोमाली कवि

सोमालिया

रागे उगास

ज़बानी शायरी का सोमाली कवि

रागे उगास

लोककथाओं की तरह 'ज़बानी शायरी' की भी एक परंपरा थी जो सीना-ब-सीना एक पीढ़ी से दूसरी पीढ़ी तक पहुँचती थी। स्वयं वाचक परंपरा का कवि यह इच्छा रखता था कि उसकी कविता को 'कवितागो' जगह-जगह पढ़ें और सुननेवाले उसे याद करके कुछ और लोगों के बीच उसका नाम लेकर कविता को दोहरायें। इस तरह से इंसान ने अपनी साहित्यिक धरोहर को बचाये रखा।

वाचक परंपरा का सबसे लोकप्रिय और महत्त्वपूर्ण कवि सोमालिया का रागे उगास है जो उन्नीसवीं सदी के मध्य में बहुत कम उम्र में इस दुनिया को छोड़ गया। उसकी तीन कविताओं को किसी तरह उन दो शोधकर्त्ताओं ने ढूँढ़ निकाला जो वाचक परंपरा के साहित्य में विशेष रुचि रखते थे। बाद में दोनों सोमालिया की 'आर्ट एंड साइंस फ़ाउंडेशन' के सदस्यों में शामिल किये गये और ये तीनों कविताएँ अन्य दूसरी रचनाओं के साथ लिखित रूप में सँजो ली गयीं।

पहली दो कविताएँ 1950 में जमा की गयीं। जिनके द्वारा खोजी गयी थीं उनका नाम शीरे जामैक एक्समेड (Shire Jaamac Axmed) था। उन्होंने इस को अपनी पुस्तक *गबायो, माहमाह आयो शीकूइन यारवार* (Gabayo, Maahmaah iyo Sheekooyin Yaryar) में शामिल किया था।

तीसरी कविता 1960 में एक कवितागो जिसका नाम कीसे यूसुफ़ सिलमी (Ciise Yusuf Cilimi) था जो हरगेसिया का था, उससे यूसुफ़ मेगाग समातर (Yusuf Meygaag Samatar) ने प्राप्त किया और अपनी *मदहाफाकाँ मुरतिदा* (Madhaafanka Murtida) में छापा।

सोमाली डेमोक्रेटिक रिपब्लिक की राष्ट्रीय भाषा सोमाली है मगर अरबी भाषा का भी चलन है। अंग्रेज़ी और इटैलियन भाषा के जाननेवाले भी वहाँ बड़ी संख्या में रहते हैं। सोमाली क्लासिकल शैली में सारे कवि लय से अधिक अनुप्रास पर ध्यान देते थे। यही ज़रूरी ध्वनि पूरी कविता में चलती रहती थी। एक अक्षर जो शुरू में आता उसका अपनी ध्वनि के साथ अंत तक होना ज़रूरी था। रदीफ़-क़ाफ़िया

का यह दोहराव समय के साथ टूटा और लय को महत्त्व मिलने लगा, जिसमें विचार अहसास का लगातार बयान अपने में पूर्ण होता।

सोमाली में 'ज़बानी शायरी' की परंपरा पुरानी है और काफ़ी समय तक यह परंपरा चलती रही। मगर जब सोमाली भाषा राष्ट्रीय भाषा स्वीकार कर ली गयी तो एकाएक वातावरण साहित्यकारों के लिए बदलकर रह गया। लिखित शब्द सामने आए और इसी के साथ कहानियाँ और उपन्यास भी लिखे जाने लगे। बहुत कम समय में किसी भाषा के पास सदियों का लिखा साहित्य-भंडार नहीं हो सकता। वह मसला सोमाली भाषा साहित्य के साथ भी है। कविता का 'ज़बानी ख़ज़ाना' कवितागो और कविता-प्रेमियों के द्वारा जमा हुआ और जमा किया जा रहा है। परंतु गद्य लेखन में नयी विधाओं ने ज़्यादा कुछ नहीं दिया है।

रागे उगास की तीनों कविताओं को पढ़कर लगता है कि उस मुल्क ने बहुत-कुछ सहा, अनुभव किया और अपने अंदर यात्रा की है। वह सारा ख़ज़ाना अपनी शिद्दत और तेवर के साथ गद्य लेखन में अवश्य आएगा जिसमें ताज़गी और बहुत-कुछ नयी अभिव्यक्तियाँ मिलेंगी।

सोमाली भाषा के कवि रागे उगास के जीवन के बारे में सूचनाएँ भी हमें भविष्य में अवश्य प्राप्त होंगी, तो भी उनकी दी जा रही तीन कविताओं द्वारा बहुत कुछ महसूस हो सकता है—उनके तेवर, उनके अहसासात, उनके रिश्ते और उस दौर के समाज की आहटें! रागे उगास की पहली कविता वास्तव में उस घटना से संबंधित है जब उसकी भिड़ंत एक ऐसे आदमी से हो गयी जिसने रागे को चुनौती दी कि वह कविता के मैदान में उतरे और आमने-सामने खड़े होकर कविता का मुक़ाबला सबके सामने करे। रागे ने उसकी चुनौती इसलिए स्वीकार नहीं की थी क्योंकि वह उस कवि को अपने बराबर का नहीं समझता था। उन्होंने कविताओं के ज़रिये अपने ख़्यालात भेजे जिसमें उसकी अच्छी तरह शामत बुलायी।

रागे उगास की तीसरी कविता उसके अपने प्यारे घोड़े 'वलहद' की मौत पर है। जिसको बेटा कह सकता है और सगा भाई भी। जो ख़ुदा की तरफ़ से उसे मिला जिस पर बैठकर वह सूखी घाटी में नदी की तरह बहता था। इस तरह के ख़ूबसूरत बिंबों और व्यथा का भँवर पाठक को बरबस न केवल पूरी लंबी कविता पढ़ने को मजबूर करता है बल्कि उसकी लयात्मकता बार-बार उसे दोहराने का मन बनाती है।

इतने पिछड़े, ग़रीब देश में हर तरह के सुख से वंचित इंसान के अंदर यह सृजन का स्रोत कैसे मीठे पानी के चश्मे की तरह उबल पड़ता है? यह हालात का तक़ाज़ा है या फिर ऊपरवाले का कमाल?

इन तीनों कविताओं का अनुवाद सोमाली से अंग्रेज़ी में बी.डब्ल्यू. एंड्रीज़ीवस्की (B.W. Andreziewski) ने किया है। उनकी ईमानदारी और अनुवाद में काफ़ी हद तक सुंदरता को बचाये रखने में वह कामयाब है। यह भी सोचा जा सकता है कि वास्तव में यह तीनों कविताएँ अपनी मूल भाषा में कितनी प्रभावी

और काव्यमय होंगी। उनमें से दो का अनुवाद जो मेरे द्वारा हुआ है, वह यहाँ दिया जा रहा है।

❧ भिड़ंत ❧

एक मेमना माँ को हलाल होने से नहीं बचा सकता
न ही रोक सकता है उसके गोश्त को अतिथि के सामने पेश होने से
नया चाँद अपनी तीसरी रात को बेशक तुम्हें अपने मोहल्ले से बाहर ले आए
लेकिन उसकी फीकी रौशनी में तुम्हारा क़स्बे या गाँव जाना मुश्किल होगा
तुम्हें गिद्ध या गिरिफिन के पंखों के बदले में पैसे नहीं मिलनेवाले
चाहे उसको बेचने के लिए तुम जितना भी हाँक क्यों न लगाओ
तुम जितनी बार चाहो ख़ुदा के नाम का जाप करो
और चमत्कारक शक्तियों की सहायता के इंतज़ार में रहो।

माना कि ख़च्चर के पैर लंबे हो सकते हैं
लेकिन वह अभ्यास के मैदान में घोड़े के साथ खड़ा नहीं हो पाएगा
बोझ से लदी गधी आगे या पीछे जाकर सिर्फ़ धूल उड़ा सकती है
वह भी अपने बच्चों को उसी काम में जोतकर
न दूध ले जा रही है और न पानी, लेकिन
रुकती नहीं है कभी अपनी निरर्थक यात्रा से।

जब शेर चलता है तो उसके पदचिह्नों को
उसकी लटकती दुम के लंबे बाल चिह्नों को मिटाते चलते हैं
लेकिन जब चौपाये चलते हैं तो अपने खुरों से ज़मीन खोद डालते हैं
साँड़ जो अपने को सबसे महान समझता है
वह चौपायों की कोई मदद नहीं कर पाता कठिनाई में
एक लड़का जिसका अभी ख़तना भर हुआ है वह भ्रम पालता है
कि अब मैं मर्द पर हमला बोल सकता हूँ
उसके होंठों पर उगते नये बाल चुटकी भर मदद नहीं
कर पाते उसकी, तब फ़क़त
उसकी मौत उसके अंत पर आँसू बहाती है।

रागे की दूसरी कविता का विषय 'खोयी हुई दुल्हन' है जिसमें लड़की ने रागे से शादी करने का वायदा किया था। या फिर रागे उगास को कोई ग़लतफ़हमी हुई थी। हक़ीक़त जो भी हो, वह लड़की दूसरे लड़के से ब्याह दी जाती है और रागे

इस सदमे को झेल नहीं पाता। यह अपने चीत्कार भरे विलाप से आसमान का कलेजा भी खरोंचकर रख देता है।

खोयी हुई दुल्हन

रात घिर आयी है, सारे दरवाज़े बंद हैं और लोग सो चुके हैं
बादलों की गड़गड़ाहट के साथ बारिश ऐसी मूसलाधार
जैसे हज़ारों गोलियाँ बंदूक़ों से छूटी हों एक साथ
लेकिन यह तो मेरे विलाप का हाहाकार था जो लोगों ने सुना
और महसूस किया जैसे चिंघाड़ता शेर उनकी तरफ़
बढ़ रहा हो तेज़ी से
मेरी इन बेतहाशा चीख़ों से
मेरी पसलियाँ ज़ख़्मी और मेरुदंड पीड़ा से फट रहा है
एक मर्द और मकान के खड़े रहने के ये सहारे हैं
ख़ुदा ही जानता है मेरी इस तपकन को जो मुझे रुला रही है

एक शिकरा नहीं उड़ पाता है जब उसके कंधे ज़ख़्मी हों
जंगली घोड़ा नहीं दौड़ता जब उसकी पीठ थकान से चूर हो
उस आदमी की आँखें और पसलियाँ जब बीमार हों
तो वह कैसे देख सकता है अपनी ग़लतियों को
एक आदमी जिसका प्यार भरा दिल टूट गया वह
शादी की दावत का खाना कैसे खा सकता है
ऊँट जब शारीरिक प्यास से बेचैन होते हैं तब
उनकी चीख़ें कानों को फाड़ने लगती हैं

मैं उस लड़की की तरह ग़मज़दा हूँ जिसकी माँ
उसे छोड़कर जन्नत सिधार गयी और
उसके बाप ने दूसरी शादी कर ली
अब वह घर के किनारेवाले कमरे में पड़ा सो रहा था उसके साथ
मैं वह आदमी हूँ जिसकी होनेवाली पत्नी को
किसी और के साथ ब्याह दिया गया है
मैं वह आदमी हूँ जो पानी से भरे तालाब की तरह है
मगर जिसकी प्यास आज तक बुझ नहीं पायी।

स्रोत

1. 'उर' इराक़ सूचना प्रसारण की साहित्यिक पत्रिका।

परदेस में शायरी की फुहारें

कुवैत व अन्य देश

सुल्ताना मेहर
तसनीम आबदी
रज़िया इस्माइल
रशीद जहाँ
ख़दीजा ज़ुबैर अहमद

परदेस में शायरी की फुहारें

अपने वतन से दूर रहकर आदमी यूँ भी तन्हा-तन्हा रहता है और अगर वह कवि और लेखक हो तो यह तन्हाई नागिन की तरह डसती है। लेकिन इंसान की मजबूरी उसे रहने पर मजबूर करती है। मगर वह अपने अंदर फूटते कविता के जलप्रपातों को रोक नहीं पाता है जो पूरे वेग से बहकर अंत में उसकी तन्हाई का साथी बन बैठते हैं।

पाठकों को यह जानकर हैरत होगी कि क़तर और कुवैत में लगभग पचास-साठ के लगभग कवि और लेखक होंगे जो कभी पाकिस्तान और हिंदुस्तान से रोज़ी-रोटी कमाने बाहर निकले होंगे। इमारती कामों में व्यस्त ये लोग वहाँ बस भी गये और लंबा समय बिताकर इस दुनिया से उन्होंने विदा भी ले ली। ऐसी कैफ़ियत हर उस मुल्क में हो सकती है जहाँ पर ऐसे सृजनकर्त्ताओं की संख्या ज़्यादा हो। इसी कारण से पूरे विश्व में जगह-जगह मुशायरे होते हैं और दुनिया भर के कवि एक मंच पर खड़े होकर ग़ज़ल और नज़्में पढ़ते हैं। वहाँ रहनेवालों के अदब में कसक है वही कसक जो *भिखारी ठाकुर की बिदेसिया* में है। जिसको लोग उसी चाव से अपने को भूलकर गाते हैं जैसे आल्हा-ऊदल को। व्यथा को राग-रागिनी और शेरो-शायरी में लाने का अर्थ है अपनी ही पीड़ा का उत्सव-जैसा मनाना।

दुबई में रहनेवाले कामगारों की ज़िंदगी का जो थोड़ा-बहुत अनुभव है, जहाँ या तो काम करो या थकन उतारने के लिए सो जाओ। छुट्टी में या तो समंदर देखो या बड़े-बड़े माल देखो। ऐसी तन्हाई के लम्हों में बदर सीमाब का यह शेर देखें–

चला आता है बिन पूछे इन आँखों के दरीचों में
तुम्हारा चाँद-सा चेहरा हमें सोने नहीं देता

रिदाए दर्द ओढ़े जब .फ़सीले याद पर आकर
कोई मौसम कभी ठहरा तुम्हें सोचा तुम्हें चाहा

बदर सीमाब पाकिस्तान से तालीम हासिल कर कुवैत गंये और इमारती कामों में लग गये। उन्हीं की तरह जलील निज़ामी का यह शेर जो क़तर में रहते हैं–

रक़्सआहू भी नहीं साया-ए-गेसू भी नहीं
दश्ते फ़ुर्क़त में तेरी याद के जुगनू भी नहीं

अब्दुल रज़्ज़ाक़ सदफ़ की बेबसी देखिये–

दिन गुज़रता है बोझ ढोने में
रात .ख़्वाबों में घर बनाता हूँ

नदीम माहिर हिंदुस्तान से हैं। वह बुलंदशहर से तालीम हासिल कर कुवैत की तरफ़ गये।

तेरी यादों की नक़्क़ाशी खुरचकर फेंक आए हैं
झुलसती रेत पर हम एक समंदर फेंक आए हैं।

एक बड़ी तादाद में कामगार बर्फ़ीली ज़मीन और रेतीली सरज़मीन पर अपनी आँखों में अपने इलाक़े के सरसब्ज़ खेत, बाग़ और फूलों की रंगारंगी को और साथ ही एक हसीन .ख़्वाब को लेकर परदेस पहुँच गये। तन व तन्हा उस अजनबी मुल्क में जहाँ की हवा और मिट्‌टी भी उन्हें दुलारती नहीं, जहाँ का आसमान और ज़मीन मुहब्बत की थपकियाँ उन्हें नहीं देता है। तब वे इस तन्हाई को अपने अंदर की दुनिया से कहकशाँ में बदल डालते हैं जिसमें बीवी या महबूबा का चेहरा होता है या फिर रेहन (गिरवी) पड़ा घर और खेत होता है।

मोहम्मद शादा कोलावी की शायराना नज़र से कोई मौज़ू नहीं बचता है। वह साज़िशें भी तरक़्क़ीयाफ़ता मुल्कों की भाँप लेते हैं और सितमज़दा पिछड़े मुल्कों का दुख भी। उनकी शायरी क़तर में भी फलती-फूलती रही। उनका यह शेर बहुतों को अपना सच लगा कि विदेशों में काम करते हैं और लाशें वतन लौटती हैं। मगर यहाँ जो कटाक्ष है वह कुछ और भी गहरे नश्तर चुभो रहा है।

रखी है तूने मेरे लिये क़ब्र की ज़मीं
तेरे तुफ़ैल, मैं भी ज़मीनदार हो गया।

एजाज़ हैदर पाकिस्तान के शहर रावलपिंडी से हैं और वतन से दूर अपने दिल को दिलासा देते हैं–

मैं कैसे जाऊँ घर को हैदर
कमाया जो है, वह है कम अभी तक

सआदत अली सआदत का यह शेर एजाज़ हैदर की तन्हाई का ही अगला मोड़ है–

ख़ुशबख़्त परिंदे हैं जो घर लौट रहे हैं
दो साल हुए मैंने अभी घर नहीं देखा

सय्यद फ़हीम उद्दीन इसी दर्द को लेकर आगे बढ़ते हैं–

तुम्हारा इश्क़ भी जैसे सवाल मंतिक़ है
मैं हल करूँ तो कई और मसले बढ़ जाएँगे

इन शेरों की गहराई और इसमें गुथा ग़म वही जान सकता है जो ऐसे समाज को क़रीब से जानता हो जहाँ युवा नौकरी न मिलने के सबब बाहर जाते हैं और फिर ऐसे भँवर में फँसते हैं कि न लौटते बनता है और न ही ठहरते! फिर भी ज़िंदगी उस बेकारी, तानों, भूख, क़र्ज़ से बेहतर लगती है।

मक़सूद अहमद मक़सूद बासवाड़ा (राजस्थान) से बी.ए. कर कुवैत आए और वहाँ तिजारत में लग गये। शायरी उनका पहला फ़र्ज़ है–

रोक पाएँगे न हरगिज़ अजनबी जंगल उसे
लौट आएगा परिंदा फिर शजर पहचानकर

कुवैत और क़तर जो उर्दू कामगार, ताजिर, कर्मचारी शायरों का केंद्र-सा बन गया है। यहाँ आस-पास के मध्यपूर्वी देशों के कवि केवल मुशायरे में शामिल नहीं होते हैं बल्कि पूरी दुनिया में फैले कविगण वहाँ शिरकत करने पहुँचते हैं। यह अपने में कितना ख़ूबसूरत सच है कि कोई अपनी ज़बान, तर्ज़े ज़िंदगी और तहज़ीब को मुल्क से दूर जाकर भी कैसे बचाता है और पैसा कमाने के साथ इल्म की दौलत को भी हासिल करता है–

कहीं रुक जा मेरी आवारगी अब थक गया हूँ मैं
ज़रा थम गर्दिशे दौराँ कि सुख की साँस तो ले लूँ
मेरी चाहत पे भी मेरे सनम इफ़लास ग़ालिब है
गमे दुनिया से फ़ुर्सत हो तो तेरी ज़ुल्फ़ से खेलूँ

सफ़दर अली सफ़दर के यह चार शेर उन सारे जवानों की ज़बान है जो बहुत-सारे ख़्वाब तोड़कर बाहर के मुल्कों में कमाने निकल जाते हैं। सफ़दर साहब का शेरी मजमुआ 2007 में *अभी मैं कह नहीं पाया* के नाम से आया है। शेख़पुरा (पंजाब, पाकिस्तान) में पैदा हुए और अब कुवैत में हैं।

इन शायरों का ज़िक्र जो उनके शेरों में झलकता है वह सिर्फ़ एक विषय पर लिखते हों ऐसा नहीं है। मैंने उनके हसीन कलाम और दीवान से जान-बूझकर ऐसे शेर चुने हैं जो उनका ख़ुद का दर्द हो। वरना अदब-बराये-अदब और अदब बराये ज़िंदगी में हर शायर और अदीब के पास विषयों की कमी नहीं होती है।

बचपन में शहरों में चूल्हा जोड़कर खाना पकाते रिक्शेवालों को देखा और फिर बड़े होकर उन मज़दूरों को समझा जो सारे दिन की कड़ी मेहनत के बाद

लंबा सफ़र तय कर अपने ठिकाने पहुँचते और खाना पकाने में व्यस्त हो जाते हैं। पैसा बचाकर घर भेजते हैं। अकसर मैं सोचती हूँ ऐसे मर्दों को इंसान की किस कोटि में रखूँ? बाहर जाना हुआ तो दूर-दूर से भारतीय मज़दूरों को अन्य देशों के मज़दूरों के साथ काम करते देखा और फिर यह दूरी नज़दीकी में बदल गयी। जब मैंने दुबई में सिर्फ़ देशी-विदेशी मज़दूरों को क़रीब से देखा और क़लम उठाया। मेरा उपन्यास 'ज़ीरो रोड' इसी अनुभव से निकला। दुबई में शेरो-शायरी का माहौल शायद इसलिए भी नहीं पनपा क्योंकि उसकी लगभग चालीस वर्ष की विकास यात्रा है और वहाँ बड़ी संख्या में केरलवासी हैं। उनकी पत्रिकाएँ, रेडियो कार्यक्रम चलते रहते हैं जबकि दुबई के शेख़ ख़ुद कवि हैं और सभी स्थानीय अरब उर्दू या कहें हिंदुस्तानी ख़ूब साफ़ बोल लेते हैं। इसका जवाब शायद यही हो कि हर जगह की ज़मीन पर अदब नहीं पनपता है जबकि इराक़ में सद्दाम के दौर में भारतीय और पाकिस्तानी मज़दूर और कर्मचारी भरे हुए थे।

इस विभिन्नता के शायद दो कारण हों कि इन वर्षों में पढ़ा-लिखा वर्ग भी मज़दूर बनकर रह गया। दूसरा वहाँ पहले से मौजूद शायरों की महफ़िल में शामिल हो गया है। रोज़ी-रोटी के लिए इंसान बड़ा मजबूर होकर अपना मुल्क छोड़ता है ताकि उसका ख़ानदान और औलादें ख़ुश रह सकें और भूख और क़र्ज़ की लानत उसे छू न पाए। मर्द ही नहीं औरतें भी अपने परिवार की ख़ुशहाली के लिए दूर देश में जाती हैं, कभी अकेली, कभी शौहर के साथ। पाकीज़ा बेग के शेर देखें जो लंदन में हैं और ऐसी औरतों की रूदाद बयान करती हैं।

ख़ुदा वह वक़्त न लाये किसी पे पाकीज़ा
दयारे ग़ैर हो और शामे बेकसी भी हो
खाके लंदन है, तुझे हमने वतन मान लिया
टूटकर शाख़ से तुझको ही चमन मान लिया।

हमीदा मोइन रिज़वी आगरा की पैदाइश और स्यालकोट रिहाइश और अब लंदन में। हमीदा सिर्फ़ शायरी ही नहीं करतीं बल्कि गद्य भी ख़ूबसूरत लिखती हैं। उनका कहना कितना सही है–

लड़कियाँ जो किताब लिख रही हैं
ज़िंदगी के अज़ाब लिख रही हैं
उँगलियाँ हैं फ़िग़ार ज़ख़्मों से
काग़ज़ों पर गुलाब लिख रही हैं

मगर ऐसा भी हो रहा है कि अच्छी शिक्षा के बाद बेहतर नौकरी मिलने की समझदारी में भी मौजूदा नस्ल अपनी ख़ुशी से मुल्क छोड़ती है और क़ानून के

मुताबिक़ वे उन मुल्कों में अपने परिवारवालों को चंद माह के लिए बुला लेते हैं। यह धूप छाँव का जज़्बाती खेल लगभग पिछले सौ वर्षों से चला आ रहा है। वहाँ पलनेवाले बच्चे हिंदुस्तान-पाकिस्तान में बीमारी के डर से दादा नानी के पास भेजे नहीं जाते और उन बच्चों को भी माँ बाप के वतन आकर कुछ सुखद अनुभव नहीं होता। ऐसे हालात में वहाँ पैदा होनेवाले लड़की-लड़के भी समझ नहीं पाते कि वह किस समाज को अपना सच समझें। ऐसे विषय पर काफ़ी कुछ लिखा गया है, जिसमें बेजोड़ शादियाँ, धोखे की शादी, अविवाहित रहना या फिर आत्महत्या कर लेना भी शामिल है।

यहाँ पर कनाडा में रहनेवाली परवीन शीर की एक नज़्म दे रही हूँ–

वह जब से गया है
अजीब खुश्क़साली का मौसम है आया
दहकती हैं सूरज की अंगार आँखें
फलक पर कोई नहीं अबरपारा
कि बारिश का अब कोई इमकान नहीं
सुलगते हैं आँखों के प्यासे हलक़े
फ़क़त ख़ाक चारों तरफ़ उड़ रही है
क्यारी भी पलकों की सूखी पड़ी है
तो इस क़हद में
ख़्वाब कैसे उगाऊँ?

वतन से दूर उन ख़ुशबुओं की तलाश में, रात को देखे ख़्वाबों की ताबीर में, अपनी पहचान और अपने वतन की याद में अनजाने ही आपको अपनी ज़बान से प्यार हो जाता है। रोटी के लिए जिस प्यार के बंधनों को तोड़कर ये सब भागे थे, ख़ुशहाल होने के बाद उसी स्नेह की डोर उन्हें हर पल अपनी तरफ़ खींचती महसूस होती है। यथार्थ कुछ और है, लौटना मुश्किल है–तब यह बेबसी कविताओं, नज़्मों, ग़ज़लों में बहने लगती है।

दो फाँक हुए अहसास

सुल्ताना मेहर

सुल्ताना मेहर जो बर्मिंघम में रहती हैं किस ख़ूबसूरती से दूरियों के इस दर्द को नज़्म करती हैं—दादी या नानी की ज़बानी—

देखो कब आते हैं रफ़ूगर

शहज़ादी मेरी
तू मुझको बुलाती है। अपनी नन्ही बाँहें फैलाये
पर मैं कैसे जाऊँ/मैं ज़ंजीरों में जकड़ी हुई
तू मग़रिब में है और मैं मशरिक़ में हूँ
बीच में कितने कड़े कोस दीवार बने हैं
यह दीवारें भी हमने चुनी हैं
हम! कि जो इंसान हैं
तहज़ीब तमद्दुन के हामी
और रफ़ूगर कहलाते हैं
पर हम ही/चाक गरीबाँ करते हैं
चाहे दिल किरची-किरची हो जाए
ऐ शहज़ादी! मेरे बेटे की राजदुलारी
ये ज़ंजीरें वीज़े की हैं।
ये दीवारें परमिट की हैं।

तेरे ख़िलौने मेरे हाथों में हैं
तेरी गुड़िया, तेरी हलकुलिया
तेरा डुपट्टा और सैंड्रेला की जूतियाँ

सब हाथों में समेटे
अमरीकी कौंसिलख़ाने के दरवाज़े पर
मैंने दस्तक दी है
देखो कब दरवाज़ा खुलता है
देखो कब आते हैं 'रफ़ूगर'
और चाक गरीबाँ कब सीते हैं।

मासूम इक़रार की ईमानदारी

तसनीम आबदी

आबूधाबी की तसनीम आबदी के अहसास देखें कि एक औरत किस तरह अपने को मिटाती है और एक दिन उसे सबकी ख़ुदगर्ज़ी में अपनी बेचारगी का अहसास जागता है।

मेरे पास क्या है जो वार दूँ

अभी तिफ़ले मकतबे इश्क़ थी
कि मुझे सबक़ ये दिया गया
तेरे पास जो भी है वार दे
तुझे ज़िंदगी की तलाश है!!
तो फिर अपने-आपको मार दे
मेरा ज़िंदगी से सवाल था
मेरे पास क्या है जो वार दूँ?
ये तो मकतबे इश्क़ का फ़ैज़ है
कि मैं हूँ भी और नहीं भी हूँ
मुझे कुछ भी याद नहीं रहा
बजुज़ एक बात के तू ही तू।

तहरीर से तहरीर का रिश्ता

रज़िया इस्माइल

रज़िया इस्माइल अब बर्मिंघम में रहती हैं। उनकी इस नज़्म में पूरी एक कहानी छुपी है। इस नज़्म को पढ़कर बहुतों के ज़ख़्मों के टाँके खुल जाएँगे और पुराना दर्द टीस उठेगा या फिर किसी लेखक को अपना कोई किरदार याद आ जाएगा।

तहरीर

लिखो इतना लिखो
यह ज़िंदगी तहरीर बन जाए
किसी काग़ज़ के टुकड़े पर
कोई बिगड़ी हुई तक़दीर बन जाए
लिखो ऐसे तेरे लफ़्ज़ों में वह तासीर हो
जो पाँवों की ज़ंजीर बन जाए
उँड़ेले दिल का सारा दर्द
तुम काग़ज़ के टुकड़ों पर
कोई फ़िक़रा क़लम से रूठकर इस तरह निकले
किसी नादीदा कल की क़ीमती जागीर बन जाए
इसी तहरीर के नाते हमारे मिलने की
शायद कोई तदबीर बन जाए
कहा तुमने यह मुझसे...!!

मैं जब से लिख रही हूँ
मैं हर हर्फ़ पर यह सोचकर नुक़्ते लगाती हूँ
कि इनमें नक़्श उभरेगा, तुम्हारा नक़्श
जिसे लफ़्ज़ों के पेच व ख़म में क़ैद कर लूँगी

मगर लफ़्ज़ों को सौ-सौ बार लिखने पर
कई नुक़्ते लगाने और मिटाने पर
कोई लंबा अक्स काग़ज़ की बाँहों में नहीं आता
कहाँ हो तुम-किताबे ज़िंदगी के कौन से पन्ने में रहते हो
हमें लफ़्ज़ों के घर में छोड़कर
तुमने कहाँ पर घर बनाया है
कहाँ दिल लगाया है
हमें कैसे भुलाया है
नहीं आना - नहीं मिलना
कोई तहरीर ही नहीं
कि इक तहरीर का तहरीर से रिश्ता तो होता है।

सरकटे लोगों की बस्ती

रशीद जहाँ

रशीद जहाँ न्यूजर्सी से हैं। आज जो हालात हैं चारों तरफ़, वह दिल में दहशत तो पैदा करते हैं और कभी-कभी यह भी लगता है कि हमारा यह लिखा हुआ क्या बम की बारिश से बचेगा भी?

❧ कटा सिर ❧

अजीब मंज़र है बस्ती का
जहाँ, हर सम्त, धड़ ही धड़
क़वी पैकर, मगर, बे-सर
ये धड़, सब ज़िंदगी की बेसरोसामानी में गुम
बहुत मसरूफ़ हैं
बे सोचे-समझे काम के हल में जुते पैकर
तो क्या? यह सारी बस्ती, सिर कटे लोगों की बस्ती है
जो मेहनत कर रहे हैं
दूसरों का बोझ उठाकर अपने कंधों पर धरे
इन्हीं सब सर कटे लोगों के झुरमुट में
कई सर हैं...दिमाग़ों को बचाये
कहीं ऐसा न हो आइने दौराँ
उनका सर भी ज़ुल्म की तलवार से यकसर क़लम कर दे
अगर...फिर हाथ में, बाक़ी क़लम रह भी गया...तो
फ़क़त, बे-सर बदन
क्या लिख सकेगा?

अहसास का यकसाँ होना

ख़दीजा ज़ुबैर अहमद

हर समाज में औरत को लेकर जो एक बेहिसी और लापरवाही भरा अंदाज़ है उसको बड़े सादे अंदाज़ में ख़दीजा ज़ुबैर अहमद कहती हैं। जो फ़िलहाल यूनाइटेड किंगडम में रह रही हैं मगर उनके अहसासात भी औरत को लेकर वही हैं जो झारखंड में रहनेवाली एक घरेलू महिला की शिकायत हो सकती है।

मेरी आवाज़ तो सुनो

तेज़ हवाएँ चलती हैं
सायँ-सायँ करती हैं
तुमने सुना है?

हाँ मैंने सुना है।
चंचल लहरें साहिल से मिलकर
छन-छन साज़ बजाती हैं
तुमने सुना है?

हाँ, मैंने सुना है।
बिल्लों ने आईना तोड़ा है
छन-छन काँच बिखरी है
तुमने सुना है?

हाँ, हाँ, हाँ मैंने सुना तो है।
दिल मेरा टूटा था
कोई आहट
कोई आवाज़, कोई शोर
तुमने सुना था?
ना ना ना
मैंने नहीं सुना।

स्रोत

1. उर्दू पत्रिका 'शायर' निसाई नंबर 2011 मार्च।
2. उर्दू 'मिज़गान' पत्रिका, संपादक नौशाद मोमिन दहाई नंबर 2009-2011।
3. धूप के शायर-बाक़ी अहमदपुरी, लाहौर।
4. ग़ज़लनामा बाक़ी, बाक़ी अहमदपुरी, लाहौर।
5. ग़ज़लअबाद-बाक़ी अहमदपुरी, लाहौर।
6. अंतरराष्ट्रीय उर्दू कवि बाक़ी अहमदपुरी, लाहौर।
7. तारीख़ उर्दू अदब कुवैत सईद रौशन, लाहौर-कुवैत।
8. इक्कीसवीं सदी की ग़ज़ल, सैफ़ी सरोजी सरोज (भारत)।
9. नयी ग़ज़ल नये तनाज़ुर, सैफ़ी सरोजी सरोज (भारत)।
10. हिजरतों का कर्बलनवील अख़्तर, क़तर।
11. रिसाला ख़्याल व फ़न (कुवैत) मोहम्मद मुमताज राशिद, क़तर-लाहौर।
12. तल्ख़ व शीरीं, डॉ. अबरार रहमानी, देहली।
13. माहनामा शायर (ख़लीज) इफ़्तिख़ार अहमद सिद्दीक़ी, मुंबई।
14. फ़सले ताज़ा अफ़रोज़ आलम, लाहौर, कुवैत।
15. सफ़र में चिराग़-आमिर क़िदवई/नज़र बरेलवी, लखनऊ-कुवैत।

ख़ून से भरे पोखरों में कविता के कँवल

फ़िलिस्तीन

फ़दवा तूकान
कमाल नासिर
मोईन बिसेसो
तौफ़ीक़ ज़याद
राशिद हुसैन
समी-अल-क़ासिम
महमूद दरवेश
मुरीद-अल-बरग़ौती
हसन ज़कतान
अतीफ़ जानम
सलीम जुबरान

ख़ून से भरे पोखरों में कविता के कँवल

इतिहास बताता है कि फ़िलिस्तीन पर 'कुनानियों' का क़ब्ज़ा था। कहा जाता है कि ये लोग जज़ीर-ए-अल-अरब से आकर यहाँ आबाद हुए थे। भौगोलिक रूप से फ़िलिस्तीन को पश्चिमी एशिया के चौराहे की हैसियत मिली हुई थी। इसलिए इस इलाक़े ने चारों तरफ़ से आए हमलों को झेला। इनमें कुनानी, रूमी, ईरानी, यूनानी, एबरानी, फीआशानी के बाद सलीबी जंगों के दौरान आनेवाले यूरोपियन और फिर उस्मानी तुर्क शामिल हैं। इतनी लड़ाइयाँ, इतनी हुकूमतें और अनेक भाषाओं का प्रभाव झेलते हुए फ़िलिस्तीनियों ने कैसे अरबी भाषा और अपने रीति-रिवाजों को बचाये रखा यह अपने में एक चमत्कार ही कहा जाएगा जो उनके अंदर की शक्ति को दर्शाता है।

एटलांटिक सागर से अरब सागर तक अरब देश फैले हैं जिसमें फ़िलिस्तीन एक अहम देश और अरब दुनिया का महत्त्वपूर्ण अंग रहा है। फ़िलिस्तीनी अरबों में सबसे अधिक पढ़े-लिखे, बहादुर और सलीक़ेमंद लोग समझे जाते रहे हैं। प्रसिद्ध इतिहासकार प्रो. आरनल्डटाइन बी ने अपनी पुस्तक *अंतरराष्ट्रीय इतिहास का अध्ययन* में लिखा है "मुझे अपने लोगों (अंग्रेज़ों) की समझ पर हँसी आती है जो फ़िलिस्तीन पर यहूदियों का हर तरह का हक़ तस्लीम करते हैं। अट्ठारह सौ साल बाद यहूदी अब यह कहने लगे हैं कि यह ज़मीन उनकी है क्योंकि उनके बुज़र्गों ने यहाँ पर सत्तर वर्ष तक कभी हुकूमत की थी। अगर उनका दावा मान लिया जाए तो फिर अमेरिका में रहनेवाले वर्तमान वासियों का कोई अधिकार रहने का नहीं बनता है और न ब्रिटेन यह इनकार कर सकता है कि उस पर अब भी रोमनों का क़ब्ज़ा नहीं होना चाहिए? सच तो यह है कि यहूदियों का यह दावा सरासर ग़लत है। आज आधुनिक समय में पुरानी नस्लों और धार्मिक दावे को इस तरह मान लेना दरअसल एक बहुत बड़े ख़तरे को दावत देना है।"

यहूदियों से पूरी दुनिया के लोग परेशान थे जहाँ-जहाँ जाकर वे बसे थे। उनकी तिजारती ख़ूबी और बढ़ते प्रभाव से व्यवस्था को परेशानी महसूस होती और इन्हीं सारी परेशानियों और कुछ अन्य समस्याओं को लेकर यूरोप के महत्त्वपूर्ण यहूदियों ने आस्ट्रिया के यहूदी पत्रकार के नेतृत्व में यह फ़ैसला लिया और तय किया कि एक

यहूदी स्टेट भी होना चाहिए। 1897 में स्विटज़रलैंड के शहर 'बाराले' में जब 22 अगस्त को सम्मेलन हुआ तो तय पाया कि वह जगह अरब देश होनी चाहिए। वह मेहमाननवाज़ लोग हैं, मान जाएँगे। वह काम शुरू हुआ और जज़ीरा क़ुबरस में यहूदी रियासत की बुनियाद डालने का प्लान बना मगर यूनानियों ने हंगामा मचा दिया। फिर पूर्वी अफ़्रीका में 'कीनिया' को पसंद किया गया। पत्रकार हरज़ल ने यह योजना स्वीकार कर ली मगर ब्रिटेन और कई महत्त्वपूर्ण यहूदियों ने कुछ कारणों से इरादा तर्क कर दिया। मिस्र में यह सिलसिला शुरू करना चाहा तो हुकूमत ने सख़्ती से मना कर दिया। ब्रिटेन की नज़र में भारत भी था। स्वेज कैनाल भी थी और अपनी भविष्य की योजना भी थी। बात तुर्कों से की गयी जो फ़िलिस्तीन पर क़ाबिज़ थे। तुर्क सुल्तान ने उन्हें जगह तो नहीं दी मगर व्यापार की खुली छूट दी। पहले विश्वयुद्ध के आरंभ तक रूस, पोलैंड, आस्ट्रिया से आनेवाले व्यापारियों ने फ़िलिस्तीन नगरों में तिजारत की ज़रूरतों के कारण छोटे-मोटे मोहल्ले बसा लिये थे। दूसरे विश्वयुद्ध तक उनका क़ब्ज़ा दो प्रतिशत से ज़्यादा जगह पर नहीं था। ख़ुद फ़िलिस्तीन की उस समय आबादी सात लाख के लगभग थी। इन सात लाख अरब फ़िलिस्तीनियों में पचास-साठ हज़ार यहूदी भी थे, जो सदियों से फ़िलिस्तीन में आबाद थे, जिनको अरब बुद्धिजीवी एवं लेखक 'अरब यहूदी' का नाम देते हैं। इस तरह से विदेशी यहूदियों को फ़िलिस्तीन में दाख़िला मिला और उस समय की महान शक्तियों को एशिया पर नज़र रखने का सुविधापूर्ण स्थान मिला।

फ़िलिस्तीन पर सामूहिक क़ब्ज़े के बाद अरबों को दो स्तर पर छला गया। पहला यह कि वायदे के अनुसार अरब देशों को आज़ाद करने की जगह उन्हें फ्रांस और ब्रिटेन ने 'अमानती इलाक़ा' मानकर आपस में बाँट लिया। इस बँटवारे में फ़िलिस्तीन और इराक़, ब्रिटेन के साथ रहे तथा सीरिया, लेबनान फ्रांस के हाथ लगे। बात यहीं ख़त्म नहीं हुई। 2 नवंबर, 1917 को ब्रिटेन के विदेशमंत्री लॉर्ड डब्ल्यूफोर ने यहूदियों के 'विश्व आंदोलन' के रहनुमा और ब्रिटेन के सबसे बड़े बैंक के लॉर्ड रूथ शाइल्ड को एक सरकारी ख़त लिखा, "मुझे यहूदियों के विश्व आंदोलन से हमदर्दी है। उसके समर्थन में यह एलान करते हुए बेहद ख़ुशी महसूस हो रही है। महान देश फ़िलिस्तीन में यहूदियों के लिए एक 'क़ौमी घर' बनाने की योजना का मैं स्वागत करता हूँ और यक़ीन दिलाता हूँ कि वह इस लक्ष्य तक पहुँचने में यहूदियों की पूरी मदद करेगा। यह भी बात साफ़ है इस पॉलिसी में स्थानीय आबादी के अधिकारों पर या दूसरे मुल्कों में आबाद यहूदियों के हक़ पर किसी प्रकार का फ़र्क़ नहीं आएगा। मैं शुक्रगुज़ार होऊँगा कि आप अगर इस एलान को 'सेहूनी फ़ेडरेशन' के सदस्यों तक पहुँचा दें।"

इस एलान को 'बेलफोर' एलान का नाम दिया जाता है। पंडित जवाहरलाल नेहरू ने 1937 में 'मॉडर्न रिव्यू' में छपे एक लेख में साफ़ शब्दों में लिखा था "बेलफोर एलान अरबों के साथ ब्रिटेन की ग़द्दारी की सबसे बड़ी मिसाल थी।"

(मनोरमा दीवान *अरब और इज़रायल*, पन्ना 16)

लॉर्ड बेलफोर की सरकारी डायरी (19 अक्टूबर, 1918) की ज़रूरी पंक्तियाँ इस सिलसिले में ब्रिटेन और अन्य महान शक्तियों के हठ और प्रण को सामने लायेंगी। "फ़िलिस्तीन में हम स्थानीय बाशिंदों से राय लेने या वहाँ के नागरिकों से सलाह-मशविरा करने की कोई ज़रूरत महसूस नहीं करते हैं। हमारे लिये 'यहूदी आंदोलन' सात लाख अरबों से कहीं ज़्यादा महत्त्वपूर्ण है जो इस देश में सदियों से आबाद है।" (*ब्रिटेन विदेश नीति*, जिल्द दूसरी, 1932)

फ़िलिस्तीन में ब्रिटेन की हुकूमत थी। सरकार जैसा चाहती क़ानून बनाती। जैसे फ़िलिस्तीनी अरबों को सरकारी दफ़्तरों या हुकूमत में कोई नौकरी नहीं देनी है। सभी महत्त्वपूर्ण संवेदनशील पदों पर अंग्रेज़ और यहूदी बिठा दिये गये। बाहर के अंग्रेज़ों और यहूदियों को फ़िलिस्तीन में बसने का प्रोत्साहन दिया गया। अरबों से उनकी ज़मीनें और घर छीने गये। उन पर कर-दर बढ़ा दी। बड़े ज़मींदारों की ज़मीन सरकारी तौर पर नीलाम कर दी। अरबों को किसी तरह के हथियार रखने पर रोक लगा दी गयी। जहाँ हथियार मिला फ़ौरन क़त्ल कर दिया गया। 1947 तक ब्रिटेन की फ़ौज दस हज़ार से ज़्यादा अरबों को किसी-न-किसी आरोप में मौत के घाट उतार चुकी थी और 167 देशभक्तों को फाँसी पर लटका चुकी थी। खेलों और सुरक्षा की आड़ में यहूदियों को पूरा क़ानूनी समर्थन मिला कि वे अरब फ़िलिस्तीनी जवानों को पूरी तरह उखाड़ दें।

समय के साथ यह सारी घटनाएँ बढ़ती गयीं और आस-पास के देश भी मदद नहीं कर पाए क्योंकि वे बंधक बने हुए थे। ब्रिटेन की इच्छा के अनुसार 1947 में यू.एन.ओ. की असेम्बली का विशेष सत्र आयोजित हुआ जिसमें ग्यारह देशों के एक प्रतिनिधिमंडल ने एक कमीशन फ़िलिस्तीन भेजना तय किया। इस कमीशन के आठ सदस्यों में एक को छोड़कर सभी यूरोप और अमेरिका से थे। इस कमीशन में भारत शामिल था। इसमें कहा गया था कि फ़िलिस्तीन को दो भागों में बाँटा जाता है जिसमें 55 प्रतिशत हिस्सा यहूदियों को दिया जाना था। जबकि यहूदी आबादी एक-तिहाई थी और सिर्फ़ छह प्रतिशत पर क़ाबिज़ थी। येरूशलम को एक अलग ज़ोन बनाने की सिफ़ारिश थी जिसकी निगरानी विश्व के स्तर पर होगी। भारत ने यूगोस्लाविया और ईरान के सदस्यों के साथ मिलकर सिफ़ारिश की थी कि इस तरह फ़िलिस्तीन को बाँटना उचित नहीं है। इसके बजाय केवल एक रियासत बना दी जाए मगर उनकी बात को सुना नहीं गया।

फ़िलिस्तीन समस्या का आरंभ कैसे हुआ यह उसकी छोटी-सी भूमिका है। पिछले साठ-सत्तर वर्षों में इस इलाक़े पर ख़ूनी लड़ाइयों ने कितने घर उजाड़े, कितने गाँव और शहर, और कितनी संख्या में लोग मारे और दरबदर किये गये, इसका अनुमान इस ख़बर से लगाया जा सकता है—जब भूख और रसद की कमी से बिलबिलाकर फ़िलिस्तीनियों ने आवाज़ उठायी थी कि उन्हें मुर्दा खाने की

इजाज़त दी जाए। यदि आप बड़े-बड़े न्यूज़ चैनलों की ख़बरों से हटकर एन.जी.ओज़ और उन डॉक्टरों और लेखकों का बयान और रिपोर्ट पढ़ें जो सियासत से हट कर मानवीय स्तर पर काम करते हैं तो पता चलेगा कि वहाँ फँसे फ़िलिस्तीनी क्या झेल रहे हैं। दुनिया में इस बात पर हाहाकार मच गया था जब किसी कंपनी ने कुत्तों के लिए बना टिनबंद खाना भुखमरे इलाक़े में भेजने की बात की थी। फ़िलिस्तीनियों द्वारा वहीं आर्थिक नाकाबंदी से तंग आकर मुर्दा शरीर का मांस खाने का फतवा माँगा गया था। सभी जानते हैं कि मुर्दा गोश्त खाना इस्लाम धर्म में मना है। वहाँ पर इस गोश्त को हलाल मानने का फ़तवा लेने में फ़िलिस्तीनी किसी क़िस्म की झिझक महसूस नहीं करता। क्योंकि उसने जानवरों से भी बदतर ज़िंदगी का मज़ा और बँधुवा ग़ुलामों के अत्याचारों का ज़हर दहाइयों के गुज़रने के साथ पी रखा है। उसे हर हालत में ज़िंदा रहना है और अपनी छीनी ज़मीन को वापस लेना है। बात आत्मसम्मान की भी है और अपनी ज़मीन पर रहने की भी है।

फ़िलिस्तीनियों की तरह वियतनामियों ने पूरे तीस साल अमेरिकनों से लड़कर उनके छक्के छुड़ाये थे। मगर उस स्थिति और इस स्थिति में बहुत फ़र्क़ है, इसीलिए बात इतनी क़ुर्बानियों के बावजूद बनती नहीं है। आज फ़िलिस्तीनी अपने देश से उजड़कर विश्व के हर शहर, हर देश में फैल चुके हैं। उन देशों के स्थानीय लोगों को शरणार्थी फ़िलिस्तीनियों से बड़ी शिकायतें हैं। मैं जब वह सब पढ़ती और सुनती हूँ कि ख़ुद फ़िलिस्तीनियों के दिल में शिकायतों के कितने पहाड़ खड़े होंगे अपने वतन पर क़ब्ज़ा करनेवालों के प्रति।

तारीख़ के पन्ने पलटें तो पता चलता है कि अरबों ने यहूदियों की बहुत मदद की है। ख़ासतौर से स्पेन के यहूदियों की। मगर सियासत ये सब बातें याद नहीं रखती। उसे भावुकता से नहीं भौतिकता से मतलब है, यथार्थ चाहे जो भी हो। अरब दुनिया के जिन देशों ने विदेशी सत्ता से मुक्ति पायी, अपनी हुकूमत जमायी उन्होंने खुलेआम फ़िलिस्तीन को समर्थन दिया। अरब औरतों ने तो यहाँ तक अंतरराष्ट्रीय महिला सम्मेलनों में कह दिया था कि तब तक अरब औरत अपने को आज़ाद नहीं समझेगी जब तक फ़िलिस्तीनी औरत आज़ाद नहीं है।

फ़िलिस्तीन में 'इंतेफ़ादा' (नवजागरण) ने जो भी सियासी रोल अदा किया उसकी अपनी जगह है, मगर फ़िलिस्तीनी संघर्ष की जो गरिमापूर्ण आवाज़ क़लमकारों ने दी उसका कोई जवाब नहीं। चाहे वह मोहम्मद-अल-असद हों, या माईन बिख़ेसो, या अब्दुल लतीफ़ अक़्ल हों, या अब्दुर्रहीम महमूद, या कमाल नासिर हों, या ज़करिया महमूद, या फिर ख़ालिद अबू ख़ालिद हों, या फ़य्यज़िद और यूसुफ़ अब्दुल अज़ीज़ या फिर अबू सलेमा हों या हसन-अल-बादहायरी सबने अरब संसार और उसके बाहर धूम मचाकर रख दी थी।

फ़िलिस्तीनी कवि अपने साहित्य को 'जलावतनी (विस्थापन) का साहित्य' या

जलावतनी की कविता या कवि कहना पसंद करते हैं न कि विद्रोही कवि या विद्रोही साहित्य। हमको उनकी बात समझने के लिए उनकी ज़िंदगी और उनकी शायरी का जायज़ा लेना होगा। बात क़ब्ज़े के बाद के साहित्यिक परिदृश्य से शुरू होती है।

जब फ़िलिस्तीन इज़रायली क़ब्ज़े में आया तो बहुत बड़ा समाजी बदलाव आया। शहरों का राजनीतिक, सामाजिक व साहित्यिक ढाँचा इस आंदोलन से प्रभावित हुआ। युद्ध से पहले और युद्ध के बाद शहर ख़ाली होने लगे। यह गमन का ऐसा सियासी अनुभव था जिसने आम फ़िलिस्तीनियों की ज़िंदगी में ज़बरदस्त हलचल मचा दी, क्योंकि शहर ही साहित्य व राजनीति के केंद्र थे।

फ़िलिस्तीन के वे सारे इलाक़े इज़रायल के क़ब्ज़े में थे। वहाँ पर फ़ौजी हुकूमत थी जो अपने लाभ को केंद्र में रखकर हुक्म देती थी। उस हुक्म से आम फ़िलिस्तीनियों को किस तरह की असुविधा होगी, इसकी चिंता उन्हें नहीं थी। उनकी एक कोशिश यह भी थी कि प्रत्येक फ़िलिस्तीनी के दिल व दिमाग़ से ख़ुद उसकी पहचान खुरचकर फेंक देना और उसकी जगह इज़रायली सामाजिक, राजनीतिक व्यवस्था और साहित्य, संस्कृति के बीज बो देना। इस दर्दनाक बदलाव से पहले फ़िलिस्तीनी भाषा साहित्य का मूल स्रोत वही अरबी भाषा साहित्य ही था। लेबनान, ईजिप्ट, सीरिया के अरबी साहित्य का प्रभाव वह भी ग्रहण कर रहा था। इन देशों के साहित्यकार अदब की दुनिया में फ़िलिस्तीनियों के कंधे-से-कंधा मिलाकर चल रहे थे। उनके साहित्य में भी फ़िलिस्तीनी समस्या की परछाइयाँ अपने पूरे तेवर के साथ नज़र आने लगीं जो समय के साथ मुखर होती चली गयीं। अभी तक उनका अदब जो समस्याप्रधान था अरब देशों में ख्याति प्राप्त करने के साथ विदेशी भाषाओं में भी अनूदित होने लगा।

1948 के बाद फ़िलिस्तीनी साहित्य एक नयी अभिव्यक्ति, शैली, शब्द और विषय से दो-चार होने लगा। क्योंकि उनके अंदर का सुकून दरहम-बरहम हो चुका था जो नये तरह के जज़्बे को उभार रहा था जिसमें अपमान, आश्चर्य, तिरस्कार, क्रोध, बेबसी, आक्रोश सभी रस मिल गये थे। मुल्क की ग़ुलामी ने वतन के प्यार को एक साज़िश में बदल डाला था और शायरी का लहजा क़ौमी हो गया जो कि रदीफ़ क़ाफ़िये के छंद में नहीं बँध सकता था। या जज़्बात ने सारे पुराने विषयों की तरह पुरानी शैली को भी छोड़ दिया।

यह नयी शायरी या नयी कविता समय की ज़रूरत थी। हुआ यह कि शहर उजड़कर फ़ौजी छावनियों में बदलने लगे। साहित्यकारों को देश निकाला मिला या फिर वे जेल में डाल दिये गये। जो बाहर निकल गये उन्होंने मोर्चा नहीं छोड़ा और यूरोप, अमेरिका में रहने के बावजूद कविता लिखते रहे। अपने प्रभावी साहित्य के कारण उन्हें विशेष महत्त्व प्राप्त हुआ और वह गमन के कवि कहलाये जाने लगे और मॉडर्न स्कूल आफ़ पोयट्री में दाख़िल हुए।

फ़िलिस्तीन के गाँवों और क़स्बों से आनेवाले जो मोर्चा सँभाल रहे थे उनमें

कवि भी थे मगर पुराना नेतृत्व ख़त्म हो चुका था। संवाद टूट चुके थे। नयी नस्ल परंपरागत बौद्धिक ऊर्जा से सर्वदा वंचित हो गयी, केवल रह गया मोर्चाबंदी और ख़ून-ख़राबा। यह मौक़ा इज़रायलियों के लिए सुनहरा था। शिक्षा, नौकरियों की सुविधाएँ शून्य हो रही थीं और बाक़ी अरब देशों से उनके संबंध काट दिये गये। हालत यह हो गयी थी कि यदि किसी के पास लिखे काग़ज़ मिलते या एक पंक्ति कविता की तो उसे क़ैदी बना लिया जाता था। शिक्षा केंद्रों में प्रवेश निषिद्ध कर दिया गया। लिखने-पढ़ने पर पाबंदी लगा दी गयी थी। मगर उस क़ुदरती आवेग को वे कैसे रोकते जो उनके जज़्बे को शायरी की शक्ल देने के लिए उनके सीने में पछाड़ें मारता था।

ऐसे ख़ौफ़नाक माहौल में ज़रूरत थी मुर्दा रूहों में नया जोश, नया पैग़ाम देने की। वक़्त ने शायरी को एक 'मुँहज़बानी' विधा में बदल डाला और एक बार वर्तमान फ़िलिस्तीनी प्राचीन कवियों की तरह वाचक कविता परंपरा को अपनाने में मजबूर हुए और गीतों और तरानों ने ग़ज़लों, क़सीदों की जगह ले ली। जिन्हें सुनना जितना आसान था याद रखना उतना ही सरल।

फ़िलिस्तीनी जब कहीं जमा होते वे तराने गाना नहीं भूलते। अवसर जो भी हो, मौत, जन्म, त्योहार, शोकसभा या फिर कोई जलसा। इन मौक़ों पर उनका आंतरिक दुख इससे दृढ़विश्वास में बदलने लगता और मौत उनके लिए लंबे ग़मगीन दिनों का मर्सिया (शोक गीत) कभी नहीं बन पाया।

फ़िलिस्तीन की औरतों ने मर्दों से कहीं ज़्यादा क़ुर्बानी दी और मौत और जन्म के साथ हँसना और रोना उनके रोज़ के कर्तव्य में शामिल हो चुका था। एक ऐसी क़ौम जो पिछले सौ वर्षों से जलावतनी, शरणार्थी और आवारगी का जीवन जी रही हो, वह क़ौम किस तन्तु की बनी होगी और यह दर्द सामूहिक रूप से पूरी क़ौम को किस तरह एकता में बाँधे रखा होगा। जिसको तोड़ने और बिखेरने की लगातार कोशिश चल रही है। अपनी कमियों, ख़ूबियों के बावजूद वह क़ौम मोर्चे पर खड़ी है और अपनी पहचान के प्रति सजग है। फ़ौजी लिबास, शाही क़बा, फ़ैन्सी सूट के ऊपर शोमाल नाम की अरबी पगड़ी पहनना कभी नहीं भूलता है।

फ़िलिस्तीनियों ने अपनी परंपराओं को आधुनिक कविता में ज़िंदा रखा। यहाँ संकेत छंद और अनुप्रास की तरफ़ नहीं बल्कि उस जज़्बे की तरह है जो अरबी शायरी की जान रही है जिसको 'इश्क़' कहते हैं। यह 'इश्क़' आज की कविता में औरत से न होकर मातृभूमि से हो गया है। यह जुनूनी कैफ़ियत जिसमें सब-कुछ लुटा देना ही सुकून देता है। दूसरी अहम बात उभरी है 'नयी औरत' की जो हर कार्यक्षेत्र में मर्द के शाना-ब-शाना चल रही है। कई कवियों ने अपनी कविता में अपनी महबूबा, पत्नी, माँ को याद किया है जो 'फ़ितरी' (प्रकृति-स्वभावगत) ज़रूरत है। इस सबके बावजूद सबसे ऊपर उनके 'अरब तेवर' हैं।

फ़िलिस्तीन की निम्नलिखित कविताओं से पता चल जाता है कि फ़िलिस्तीनियों

के दिल में जितना गहरा ज़ख़्म है, उतना गहरा प्यार भी। उनको यह देखकर गहरा रंज पहुँचता है जब विदेशों में फ़िलिस्तीनी कला इज़रायली फ़ैशन के नाम पर लिबास की शक्ल में और स्वादिष्ट खानों की रेस्पी यहूदी नाम से बाज़ार में बिकती है। किसी फ़िलिस्तीनी का यह कहना कितना बड़ा सच है–"आज हमारे पास कुछ नहीं बचा है सिवाय हमारे प्यार के जो केवल फ़िलिस्तीन तक सीमित होकर रह गया है और एक जुनूनी आशिक़ की तरह हम अपनी जवानी महबूब पर क़ुर्बान कर देते हैं, मगर कभी निराश हो आत्महत्या नहीं करते।"

फ़िलिस्तीनी शायरी में शोक-ध्वनियाँ हैं, मौत की मद्धिम पदचाप है जो पाठकों को गहरे अवसाद में डुबो सकती है और साथ ही विश्वास भी कि इंसानी जज़्बों में कितनी शक्ति होती है–इस ख़्याल से उन्हें राहत भी पहुँचाती है और ये कविताएँ उनके सीनों में धड़कती हैं।

कविताओं में एक तूफ़ानी नाम

फ़दवा तूकान

फ़िलिस्तीनी कवयित्री के लिए इज़रायल के रक्षामंत्री जनरल मोशे दयान ने कहा था कि इस कवयित्री की एक-एक पंक्ति बीस कमांडो पर भारी पड़ती है। इसके बाद फ़दवा के लिखने, छपने, पढ़ने पर रोक लगा दी गयी। जेल जाना, पूछताछ और कई तरह के अत्याचारों को सहती फ़दवा अपने देश में जमीं रहीं जब तक उन्हें मौत की सजा नहीं सुनायी गयी। वह मौत नहीं जंग चाहती थीं। इसलिए शरणार्थी बनना मंज़ूर कर लिया। 1917 में नेबलुस में पैदा हुई फ़दवा पहले गीत, संगीत और घुमक्कड़ी की शौक़ीन थीं। पिता चाहते थे कि फ़दवा अपने भाई इब्राहीम तुकान की तरह विरोधी कविताएँ लिखें, मगर उन्हें यह मंज़ूर न हुआ। 1967 में जब फ़िलिस्तीन की करारी हार हुई तो फ़दवा ख़्वाबों से जागीं और एक कविता *मैं हरगिज़ नहीं रोऊँगी* लिखी और अपनी शायरी का अंदाज़ बदल लिया। उनके कई संग्रह *एक दिन, उसे मैंने पा लिया, मुझे मुहब्बत दो, अकेले दुनिया की छत पर, रात और शहसवार* हैं। उनकी आत्म-कथा *पहाड़ी रास्ता बेढब रास्ता* है। ('पहाड़ी रास्ता बेढब रास्ता है' नाम से लेखिका का एक लेख 'किताब के बहाने से' में प्रकाशित हो चुका है।) फ़दवा तूकान की नयी इंक़लाबी कविताओं ने पढ़नेवालों की धमनियों में बग़ावत का संचार तेज़ कर उनका लहू गर्म करना शुरू कर दिया था। यह देखकर उस समय की अनेक लिखनेवाली महिलाओं ने अपनी शायरी के मौज़ू बदल डाले। फ़दवा का देहांत 2003 में हुआ। उनकी कुछ कविताएँ यहाँ दी जा रही हैं–

ब्रिटेन में एक जॉर्डनियन फ़िलिस्तीनी महिला

"कैसा सुहावना मौसम है यहाँ,
आसमान हर पल घटाओं से लिपटा है।"
"तुम कहाँ की रहनेवाली हो, स्पेन की?"

"नहीं, मैं जॉर्डन की बेटी हूँ।"
"जॉर्डन? माफ़ करना मैं समझ नहीं पायी?"
"मेरा वतन क़ुद्स की हँसती पहाड़ियाँ हैं
मेरा वतन सरासर रौशनी और धूप है।"
(आह! यह घाव जिगर में गहरा उतरा, भयानक वहशियाना!)

अमर फ़िलिस्तीन

ओ मेरे महान देश!
मेरे फ़िलिस्तीन!
संघर्ष के रात-दिन घूमते पाट
घूमते-घूमते बदल न जाएँ दर्द से धुँधली रातों में

मगर मेरे महान देश,
तुम्हारे प्रकाश को बुझाने के लिए उनके हाथ,
छोटे...बहुत छोटे हैं।

तुम्हारी नाकाम इच्छाओं के बावजूद
तुम्हारे विकास के रुके पहियों के बावजूद
तुम्हारी उदास ज़ख़्मी मुस्कान के बावजूद
तुम्हारी औलादें मुतमइन और ख़ुश हैं।

मलबों के ढेर से
ज़ुल्म व सितम के कारावास से
ख़ून में डूबी उन दीवारों से
मौत और ज़िंदगी के तरकश से
ज़िंदगी
एक दिन आज़ाद होगी!

ओ मेरे महान देश!
ओ मेरे गहरे घाव!
मेरी जन्मभूमि मेरा तन्हा प्यार है।

सैलाब और दरख़्त

जब
आँधी और तूफ़ान का झक्कड़
काला सैलाब बन उमड़ता है
ख़ुश व ख़ुर्रम आबाद धरती पर
साहिलों की चीख़ें बुलंद होती हैं

उस वक़्त शैतान हवाओं से कहता है
"दरख़्त गिर गया!"
"दरख़्त गिर गया!"
आबाद मैदान तबाह होकर
मलबे के ढेरों में बदल चुका है।

वास्तव में
तूफ़ानी थपेड़ों से टकराकर
वह दरख़्त मर चुका है।

दरख़्त! दरख़्त!
क्या सचमुच तुम मर चुके हो?
सुर्ख़ दरिया ने पूछा।
तुम्हारी नसें तो अज़ीम दरख़्त!
उबलते लहू के शराब से मस्त हैं
जवान जिस्मों के विद्रोही चीत्कारों से
गुंजारित हैं।

अरब जड़ें!
अज़ीज़ दरख़्त
वह तो धरती के गर्भ में
गहरी,
बहुत गहरी
उतरकर अपना रास्ता
ख़ुद बना रही हैं।

दरख़्त! दरख़्त!
फूलो, बढ़ो, शादाब हो!
तुम्हारी ख़ुश्क बेजान होती शाख़ों पर

एक दिन,
कोंपलें फूटेंगी
तेज़ धूप के साये तले बेहद चमकीली और सब्ज़
नयी पत्तियों के बीच फूटती हँसी
ऊपर
बहुत ऊपर
सूरज तक अपना रास्ता बनायेगी।

मेरे अज़ीज़ दरख़्त!
उस वक़्त
चारों दिशाओं से जलावतन पंछी
फ़तह की मस्ती से शरसार
तराना गाते हुए अपने
आशियानों पर लौटेंगे!

वतन!
वतन!
मेरे अज़ीज़ वतन
मेरे बेहद अज़ीज़ वतन।

ईसा मसीह

ख़ुदा!
सारे जहाँ के मालिक!
इस साल
यरूशलम की ज़िंदगी
सलीब पर टाँगी जा रही है।

आज आपका दिन है!
सारी घंटियाँ मेरे ख़ुदा,
ख़ामोश हैं।

वह बजती रही थीं!
वह बजती रही थीं!
दो हज़ार वर्ष के लंबे समय तक

लेकिन
अब वह ख़ामोश हो चुकी हैं
सारे गुम्बद सियाह
अँधेरे ने उन्हें अपने आग़ोश में छुपा लिया है!
यरूशलम बढ़ रहा है
दुख और दर्द के कँटीले रास्तों पर।

यरूशलम, कराह रहा है
दोराहे पर खड़ा
यरूशलम ख़ून आलूदा है
ज़ुल्म व सितम के हाथों
और
दुनिया ख़ामोश है!

दर्द को लेकर
दुनिया बेहिस हो चुकी है
सूरज की आँखों में सूराख़ हो गया है
और दुनिया!
दुनिया मेरे ख़ुदा!
उसने एक भी शमा रौशन नहीं की
उसने आँसुओं की बूँद भी नहीं गिरायी
जो धो डालता
यरूशलम के ज़ख़्मी बदन को।

गुनाह का परिंदा!
ऊपर पंख तौलता हुआ उड़ा
यरूशलम की पाकीज़गी पर
और छोड़ गया धब्बा।

मेरे ख़ुदा!
यरूशलम की अज़मत!
दर्द की घंटियों से
बादलों घिरी सियाह रातों से
ग़म की गहराइयों से
कराहता यरूशलम आपके
पास आया है।

रहम,
मेरे ख़ुदा रहम!
यरूशलम पर
उसकी पाकीज़गी पर
रहम!
रहम मेरे ख़ुदा
रहम!

न हारनेवाला कवि

कमाल नासिर

कमाल नासिर का जन्म 1923 में बिरज़ैत में हुआ। उनकी हत्या 1973 में ऑप्रेशन वरदून के तहत इज़रायली कमांडो द्वारा हुई। उनकी यह कविता किसी भी देश का सच हो सकती है।

आख़िरी बात

मेरे प्यार!
अगर तुम यह ख़बर सुनो उस वक़्त
जब खिला रही हो अपने पहलौठी के बेटे को अपनी
बाँहों में थामे
जो इंतज़ार कर रहा है मेरे आने का।
रोना मत यह सुनकर कि मैं
अब कभी नहीं लौटूँगा,
दुख और ग़रीबी में जीना कुछ भी नहीं
जब, देश को तुम्हारी ज़रूरत हो।
मेरे प्यार!
जब पढ़ना मेरे कॉमरेड साथी की आँखों में
मँडराता ख़ौफ़, तो मुस्कुराहट से अपनी उसे तसल्ली देना
मेरी मौत तुम सब में नया ख़ून दौड़ायेगी और
मेरा फंदा बदल जाएगा शीत ऋतु में।

मैं कभी नहीं मरूँगा,
अमर हो जाऊँगा हर उस कल्पना में
उस विचार में, जो वजूद में आएगा।

कहना हमारे बेटे से
कितना गहरा था मेरा प्यार।
मैंने उसके लिए कुछ नहीं छोड़ा
सिवाय अपनी बाँसुरी और शायरी के।
जब कभी मेरी क़ब्र पर वह रोये तो
समझाना उसे कि एक दिन मैं लौटूँगा ज़रूर
अपनी क़ुर्बानी का मीठा फल
चखने के लिए।

क़ैदी मन के सपने

मोईन बिसेसो

मोईन बिसेसो गाज़ा में 1927 में पैदा हुए। 'लोटस' पत्रिका के उप-प्रधान संपादक रहे। 1980 में 'लोटस सम्मान' से सम्मानित। उनकी रचना *गेहूँ की बालियों से बम तक* चर्चित रही। जो संस्मरणात्मक लेख एवं कविता की पुस्तक है। 1984 में फ्रांस में मृत्यु।

❧ होती है जब सुबह ❧

दीवार का
कोई-न-कोई कोना होगा ख़ाली
इस्तेमाल कर सकता हूँ जिसे काग़ज़ की तरह।
गली नहीं हैं अभी उँगलियाँ मेरी, हरकत में हैं पूरी तरह।

हमारा ख़ून उबलता है बेजान पत्थरों की नसों में
गूँजता है पत्थरों के बीच से, बाहर से आया संदेश
कोई मारा गया, कोई आया है नया क़ैदी
फिर बंद हुई एक कोठरी कोई।

❧ होती है जब दोपहर ❧

रख दिया जाता है मेरे सामने काग़ज़ और पेन
थमा दी जाती है मेरी मुट्ठी में मेरे घर की चाबी
जो काग़ज़ शब्दों से भरने के लिए हैं

वही कहते हैं मुझसे, किसी हाल में 'झुकना नहीं'।
मेरी कुंजी का लच्छा कहता है
अपने छोटे-से घर की किसी भी ईंट के लिए
तुम 'झुकना नहीं' हरगिज़।

सूरज ढलने के बाद
मैं तन्हा
कोई नहीं मेरे पास
जब पड़ जाते हैं ताले काल कोठरी में
तो मेरे अंदर से निकल पड़ता है कोई
ठीक मेरी तरह
मेरी जवानी की परछाईं की तरह
वह है मेरी तन्हा आरज़ू
वह मेरा अकेला इश्क़
ख़त के रूप में जिसे लिखता हूँ हर रात मैं
फिर कोई कहता है...
खो दोगे मुझे हमेशा के लिए
अगर लिख दिया कुछ कभी ग़लती से।

आक्रोश से फूटी कविता

तौफ़ीक़ ज़याद

संवेदनशील कवि तौफ़ीक़ ज़याद 7 मई, 1929 में ब्रिटिश अमानती फ़िलिस्तीन में गालीली के नेज़रेथ नाम के स्थान पर जन्मे। तौफ़ीक़ ज़याद जब रूसी भाषा साहित्य पढ़कर देश लौटे तो उन्हें 9 दिसंबर, 1973 को नेज़रेथ का मेयर चुना गया। साम्यवादी पार्टी रूस के अध्यक्ष बने जिससे इज़रायली चौंके भी और होशियार भी हुए।

तौफ़ीक़ ज़याद की पूरे समय यह कोशिश रही कि वह इज़रायल पर दबाव डालें कि वह हर हालत में जैसे भी हो अपनी नीतियाँ अरबों के प्रति बदलें। एक रिपोर्ट 'फ़िलिस्तीनी क़ैदियों पर अत्याचार' जिसके सह लेखक तौफ़ीक़ थे जो अनुवाद होकर इज़रायली समाचार-पत्र 'अल-हामिशामार' में छपी। वह रिपोर्ट यू.एन.ओ. में तौफ़ीक़ तोउबी और ज़याद के ज़रिये तब पेश हुई जब वह अल-फ़रहा जेल का मुआयना करके 29 अक्टूबर, 1987 में लौटे थे। यू.एन.ओ. में रिपोर्ट पर कहा गया कि इससे बेहतर सनदें फ़िलिस्तीनी क़ैदियों के अत्याचार की नहीं हो सकती हैं। तौफ़ीक़ ज़याद का देहांत 5 जुलाई, 1994 को जॉर्डन घाटी में एक दुर्घटना में हुआ जब वह यासिर अराफ़ात से मिलकर आ रहे थे जो 'फ़िलिस्तीन लिबरेशन ऑर्गेनाइज़ेशन' (पी.एल.ओ.) पार्टी के अध्यक्ष थे। मरते समय नेज़रेथ मेयर थे। उनको 'लीडिंग अरब लेजिस्लेटर' का ख़िताब भी मिला। उनके नाम पर एक रोड का नाम 'शेफ़ाअमर' रखा गया है।

मकरंद

तुम जानती थीं यह मैं ही हूँ!
जो लौटा है अरसे बाद यादों की गठरी उठ
एक अजनबी की तरह

पुरसा देने बिलखते हुए
तुम मेरी तरफ़ मुड़ीं, मैं थर्रा गया
तुम्हारी आँखों के नश्तर जिगर में धँसे
तुम्हारे सम्मान और प्यार का मारा
लौटा है तुम्हारे क़दमों के पास।
तुम उठीं मेरे स्वागत के लिए मगर
हज़ारों ज़ंजीरों ने तुम्हारे पैरों को जकड़ लिया
तुम चाहतीं थीं मेरा नाम लेना लेकिन
तुम्हारी आवाज़ गले में अटक गयी और मेरी पुकार
जो लगातार झंकरित होती थी वह भी जाने कैसे थम गयी।
किसी भी न्यायालय से कोई आवाज़ न उठी
ख़ामोशी...सिर्फ़ ख़ामोशी!
मैंने पी लिया है दुर्घटना का मकरंद
ओ मर्ज़ इब्ने-उमर!

सहन नहीं होगा मुझे

ऐ मेरे वतन! ऐ मेरी जन्मभूमि!
मेरे ऐतिहासिक गौरव के लुटे ख़ज़ाने!
जहाँ दफ़न हैं मेरे बाबा और बाबा के बाबा
उस विरासत को मैं कैसे भुला सकता हूँ
मुझे मत रोको, मैं यह सब सहन नहीं कर पाऊँगा
चाहे मेरे हाथों और पैरों में बेड़ियाँ डाल दो।
यहाँ कभी हमारी उपजाऊ ज़मीन और गाँव था
जो बदल गया शोकाकुल राख और मलबे के ढेर में
जहाँ पर कुछ बहादुर आत्माएँ
अपने दाँतों और नाख़ूनों से संघर्ष में व्यस्त रहे
जिनके जिस्म को गोश्त के टुकड़ों में बदलकर
पी गये ख़ून उनका यह दरिंदे
नहीं, अब आगे कुछ न कहो!
उन्होंने मक़बरे गिरा दिये
मक़बरे...!

☙ विजय पराजय से बदतर है ❧

कल की तरह आज
हम
चुल्लू भर पानी में तैरे नहीं हैं
और न ही हम
चुल्लू भर पानी में डूबे हैं।

उन्होंने रास्ता लिया था पूर्व की ओर का
काले बादल
बच्चों, फूलों, फ़सलों और शबनम के क़तरों को
क़त्ल करते हुए
नफ़रत के बीज छिटकाते हुए एक दिन
इसी रास्ते से वापस लौट जाएँगे
जिस रास्ते से आए थे।

अहम बात यह नहीं है कि वह कब तक यहाँ ठहरेंगे?
उनकी विजय/पराजय से बदतर है
यह फ़क़त!
एक ठहराव है मैदाने जंग में
दो क़दम पीछे हटना,
दरअसल दस क़दम बढ़ने का संकेत है
बहुत जल्द
हमें आगे बढ़ना होगा
कहो...कहो!
विजय पराजय से बदतर है।

☙ आवाज़, महक और रूप ❧

बस, थोड़ा इंतज़ार करो तुम मेरा!
मैं लौटूँगा ज़रूर, एक दिन
उन्हीं जड़ों के बीच
जहाँ फैली हैं मेरी जड़ें!
चट्टानों की दरारों में

फूलते ज़ैतूनों के वृक्षों और काँटों में,
और रंग-बिरंगी तितलियों में
सायों और आवाज़ों में
जाड़े की मिट्टी और गर्मी के धूल भरे थपेड़ों में
हिरणों की पगडंडियों और चिड़ियों के घोंसलों में
तूफ़ानों का गर्जन दिखायेगा मेरी राह मुझे
मेरी नसों में दौड़ेगी मेरे वतन की लयात्मक ध्वनियाँ!

मैं लौटूँगा
तब तक सँभालकर रखना
मेरी आवाज़, मेरी महक, मेरा रूप
सँभालकर रखना सब-कुछ
ओ मेरी फूलों की क्यारियाँ!

नेज़रेथ की हसीन लड़कियाँ

जाने कितनी बार
पास से गुज़रती हैं
काली आँखोंवाली
नेज़रेथ की हसीन लड़कियाँ
शानदार चाल से ख़रामा-ख़रामा चलती हुईं।

बच्चों को गोद में उठाये कुछ
कुछ कुँवारियाँ!
जैसे गुज़रते हुए फूलों की शाख़ की तरह
कुछ के कंधों पर लदे हैं बच्चे और
बग़ल में दबाये हैं गेहूँ की बालियाँ!
दूर खेतों और खलिहानों से
आवाज़ें आ रही हैं खड़ी फ़सलों के झूमने की।

रात को आग के अलाव के चारों तरफ़ बैठ
गाती हैं वे पुराने गीत नानी और दादी के ज़माने के
कैसे तुर्कों से जंग लड़ने, अफ़सरों के अन्याय और
भगोड़ों के गिरोहों से मुक़ाबला करने के लिए

उन्होंने अपने गहने, बाली और हार बेचे थे
हथियार ख़रीदने के लिए ताकि कर सकें मुक़ाबला

न बताओ हमें इनके बारे में कि
यह वही पुराने धूर्त हैं
जिन्होंने हमारे वतन पर फिर से क़ब्ज़ा कर लिया है
अब हमारी निष्ठा का फैलाव देखना
जिसका कोई ओर-छोर न होगा!

स्रोत

1. फ़िलिस्तीनी कविता अंग्रेज़ी में अरबी से अनूदित–फ़िलिस्तीनी दूतावास, दिल्ली।
2. कुछ कविताएँ फ़िलिस्तीनी विद्यार्थियों द्वारा उपलब्ध।
3. कुछ कविताएँ अंग्रेज़ी साहित्यिक पत्रिका 'ऊर' से प्राप्त।

ग़म के क्षणों में उम्मीद का तराना

राशिद हुसैन

राशिद हुसैन का जन्म 1936 में हुआ और 1976 में अमेरिका के अग्निकांड में मृत्यु हो गयी। अभी तक फ़िलिस्तीनी शायरी का मिज़ाज भी इश्क़ और औरत था, मगर 1948 के बाद जिस अनुभव से समाज दो-चार हुआ उसने भावुक, नाज़ुक और सौंदर्यबोध की सारी लताफ़त दिलों से काट दी। उसकी जगह आक्रोश केवल आक्रोश की आग से निकले शब्द थे जो अंगारे ही कहला सकते हैं। उनकी कविता *जल्लाद* को पढ़कर महसूस किया जा सकता है कि यह तपकन कैसी है। उनके चर्चित काव्य-संग्रह हैं *सुबह के साथ, रॉकेट, फ़िलिस्तीनी कविताएँ, दुनिया महरूम नहीं बारिश से*। उन्होंने *आँखों में बसा यरूशलम* तब लिखी जब उनकी बहन की आँखों का ऑपरेशन सफल नहीं हुआ और जून, 1967 की फ़िलिस्तीनी शिकस्त की ख़बर तभी मिली–

जल्लाद

मुझे रस्सी दो!
एक हथौड़ी और फ़ौलादी सलाख़ें
ताकि मैं एक क़ैदख़ाना बना सकूँ।

अपनों के दरमियान,
कुछ लोग ऐसे भी हैं जो
अपनी ख़ुद्दारी को कुचलकर
शर्मनाक ज़िंदगी गुज़ार रहे हैं
चलो चलकर उनकी गर्दनें नापें।
हम उन्हें अपने बीच
अब पल भर भी बर्दाश्त नहीं कर सकते हैं

क्योंकि वह दूसरों की धुन पर नाचते हैं
आओ चलो
एक क़ैदख़ाने की बुनियाद डालें।

वह दिन आएगा
वह दिन आएगा
आओ चलो
एक क़ैदख़ाने की बुनियाद डालें
हम सब मिलकर।

आँखों में बसा होना

तुम्हारी आँखों का रंग जैसे पाम वृक्ष
तुम्हारी आँखों का रंग जैसे अंगूर
तुम्हारी आँखों का रंग जैसे मेरा प्यार
यरूशलम के लिए जो बहुमूल्य हैं।
तुम्हारी आँखों के ज़ख़्म की रंगत
मेरी कविता जैसी है वैसा
गहरा मेरा स्नेह
ठीक जलावतनी जैसी असीमित भी।
तुम्हारी आँखों का रंग जैसे मेरे पिता
जिन्होंने अंजीर और अनार के पेड़ लगाये और कहा
जो पेड़ लगाते हैं, वही जीते हैं
और गाते
या लायअली...लायअली!
तुम्हारी आँखों का सब्र
मेरी माँ की तरह है
उतना उदार जैसे मेरे घाव
उतना क़ीमती जैसे दूर दिखती अपनी मंज़िल
तुम्हारी आँखों का रंग जैसे फ़ाख़्ता
जो वास्तव में मेरे संघर्ष का उक़ाब है।

वतन के दर्द में डूबी आवाज़

समी-अल-क़ासिम

कवि समी-अल-क़ासिम की नज़्म *जेल से* पढ़कर उनके फ़ौलादी इरादों का अंदाज़ा लगाया जा सकता है। समी अपनी सियासी सरगर्मियों के कारण नौकरी से महरूम रहे हैं। जेल में लिखी उनकी डायरी भावनात्मक हिंसा की सनद बन गयी। उनकी यह कविता अपनी माँ के बारे में है। 1939 में समी-अल-क़ासिम का रोमा में जन्म हुआ। उनके प्रसिद्ध काव्य-संग्रह *रास्ते के गीत, सूरज का क़ाफ़िला, मेरा .ख़ून मेरी हथेली पर, ज्वालामुखी का धुआँ बेनक़ाब, .ख़ुदा क्यों मार रहा है मुझे, शानदार मौत, मैं चाहता हूँ तुम्हें मौत की तरह, तूफ़ानी चिड़िया, मौत और चमेली का क़ुरआन, नामुराद श़ख्स* इत्यादि। समी ने लेख, नाटक और उपन्यास भी लिखे हैं।

जेल से

माँ!
मुझे यह सुनकर गहरा धक्का लगा
जब मेरे दोस्त ने घर का दरवाज़ा खटखटाया।
आपसे,
मेरे बारे में पूछा—और
आपकी आँखें आँसुओं में डूब गयीं।
आख़िर क्यों माँ?
मुझे पूरा यक़ीन है माँ!
ज़िंदगी की चमक, मेरी इस तंग सीली,
काल कोठरी में जन्मी है
मुझे यक़ीन है मेरा आख़िरी मुलाक़ाती

बिन आँखोंवाली
चिमगादड़ नहीं होगी माँ।

☙ मेरा वजूद ❧

तुम्हें पाने की इच्छा में
जब तक ख़ुशी से झूमता नहीं
दे दो इजाज़त मुझे तब तक
तुम्हारे दर्द में पालूँ सुख सारे जहाँ का।

नीबू के दरख़्त चमेली की गंध
देकर एक दूसरे को हाथ अपना
जी रहे हैं हम इस तरह जैसे
एक जान दो क़ालिब हों!

झुटपुटे से झुटपुटे तक
मेरी विलियम गोलियाँ, मेरे कलंक
सब मेरे अंदर हैं
फिर भी मैं तन्हा हूँ?
मगर मेरे प्यार!
तुम्हारी दूरी के बावजूद तुम
मुझमें बसे हुए हो
इस तरह से जैसे
तुम थे, तुम कभी नहीं थे
शायद!
यही प्यार है!

जलावतनी और वतन की यादों का चश्मदीद गवाह

महमूद दरवेश

कवि महमूद दरवेश की पैदाइश 1942 में बरवे नाम के गाँव में हुई। यह अपने पिता की दूसरी औलाद थे। खेती-किसानीवाले घर में जन्मे दरवेश के दादा ने उन्हें पढ़ाया था। 1948 में उनको और परिवारवालों को गाँव छोड़ लेबनान जाना पड़ा, क्योंकि गाँव के इलाक़े पर इज़रायली क़ब्ज़ा हो गया था, जो बाद में इज़रायल का हिस्सा बना। वर्ष भर बाद दीर-अल-असद में इनका परिवार बसा। दरवेश ने हाईस्कूल कफर आसीक से किया और फिर हाईफ़ा में रहे। 1970 में इज़रायल छोड़ वे सोवियत लैंड पढ़ने गये, फिर ईजिप्ट और लेबनान गये। 1973 में 'फ़िलिस्तीन लिबरेशन ऑर्गेनाइज़ेशन' (पी.एल.ओ.) ज्वाइन किया। इज़रायल में उनकी आमद पर रोक लग गयी। उनकी शादी दो बार हुई और तलाक़ हुआ। पहली पत्नी राना क़ब्बानी थीं। दूसरी बीबी मिस्री अनुवादक हयात हीनी थी। इनकी कोई औलाद नहीं हुई। महमूद दरवेश को दिल की बीमारी थी। 2007 में एक काव्यगोष्ठी में यह इज़रायल जा सके। जहाँ उन्होंने खुलकर फ़तेह और हमास की आलोचना की थी। जिस तरह वह खुलेआम सड़कों पर लड़ते थे, उसको उन्होंने नाम दिया था 'सड़क पर आत्महत्या'। दरवेश की तीस से ज़्यादा कविताओं की जिल्दें हैं। गद्य की आठ किताबें हैं। वे कई पत्र-पत्रिकाओं के संपादक रहे। 1964 में जब इन्होंने अपनी कविता *पहचान-पत्र* सुनायी तो उसका ज़बरदस्त प्रभाव रहा और उनके शेर चारों तरफ़ देश-विदेश में गूँज उठे। उनका संग्रह *ज़ैतून की पत्तियाँ* में हर छह लाइन के बाद यह लाइन दोहरायी गयी 'लिखो मैं अरब हूँ।' इनका शायरी का मौज़ू वतन रहा है। उनकी शायरी बीस भाषाओं में अनूदित हुई।

उनके लिए मशहूर शायर नौमी शेहाब ने कहा था कि दरवेश फ़िलिस्तीनी लोगों की ज़रूरी साँस हैं। यह जलावतनी और देश की यादों का गवाह है।

❧ पहचान-पत्र ☙

लिखो/मैं एक अरब हूँ
मेरा कार्ड नंबर 50,000 है।
मेरे आठ बच्चे हैं और नवाँ अगली गर्मी तक
आ रहा है।
यह सुनकर तुम्हें ताव क्यों आ गया?
लिखो,
लिखो मैं एक अरब हूँ।
मैं पत्थर का बदन काटता हूँ
अपने कॉमरेड साथियों के साथ
ताकि मेरे आठों बच्चों को रोटी और किताबें मिलें।
मैं भीख नहीं माँगता,
न ही दूसरों के सामने घिघियाता हूँ,
न ही किसी के सामने सर झुकाता हूँ।
यह सुनकर तुम्हें ताव क्यों आ गया?

❧ कुमुदिनी ☙

कुमुदिनी मेरे दिल की
बदल रही है धीरे-धीरे काले रंग में
मेरे होंठों से लपलपा रही हैं
आग की लपटें।
कौन से जंगल से
कौन से नरक से
कहाँ से आए हो दैत्य मेरे क्रोध के?

ज़िंदगी का सच और शायरी

मुरीद-अल-बरग़ौती

मुरीद-अल-बरग़ौती 1944 में पैदा हुए। क़ाहिरा विश्वविद्यालय से अंग्रेज़ी भाषा में स्नातक की डिग्री ली और क्रांतिकारी फ़िलिस्तीन रेडियो में काम करने लग गये। उनके कई काव्य-संग्रह हैं जिसमें प्रमुख हैं *हथियारों से सुसज्जित ग़रीबों के गीत, फ़िलिस्तीन और सूरज, लंबी है तलाश* इत्यादि। यहाँ पर उनकी हाइकू दी जा रही है–

दो औरतें

एक औरत अकसर पेरिस बाज़ार में
जौहरी की दुकानों पर ज़ेवर ख़रीदती
लगातार करती शिकायतें।
एक औरत हर जुमेरात को,
जाती है पाँच क़ब्रों पर और
नहीं छोड़ती लड़ना!

रोज़नामचा

पड़ी है बुनियाद स्टेट ऑफ़ अमेरिका की
कोका कोला, चेज़ मैनहटन, जनरल मोटर्स
क्रिश्चियन डायर, मैकनोल्ड, शेल, डायानास्टी, हिल्टन
इंटरनेशनल पर।
केंटकी फ्राइड चिकेन, टियर गैस

क्लब, जासूसी महकमे...आख़िर क्या नहीं है?
अरब देश भी नहीं है बेबुनियाद।

❧ अगर ☙

यक़ीन जानो
अगर सिसिफ़स पीठ को सड़क बना
भारी पत्थर उठा पहुँच पाता पहाड़ की चोटी पर
तो भी भुला दिया जाता आज।

अगर मजनूँ को ज़रूरत होती आग की
तो लैला के दिल का होता क्या हाल
कैसी पराजय!
अल-मोतानाबी का चयन हुआ गवर्नर के पद पर
क्या हश्र होता
अगर होता लूसिया के पास कोई तर्क
काश! ले पाता कोई फ़ैसला हैमलेट
अगर फ़रार हो पाता ओथेलो!
अगर जूलिएट रचा पाती ब्याह रोमियो से
तो क्या होता शेक्सपियर का
हो पाता अफ़वाह की तरह यक़ीन के क़ाबिल
सच भी इतना शक्तिशाली!

❧ सफ़ाई ☙

कवि लिख रहा है बैठा कॉफ़ी हाउस में
बूढ़ी औरत सोचती है 'लिख रहा होगा माँ को चिट्ठी!'
नवजवान कवि को देख सोचता है 'लिख रहा है प्रेमपत्र!'
बच्चा समझता है वह खींच रहा आड़ी-तिरछी लाइनें!
व्यापारी देख सोचता है पढ़ रहा है बिजनेस कांट्रैक्ट्स!
यात्री सोचता है वह लिख रहा है पोस्टकार्ड।
सिविल सर्वेंट सोचता है लिख रहा क़र्ज़ की फ़ेहरिस्त!
एक पुलिस का आदमी दबे पाँव पहुँच जाता है उसके क़रीब!

☙ उसके दिल में ❧

कायनात में कई ग्रह
ग्रहों में धरती
धरती में महाद्वीप
महाद्वीप में एशिया!
एशिया में एक देश फ़िलिस्तीन!
फ़िलिस्तीन में अनेक नगर
नगरों में सड़कें,
सड़कों पर चलते जुलूस,
जुलूस की भीड़ में एक लड़का!
जिसके सीने में एक दिल
दिल में लगी एक गोली!

☙ बिंब ❧

नीले आसमान पर
सफ़ेद और सुरमई बादलों के टुकड़े
उसके नीचे बल खायी सड़कों का जाल
जिन पर लहरा रहे हैं लाल, नीले, पीले, हरे बैनर्स
यह है बेरुत की सुबह का एक नज़ारा
ठीक सामने सात मंज़िला इमारत के
शव वाहन आकर रुकता है।
शव वाहन में दो बूढ़े
गंदी मैली दाढ़ियों के साथ
गहरी नींद में डूबे हैं।
ड्राइवर बेचैनी से क़दम बढ़ाता है
ऊपर-नीचे।
पहली मंज़िल की खिड़की पर
दो मर्द यूनिफ़ॉर्म पहने खड़े हैं
दूसरी मंज़िल पर एक लड़की
लटकाये गंदी दरी को पीट रही छड़ी से
हर बार की मार के बाद वह

अपना चेहरा ढकती है बायें हाथ से
चौथी मंज़िल पर सुरमई बादलों के पास
औरत अलगनी पर फैला रही है पोतड़े
पाँचवीं बाल्कनी में जवान लड़का
मार रहा है घूँसे बड़ी-सी लटकी बाल पर
छठी बाल्कनी में कोई हलचल नहीं
सातवीं मंज़िल पर कुछ औरतें
झुंड में सुबक रही हैं।
एकाएक पाँचवीं मंज़िल का लड़का
बाल्कनी की राड को पकड़ दूर देखता है
उसकी थकी पीली आँखें और हाथ से छूटी गेंद और छड़
वहाँ जा लुढ़कते हैं जहाँ लाशें
कफ़न का इंतज़ार कर रही हैं!

बचपन की यादों के बयान का माहिर

हसन ज़कतान

हसन ज़कतान की पैदाइश 1954 बेतजाला (जो बेथलेहेम के समीप है) में हुई। हसन ने जॉर्डन से टीचर्स ट्रेनिंग की डिग्री ली और फ़िज़िकल एजूकेशन का अध्यापन किया। 'फ़िलिस्तीन लिबरेशन ऑर्गेनाइज़ेशन' (पी.एल.ओ.) की साहित्यिक पत्रिका के संपादन के साथ ही रमल्ला में 'अल-अय्याम' डेली पेपर के साहित्यिक पृष्ठ के संपादक भी रहे और पाक्षिक काव्य पत्रिका 'अल-शोआरा' का संपादन भी किया। इनका पहला उपन्यास 1995 में आया। इनके विषय जीवन के आस-पास के ही होते हैं। विशेष रूप से मौत और ज़िंदगी के बारे में जो इस दौर की बड़ी समस्या है प्रतिभाशाली बिंबों से रची हुई। इनके कई काव्य-संग्रह आ चुके हैं जिनमें चर्चित संग्रह *परचम* और *बहादुरी, मुँह-अँधेरे* नाम से हैं।

दादी का घर

मेरी दादी का घर
सजा है क़ुरआन की आयतों और तुग़रों से

घर की दहलीज़ पर
खड़े हैं सीधे, तीन शख़्स, न कंपन न हरकत।
करते हैं खड़े-खड़े इंतज़ार, सो न अंदर दाख़िल होते हैं
न बाहर निकलकर जाते हैं।
बताओ दादी इनमें कौन सबसे हसीन है?

एक लंबी ज़िंदगी जीने के बाद आयी मौत।
बताओ न दादी, इनमें से कौन सुंदर है?

गुज़र गये सत्तर साल दबे पाँव, दे गये तन्हाई
शांति छा गयी दादी माँ की आत्मा पर
अगर दिख न रहा हो यहाँ कुछ तो भी देख सकते हो

ताक़ पर धरी चमचमाती सुरमेदानी
पड़ा है वहीं कहीं एक रंग-बिरंगा रूमाल
हिलता हुआ जैसे कह रहा हो, अलविदा!

जबकि वह तीनों शख़्स वहीं ड्योढ़ी पर जमे खड़े हैं
नींद में डूबे हुए और रात ढल रही सुबह की ओर

न हिलते हैं न डुलते हैं न आते हैं न जाते हैं।

मरना कोई अर्थ नहीं उनके लिए

रात के अँधेरे में
अल-अरब की तरफ़ जानेवाले रास्ते पर
मुर्दे खड़े हो जाते हैं क़ब्रों से निकलकर
उतरते हैं ख़ामोशी से पहाड़ियों के ऊपर से।

सदियों पुरानी पगडंडियों को नापते
एक के बाद एक मुर्दे उतरते हैं ढलानों से
मलबों और ऊबड़-खाबड़ रास्तों पर चलते
ढूँढ़ते, उठाते वह सब-कुछ जो छोड़ गये हैं दरिंदे

झीलों की ख़ामोशी के बीच खँडहरों में
मेहराबों के साये में मुर्दे बैठेंगे अभी
ज़मीन के नीचे बहता दरिया और घोड़ों की हिनहिनाहट
कुछ भी याद नहीं आएगा उन्हें मगर
उनकी निगाहें टिकी रहेंगी बदस्तूर सामनेवाले मकानों पर।

गाइड

उसने हमारी तरफ़ इशारा किया...
उस तरफ़

और ग़ायब हो गया
बम फटने के बाद मकानों के मलबों के बीच!

दीवारों के बीच से उसकी उँगली
अभी भी दिख रही है
इशारा कर रही है
इस तरफ़...!
इस तरफ़...!

☙ तकिया ❧

वक़्त है अभी
उससे कहने का, ''माँ!
शुभ संध्या।
मैं लौट आया हूँ
सीने पर गोली खाकर,
कहाँ है मेरा तकिया?
मैं कुछ देर सोना चाहता हूँ''

अगर जंग
फिर से दरवाज़ा खटखटाए
तो कहना उससे–
''ठहरो, वह आराम कर रहा है।''

☙ ज़ाकारिया से चार बहनें ❧

काले कपड़े पहने
चार लड़कियाँ
पहाड़ पर चढ़ रही हैं।

झाड़ी की तरफ़ देख,
उन चारों ने गहरी साँसें भरी,
फिर उन चारों ने अँधेरे में
भीगे अक्षरों को पढ़ा।

आर्टूक़ से आनेवाली ट्रेन
गुज़र गयी दृश्यों के पीछे से
एक घोड़ा ज़ाकारिया लड़की को बिठाये गुज़रा
उसकी हिनहिनाहट गूँजी पर्वत पर से मैदानों तक,
दर्रे के बीच से,
आहिस्ता-आहिस्ता बादल गुज़र गये।

चार बहनें ज़ाकारिया से
काले कपड़े पहने अकेली
पहाड़ के ऊपर पहुँच गयीं!

जद्दोजहद से भरी शताब्दी

अतीफ़ जानम

अतीफ़ जानम का कविता संग्रह *आनेवाला समय* (1988) की बेहद दर्दनाक नज़्म *सपनों के शहर के हत्यारे* की कुछ पंक्तियाँ यहाँ दी जा रही हैं–

रौशनी के दरवाज़ेवाले पहरेदार!
तब भगा दिया था मुझे बच्चा जानकर तुमने
कहा था 'मत घुसना बिना सरकारी मोहर लगे
इजाज़तनामा के।'
बतायी थीं कई वजहें जैसे, बंद है शहर,
तू आया क्यों नंगे पैर, ऊँची हैं दीवारें
जिन पर लगे शीशों पर लोथड़े फँसे हैं इंसानी गोश्त के
जा भाग यहाँ से।

ऐ रौशनी के दरवाज़ेवाले पहरेदार!
सुन तो, आया हूँ इस बार सारे काग़ज़ों पर सरकारी
मोहर लगवाकर, पूरी कर दी हैं सारी शर्तें तेरी
कहाँ है मेरे पुरखों की अमानत और चाबियाँ?
मैं दाख़िल होना चाहता हूँ जल्द-से-जल्द
बहते झरने और सुलगती आग को सीने से लगाने।
जनाब पहरेदार!
जवाब देने लगा मेरा हौसला
काँप उठे हैं मेरे घुटने
इंतज़ार की इन लंबी घड़ियों में
अब मौत आवाज़ दे रही है मुझे।

क्रोध से झुलसी कविता

सलीम जुबरान

सलीम जुबरान-जैसा कवि राशिद हुसैन के क्रोध और समी अल-क़ासिम की निराशा भरी आशा से आगे बढ़कर गहरी तल्ख़ी में डूबा है। उनकी कड़वाहट हदों को पार कर जाती है। उनका यह तल्ख़ लहजा ही उनकी पहचान है। मगर जिस समाज और लोगों की सोच में माँ के पैरों के नीचे जन्नत और उसका पिलाया दूध क़र्ज़ हो। जो बेटे को माँ के मरने से पहले माफ़ करना पड़ता हो। जहाँ वतन की ज़मीन माँ की तरह ही अहम हो, वहाँ पर इस तरह के ख़्यालात हिलाकर रख देते हैं।

लानत भेजो मेरी माँ पर

लानत है मेरी माँ पर
जिसने दूध पिलाया अपने सीने से
एक विदेशी को और मुझे भूखा रखा!

लानत भेजो उस पर
जिसने मेरा बिछौना दे दिया विदेशी को
और मैं काँपता रहा सारी रात ठंड में
सो न पाया पल भर।

लानत भेजो मेरी माँ पर!
जिसने अपनी ममता दे दी विदेशी को
और मुझे निकाल दिया अपने दिल से
एक लावारिस भगोड़े की तरह।

लानत भेजो मेरी माँ पर
लानत भेजो मेरी माँ पर
लानत भेजो सारी औरतों पर।

फ़ारसी शायरी की शराब में बारूदी हलावत

ईरान

ज़र्रीन ताज
फ़रोग़ फ़र्रुख़ज़ाद
मस्तूर-ए-कुरदिस्तानी
मर्ज़ियेह अहमदी ओस्कोई
आत्फ़े गुरगीन

फ़ारसी शायरी की शराब में बारूदी हलावत

ईरान अपने सारे हुस्न को फ़ारसी शायरी में देखने का इसरार करता है। बक़ौल शख़्से ईरान जितना बाहर से दिलकश है उसके अंदर की आत्मा उससे कहीं ज़्यादा गहराई और ख़ूबसूरती के साथ मौलाना रूमी, हाफ़िज़, ख़य्याम, सादी इत्यादि सफ़े अव्वल के कवियों की नज़्मों, ग़ज़लों, रुबाइयों में मौजूद है। इस दौर के बाद लंबे अरसे तक इन्हीं कवियों के रंग में बेहतरीन कलाम कहे गये, जिनके नामों की लंबी फ़ेहरिस्त मौजूद है। फिर नीमायोशीज के साथ नयी कविता का दौर आता है, जिसने अहमद शामलू, फ़रोग़ फ़र्रुख़ज़ाद, सफ़ी क़दकनी जैसे शायर आते हैं। फिर समाज करवटें बदलता है और हमको एकाएक सईद सोल्तानपुर, मोहसिन मीहनदूस्त, फ़रीदून फ़रियाद की तरह सैकड़ों नाम अपने कविताओं के साथ उभरते नज़र आते हैं जिनकी कविता में सीधे समाज की बदहाली का शिकवा है।

शायर या शायरा हर दो अपने परिवेश से ही प्रेरणा लेता है। उसका दिल आस-पास होती घटना से प्रभावित होता है और वह अपने मौज़ू वहीं से उठाने पर मजबूर होता है। हाफ़िज़, मौलाना रूमी के यहाँ भी इंसानी जज़्बे के अलावा ज़माने का शिकवा था। आलोचना थी मगर वहाँ आज की तरह विचारधारा की ऐसी टकराहटें नहीं थीं। साहित्यकार अपने समय का आईना होता है। बतौर मिसाल शाह के दौर में लिखी मोहसिन मीहन दूस्त की दो हाइकू पढ़कर आपको अंदाज़ा होगा। यह बात भी याद रखने की है, तब यह किसी पत्र-पत्रिका में छप नहीं सकती थी।

भोर से संध्या तक
लहर के आने-जाने से
रेत थकी नहीं है
समंदर!
किनारा कहाँ है?

दूसरी हाइकू देखें—

किसी भी पल
यह रात समाप्त होगी
ईंधन,
हमारी आँखों में है विश्वास करो।

कुर्दिस्तान के कवि लतीफ़ हुल्मत की दो छोटी नज़्मों को देखें—जो वर्षों पुराने संघर्ष की गर्मी को बयान कर रही हैं—

उस लड़की को प्यार करता हूँ
जो अपनी पलकों को

बंद करके
शहर को भर दे ज्ञान से।
उस लड़की को प्यार करता हूँ
रस्सी की तरह बट ले
जो अपने बालों को
अत्याचारियों को दंड देने के लिए।

जब मैंने संसार में आँखें खोलीं
संपूर्ण भू-मंडल
ख़ून की एक बड़ी नदी थी
और हमारे घर
अन्य तमाम दुखियारों के समान
अंधकारमय!
और
मेरी माँ की आँखें
अत्याचारियों के घोड़ों की
गर्दनों के ज़ेवरों पर जड़े
नगीनों की तरह थीं।

जब मैंने संसार में आँखें खोलीं
मेरी क़ब्र तैयार थी
और
तलवार को पुल के रूप में
मेरे और मेरे प्रिय के बीच में
रख दिया गया था
एक चुनौती के रूप में।

क्लासिक कवियों को छोड़कर उन्नीसवीं सदी के कविगण अपनी व्यवस्था में

कभी अंकुश के तो कभी अत्याचार के शिकार रहे जिससे उनकी रचनाओं को पाठक तक पहुँचना सरल नहीं रह गया था। एक सृजनकर्त्ता की आशा यह रहती है कि लोग उसे पढ़ें और सराहें। मगर ईरान के रचनाकारों को यह सुख दायमी रूप से प्राप्त नहीं है। सेन्सर बोर्ड हमेशा सक्रिय रहा है। ऐसी स्थिति में परवीन एतेसामी की सामाजिक विषयों पर कही गयी नज़्मों से किसी सरकार को कोई ख़तरा न था। न ही उन कवयित्रियों से जो इश्क़ और शिकवों से भरी नज़्में ग़ज़लें लिख रही थीं। इससे आगे लिखने का न उनमें हौसला था न शायद उन्हें अवसर मिल पा रहे थे।

फ़ारसी शायरी में महस्ती, ज़ाले सुल्तानी, लोब्तवाला, आज़रख़्वाजवी, परी सिकंदरी, लैला कसरी, महीन सिकंदरी, हुमा मीर अफ़शार, सीमिन बहबहानी वग़ैरह का नाम बड़ी इज़्ज़त से लिया जाता रहा है और वक़्त के साथ इनकी शायरी के तेवर भी बदलते रहे जिसमें समाज, सियासत, अवाम ने जगह लेनी शुरू कर दी थी। मगर हज़ारों कवयित्रियों के बीच में जो मक़ाम फ़रोग़ फ़र्रुख़ज़ाद को मिला है, वह किसी और को नहीं गोकि मर्जियेह ओंस्कोई की शायरी का लब व लहजा भी तेज़-तर्रार है। मगर अरसे तक उनका अदब अवाम की नज़र से ओझल रहा।

आज नयी कवयित्रियाँ ईरान में इसी राह पर चलकर शायरी कर रही हैं मगर उनको अपनी मंज़िल पाने में काफ़ी समय लगेगा। उनकी कविताएँ उस्तादों की शायरी के आगे बहुत कमज़ोर शायरी कहलायेगी। मगर यह कमज़ोर शायरी दरअसल आज के दौर की नुमाइंदगी भी कर रही है, जिसमें एक-से भाव और दोहराव, एक-सा आक्रोश और विद्रोह हमको साफ़ नज़र आता है।

शहनाज़ कराची की छोटी नज़्म बतौर नमूना है–

गंदी नहर,
मैं
और परिंदा
कहीं भी पहुँच न पाए।

गंदा नाला क्रमशः टूटे दर्पणों-का ढेर बना
मेरे पैर और
परिंदे के पंख कट चुके थे
हम कहीं भी नहीं पहुँच पाए।

ईरान की रिवायत पिछली कई सदियों से यही रही है कि बेहतर साहित्य अपने समय में कहा जाता है मगर छपता और पढ़ा बाद में जाता है। शायद इस वक़्त भी ईरान के अंदर उत्कृष्ट शायरी लिखी जा रही हो मगर खुलकर हम तक

पहुँच नहीं पा रही है। पहला कारण भाषा और दूसरी सियासत है।

नयी कविता की शुरुआत नीमा से होती है, मगर नीमा से आगे बढ़कर उनके शागिर्द अहमद शामलू रदीफ़ क़ाफ़िये तो दूर, लय को भी नयी कविता के लिए बहुत ज़रूरी नहीं समझते हैं। उनकी एक कविता *इस बंदगली में* दे रही हूँ जो कही तो बहुत पहले गयी है मगर आज के संदर्भ में बिलकुल ताज़ा है–

तुम्हारे मुँह को सूँघते हैं
कभी कह न दिया हो
"मैं तुम्हें पसंद करती हूँ"
दिल को सूँघते हैं
बहुत अजीब है यह दिन नाज़नीन!

और इश्क़ पर,
बंद गली में
खुलेआम कोड़े बरसाते हैं
इश्क़ को कहीं गहरे छुपा रखो।

इस गली के
ठंडे पेच व ख़म में,
शेरों और गीतों के अलाव को ताप रहे हैं।
ऐसे में सोचने का जोखिम मत लेना
बहुत अजीब है यह दिन नाज़नीन!

वह जो रातों को
बंद दरवाज़े खटखटाते हैं,
चराग़ों के क़त्ल को आए हैं।
रौशनी को तहख़ाने में छुपा रखो।

वह क़स्साब हैं,
चौराहे पर खड़े हैं,
कुंदे और ख़ूनी चाक़ू लिये,
बहुत अजीब है यह दिन नाज़नीन!

यह सच कड़वा भी है और मीठा भी कि फ़ारसी के क्लासिकल कवि अपनी परंपरागत शैली में लिखते रहे जिसको नयी कविता ने आकर उस रदीफ़ क़ाफ़िये को रद्द कर दिया। इस बीच बहुत-कुछ नया लिखा गया। नया इंसान उसकी अनुभूतियों और उसकी कठिनाइयों से नयी फ़ारसी शायरी सज गयी। मगर वहाँ कोई भी हाफ़िज़, सादी, उमर ख़य्याम को नहीं भुला पाया है जैसे कि उर्दू में कोई

भी शायर या शायरी का दीवाना ग़ालिब, मीर, वली और उस दौर के पुराने और उनसे भी पुराने कवियों को आज भी पढ़ना और कोट करना नहीं भूलता है। इसका कारण है कि उनके यहाँ इंसान की संवेदना और ज़िंदगी का फ़लसफ़ा नये-नये रंग में उभरता है और वह पते की बात कह जाता है जो इंसान हर दौर में महसूस करता है या फिर रिश्तों की भूलभुलैया में ऐसी अनुभूतियों से टकराता है।

आज जो विद्रोह का साहित्य रचा जा रहा है उस एक एक रस 'क्रोध' के सहारे वह कितनी दूर चल पाएगा? इसलिए अहमद शामलू ने मेरे एक सवाल के जवाब में कहा था कि हम इस इंक़िलाब के बाद पुराने मुहावरे भूल चुके हैं। वह इस दौर में चल भी नहीं सकते हैं और हम अंकुश के दौर के बाद का नया मुहावरा नहीं गढ़ पाए हैं। जो लिख रहे हैं वह दरअसल नारा लिख रहे हैं शायरी नहीं कर रहे हैं। इस बात को भी तीस वर्ष गुज़र चुके हैं और माहौल वही है जहाँ था। ऐसी स्थिति में नये जवान कवियों ने कौन-सा मुहावरा गढ़ा है वह सामने नहीं आ रहा है। इसलिए फ़ारसी शायरी का नया लहजा सुनने-पढ़ने और समझने के लिए हमें कुछ रोज़ और इंतज़ार करना पड़ेगा। ख़ासकर तब जब एक देश इंक़िलाब और ईरान-इराक़ जंग के ख़ूनी दौर से गुज़रा हो। उस ज़ख़्म को भी भरने में देर लगेगी कि किसका कौन मरा कौन छूटा। किसका घर बर्बाद हुआ और कौन दर-ब-दर हुआ। नयी संवेदना और अनुभूतियों को फूटने में अभी बहुत समय लगेगा। जबकि अमेरिकन हमले की धमकी सर पर मँडरा रही हो।

स्रोत

1. फ़रोग़ के काव्य-संग्रह।
2. मर्जिया उस्कोई नामक पुस्तक।
3. अहमद शामलू काव्य संग्रह।
4. आत्फेगुर्गीन फ़ारसी ईरान।
5. मोहसिन मीहनदूस्त पाइजहा काव्य-संग्रह।
6. लतीफ़ हुल्मत।
7. ताहिरा क़ुर्रतुल ऐन दी प्योर, लेखिका मारथारोट अमेरिका।

बेनियाज़ इश्क़ की तस्वीर

ज़र्रीन ताज

फ़ारसी शायरी में अगर ज़र्रीन ताज का ज़िक्र नहीं आया तो न सिर्फ़ शायरी की तारीख़ बल्कि धर्म में आए उस नवजागरण का ऐतिहासिक परिप्रेक्ष्य अधूरा रह जाएगा और आज के वर्तमान मुहावरे में महिला-विमर्श और सामाजिक चेतना का इंसानी अध्याय भी नज़रों से ओझल रह जाएगा। इस सच से हर देश, अदब और इंसान टकराता है कि अपने समय में वक़्त से पहले कही गयी बातों और उसका अंजाम वर्षों बाद क्या अर्थ देता है। कभी दोनों ही रचनाकार के विरुद्ध बने रहते हैं और कभी उनकी कही हुई बात समय के साथ कुछ और रंग ले लेती है।

ज़र्रीन ताज ईरान में पैदा हुईं। उनके वालिद का नाम हाज्ज मुल्ला मोहम्मद सालेह कज़वनी था जो अरबी भाषा और धार्मिक 'फ़िक़्ह' (आचार-शास्त्र) के माहिर उस्ताद थे। ज़र्रीन बचपन से ही बहुत ज़हीन और हसीन थीं जिसके कारण उनका नाम सुनहरा ताज (ज़र्रीन ताज) रखा गया। शायरी की तरफ़ झुकाव, भाषा को सीखने का चाव और उसके सही इस्तेमाल का सलीक़ा उनके पिता को भी चकित कर जाता था। जो न केवल ज़र्रीन से बेतहाशा प्यार करते थे बल्कि उनका आदर भी करते थे। सत्रह वर्ष की उम्र में ज़र्रीन ताज को शायरा स्वीकार कर लिया गया था।

ज़र्रीन ताज का विवाह तेरह वर्ष की आयु में उनके चचाज़ाद भाई मुल्ला मोहम्मद ग़नी से हुआ जो बाद में शहीद सालिस कहलाये। शादी के बाद ज़िंदगी बड़े आराम और कामयाबी से गुज़र रही थी। मगर ज़र्रीन ताज की क़ाबलियत और गहरी नज़रें समाज, अदब और धर्म को परख रही थी, जो उस दौर में किसी लड़की का गुण नहीं अवगुण माना जाता था।

उन्हीं दिनों ईरान में सामाजिक जड़ता और धार्मिक रूढ़िवादिता के विरोध में उठी लहर 'बाबिया' चल पड़ी। इस नयी विचारधारा में वही लोग आम व ख़ास थे जो धर्म में बढ़ते ग़ैरज़रूरी कर्मकांड से उकताये और दक़ियानूसी विचारों से थके हुए थे। नयी विचारधारा बाबिया वजूद में इसलिए आयी थी कि मुल्ला मौलवियों

में इस हद तक बड़बोलापन और अहंकार आ गया था कि वह इमामों की कही बातों पर अपनी व्याख्या को सही ठहराने लगे थे। यह भी ज़ुल्म का अपना एक तरीक़ा था, जिससे धर्म के माननेवाले मानसिक पीड़ा से दो चार रहते।

ज़र्रीन को धर्म और उसके क़ानून, रसूल और ईमान के बारे में बहुत-कुछ पता था। उनकी नज़रें बहुत-कुछ ताड़ रही थीं। अपनी अक़्ल और इल्म को वह रोक नहीं पायीं और जाने-अनजाने उनका झुकाव उस प्रवाह की तरह बढ़ गया जो शाही, सामंती, बुर्ज़ुवा व्यवस्था के विरोध में एक ज़लज़ला सा बनकर आया था।

उनकी आलोचना सुन परिवारवाले दंग और ससुरालवाले रुष्ट हुए। उन्हें समझाया गया मगर जब वह चुप नहीं हुईं और शौहर की सख़्ती बढ़ी तो उन्होंने तलाक़ (खुलाह) लेने की इच्छा प्रकट की। मगर बीच में मुल्ला तक़ी बरग़ानी ने आकर तलाक रुकवा दी, तब भी ज़र्रीन ने 'बाबिया' से नाता नहीं तोड़ा। उस समय के परंपरागत समाज में जहाँ धर्म महत्त्वपूर्ण था, उस परिवार में जिसका आदर पूरा समाज करता हो वहाँ पर ज़र्रीन ताज का वजूद एक सवाल बनकर रह गया और मजबूरन शौहर को तलाक़ देनी पड़ी। पिता को दुख हुआ मगर वह जानते थे कि एक समाज में दो तरह के विचार रह सकते हैं परंतु एक परिवार में वह भी पति पत्नी के बीच ऐसा होना ग़ैरमुमकिन है। ज़र्रीन ताज उस ज़माने की पहली औरत थीं ज़िन्होंने न केवल चेहरे से हिजाब हटाया बल्कि खुले चेहरे के साथ मर्दानावार ईरान के गली-कूचों और मजलिसों में वह मर्दों की भीड़ को संबोधित करती थीं। उनका यह रूप देख लोग सकते में आ गये। उनको बदनाम करने की कोशिश भी की मगर 'बाबिया आंदोलन' के अनुयायियों ने उन्हें 'ताहिरा क़ुर्रतुल ऐन' (पाकीज़ा आँख की पुतली) का लक़ब दिया। उधर मुल्ला बरग़ानी ने ज़र्रीन ताज को सूली पर चढ़वाने के लिए एड़ी चोटी का ज़ोर लगा दिया मगर उसी दरमियान (1883) में उनकी हत्या हो गयी। जिसका पूरा इल्ज़ाम ज़र्रीन ताज के माथे मढ़ा गया। वैसे भी लोग तैश में थे कि क़ुरआन के मुक़ाबिल एक नयी किताब ये लोग वजूद में ले आए हैं। सही बात समझी नहीं गयी और दबाव के चलते ज़र्रीन ताज कुछ दिनों पिता के घर के तहख़ाने में छुपी रहीं। मगर बाद में उन्हें नज़रबंद किया गया और तरह-तरह के अत्याचार उन पर ढाये गये। वह बिना झुके पर्दे और रूढ़िवादिता के विरोध में खड़ी रहीं। उनके अनुयायी बढ़ रहे थे।

बादशाह क़ाज़ार ने जब ज़र्रीन ताज उर्फ़ ताहिरा क़ुर्रतुल ऐन को देखा तो दंग रह गये। मौत की सजा तो दूर वह इस ख़ातून को जेल में डलवाने से झिझके और उसकी सुरक्षा के बारे में सोचने लगे। अपनी तरह से उन्होंने ज़र्रीन की मदद के लिए कहा कि वह महल में मलिका बनकर रहें और दिल खोलकर इबादत करें और

शायरी की ख़िदमत करें। मगर ज़र्रीन ताज को यह ज़िंदगी मंज़ूर न थी। उन्होंने बादशाह क़ाज़ार को यह बंद लिखकर भेजा।

"बादशाहत, मुल्क और हुकूमत तेरे लिये है
दरवेश की तरह रहना मेरे लिये,
अगर वह मक़ाम अच्छा है तो तुझे मुबारक
अगर यह रुतबा बुरा है तो मेरे लिये रहने दे।"

यह शेर पढ़कर शाह ने हैरत से उस अज़ीम औरत को देखा और कहा– "तारीख़ ने आज तक हमारे लिये किसी ऐसी औरत को पेश नहीं किया।"

बादशाह पर लगातार मौलवियों का दबाव पड़ रहा था। आख़िर उन्होंने मोहम्मद अली बाब को पकड़ने का हुक्म दिया और 1889 में वह गोलियों से भून दिया गया। इस हादसे के बाद ताज को लगा उनकी ज़िम्मेदारी बढ़ गयी है। उनका जोश पहले से ज़्यादा बढ़ा और वह जिस महफ़िल में जातीं वहाँ इस तरह गुफ़्तगू करतीं कि औरतें सब-कुछ छोड़कर उनकी कही बातों में डूब जातीं। ज़र्रीन ताज बग़दाद में तीन साल रहीं और मर्दों को पढ़ाया।

लोगों का विचार है कि ईरान में जितने भी आंदोलन बाद में उठे वे सब इसी की शाखाएँ हैं। गर्ज़कि ज़र्रीन ताज को एक वीराने में नज़रबंद किया गया जहाँ वह लंबी भिड़न्त के बाद पकड़ी गयीं और तरह-तरह के अत्याचार का शिकार हुईं। उन पर पत्थर फेंके गये, लूटा गया, फ़तवे लगाये गये, जलावतन किया गया। जब किसी ने उनका गला घोटना चाहा तो उन्होंने अपने सर का रूमाल ख़ुद उसकी तरफ़ बढ़ाया। गला पूरी तरह घोंटा नहीं गया और नीममुर्दा हालत में उन्हें एक सूखे कुएँ में फेंक दिया गया।

उनके शेर, लेख और जो भी मसविदा था सब-कुछ जलाकर राख कर दिया गया। जो शेर आज मौजूद हैं वह लोगों को मुँहज़बानी याद थे जिन्हें क़लमबंद किया गया।

जब वह जंगल में अपने साथियों के साथ भटक रहीं थीं तब का यह शेर है–

इश्क़ हर लम्हा
आवाज़ देता है उन सबको
जो भी आस-पास मौजूद हैं
जो हमारे क़ाफ़िले में शामिल होना चाहते हैं
हो लें साथ और जो लोग
मुसीबतों से परहेज़ करते हैं वह
इस आग के दरिया से दूर रहें।

ज़र्रीन ताज ने मौत के क़रीब पहुँचकर भी उन क़ातिलों से वही वाक्य दोहराया "आप मुझे मार सकते हैं मगर औरत की आज़ादी को रोक नहीं सकते।"

ज़र्रीन ताज के तीन औलादें थीं। बेटे मोहम्मद इब्राहीम और बेटी के हालात नहीं मिल सके मगर दूसरे बेटे नेमतउल्लाह वरता मशहूर बहाई कवि थे जिनकी मृत्यु 1963 में हुई थी।

बड़ी हैरत की बात है कि दरी फ़ारसी की किताबों और कराची में उर्दू में छपी एक पुस्तक जो बहाई लेखिका मारथारोट (1872-1939) ने ज़र्रीन ताज पर *ताहिरा क़ुर्रतुल ऐन* के नाम पर अंगेज़ी में *ताहिरा दी प्योर* नाम से पुस्तक लिखी जिसको कई ज़बानों में छापा गया, मगर वहाँ भी ताहिरा क़ुर्रतुल ऐन की जन्म और मृत्यु की तिथि और वर्ष नहीं मिले। जबकि उन्होंने इन पर शोध किया और एशिया महाद्वीप के कई चक्कर लगाये और स्वयं इतने गहरे प्रभाव में आ गयी कि 1908 में क्रिश्चियन से बहाई बन गयी और उन्हीं के कहने से रूमानिया की मलिका ऐन मेरी ने 1920 में बहाई धर्म स्वीकार किया।

❧ बैत ☙

एक तिल लबों के पास, ख़ुशबुओं से भरी लटें दो
उफ़! दिल का नसीब, अदद एक और जाल दो
इश्क़ पर बहस के लिए बैठे शेख़ और मैं
इस बहस से फ़ायदा क्या, पुख़्ता है एक कच्चे दो

❧ ग़ज़ल ☙

ऐसा जवान माशूक़ जिसकी एक झलक पाने से
भूख, प्यास, सोना, आराम सब छिन गया हो
जवानी ने क्या दिया और बुढ़ापे ने क्या खोया
जवानी माशूक़ लायी और बुढ़ापा पुरानी शराब ले गया
पुरानी शराब ऐसी जिसको जिसने नहीं चखा वह मरा
और जिसने उसको चख लिया वह नहीं मरा
रोज़ाना साक़ी एक ही सुराही से उँडेलता है
तुझे अंगूर का रस और मुझे तलछट देता है
मैदाने इश्क़ में जाना बच्चों का खेल नहीं
हज़ारों लाखों में कोई एक इस पर तैयार होता है
तूती की आवाज़ गूँजती है और मुक़ाबिल दावा करता है
देखना है अब 'कहने' के इस मैदान में कौन जीतता है

अपने समय में ज़र्रीन ताज उर्फ़ ताहिरा कुर्रतुल ऐन ने बहाउल्लाह और सय्यद अली बाब से कहीं ज़्यादा शोहरत पायी और कहीं ज़्यादा दर्द और तकलीफ़ें झेलीं। पर आज उनकी शायरी का ज़िक्र मुख्य धारा में नहीं होता है। इसके कई कारण है जिसमें एक कारण यह भी है कि वह जिस तरह बदलाव लाना चाहती थीं वह आज के जड़ सोचवाले मुल्ला मौलानाओं को पसंद नहीं है। आज सबसे ज़्यादा ज़ोर हिजाब पर है, आँखों की शर्म और दिल के ईमान पर नहीं है। आज के दौर में ऐसी कई ताहिराएँ उभरी हैं जो अँधेरा दूर करना चाह रही हैं।

डॉ. अल्लामा इक़बाल ने ज़र्रीन ताज के लिए लंबी नज़्म फ़ारसी में लिखी है जिसके चंद शेर दिये जा रहे हैं–(कुलियाते इक़बाल फ़ारसी पन्ना 712-7-4)

मैंने अपने सामने तीन पाक बाज़ रूहों को देखा–
जिनके सीने में दुनिया को जला देने की आग थी।
उन्होंने सुर्ख़ रंग के कपड़े पहन रखे थे–
उनका चेहरा दिल की गर्मी से चमक रहा था।
रूमी ने मुझसे कहा–इस तरह मत खो जाओ–
आतिश नवाओ के नफ़्स से ज़िंदा हो जाओ।
अगर बेनियाज़ इश्क़ नहीं देखा तो देखो–
शराबे इश्क़ की ताक़त नहीं देखी तो इन्हें देख लो।
ग़ालिब मंसूर और ख़ातूने अजम (ईरान की ज़र्रीन)
हरम की जान में हंगामा बरपा कर दिया है।

रस्म व रिवाज की बंदिशों से आज़ादी, सकारात्मक जीवन मूल्यों का स्वागत और इंसानों में एकता, औरत की आज़ादी, विश्व में शांति स्थापना के लिए ज़र्रीन ताज ने अपनी जान क़ुर्बान की थी। श्रीमती दरीफ़ूस बरनी ने *गाड्ज़ हीरोज़* में ज़र्रीन ताज के लिए लिखा है–

'क्या तुम समझते हो तुम उसे यहाँ दफ़न कर दोगे, हरगिज़ नहीं, वह दोबारा आ जाएगी और तुम सबके सामने हमेशा मौजूद रहेगी।'

शायरी के गुलदस्ते का सबसे महकता फूल

फ़रोग़ फ़र्रुख़ज़ाद

फ़रोग़ फ़र्रुख़ज़ाद का जन्म 1934 में हुआ। विवाहित जीवन कामयाब नहीं रहा। बेटे अली को लेकर भी उन्हें सुकून न था। फ़रोग़ के चार महत्त्वपूर्ण संग्रह हैं। *दीवार, असीर* (क़ैदी), *उस्यान* (तूफ़ान) और*तवल्लुदेदीगर* (दूसरा जन्म)। नयी कविता के जन्मदाता नीमा योशीज के सबसे लायक़ शागिर्द अहमद शामलू का फ़र्रुख़ की शायरी के बारे में कहना है कि फ़रोग़ अपने समय की एक महत्त्वपूर्ण शायरा है, जिनके काव्य में शायरी की सारी ख़ूबियाँ मौजूद हैं।

फ़रोग़ की मृत्यु कार दुर्घटना में 1967 में हुई जब वह केवल तैंतीस वर्ष की थीं। फ़ारसी की शायरी में फ़रोग़ का लहजा चौंकानेवाला था। वह सीधे पाठक से संबोधित हो अपने दिल और दिमाग़ की बातें पूरी ईमानदारी से करती थीं जिसमें रोज़ाना की ज़िंदगी की कठिनाइयाँ भी थीं। उनकी शायरी दरअसल एक औरत के अहसास का तर्जुमान थी जिसमें बनावट और ख़्याली परवाज़ की जगह ज़िंदगी के उन जज़्बों का ज़िक्र था जो आम आदमी की सोच से क़रीब थे। उनकी नज़्में सियासी और ग़ैर सियासी दोनों हैं या कहा जा सकता है उनकी शायरी आशिक़ाना और ग़ैर आशिक़ाना दोनों है। यह सच है कि फ़रोग़ के मुक़ाबले की दूसरी कवयित्री न केवल ईरान में बल्कि दरी फ़ारसी और ताजिकी ज़बान में भी नहीं हैं।

लाल फूल

लाल फूल
लाल फूल
वह मुझे लाल फूलों के बाग़ में ले गया
मेरे उलझे बालों में लाल फूल लगाया।

लाल पँखुड़ियों पर मेरे साथ सोया।

ओ अपंग कबूतरो!
ओ अनुभवहीन खिड़कियो!
मेरे पेट और कमर की गहराइयों में,
एक लाल फूल उग रहा है।
लाल फूल
लाल परचम की तरह
इस महाप्रलय में
आह!
मैं आबसतन हूँ!
मैं आबसतन हूँ!

यहाँ पर आबसतन का शाब्दिक अर्थ गर्भवती है। मगर संकेत है कि यह दौर गहमागहमी और घटनाओं से भरा हुआ है। फ़रोग़ की दूसरी नज़्म 'परिंदा' देखें।

परिन्दा

परिंदा केवल परिंदा था
परिंदें ने कहा–'क्या सुगंध है, क्या धूप है आह!
मैं अपने जोड़े की खोज में उड़ूँगा।
परिंदा मुँड़ेर से
एक संदेश बन उड़ा।
और ऊपर नील गगन की ऊँचाई में
खो गया।

परिंदा छोटा था,
परिंदा सोचता न था,
परिंदा समाचार नहीं पढ़ता था,
परिंदा क़र्ज़दार न था
परिंदा इंसानों को नहीं पहचानता था

परिंदा!
शहतूतों के दरख़्तों पर
आकाश दीपों पर

ऊँचाई से बेख़बर और ऊँचा
उड़ता चला गया
वहाँ पर उसने
दीवानावार
नीले क्षणों का स्पर्श किया।
आह!
परिंदा
केवल
परिंदा भर था!

मेरा दिल उदास है

मेरा दिल उदास है,
दम घुट रहा है,
एवान पर जाती हूँ और
अँधेरे को उँगलियों से छूती हूँ।
माध्यम के सारे चराग़
रिश्तों की सारी राहें ख़ामोश हैं।
मेरा परिचय,
अब सूरज से कोई नहीं करायेगा
कोई मुझे चिड़ियों के झुंड में
नहीं ले जाएगा
मैं परवाज़ की याद को
ज़हन से निकाल दूँ
परिंदा दम तोड़नेवाला है।

फ़रोग़ की ऐसी भी कविताएँ थीं, जिसमें नारी-मन बिना किसी भय और झिझक के अपनी बात कह गया। फ़रोग़ का यह लहजा शायरी की दुनिया में जितना पसंद किया गया उतना ही इस्लामिक सरकार के दौर में प्रताड़ना का कारण भी बना। सेंसर ने यह कहकर कि यह साहित्य नहीं कोकशास्त्र है उनकी सारी किताबों पर बैन लगा दिया। उनकी नज़्मों के कुछ और नमूने–

☙ गुनाह ❧

गुनाह किया
एक सुखद गुनाह!
कंपित मदहोश तन के समीप
या ख़ुदा! नहीं जानती क्या कर बैठी
उस तन्हा अँधेरे ख़ामोश कमरे में।

☙ चुम्बन ❧

कहते हैं वह औरत पागल है
कितनी आसानी से अपने होंठों का
चुंबन दे देती है।
मेरे दिमाग़ में नाम का प्रश्नचिह्न नहीं
यह तो मैं हूँ मर्द।
तुममें ढूँढ़ती उत्तेजना और काम
तन्हाई चाहती हूँ और तुम्हारे आग़ोश की लज़्ज़त।

☙ जोड़ा ❧

रात हो रही है
और
रात होने के बाद अँधेरा
और अँधेरे के बाद,
आँखें
हाथ
और
साँसें और साँसें और साँसें
और पानी की आवाज़
जैसे गिर रहा हो
बूँद-बूँद नल से।

फ़रोग की बाद की कविताओं में सामाजिक घुटन और राजनीतिक दबाव का वर्णन संकेतों में मिलता है जो उस काल के अंकुश का सच है।

मेरा दिल बाग़ के लिए रो रहा है

किसी को फूल की फ़िक्र नहीं
किसी को मछली तक का ख़याल नहीं
कोई भी नहीं चाहता यक़ीन करना कि
बाग़ सूख रहा है कि
दम तोड़ रहा है कि
ज़हने बाग़ धीरे-धीरे हरियाली की यादों से
ख़ाली हो रहा है और बाग़ की 'हिस' जैसे
तन्हा चीज़ है जो अंदर ही अंदर
दम तोड़ रही है।

जो दम तोड़ रहा है,
हमारे घर का आँगन तन्हा है
हमारे घर का आँगन
किसी अजनबी घटा से बरसी
बूँद की प्रतीक्षा में
जम्हाई ले रहा है और
हमारे घर का हौज़ ख़ाली है
अनुभवहीन नन्हे सितारे, ऊपर पेड़ों से
नीचे धरती पर गिर रहे हैं
मछलीघर की उड़ी रंगत वाली खिड़कियों से
रातों को
खाँसने की आवाज़ आती है।

बाबा कहते हैं :
''मेरा वक़्त गुज़र गया,
मैंने अपना बोझ उठाया, अपना फ़र्ज़ निभाया''
कमरे में बैठे सुबह से शाम तक
'शाहनामा' या 'नासिख़-उल-तवारीख़'
पढ़ते हैं

माँ से कहते हैं :
"लानत इस मुर्ग़ और मछली पर
क्या फ़र्क़ पड़ता है बाग़ बचे या रहे
मेरे लिए मेरी पेन्शन काफ़ी है।"

माँ तमाम उम्र
'दोजख़' में जाने के भय से
'जा नमाज़' बिछाए, सदा
पाप की परछाईं को प्रत्येक वस्तु में
काँपता देखती है और सोचती है कि
बाग़ को फ़क़त एक घास की ईशनिंदा ने
तबाह कर दिया है
माँ सारे दिन 'इबादत' करती
अपने को पापी समझती
सारे फूलों, मछलियों और ख़ुद अपने ऊपर
'दुआ' पढ़ कर फूँकती हुई किसी चमत्कार
की प्रतीक्षा में मुक्ति की बाट जोहती है जो
शीघ्र मिलने वाली है।

मेरा भाई बाग़ को क़ब्रिस्तान कहता है
घास की बग़ावत पर हँसता है
मछलियों की लाश बीमार ठहरे पानी में
ज़हर की टिकियों में बदल रही हैं, वह
उन्हें गिनता है
मेरा भाई फ़लसफ़ा बघारने का आदी हो चुका है
मस्त होकर दर व दीवार पर
घूँसे मारता है
सर टकराता है जैसे
कह रहा हो,
वह बहुत दुखी और निराश है और
निराशा को भी, परिचयपत्र, कैलेंडर, रूमाल, लाइटर,
और पेन की तरह
अपने साथ उठाए-उठाए फिरता है,
उसकी निराशा इतनी छोटी है कि
रोज़, शराबख़ाने की भीड़ में
गुम हो जाती है।

बहन का घर शहर के,
उस छोर पर है
दिखावटी घरों और बनावटी मछलियों के बीच में
अपने जीवन साथी के दिखावटी प्रेम और
बनावटी सेब के दरख़्त के नीचे
बनावटी गीत गाती
सहज बच्चों को जन्म देती है
और जब भी हमसे मिलने आती है
उसकी फ्रॉक का कोना
बाग़ की बदहाली से छुल जाता है और
तब वह यू.डी. कलोन से नहाती है
वह जब भी हमसे
मिलने आती है, हमेशा
गर्भवती होती है।

हमारे घर का आँगन तन्हा है
हमारे घर का आँगन तन्हा है
पूरे दिन
दरवाज़े के बाहर
फटने और टुकड़े-टुकड़े होने की आवाज़ें आती हैं
हमारे पड़ोसी फूलों की जगह अपने बाग़ की मिट्टी में
बम और मशीनगन को बोते हैं
हमारे पड़ोसी टायल्स के हौज़ को
पर्दे में छुपा कर रखते हैं
जो बारूद से उबले हैं और
हमारी गली के लड़के अपने स्कूली बस्तों को
छोटे बमों से भर रहे हैं
हमारे घर का आँगन हक्का-बक्का है।

मैं, उस समय से, जब से बाग़
अपने दिल को खो चुका है, डरती हूँ
इन बेकार के विचारों से, डरती हूँ
इन विचित्र अवतारों से...
मैं एक विद्यार्थी की तरह
जो अंकों के पाठ को
बहुत मन से पढ़ता है

मैं तन्हा हूँ और सोचती हूँ कि
बाग़ को अस्पताल ले जाया
जा सकता है
मैं सोचती हूँ...
मैं सोचती हूँ...
मैं सोचती हूँ...
और बाग़ का अहसास
तन्हा चीज़ है जो दम तोड़ रहा है
उसका मस्तिष्क धीरे-धीरे
हरियाली की यादों से ख़ाली हो रहा है।

❧ धरती की कविता ❧

जब
सूरज ठंडा पड़ गया, और
ज़मीन से बरकत उठ गई,

हरियाली मैदानों की रूठ गई
मछलियाँ समंदरों में सूख गईं
और धरती ने अपने मुर्दों को
लेने से इनकार कर दिया।

फिर किसी ने इश्क़ की नहीं सोची
फिर किसी ने विजय की नहीं सोची
कोई भी
फिर किसी के बारे में सोच नहीं पाया
गुफाओं की तन्हाई में
'बेहूदगी' जन्मी
ख़ून से अफ़ीम और भाँग की गन्ध आई
गर्भवती स्त्रियों ने,
बिना सर वाले बच्चों को जन्म दिया, और
पालने शर्म के मारे
क़ब्र में मुँह छिपाए फिरे।

कैसे कड़वे और काले दिन
रोटी, पैग़ंबरी के चमत्कारी बल पर
अधिकार जमा बैठी
भूखे, ग़रीब, पैग़ंबर
वचनबद्ध ईश्वरी ठिकानों से भागने लगे, और
खोई हुई भेड़ों ने
गड़रिये की 'हुर हूर' की आवाज़ को
फिर कभी
फैले मैदान के बीच नहीं सुना

आँखों की पुतली के आईने में
तसवीरें, रंग और आचरण
उल्टे नज़र आने लगे
तुच्छ मसख़रों और कुरूप वेश्याओं के
चेहरों के पीछे, पवित्र हाला
किसी मशाल की तरह जलता
नज़र आया।

मदिरा के भँवर पर
ज़हरीली गैस की चिमनियाँ
बिना हरकत पड़े बुद्धिजीवियों के अंबार को
अपनी गहराई में खींचती हैं और
दुष्ट चूहे
किताबों के स्वर्ण अक्षरों को
पुराने ख़ज़ाने में कुतरते हैं

कभी चिनगारी
एक मामूली चिनगारी
इस शान्त समाज को
अंदर से व्याकुल कर देती है
वे इन पर टूट पड़ते हैं और
लोग एक-दूसरे के गले को
चाकू से काटते हैं और
ख़ून से डूबे बिस्तर पर
नाबालिग़ कन्याओं के संग
हमआग़ोश हो जाते हैं।

सूरज मर गया था
सूरज मर गया था
कल बच्चों के दिमाग़ों में
एक गूँगा अर्थ बन जाएगा और
उस प्राचीन खोये अजनबी शब्द को
वह अपनी कॉपी पर
एक बड़े स्याही के धब्बे से दर्शाएँगे
निरंतर होती फाँसी...जब फाँसी देनेवाला,
क़ैदी की उबली आँखों को
कसाव से कटोरों के बाहर गिराता है
वे अपने अंदर डूबने लगते हैं और
लोमहर्षक दृश्यों की याद से
उनके स्नायु और जर्जर बूढ़े शरीर में
दर्द की ऐंठन गोली की तरह सनसनाती है
सूरज मर गया था, कोई नहीं जानता
उस उदास कबूतर का नाम—जो दिलों से उड़ गया था
जिसका नाम 'ईमान' था।

दूसरी पैदाइश

मेरा सारा वजूद सियाह आयतें हैं
कि तुम्हें उसमें मुतवातिर दोहराती हूँ
उसे ले जाऊँगी खिलने, फूलने बढ़ने की सुबह तक।
मैं इन कविताओं में आहें भरती हूँ आह!
इन आयतों में तुम्हारा रिश्ता
पानी, दरख़्त और आग से जोड़ूँगी।

ज़िंदगी शायद एक लंबी सड़क है
जिस पर से हर रोज़, एक औरत गुज़रती है
हाथों में बास्केट उठाये।
ज़िंदगी शायद
डोर नहीं है कि मर्द उसे बाँध शाख़ पर लटक जाए
ज़िंदगी शायद
वह बच्चा है जो रोज़ स्कूल से लौटता है।

ज़िंदगी शायद
सिगरेट को सुलगाने-जैसी हो, हमआग़ोशी के बाद की सुस्ती
या फिर उस चकराये राहगीर की तरह
जो सर से हैट उठा
दूसरे से मुस्कुरा कह उठता है, सुब्ह बख़ैर!

ज़िंदगी शायद वह बंद रास्ता है
जहाँ मेरी निगाहें, तुम्हारी पुतलियों में अपने को वीरान देखती हैं
यह अहसास है
कि मैं उसे चाँद समझ, अँधेरे को महसूस कर
उन दोनों को यकजा कर दूँगी उस छोटे कमरे में
जो एक तन्हाई के अंदाज़े भर का है!

दिल मेरा
जो तुम्हारे इश्क़-जैसा है
जो बड़ी सादगी से अपनी ख़ुशनसीबी को देखता है
गुलदान में लगे फूलों के मुरझाने और
उस दरख़्त की तरह जो तुमने मेरे बाग़ीचे में लगाया है
और बुलबुलों की उस चहचहाट की तरह
जो पिंजड़े में गाती हैं।

कानों में दो बुंदे लटकाती हूँ
चेरी के दो हमज़ाद की तरह
नाख़ूनों को गुलाब की पत्तियों-जैसा रँगती हूँ।
गली है जहाँ
लड़के हैं जो मुझ पर आशिक़ हैं, अभी
वह अपने लंबे बालों, पतली गर्दन, और दुबले पतले
हाथ-पैरों के संग, मासूम मुस्कान के साथ
उस लड़की को याद करते हैं जिसे समय की हवा
इस कूचे से दूर ले गयी।
वह कूचा है जिसे मेरे दिल ने
बचपन के उस मोहल्ले से चुरा रखा है!

भीड़ का यह सफ़र ज़माने की सड़क पर
यह है कि कोई मरता है
और कोई छूट जाता है

हर तरल जो किसी तुच्छ बूँद की तरह गिरता है
ज़रूरी नहीं मोती बन जाए।

मैं ग़मगीन नन्ही परी को पहचानती हूँ
जानती हूँ वह समंदर के बीच रहती है
जिसका दिल एक गड़रिये की बाँसुरी पर धड़कता है
आहिस्ता-आहिस्ता!
ग़मगीन नन्ही परी
रात एक बोसे से मर जाती है
और सुब्ह
एक बोसे से दुनिया में वापस आ जाती है।

शायरी में वायदे वफ़ा

मस्तूर-ए-कुरदिस्तानी

मस्तूर-ए-कुरदिस्तानी का असली नाम 'माहशरफ़' था, जो ईरान के कुरदिस्तान में 1940 में पैदा हुई। माहशरफ़ के पिता का नाम अबुलहसन बेग क़ादरी था। वह उस इलाक़े में ईरानी हुकूमत के कार्यालय में काम करते थे और उनकी एक अच्छी छवि थी। माहशरफ़ ने पढ़ाई की और कला व साहित्य की तरफ़ जो दिलचस्पी थी उसको पिता ने बढ़ावा दिया।

जितनी जल्दी कम उम्र में विवाह किया, उतनी ही जल्दी उस विवाह से उनका दिल टूट गया। उनके पति ख़ुसरुख़ान सन्नदज के रहनेवाले थे। ख़ुद कवि थे। 'नाकाम' तख़ल्लुस रखते थे। अपनी ख़ुशमिज़ाजी और कला साहित्य के प्रति अपनी रुचि का कोई इज़हार माहशरफ़ से नहीं करते थे। उनकी अय्याश तबीयत से माहशरफ़ बहुत दुखी रहती थीं। मगर इन सारी तकलीफ़ों के बावजूद उन्होंने अपनी पूरी ज़िंदगी अपने शौहर के पहलू में गुज़ारी।

माहशरफ़ ने अपनी शायरी को ही अपना 'आशिक़' मान लिया और उसमें ही अपने को रचा बसा देखने लगीं। उन्होंने शेर, बैत, ग़ज़ल, रुबाई बहुत-कुछ बहुत तादाद में कहा था। मगर अफ़सोस ढूँढ़ने और जमा करने पर सिर्फ़ दो हज़ार बैत ही हाथ लग पायी हैं।

मिर्ज़ा अली अकबर ने सादिक़ उलमुल्क की पुस्तक 'हदीक-ए-नासिरये' में माहशरफ़ का भी ज़िक्र है–"कवयित्री की ग़ज़लें, रुबायात, क़सीदे वग़ैरह लगभग बीस हज़ार होंगे मगर उनकी मौत के चालीस वर्ष बाद जो रचनाएँ हाथ लगीं वह मुश्किल से दो हज़ार ही हैं। पता चला कि ज़्यादातर उनकी चीज़ें तबाह हो गयीं।" 1964 में चौवालीस साल की उम्र में चल बसीं।

मुझसे रिश्ता तोड़, दूसरे से बाँधा,
ज़ुल्म का काँटा, मेरे वजूद में खोंसा
जफ़ा दी, और ज़ुल्म की हद कर दी
वफ़ा पायी, और वायदा ख़िलाफ़ी की।

बहुत मुश्किल है अब लगना गिरह का
उस मोहब्बत के धागे में, जो तुमने तोड़ा
भुला दिया यादों से, प्यार व वफ़ा
जोड़ लिया रिश्ता, किसी बेवफ़ा से
तुमसे उसका दामन जो छूटा ए मसतूरा
जुदाई की क़ैद दराज़ कर दी।

असली कविता तो मेरी ज़िंदगी है

मर्ज़ियेह अहमदी ओस्कोई

ईरान के ओस्कोई नामक गाँव में 1945 में जन्मी मर्ज़ियेह अहमदी ने एक किसान परिवार से होने के बावजूद शिक्षा प्राप्त की। पिता के साथ खेतों में काम करते हुए उन्होंने जन-जीवन से संबंधित दुख और कठिनाइयों को गहराई से महसूस किया। जिसकी अभिव्यक्ति अपने पूरे प्रामाणिक तेवरों के साथ उनकी कहानियों और कविताओं में दर्ज नज़र आती है, मगर मर्ज़ियेह का सोचना कुछ और था। वह अपने साहित्य के द्वारा लोगों तक अपनी बात को पहुँचाना महत्त्वपूर्ण नहीं समझती थीं बल्कि उनका विचार था कि असली कहानी तो मेरी ज़िंदगी लिखेगी।

अपनी शिक्षा समाप्त करके उन्होंने अध्यापन का कार्यभार सँभाला और अपनी पैनी दृष्टि से समाज को जितनी दूर तक देखतीं, उनका दिल बग़ावत करने की सोचता। पेट्रोडालर की उस बारिश में आम इंसान की ज़िंदगी नर्क थी। उनके इसी उबाल ने उनको 1970 में गुरिल्ला फ़िदाईन बनने पर मजबूर किया। उनको जेल की सजाएँ भी काटनी पड़ीं मगर वह अपने विचारों पर अडिग रहीं। तेहरान विश्वविद्यालय में विद्यार्थी आंदोलन की भिड़ंत में 1973 में सावाक (ईरान की भूतपर्व गुप्तचर एजेंसी) पुलिस द्वारा गोलियों से भून दी गयीं। उनकी गोलियों से छलनी लाश के सामने पुलिस दस्ता कई मिनट तक होशियार की मुद्रा में खड़ा रहा कि कहीं यह फिर उचककर पलटवार न कर दें। मर्ज़ियेह एक गुरिल्ला थीं। सामाजिक असमानता की घोर विरोधी और निम्न वर्ग की पूर्ण समर्थक। इस सारी गतिविधियों के बाद उनके साहित्य में इंसानी संवेदना का अछूतापन मौजूद है जो उनका अपना है–हमें बताता है कि वह अपने जीवन द्वारा कहानी लिखने और क़लम द्वारा साहित्य रचने में, दोनों तरह से कामयाब रहीं।

❧ लहर ❧

मैं नदिया
उज्ज्वल, सँकरी, ठंडी
बहती, जंगलों, पहाड़ों, दर्रों में।
जानती हूँ ठहरा पानी
स्वयं में मृत्यु है।
जानती हूँ समंदर की लहरों के तन में
छोटी-छोटी नदियों के लिए सदा
नये-नये अस्तित्व जन्म लेते हैं।

न लंबी राह
न अँधेरे गढ़े
न पीछे छूट जाने का भय
कभी न रोक सका मुझे राह से अपनी।

इसलिए
मैं कभी
न समाप्त होनेवाली लहरों में
बहती हूँ
मेरा अस्तित्व तलाश है
और
आराम मेरी मृत्यु है।

उनकी निम्न कविता ईरान क्रांति दौर में हर युवा मार्क्सवादी लड़की के होंठों पर होती थी जो उनको ऊर्जा ही नहीं गर्व का अहसास भी देती थी।

❧ मैं एक औरत ❧

मैं एक माँ हूँ
मैं एक बहन हूँ
मैं एक सच्ची जीवनसाथी हूँ
मैं सिर्फ़ एक औरत हूँ।
एक औरत–

जो शुरू से दुख झेलती, नंगे पैर
रेगिस्तान की तपती धरती पर
भटकती रही है।

उत्तर के छोटे-से गाँव की वासी
धान के खेतों में
चाय के बाग़ानों में
शुरू से ही मेहनत करके जिसने
अपनी हड्डियाँ तोड़ी हैं।
अपनी कमज़ोर गाय के साथ
भोर से सन्ध्या तक,
खेतों में काम करते हुए
जीवन की कठिनाइयों को झेला है।
औरत जो पर्वत पर बच्चे को जन्म देती है और
दूर तक फैले मैदान में
खो गयी बकरी के लिए बैठकर आँसू बहाती है।

मैं एक औरत हूँ
एक मज़दूर औरत
जिसके हाथ
कारख़ानों की बड़ी-बड़ी मशीनें चलाते हैं
मशीन के घूमते पहिये
अपने बेदर्द, ख़ूँख़ार दाँतों से, उस औरत की
शक्ति के चीथड़े उड़ा देते हैं।

एक औरत, जिसकी मेहनत के ख़ून-पसीने से
शरीर के कम होते ख़ून के क़तरे से
ख़ून चूसनेवालों की लाशें फूलती हैं।
साहूकार की तिजोरी मुनाफ़े से भरती है।

एक औरत जिसके लिए
तुम्हारी लज्जाजनक शब्दावली में
कोई भी पर्यायवाची शब्द नहीं है
जो उसके अस्तित्व के महत्त्व को समझा सके।
तुम्हारी शब्दावली में, उन औरतों के लिए अर्थ हैं
जिनके हाथ साफ़-सुथरे

त्वचा मुलायम
बालों में सुगंध के बादल बसते हैं।

और मैं...
एक औरत हूँ जिसके हाथों में
मेहनत के घाव के निशान हैं
औरत जिसकी त्वचा
रेगिस्तान के सूरज का दर्पण है
और...
जिसके बालों से निकलती है धुएँ की गंध।

कितने बेशर्म हो जो यह कहते हो,
मेरी भूख का दुख एक भ्रम है।
मेरा नंगा शरीर केवल सपना-भर है।
मैं एक औरत हूँ जिसके लिए तुम्हारी
शब्दावली में
कोई पर्यायवाची शब्द नहीं है
जो मेरा महत्त्व बता सके।

एक औरत, जिसके सीने में
आक्रोश से भरे ज़ख़्मों का सैलाब है
एक औरत, जिसकी आँखों का नशा
स्वतंत्रता की गोली का सुर्ख़ रंग है
एक औरत! जिसके हाथों ने सारे दुखों के
बाद
सीखा है बंदूक़ उठाना भी।

सुर्ख़ रंग से गहरा नाता

आत्फ़े गुरगीन

आत्फ़े गुरगीन दुनिया की उन औरतों में से हैं जो अपने मर्दों (शौहरों, भाइयों, पिताओं, बेटों, मित्रों) के साथ क़दम-ब-क़दम मिलाकर चलने पर न केवल जेल गयीं बल्कि जलावतनी का दर्द भी सहा। घरों पर हुए हमलों में उन्होंने अपनी जान क़ुर्बान की या फिर शौहर की शहादत या हत्या के बाद उनके अधूरे कामों को आगे बढ़ाने में दिलोजान से जद्दोजहद करती रहीं।

ईरान के प्रसिद्ध कवि क्रांतिकारी गोलसोरख़ी (जिसका अर्थ लाल फूल है) जिन्होंने अपने मुक़दमे में खुलकर अवाम का समर्थन करते हुए व्यवस्था की निंदा की थी और ख़ुशी-ख़ुशी मौत की सजा को बड़े गर्व से क़ुबूल किया था। युवा कवि की युवा पत्नी आत्फ़े गुरगीन ने अपमान भरे वे दिन शाही व्यवस्था में बड़ी कठिनाई से गुज़ारे। जब इंक़िलाब आया तो उनकी उम्मीदें जागीं मगर लेखक संघ पर आक्रमण के बाद जब चुन-चुनकर क्रांतिकारी पकड़े और मारे जाने लगे तो देश से जान बचाकर जानेवालों में आत्फ़े भी थीं। उन्होंने फ्रांस जाकर संघर्ष को एक नया रूप दिया और 'गोलसोरख़ी' नाम से एक डाइजेस्ट निकाला। उनसे मेरी मुलाक़ात ईरान और पेरिस में दो बार हुई। उनकी उदासी उनके चेहरे को जितना कुम्हलाया पेश करती थी, उसके उलट उनकी बातों में बला की गर्मी और जोश होता। उनकी एक कविता उनके अहसास की तर्जुमानी के रूप में दे रही हूँ—

ख़ून तुम्हारा

ख़ून तुम्हारा!
आज भी प्रवाहित है,
जनता की चौखट पर!
लहू तुम्हारा गर्दिश में है

आज भी हमारी रगों में।
जानते हो कॉमरेड!
ख़ून तुम्हारा
हमारे दिलों के उबाल को,
बदलता है आतिशफ़िशाँ में
मेरे पाक विद्रोही।

तुम ज़िंदा हो,
गेहूँ की नाज़ुक बालियों में
धूप की तपिश में खिलते फूलों में,
मिलते दो हाथों और टकराती दो नज़रों में।

हर उस जगह जहाँ
मुहब्बत चिटखती है कली की तरह।

तुम ज़िंदा हो!
मेहनत में, हर मज़दूर के दिल में छुपे
प्रतिशोध में
भूखों के हुजूम में
हर उस फ़िदाईन की आँखों में
जहाँ से गोली छूटती है किसी पैग़ाम की तरह।

हर चंद कि तुम!
हमारे बीच नहीं हो
मगर तुम्हारे नाम पर मैदान लाल रिदा
पहनता है तुम्हारे ग़ुस्से की जगह
तुम्हारे ख़ून का क़तरा
वास्तव में
अवाम का परचम है।

ईरानी फ़ारसी शायरी में औरत के लब व लहजे का बड़ी इज़्ज़त के साथ स्वागत किया गया। मगर ईरान में कहीं भी अदब को ख़ानों में नहीं बाँटा गया है। फिर भी वहाँ मर्दों की अपेक्षा औरतों की शिरकत बहुत कम है ख़ासकर आला दर्जे की शायरी को लेकर। इसका कारण सियासी, समाजी और धार्मिक (कुछ हद तक) रहा है।

रानी ज़िनोबिया के देश में

सीरिया

उमर अबू रिशा
निज़ार क़ब्बानी

रानी ज़िनोबिया के देश में

बादलों में फँसे हवाई जहाज़ का मज़ा जापान, पाकिस्तान और मेघालय यात्रा में कई बार ले चुकी थी, जब हवाई जहाज़ की उछल-कूद से कलेजा मुँह को आ जाता था। मगर तेज़ हवा के पर्दे को चीरते जहाज़ का डगमगाना और सहयात्रियों के चेहरे पर हवाई उड़ते देखने का अनुभव पहला था। जहाज़ खुले विस्तृत आसमान में लंबे-चौड़े समुद्र पर सीरिया की ओर उड़ रहा था। साथ में बैठे अरब सज्जन ने दुआ पढ़ते हुए मुझे आँखों के संकेत से दिलासा दिया। ये चंद सेकंड गुज़रने को गुज़र गये, मगर सबको हिला ज़रूर गये। इस प्रचंड हवा का अनुभव सीरिया पहुँचकर कई जगह हुआ मगर सबसे ज़्यादा इडलिप नगर में हुआ जहाँ ज़ैतून, चेरी और अंजीर के बाग़ान क्षितिज तक फैले हुए थे।

दमिश्क़ पहुँचकर एक गुमनाम-सी ख़ुशी अपने अंदर फूटती महसूस हुई। शायद इस ख़्याल से कि मैं एक प्राचीन सभ्यता की सरज़मीन पर क़दम रख चुकी हूँ। शहर जो पुराना था कभी भोपाल का तो कभी लखनऊ और कभी दिल्ली का हिस्सा दिख रहा था। गुनजान बसा शहर नयी-पुरानी इमारतों और घरों के संग बेगाना नहीं लग रहा था। हवाई अड्डे से होटल जाते हुए जब हम खुली चौड़ी सड़क पर आए तो मुझे पेड़ों की क़तारें तिरछी लगीं। समझ नहीं पा रही थी कि यह पेड़ सारे-के-सारे एक तरफ़ झुके क्यों हैं?

सीरिया के बारे में कवि रीमांड लोएर की ये पंक्तियाँ जब मेरी नज़रों से गुज़री थीं तो मुझे इस बात का क़तई एहसास नहीं था कि दमिश्क़ (सीरिया की राजधानी) वास्तव में अपने नये-पुराने सौंदर्य के संग मेरे दिल में अपनी जगह यूँ बना लेगी और दूसरे मुल्कों के संग भारत के कई इलाक़ों से मिलता-जुलता उसका चेहरा बहुत मानूस-सा लगेगा। दुनिया का सबसे पुराना नगर दमिश्क़ जो कभी उजड़ा ही नहीं, अपने बसने के दिन से आज तक आबाद रहा है। इसके गली-कूचों का अपना अलग मिज़ाज था।

☙ दमिश्क़! ❧

अपने नख़लिस्तानों के संग
अपनी रूहानी सीमाओं के बीच
ख़ुदा की दी गयी अद्भुत देन है!

पानी के बहाव और फलों के बाग़ानों
साफ़ धुले आसमान के संग
अपने सूखे मगर सेहतमंद मौसम के साथ
कवि मन को ले जाता कहीं दूर...
जहाँ कह सकें कि
दमिश्क़,
ज़मीन के चेहरे पर, एक सुंदर
'ब्यूटी स्पॉट' है!

सीरिया आने से पहले सीरिया को मैं साइंस फ़िक्शन लिखनेवाले लेखक तालिब इमरान के ज़रिये काफ़ी हद तक जान चुकी थी। जिनसे मुलाक़ात ईरान में हुई। मगर हर साल भारत आनेवाले तालिब जो फ्रेंच, अरबी, फ़ारसी, अंग्रेज़ी के साथ बहुत अच्छी हिंदुस्तानी बोल लेते हैं, से बराबर मिलना होता रहा। क्योंकि वह गणित में अलीगढ़ से पी-एच.डी. लेने के साथ ही बेहद जागरूक पत्रकार भी रहे हैं। इन्होंने भारत पर कई पुस्तकें लिखीं और साहित्यिक कृतियों का अनुवाद भी किया था। शायद इस कारण भी सीरिया मुझे एक अजनबी शहर नहीं लगा। दमिश्क़ पहुँचकर पता चला कि तालिब आजकल जॉर्डन विश्वविद्यालय में पढ़ा रहे हैं, इसलिए कभी-कभी सीरिया आते हैं।

रात का खाना वहीं होटल में था। हमारी मेज़बान मिरना प्रोगलानियन थीं, जो हमारी गाइड थीं और हमारे साथ पूरे दस दिन रहनेवाली थीं। सो कार्यक्रम पर बात ख़त्म होते ही उन्होंने इराक़ और सद्दाम पर सवाल किये। हमारे साथ अंग्रेज़ी भाषा के कवि के.की. दारूवाला और मलयालम कवि के. सच्चिदानंदन थे। हम तीनों ने एक-दूसरे को देखा और मुनासिब तरह से बात शुरू हुई। लेकिन बाद में महसूस हुआ कि वह तो हमें इराक़ के मसले पर तौल रही थीं मगर बातों-बातों में यह अंदाज़ा दे गयीं कि एक तरफ़ लोग जहाँ अमेरिका की उपस्थिति इराक़ में नापसंद कर रहे हैं वहीं सद्दाम की कूटनीति से भी दुखी हैं। क्योंकि वे सारी योजनाएँ जो आर्थिक स्तर पर इराक़ द्वारा सीरिया को लाभ पहुँचा रही थीं, पिछले दस वर्षों से घिसट रही थीं। और अब इस हमले के बाद से ठप्प पड़ गयी हैं। यह बिलकुल नया दृष्टिकोण था जो पूरी व्यावहारिकता के साथ नये हालात से टकरा रहा था।

सुबह हमें बोसरा के लिए निकलना था, जो रोमन सम्राट फिलिप की राजधानी थी। दूसरी सदी ईस्वी का ओपेन थियेटर अपनी भव्यता में बेजोड़ था। जब हम वहाँ पहुँचे तो उस समय रोमन काल का एक ऐतिहासिक नाटक खेला जा रहा था! हमारे साथ तुर्की काली काफ़ी और ज़ीरे के बिस्कुट थे और ऊपर खिली धूप! मई का माह तपिश से भरा था। उस गर्मी में भी जाने किन गलियारों से कभी-कभार नम ठंडी हवा हमें पत्थर की उन सीढ़ियों पर राहतें दे जाती थी, जहाँ एक साथ पंद्रह हज़ार दर्शक बैठ सकते थे। कुछ विदेशी पर्यटक भी थे। बहुत जानने के बाद भी मैं कुछ पता नहीं लगा पायी कि ड्रामे का नाम क्या है और इतिहास के किस कालखंड पर नाटक आधारित है। अरबी भाषा न हमारे पल्ले पड़ रही थी न हमारे सवाल उनको समझ आ रहे थे। हमारी गाइड भी कुछ मदद नहीं कर पायीं। महसूस हुआ काश! अंकुर जी होते तो हमारी जिज्ञासा का समाधान हो जाता। फिर भी देखने का सुख मिल रहा था। वह सारा माहौल यादों में कहीं दूर ले जाकर पुराने क़िले में खेले जानेवाले नाटक 'तुग़लक' की याद दिला गया। लौटते हुए वहीं बड़े लंबे ऊँचे छतवाले गलियारे थे, जिनमें मशालनुमा रौशनी की गयी थी। इसकी पथरीली ज़मीन पर कहीं चलना आसान और कहीं मुश्किल था। उसी शाम लेखक संघ में हमारा भोज था, जो डॉइरेक्टर डॉ. अली ओकला ओरसान की तरफ़ से रखा गया था। यहाँ हमारी मुलाक़ात अन्य कई सीरियन लेखक एवं कवियों से होनेवाली थी। इस कमरे की सजावट देख मैं समझ नहीं पायी कि मैं नागालैंड में हूँ या मिज़ोरम में? वही लाल काले रंग का मिश्रण और क़बीले के निशानवाली शालों से दीवार, सोफ़ा और खाने की मेज़ सजी हुई थी। सवाल कई थे मगर बातों का सिलसिला कुछ अन्य मुद्दों की तरफ़ मुड़ गया जिसमें इराक़ था और इज़रायली प्रधानमंत्री की भारत-यात्रा थी। मैं इन बातों में यह पूछना भूल गयी कि आख़िर दस्तकारी की इस बुनियादी समानता की जड़ें कहाँ हैं?

सीरिया में लेखक संघ बौद्धिक जीवन और सामाजिक जीवन की मेरुदंड है। लगभग सभी क़लमकार इस संघ के सदस्य हैं मगर इसकी सदस्यता मिलना आसान भी नहीं है। किताबों के छापने से लेकर बीमारी, मकान के लिए लेखक को ऋण देना भी इस संस्था की ज़िम्मेदारी है। जिस तरह इराक़ महिला संघ की शाखाएँ पूरे इराक़ में फैली हुई थीं उसी तरह लेखक संघ के कार्यालय हर शहर में मौजूद थे। वहाँ जाकर हमें उनके सरोकारों और एक्टीविटी का पता चला कि वह किस हद तक कर्मठ हैं और उनकी रचनाओं में सियासत से उपजी व्यथा का कितना गंभीर बयान है जो लगातार उनके ज़ख़्म पर जमी खुरंट को उखाड़ती उसको हरा बनाये रखती है। तभी डॉ. अली जो कवि, नाटककार भी हैं अपनी बातों में चिंता व्यक्त कर रहे थे कि भारत और सीरिया की दोस्ती, सभ्यता एवं सांस्कृतिक स्तर पर पुरानी है और रेशम मार्ग के समय से हमारा आदान-प्रदान

चला आ रहा है। यह अलग बात है कि अब्बासी-काल के बाद सन् 2004 में भारत से यह पहला साहित्यकारों का दल आया है। अब हमारी मित्रता का क्या होनेवाला है जब इस्रायली प्रधानमंत्री की आवभगत भारत कर रहा है। उसकी नीति फ़िलिस्तीन को लेकर बदलनेवाली है?

मेडीटेरियन देश होने के कारण सीरिया में एक अलग तरह का उजाला भरा महसूस होता है। जिसमें फूलों से भरे पेड़ और घरों की छत पर लोहे के जँगलों पर चढ़ी अंगूर की बेलें एक अलग तरह का अहसास देती हैं। कुछ वैसा जैसा दुबई में खजूर के पेड़ हवाई अड्डे के अंदर, बाज़ारों, घरों की छतों और दुकान, होटल के सामने असली और नकली दोनों ही रूप में खड़े नज़र आते हैं। सीरियन नोट पर छपी महिला की तस्वीर देख पूछती हूँ तो पता चलता है कि यह रानी 'ज़िनोबिया' है। उसके महल के खँडहरों को देखने हम कल पालमीरा जा रहे हैं।

पालमीरा आँखों के लिए एक सुंदर अनुभव साबित हुआ। राजस्थान की तरह सजे-धजे ऊँटों का झुंड था। जहाँ सफ़ेद रंग के ऊँट मैंने पहली बार देखे, जिस पर सवारी कर हमें 'ज़िनोबिया' के महल को देखना था। पीले लाइम स्टोन का न समाप्त होनेवाला सिलसिला कहीं मेहराब तो कहीं खम्भों तो कहीं दीवारों की शक्ल में दूर तक फैला हुआ था। यहाँ चारों तरफ़ रेगिस्तान था, जिनमें हरी झाड़ियाँ जगह-जगह उगी हुईं थीं। 'ज़िनोबिया' ने अपने तेवर और समझ से अपना समय काल महत्त्वपूर्ण बनाया। उसके महल में जानेवाली गर्म, ठंडे पानी की पत्थरों से बनी पाइप लाइन की व्यवस्था देख ताज्जुब हुआ। सारे पथरीले रेत और मिट्टी के माहौल में एक चटख बैंगनी रंग का इकलौता फूल एक लाइम शिला के नीचे खिला हुआ था।

पालमीरा से लौट हम होम्स में रुके जहाँ लेखक संघ में हमारा कार्यक्रम रखा गया था। यहाँ बहुत तरह के सवाल उठे थे, पुस्तक प्रकाशन की रॉयल्टी, अनुवाद आदि के। वहाँ से लेबनान केवल आधे घंटे की दूरी पर था। उसकी बर्फ़ से भरी पहाड़ियाँ नज़र आ रही थीं। यहाँ हवा तेज़ थी मगर बेहद सुहावनी। गर्मी भी कम थी। रात को खाना एक ऐसे होटल में खाया जिसका नाम 'ज़िनोबिया' था। वह पहले किसी धनवान की हवेली थी। इस तरह के शानदार मकान जो सुरमई चौकोर पत्थरों और खुले आँगनोंवाले हैं, उन्हें मालिकों ने होटल के लिए दे दिया है। वहाँ का माहौल अलग तरह का था। अरबी भाषा के कवि शाकिर बौद्धिक रूप से प्रखर और गहरे तेवरवाले थे। वह उन समस्याओं पर बोल रहे थे जो उन्हें नागवार गुज़रती हैं, उनमें से एक था मुसलमानों का रूढ़िवादिता की तरफ़ बढ़ना। उनका दबा-दबा विरोध एक ख़ास अभिव्यक्ति के साथ देखने को कई अन्य लेखकों द्वारा मिल रहा था मगर उनकी टिप्पणियों को तर्क से कोई रद्द नहीं कर पा रहा था। वे सारी बातें जो अंग्रेज़ी-अरबी में लड़खड़ाती-सी चल रही थीं, साफ़ बता रही थीं कि सियासत ने जानमाल को जो भी नुक़सान इस इलाक़े को पहुँचाया वह अपनी

जगह है। मगर सबसे ज़्यादा मानसिक पीड़ा उन लोगों को पहुँचायी है जो प्रगतिशील विचारों और खुले दिमाग़वाले आम और ख़ास वर्ग दोनों से ताल्लुक़ रखते हैं। उनका ख़्याल था कि मुसलमान इस्लाम धर्म को संकीर्ण बनाने में अहम भूमिका अदा कर रहे हैं जो आगे चलकर उन्हें ही हानि पहुँचानेवाली है।

सीरिया के माहौल में रोमन प्रभाव इस्लामिक प्रभाव से ज़्यादा नज़र आता है। औरतें-मर्द सादा लिबास पहनना पसंद करते हैं मगर उनका रंग रूप और काठी एक अलग झलक देती है, जो उन्हें गंभीर व्यक्तित्व प्रदान करती है। मस्जिदों से ज़्यादा यहाँ गिरजाघर हैं जो एक-से-एक शानदार हैं और यहाँ वाइन भी अन्य धार्मिक चीज़ों के साथ बिकती है। अनार के पेड़ों में लाल-लाल कलियाँ भरी हुई थीं। जिस तरह इराक़ में खजूर का ज़ोर था उसी तरह यहाँ ज़ैतून का था। खाने से पहले जाने कितनी तरह के सलाद ज़ैतून के तेल के साथ खानेवाले के सामने रखे जाते हैं। असली खाना रोस्टेड चिकन जब आता है जिसे हम मेनकोर्स कहेंगे, बहुत कम खाते हैं। तब तक पेट भर चुका होता है। इसलिए कह सकते हैं कि सीरियन शाकाहारी हैं। फल में सेब और नारंगी बेहद मीठी। केला स्वादिष्ट मगर इतना बड़ा कि पूरा खा सकना मुश्किल। एक जगह रात को रुक हम दूसरी जगह आगे बढ़ रहे थे। अब हमारा लक्ष्य 'लताकिया' था।

'उगारिट' के खँडहर, जब हम लताकिया जाने से पहले देखने रुके जहाँ पर संसार की सबसे पुरानी लिखावट पायी गयी थी, ऊपर खँडहर तक जानेवाली सीढ़ियाँ ऊबड़-खाबड़ थीं। इनके चारों तरफ़ शकायक के लाल फूल काले पराग के साथ खिले हुए थे। खँडहर से वह लिखावट म्यूज़ियम पहुँच चुकी थी मगर उसकी लिपि चाक मिट्टी पर लिखी बिक रही थी। उगारिट कभी वाणिज्य का बहुत बड़ा केंद्र रहा है और केनानीस साम्राज्य में उसकी राजधानी भी थी। उगारिट के सम्राट का महल खँडहर होने के बावजूद अपनी भव्यता में बेजोड़ था।

लताकिया में लेखकों से मिलते हुए जहाँ तरह-तरह के प्रश्न उठ रहे थे, वहीं पर एक प्रश्न यह भी उठा कि कविता की पुस्तकें बिकती क्यों नहीं हैं? उसे छापने के लिए प्रकाशक राज़ी क्यों नहीं होते। सच्चिदानंदजी और दारूवालाजी ने इसका जवाब कई तरह से दिया। मेरा जवाब था कि हमारा समय कविता का नहीं गद्य का है। जो समस्याएँ हमारे सामने हैं उनका ख़ुलासा (सार) कोई नहीं पढ़ना चाहता बल्कि उसकी व्याख्या और बयान चाहता है। दारूवालाजी का सवाल था कि फिर उपन्यास की जगह कोई भी प्रकाशक आख़िर कहानी-संग्रह भी ख़ुशी से नहीं छापता, आख़िर क्यों? उनका सवाल मेरे ज़हन में अटक गया-क्यों? ख़ुद ही नतीजा निकाला कि कहानियाँ पत्रिकाओं में छप जाती हैं, चर्चित हो जाती हैं, अनेक संग्रहों में पहुँच जाती हैं। मगर उपन्यास छपने से पहले कहीं चर्चित नहीं होता न ही वह जगह-जगह छपता है। इसलिए उसको छापने की लालसा और पढ़ने की जिज्ञासा प्रकाशकों व पाठकों के मन में बनी रहती है।

लताकिया में कई लेखक ऐसे थे जो बेचैन थे वार्तालाप के लिए मगर भाषा आड़े आ रही थी। सब अरबी और फ्रेंच जानते थे। इधर हम व्याकुल थे कि हमारा कोई काम अरबी में अनुवाद हुआ नहीं, काश होता तो कुछ सार्थक बातचीत होती। मेरी लायी हिंदी की पुस्तकें मुझे किसी को भेंट करना अजीब लग रहा था। हर जगह जब बात इराक़ व फ़िलिस्तीन पर ही समाप्त हो रही थी तो मैंने अपनी पुस्तक *मरजीना का देश : इराक़* साथ रखना उचित समझा। महिला कहानीकार ने पुस्तक उलटी और छपी तस्वीरें देख धीरे से कहा "साजिदा आजकल सीरिया में हैं।" यह सुनते ही मेरी बेचैनी बढ़ गयी। यहाँ से एक घंटे के रास्ते पर बग़दाद था। जहाँ मेरे अनेक दोस्त थे, जिनकी ख़ैरियत लेने के लिए मैं पिछले महीनों में कितना बेचैन रही। उन्होंने साजिदा का फ़ोन मालूम करने का वायदा किया। तभी पता चला कि तालिब का फ़ोन दमिश्क़ से आया है। मीटिंग छोड़कर उठती हूँ। पता चला वह दो दिन रहकर जॉर्डन लौट रहे हैं। मैंने बताया कि जब अमेरिका अपना क़हर सीरिया पर तोड़ना चाह रहा था तब मैंने उनके घर कई बार फ़ोन किया था, मगर जवाब में 'नो तालिब' सुनायी पड़ता था। तालिब हमारे साथ होते तो भाषा की यह कठिनाई हमारे बीच न आती और हम अधिक सहज और सार्थक वार्तालाप कर पाते।

लताकिया में बाथ पार्टी के महत्त्वपूर्ण सदस्यों से मिलना हुआ। वहाँ भी उनकी चिंता थी कि हमारी दोस्ती किस हद तक इज़रायल से बढ़नेवाली है? यही सवाल उपन्यासकार सलीब अबू का भी था जो 'अलवहदत' समाचार-पत्र के संपादक थे। अब हमें आगे जाना था। इडलिप पहुँचकर लगा कि सीरिया का सबसे सुंदर स्थान है जहाँ हमारा स्वागत भी बड़े अलग अंदाज़ से हुआ था। चारों-तरफ़ पहाड़ थे। ज़ैतून के पेड़ थे जिनके बीच सरजल्ला के खँडहर दूर तक फैले हुए थे। वहाँ पर सबसे पुराने दो शब्द 'अल्फा' और 'ओवेगा' एक दीवार पर चक्र के साथ लिखा हुए थे। मीलों तक फैले सुरमई सफ़ेद पत्थर बिखरे हुए थे। उसी से मिला अलबाड़ा था। यहाँ पर मैंने पहली बार ज़ैतून के वृक्ष देखे जिसमें छोटे-छोटे फल लगे हुए थे।

जब हम 'एलेप्पो' पहुँचे तो शहर घना बसा हुआ लगा। एलेप्पो ईसा पूर्व 'येमहद साम्राज्य' रहा है। यहाँ की सबसे सुंदर याद भारतीय कौन्सलर डी. मुरादजान और उनकी पत्नी की है जो न केवल मिलने आए बल्कि उनकी पत्नी हमें एलेप्पो के उस इलाक़े में ले गयीं जहाँ पर पुराना चर्च था और बाज़ार के अंदर एक सुरंग थी जो शहर के नीचे अंदर-ही-अंदर फैली हुई थी। यहाँ चाँदी का काम काफ़ी होता है, जो भारतीय कला के क़रीब है। इतनी समानता ज़ेवरों में थी कि आश्चर्य लग रहा था। रात के खाने पर लेखकों से फिर मुलाक़ात रही। उसी में इराक़ी कवि भी आए थे, जो सद्दाम विरोधी थे और पिछले बीस वर्षों से यहाँ रह रहे थे। बात करने को इतना कुछ था मगर ज़बान की मजबूरी थी।

इंटरप्रेटर वह लुत्फ़ नहीं दे सकता था जो बौद्धिक बातों को स्वयं करने में आता है। कुछ प्रश्न तो ऐसे होते हैं जिनके जवाब अकेले में दिये जाते हैं। जब माहौल सियासत से भरपूर हो ऐसी सहज वार्ता संभव नहीं।

'नाबिक' एक ऐसी जगह थी जहाँ पर ईसा के समय बोली जानेवाली भाषा के बोलनेवाले अभी भी रहते हैं। वहाँ आलीशान इमारतों के बीच से हम एक बेहद तंग कंदरा से गुज़रे। दोनों ओर ऊँचे पहाड़ थे, नीचे पतली पानी की धारा बह रही थी। मुझे उस कंदरा से गुज़रते हुए 1978 में लिखी अपनी कहानी 'उक़ाब' की जाने कैसे याद आ गयी। कंदरा के समापन पर कुछ ऊँचाई पर बाखुस चर्च था, वहाँ पहुंच कर हमने संसार की सबसे पुरानी भाषा का टेप सुना। वहाँ लगे तैलचित्र देखे और पादरी द्वारा पेश की गयी वाइन पी। वहीं पर गधे पर बैठा एक आदमी गुज़रा, गाइड ने कहा 'यह वह भाषा बोलता होगा।' हम उधर देखकर उससे कुछ कहते, इससे पहले ही हमें दूर से हाथ दिखा वह आगे बढ़ गया।

अब हम 'कुनेतरा' की तरफ़ बढ़ रहे थे, जहाँ पर इज़रायलियों ने 'गोलान हाइट्स' पर क़ब्ज़ा करके इसे अपना इलाक़ा घोषित कर लगभग ढाई सौ गाँवों को तबाह कर डाला था। जिसके कुछ हिस्से सीरिया के भूतपूर्व राष्ट्रपति हाफ़िज़-अल-असद ने 1974 में इज़रायली कब्ज़े से वापस ले उस पर सीरिया का झंडा फहराया था मगर वहाँ फिर किसी को बसने नहीं दिया। वहाँ से उजड़े लोगों को दूसरी जगह बसाया गया और कूनेतरा को दुनिया को दिखाने के लिए वैसा का वैसा रहने दिया।

इसमें कोई शक नहीं है कि मध्यपूर्वी देश सभ्यता, संस्कृति में हमारे जितने भी क़रीब हों और हमारी कला व साहित्य, विचार और संवेदना का साझा प्राचीन गलियारा हज़ारों वर्ष पुराना क्यों न हो, मगर सच यह है कि इन देशों में यूरोपीय बुद्धिजीवियों एवं पर्यटकों की रुचि हमसे कहीं ज़्यादा है। नये-नये शोध लगातार हमको सुनने व पढ़ने को मिलते हैं। उनकी खोजी आँखें, खँडहरों को जानने की उत्सुकता आज भी उतनी ही ताज़ा है; जैसे कभी इन पुरानी इमारतों की नींव डालते हुए किसी वास्तुविद् की रही होगी कि उसके ज़रिए खींची गयी रेखाओं का नक़्शा मजदूरों द्वारा रखी ईंटों और पत्थरों से क्या रूप धरता है।

सीरिया को लगता है कि उसका सबसे बड़ा दुश्मन इज़रायल उसके बग़ल में खड़ा गहरी साँसें भर रहा है। उत्तेजना से फटी आँखों से वह पूरे इलाक़े को घूर रहा है। अमेरिका अपनी तमन्नाओं का इज़हार उसी के इशारे पर करता है। 'होमलैंड' के नाम पर बसाये पूरी दुनिया में बिखरे यहूदी जिनसे नफ़रत करना एक तारीख़ी यथार्थ है। जब इज़रायल का वजूद भी न था, तब से साहित्य में यहूदी एक बदकिरदार 'पात्र' बन अपनी भूमिका निभाता आ रहा है—और अब अपने वजूद को क़ायम रखने के लिए वे सारे काम अंजाम दे रहा है, जो उसकी ऐतिहासिक निंदा में मोहर लगाने का काम कर रहे हैं। सीरिया के डेढ़ सौ गाँवों

पर अपना क़ब्ज़ा जमाकर इज़रायल ने ख़ून-ख़राबा अंजाम दिया था। कुनातरा का वह जला अस्पताल, टूटी मस्जिद, जले दरख़्त और खँडहर हुए नये बने मकान फ़िज़ा में एक ख़ामोश इबारत लिख रहे थे जिसमें ज़िंदगी के क़दमों के निशान का कहीं पता न था। इस वीराने को जो हुस्न बख़्श रहा था, वह केवल प्रकृति थी, जो जंगली फूल उगा अपना धर्म निभा रही थी। मैं कत्थई झाड़ियों के सुनहरेपन को ढलते सूरज की किरणों में देखते हुए सोच रही थी कि इंसान के रहने व न रहने का क्या अर्थ होता है? जहाँ तक नज़र पहुँच सकती थी, वहाँ तक आबादी के बर्बाद होने के सुबूत खुले आकाश के नीचे बिखरे पड़े थे।

जब हम कुनेतरा को कार में बैठे देख रहे थे तो घर, मस्जिद, चर्च, अस्पताल मलबे का ढेर लग रहे थे। कहते हैं, उस समय इज़रायलियों ने न केवल यहाँ के लोगों को खदेड़ा बल्कि धार्मिक स्थलों पर गंदगी कर उनके धार्मिक ग्रन्थों के पन्नों से उसे साफ़ भी किया। यहाँ वीरानी थी मगर जंगली फूल जले मलबों के बीच जहाँ-तहाँ मुस्करा रहे थे। घास सूखी थी मगर उन झाड़ियों में भी एक दमक थी। फ़िलिस्तीन और सीरिया के बॉर्डर से मिली नोक पर स्थित गाँव इज़रायलियों के क़ब्ज़े में है। जब चाहते हैं फ़िलिस्तीनियों की नाकाबंदी कर सरहद में दाख़िल नहीं होने दें, काम के परमिट-पत्र के बावजूद। इस समय सीरिया की इस बस्ती के लोग तंगहाली से गुज़र रहे हैं। कुनेतरा आकर महसूस हुआ कि आख़िर क्यों हर सीरियन के दिमाग़ में फ़िलिस्तीन तारी है। क्यों उनके साहित्य में वही सब-कुछ है, जो उसकी सरहदों से मिले देशों में गुज़र रहा है। बहुत मुश्किल है उस आग से अपने को बचाना जब अपना दामन भी जल चुका हो।

कितना अजीब है फल और फूलों से भरे इस इलाक़े पर सियासत के बादलों को आच्छादित देखना और बम के धमाकों और मिसाइलों की चमक में बर्बाद होता हुस्न! पेड़ों के गुज़रते दृश्यों के बीच उभरता है ईरान, अफ़ग़ानिस्तान, इराक़; जहाँ जाकर मैं कभी तय नहीं कर पायी कि यहाँ की प्रकृति ज़्यादा सुंदर है या यहाँ के इंसान? मीठे सेबों, अंगूरों और ख़रबूज़ों में जो शीरीनी भरी हुई है, वही मिठास यहाँ के लोगों के स्वभाव में भी है। दाँतों से काटे सेब से निकला रस मुँह में भरने से पहले ही टपक जाता है।

इस बीच दो शहरों इडलिप और एलेप्पो में कविता पाठ के साथ बातचीत अंग्रेज़ी विभाग में आयोजित की गयी थी। यहाँ विद्यार्थियों ने अनेक तरह के प्रश्न उठाये थे, जिनमें मेरे संग्रह 'संगसार' की अंतिम पन्ने पर लिखी कविता 'तुम्हारे बाद' सुनकर उन्होंने पूछा था कि क्या समय बदलने की आशा की जा सकती है? उस विद्यार्थी के इस सवाल में छुपा भय मुझे गहरे छू गया। समझ में आया कि चंद मील की दूरी पर कलस्टर बम गिराये गये और आज भी उनके देश की दो सीमाओं पर घमासान युद्ध जारी है। ऐसे में वहाँ के जवान भयभीत, चिन्तित और निराश क्यों न हो?

सीरिया के मानचित्र पर अंग्रेज़ी अक्षर 'यू' का आकार बना हम दमिश्क़ पहुँच गये, जहाँ हमें अब राजधानी देखनी थी। देखने को तो हम दो हज़ार वर्ष पुरानी पानी की बड़ी-बड़ी चर्खियाँ देख चुके थे, जो लकड़ी की बनी थीं। उनमें से सबसे बड़ी 'व्हील' का नाम अलदहशा (आश्चर्य) था। तीस मीटर का यह पहिया रात-दिन चलता है। छोटी-बड़ी 'व्हील' पूरे इलाक़े के बाग़ान और खेत को सींचती हैं। घूमने और बहुत-कुछ देखने के बाद मेरे अंदर ढेरों सवाल थे जिन पर मैं लंबा वार्तालाप यहाँ के बुद्धिजीवियों के संग करना चाह रही थी, जिसका अवसर नहीं मिल रहा था। अलविदाई भोज के दूसरे दिन मैंने घूमने की जगह मिलना मुनासिब समझा। साजिदा से बातें करनी थीं ढेरों बातें। पहली मुलाक़ात में कुछ की ख़ैरियत पूछी तो पता चला ऊद के माहिर संगीतकार मुनीर बशर अमेरिका के हमले से पहले ही हार्ट फेल होने से मर गये। प्रसिद्ध चित्रकार लैलाअतार के घर पर बम गिरने से वह पति सहित मौत के मुँह में चली गयीं। और, बहुत-कुछ तबाह हो गया। लोगों ने अपनी खिड़कियाँ और दरवाज़े बेचकर अपना गुज़ारा किया। उनका स्वयं का ख़र्च चलाना यहाँ मुश्किल है। उनके आठ बहन भाइयों में केवल एक भाई इंग्लैंड में डॉक्टर हैं वरना सब बेकार और तंगदस्त। उसी की तनख़्वाह हम सब में बँट जाती है। साजिदा की बात सुनकर वर्षों पहले की साजिदा की वह छवि नज़रों के सामने कौंध गयी जब वह स्कर्ट-ब्लाउज़ में निस्संकोच खटपट चलती थी, आज सर पर स्कार्फ बाँधे लंबा लिबास पहने थी।

ख़ासकर यह जानकर कि सन् 1948 मेरे जन्म के साल से विश्व के किसी एक हिस्से के लोग दर-ब-दर हैं और अपने अधिकार की लड़ाई लड़ रहे हैं। इराक़ में एक फ़िल्म शो भी देखा था, जिसमें दूर तक पक्के काले ज़ैतून के दरख़्तों को झूमते पाया था। मगर यहाँ सीरिया में मीलों तक न केवल ज़ैतून के बाग़ान को देखा बल्कि उसकी गंध से भरी हुई हवा को सूँघा भी। यह मौसम पेड़ों में ज़ैतून फलने का था। मँझोले क़द के हरे-हरे पेड़ नन्हे-नन्हे हरे घुँघरुओं से लदे हुए थे। शाख़ को नीचे झुका, कुछ पल उनको देखती रही, फिर उन्हें हल्के से थपकने लगी, जैसे फ़िलिस्तीनियों के दुख को 'तौफ़ीक़' के बहाने सहला रही हूँ। सीरिया को लगातार अमेरिका धमका रहा है। कभी, इराक़ से भागे हुए सियासी नेताओं को पनाह देने के जुर्म में तो कभी आतंकवादियों को इराक़ भेजकर ख़ूनी घटनाओं के लिए। उसका सड़सड़ाता कोड़ा कोहरे के रूप में फैला नज़र आ रहा है, जिसमें भय का रंग साफ़ है। इराक़ से अपने पुराने संबंधों को कहाँ तक सीरिया तोड़ सकता है? सियासी, समाजी, धार्मिक, सांस्कृतिक, आर्थिक...जुड़वाँ भाइयों जैसा हाल! अपने तन से काटकर ये सारे अतीत के टुकड़े कहाँ फेंक दे? सो उचित नहीं समझा कि कह दिया जाए कि सद्दाम हुसैन की कुछ नीतियों का घोर आलोचक सीरिया रहा है। इसीलिए पिछले कई वर्षों से उसका दूतावास तक इराक़ में नहीं रहा। ग़ुस्सा तो राष्ट्रपति डब्ल्यू. बुश का सद्दाम की ख़ुद्दारी या अड़ियलपन पर

है। इसलिए उससे पल्ला झाड़ लेना ही बेहतर है। मगर अमेरिका कहाँ इन सफ़ाइयों पर कान धरता है! उसे इस इलाक़े के खनिज व कच्चे माल पर अपना अधिकार जमाना है। पानी, पेट्रोल से लेकर खजूर, ज़ैतून पर और अपने बनाये हथियारों की बाज़ारी खपत करनी है। पुराने जंगी हथियारों को किसी आरोपित युद्ध के बहाने ख़त्म कराना और नये उपकरणों की बिक्री। अपने से दूर देशों में लगातार आग लगाते जाना ताकि भगदड़ मची रहे, सनसनाहट दौड़ती रहे। विकास और उत्पादन की बजाय ये पीड़ित राष्ट्र लगातार लाशों को दफ़नाने और मलबों को हटाने में जुटे रहें। साथ ही संवेदनात्मक स्तर पर इतने टूट जाएँ कि इनका दिमाग़ भी इनका सहारा न बन सके ताकि आसानी से जंगली, जाहिल साबित किये जाएँ। इससे भी ज़्यादा गहरी चिंताओं की रेखाएँ सीरियन बुद्धिजीवी वर्ग के चेहरे पर खिंची नज़र आ रही थीं।

भाषा न जानना कितना बड़ा अभिशाप हो सकता है, यह मैंने पहली बार सीरिया आकर जाना। मेरे अंदर जाने कितने सवाल थे, जिनके उत्तर मैं सुनना चाहती थी। कितनी पहेलियाँ थीं, जो मैं हल करना चाहती थी, मगर अरबी-फ्रेंच मुझे नहीं आती थी और अंग्रेज़ी-हिंदुस्तानी उन्हें नहीं आती थी। हम मजबूर-से एक-दूसरे को देखते और उतना ही सुन बोल लेते, जितना हमारा गाइड माध्यम बन कहता। बड़ा विचित्र अनुभव था। जैसे ज्ञान से भरी पुस्तक आपके हाथ में हो और आप उसे पढ़ न पा रहे हों। लेबनान से आती नर्म शीतल हवाओं और बग़दाद से आते धमाकों की गर्मी का एहसास हमें था, मगर जिज्ञासा भरी तृष्णा के शांत होने का आसार दूर-दूर तक न था। इतिहास से ज़्यादा मुझे वर्तमान अपनी तरफ़ खींचता है। गड़े मुर्दे उखाड़ने की जगह मैं ज़िंदा लोगों से संपर्क बनाने की इच्छुक रहती हूँ। भले ही उनसे मिलने के बाद मैं उनके परिवेश के बहाने उनके अतीत में भी दाख़िल हो जाऊँ; जहाँ शानदार इमारतों, खँडहरों और ख़स्ता पांडुलिपियों का अंबार हो। मगर यहाँ मुझे कोई ऐसा सिरा नज़र नहीं आ रहा था, जिसे पकड़कर मैं इनके दिल व दिमाग़ में पेवस्त हो, वह जान समझ लूँ जो अख़बार और टेलीविज़न नहीं बता पाते हैं। याद आता है अफ़ग़ानिस्तान और ईरान, जहाँ भाषा जानने के कारण जटिल-से-जटिल स्थितियों से निकलने और कठिन-से-कठिन गुत्थियों को सुलझाने में कामयाबी मिली थी और मैं ईरान में इमाम ख़ुमैनी से साक्षात्कार करने और सूबए-सरहद में अफ़ग़ान मुजाहिद नेता गुलबुदीन हिकमतयार से इंटरव्यू लेने में सफल हो पायी थी। इस तरह की कोई संभावना यहाँ नज़र नहीं आ रही थी कि राष्ट्रपति अलबशर मुझे मुलाक़ात का समय दे सकें और मैं उनसे वे सारे प्रश्न पूछ सकूँ, जो आज इस इलाक़े की महत्त्वपूर्ण समस्याओं से संबंधित हैं।

शाम को पता चला कि सच्चिदानंदजी और दारूवालाजी बहुत महत्त्वपूर्ण स्थान देखकर आए हैं, जहाँ इमाम हुसैन का कटा सर दफ़न है। सुनकर चौंकती

हूँ। मेरे चेहरे पर आए भाव को देख फ़ौरन तय पाया कि कल हवाई अड्डा जाने से पहले हम दोबारा वहाँ जाएँगे। हज़रत ज़ैनब की मज़ार देखकर ताज्जुब में पड़ गयी। इराक़ से आनेवाली पंद्रह-सोलह बसें खड़ी थीं। अंदर इराक़ी औरतें इबादत में जिस तरह मशग़ूल थीं, उनकी भीगी आँखें देख मैं सोच रही थी कि आफ़त में जब कोई सहारा नहीं बचता तो इंसान अपनी निष्ठा और विश्वास पर भरोसा करता है। यही हाल उमय्यद नामक मस्जिद का था। भीड़ बेतहाशा इराक़ी मर्द और औरतों की...कोई व्हील चेयर पर था तो कोई बेहोश हो रहा था। ज़बान न जानने के कारण मैं बेबस थी। कितना कुछ जानना चाहती थी नज्फ, कर्बला, बग़दाद के बारे में?

प्रेस अटाची मुलेजी के घर रात का खाना था। वहीं पर राजदूत आरिफ़ साहब से भेंट हुई जो सीढ़ी से गिर अपनी पसली तुड़वा चुके थे और बड़े कष्ट से कुर्सी पर बैठ हमसे भविष्य में सीरिया-इंडिया के संबंध को मधुर बनाने को लेकर बातचीत कर रहे थे। दूसरे दिन उप-सचिव सोहेल ख़ान के यहाँ खाना था जहाँ कई नये लेखकों से मुलाक़ात हुई। वहाँ सीरियन लोगों के बारे में बहुत-सी नयी बातें मालूम हुईं जिसमें सबसे दिलचस्प बात थी कि वह मोलभाव करने से आहत होते हैं कि जैसे ग्राहक उन पर विश्वास नहीं कर रहा है। दोनों ही सीरिया में बेहद ख़ुश थे। यह सुनकर मैं सोच रही थी कि इन मुल्कों के अंदर का सच और प्रचार द्वारा फैलाये गये सच में कितना अंतर है। काश! एशियायी देश इन दीवारों को तोड़ सकते, जिसे सियासत ने उनके बीच खड़ी कर दी है तो निश्चय ही आर्थिक एवं सामाजिक स्थिति में सुधार आएगा। नतीजतन हथियारों और सुरक्षा पर आया ख़र्च ख़ुद-ब-ख़ुद कम हो जाएगा।

काश! जीवन भी कला की तरह अमर होता

उमर अबू रिशा

उमर अबू रिशा (1910) सीरिया के शहर एलेप्पो में पले-बढ़े। यह वही शहर है जहाँ पर अब्बासी-काल के प्रसिद्ध कवि अल बुहुतरी और अब्बू फ़िरास अल हामादानी का जन्म हुआ था। उमर सीरिया के रूमानी कवियों में से हैं।

उमर के पिता कवि थे और माँ साहित्य-प्रेमी। उन्होंने ही बेटे का नाम अट्ठारहवीं सदी के महत्त्वपूर्ण कवि उमर इब्ने अबू राबिया पर रखा था। उमर एलेप्पो से कॉलेज पास करके बेरुत की अमेरिकन यूनिवर्सिटी में दाख़िला लेने चले गये। इनकी सबसे पहली कविता उस जंग (610 ईस्वी) के बारे में थी जिसमें अरब ईरान से जीते थे। 1930 में वह मैनचेस्टर गये ताकि टेक्सटाइल टेक्नालॉजी में डिग्री ले सकें, मगर उनका मन उस विषय में नहीं रमा। जब छुट्टियों में रिशा घर लौटे तो उन्होंने घर का माहौल तनावपूर्ण देखा। सियासी गर्मी थी। घर में कई मौतें इसके चलते हो गयीं। उखाड़-पछाड़ का यह माहौल देखकर उनका मन सुकून के लिए शायरी की तरफ़ लौटा।

उन्हीं दिनों इनको किसी से प्यार हुआ और जब वह इंग्लैंड लौटनेवाले थे तब उन्हें ख़बर मिली कि उनकी मँगेतर का इंतक़ाल हो गया। रिशा इस सदमे से गहरे आहत हुए और अपना सारा ग़म उन्होंने शेरों में निचोड़ दिया। उनका काव्य-संग्रह *प्यार का अंत* (1932) आया। कुछ दिन यह इबादत की पनाह में चले गये ताकि सुकून हासिल कर सकें।

पेरिस पहुँचकर अचानक रिशा की सोच में बदलाव आया और ज़िंदगी को वह उसी लम्हे भर के लिए जीने लगे और औरत और मुहब्बत विषय पर हलकी-फुलकी शायरी करने लगे। जो उनके अपने मिज़ाज और जिस कवि के नाम पर उनका नाम रखा गया था, उससे बिलकुल अलग तरह की थी। पेरिस से 1932 में एलेप्पो लौटकर वह पब्लिक लाइब्रेरी में लाइब्रेरियन बने और कुछ डिप्लोमैटिक अनुबंध भी पूरे किये। जैसे सीरिया के प्रतिनिधि बनकर यह ब्राजील, इंडिया और आस्ट्रेलिया गये। कुछ अरसे बाद इन्होंने तय किया कि वह केवल लिखेंगे। इसके बाद उन्होंने इस्तीफ़ा दिया और बेरुत में बस गये।

उमर अबू रिशा की शायरी आला दर्जे की शायरी मानी गयी जो उन्होंने बाद में की थी जिसमें से बहुत-कुछ छपने से रह गया। इनका प्रसिद्ध ओपेरा *कवियों पर मुक़दमे* नाम से था। उनके लिखे दूसरे ओपेरे—मोहम्मद, हुसैन इब्ने अली, ख़ालिद इब्ने वलीद हैं। जो कविताएँ हैं उनमें बहुत बड़ा हिस्सा इश्क़ और औरत पर है। उनके चार दीवान हैं। *पहला शेर* (1936), *उमर रिशा की कविताएँ* (1947), *संचायन* (1959), *दीवाने रिशा* (1971), क्लासिकल के साथ नये कवियों की तरफ़ भी उनका झुकाव था। अपने समय में मीटर की नज़र से अपने समकालीनों में इनकी शायरी सबसे पुख़्ता थी। इनका लगाव विस्थापित कवियों से भी था। इन्होंने विदेशी साहित्य का अध्ययन किया। शेक्सपियर, मिल्टन, ब्राउनिंग को गहराई से पढ़ा, मगर कीट्स का गहरा प्रभाव इन पर पड़ा। इससे इनके दिमाग़ में यूरोपियन कवियों की शायरी की एक गहरी फ़िज़ा बनी मगर उसकी परछाईं कहीं भी इनके अपने अदब पर नहीं। बल्कि वहाँ सिर्फ़ अरब बिंब है। इनकी शायरी में जो प्रतिबिंब उभरते हैं वास्तव में वे किसी माहिर फ़नकार के ब्रश की तरह दृश्य उकेरते हैं। इनकी कविता के आकार और शैली वास्तव में रंग और अर्थ छटा से भरे हैं जैसा कि शौक़ी दायफ़ कहते हैं—

"अबू रिशा का नाम यानी 'ब्रश'! इजाज़त देकर देखो कि वह कविता को कैसे बेहतरीन रंगों के शेड से पेंट कर उसे किस तरह चमकते नये रूपकों से सजाता है और बिंब? वह दो शब्दों या फिर अनेक शब्दों से वही बिंब रचता है जो एक-से बढ़कर होंगे। उमर अपने बिंब तय कर लेता है कि उसे एक के बाद एक किसे लाना है और पाठक एक सीन के बाद दूसरे सीन में खो जाता है। उनकी यह ख़ूबी उनके द्वारा लिखे नाटक में भी उभरकर आई है।"

उमर अबू रिशा के विचार कविता को लेकर क्या थे, यह उनके नाटक *कवियों पर मुक़दमे* में खुलकर आया है जिसमें जज की भूमिका में अपोलो, शायरी का ख़ुदा जज बने हैं। मीनेरवा और दूसरे ग्रीक बुद्धिजीवी गवाह की भूमिका में रखे गये हैं। उमर अबू रिशा ख़ुद मशहूर समकालीन कवियों न्योक्लासिकल और रोमांटिक कवियों को सवालों के कटघरे में खड़ा करता है कि किन कारणों से अपने को महान कहते हैं? इस सिलसिले से वह उन कवियों के साथ कड़ी आलोचनात्मक मुठभेड़ करते हैं जो शायरी में आए बदलाव को स्वीकार नहीं करते हैं।

बुनियादी रूप से अबू रिशा अपने अन्य समकालीनों की तरह विषय के चुनाव में सीमित नहीं हैं। उनके यहाँ सामाजिक कठिनाइयों, सियासी मामलों और देश का गौरवपूर्ण अतीत प्रिय विषय हैं। जिसमें वह सिर्फ़ सीरिया तक सीमित नहीं रहते हैं बल्कि पूरी अरब दुनिया के प्रति वह जवाबदेह हो जाते हैं। प्रसिद्ध मुस्लिम जंगजू हीरो ख़ालिद इब्ने वलीद पर नज़्म लिखते हुए विदेशियों के अरब ज़मीन पर आक्रमण के विरोध में लिखते हैं—

मेरे लोग जाग चुके हैं अपने शानदार शक्तिशाली अतीत से
लेकिन उनकी शाम ने उनकी शर्मिंदगी में उन्हें जलमग्न कर दिया

जिनका सिंहासन आक्रमणकारियों के भाले से तार-तार हो चुका है
और झंडा बन गया उनका कफ़न।

उनकी बेहतरीन कविताएँ राष्ट्रीयता पर हैं विशेषकर फ़िलिस्तीन पर। जहाँ का प्राकृतिक हुस्न, उसका सियासी दुख, या फिर औरतें! अबू रिशा का औरत से बर्ताव अपनी कविताओं में सकारात्मक के साथ नकारात्मक भी है। प्रशंसा के साथ निंदा भी है। लेकिन साथ ही यह कोशिश भी रही है कि वह औरत की आत्मा में लगे ज़ख़्मों की खोज कर सकें। कुछ कविताएँ बहुत उदास हैं, ख़ासकर उस अंधी लड़की वाली जिसमें उन्होंने दिखाया है कि वह दरवाज़े से गुज़र जाती है और अपने महबूब को नहीं देख पाती जिससे उसका महबूब आहत होता है। उसे बाद में पता चलता है–वह तो अंधी हो चुकी है–

तुम्हारी आँखें दुनिया की सबसे ख़ूबसूरत आँखें हैं
तुम्हारे लिये सिर्फ़ इतना, तुम देख नहीं सकतीं

कलाप्रेमी अबू रिशा इस जज़्बे की तरफ़ खिंचे चले जाते हैं कि किस तरह आदमी ख़ूबसूरती को बरक़रार रखने के लिए समय के विरोध में खड़ा होता है जो ख़ूबसूरती को तबाह करता है। *प्रतिमा और औरत* नामक अपनी कविता में कहते हैं कि कितना अच्छा होता अगर ज़िंदगी कला की तरह अमर हो सकती है–

प्रतिमा

कितनी हसीन है यह प्रतिमा!
जिसे संगमरमर को तराशकर बनाया गया है
और उसे इस दुनिया में खड़ा कर दिया
एक दृढ़ जादूगरनी की तरह।
सदियों के गुज़रते शानों पर
मंदिर की अमरता के बीच
वह वस्त्रहीन है।
उसकी ख़ूबसूरती पूरी तरह डूबी हुई है
उसकी गर्वीली नग्नता में
वह अंदर से ताज़ादम है
सुबह की फूटती लाली के स्रोतों में।

हम उसके लिए कराह उठते हैं
एक स्वप्नद्रष्टा की चकराहट के साथ
तब टिकटिकी लगी हमारी नज़रें भटक जाती हैं
और हम लौटते हैं–
इस चिंता से उसे देखते हैं कि
वह मूर्तिकार जिसने इस अद्‌भुत सौंदर्य की मूर्ति को
आराध्य बनाया था
वह तो चला गया।
लेकिन उसके ख़्वाबों की बेटी यहाँ खड़ी है
विनाश के काले हाथों से बची
अपने आंतरिक यौवन के साथ भरपूर।

ऐ सौंदर्य की प्रतिमा! मैं वक़्त के फ़ैसले की निर्दयी चाल से
भयभीत हो रहा हूँ कि–
कहीं कल वह तुम्हें सिर्फ़ पत्थर में न बदल डाले
और तब
मेरे सारे ख़्वाब मृत्यु को गले लगा लेंगे।

उमर अबू ने खजुराहो और अन्य भारतीय इमारती वैभव से प्रभावित होकर कविताएँ लिखी हैं जिनमें से एक यहाँ दी जा रही है–

खँडहर

ठहरो! उसके क़रीब मत जाना।
वास्तव में वहाँ किसी ने अपनी अनुभूतियों से कुछ बना रखा है।
रेत, मलबा, यह क़िला था जिसका शिखर झुका है नीचे
अपनी बुनियाद देखने के लिए।
भौचक खड़ा मैं सर्वेक्षण कर रहा हूँ आज की जिज्ञासा में
कल के बारे में
क्या वाक़ई यहाँ से कभी ज़िंदगी गुज़री थी?
फिर क्यों आत्मीयता ने अपनी आँखें इससे फेर लीं?
बुलबुलें गाती होंगी इसकी ख़ुशक़िस्मती पर और
भाग्य डरता होगा इसे छूने से।
क्या मैं इन पत्थरों को अपने मुजस्समों से

बातें करने पर राज़ी कर सकता हूँ और
मुर्दों को इनके मक़बरों से ज़िंदा उठा सकता हूँ
जहाँ मकड़ी तक कभी अपने जाले क़ैदख़ानों में तानने से डरती होगी
तबाही इसे छूने तक से डरती होगी कि–
कहीं उसके स्पर्श से मैला न हो जाए यह भव्य क़िला
यहाँ भ्रांतियों ने उन भूत-प्रेतों को मार गिराया
और अपनी बेबसी में मौत ने
ख़ुद अपने को मार डाला।

उमर अबू रिशा ने एवरेस्ट पर भी बहुत ख़ूबसूरत बिंबों और रंगों की छाया से कविता लिखी है। इसमें धरती का प्यार सबसे ऊँची चोटी के लिए है जो किसी सितारे की तरह चमकती है। इस कविता में कवि ने जीवन और मुहब्बत के दर्शन को व्यक्त करने की कोशिश की है।

अबू रिशा के यहाँ विषयों की विविधता है जो रोमांस के छाये कोहरे के पार तक जाते हैं। उनकी संवेदना और सरोकार उनके विस्तृत प्यार के बिंदु हैं।

सीरिया का महिला हिमायती कवि

निज़ार क़ब्बानी

निज़ार क़ब्बानी (जन्म : 1923) अरब शायरी में पुरानी भाषा-शैली को तोड़ उस ज़मीन पर खड़े नज़र आते हैं जहाँ पहुँचना अभी तक कवियों के लिए निषिद्ध था। निज़ार दमिश्क़ के उस इलाक़े में पलकर बढ़े हैं जहाँ क़ुदरत की रानाइयाँ अपने सारे हुस्न के साथ मौजूद थीं।

उन्होंने अपने आत्मकथ्य *मेरे मोहक बचपन के क़िस्से* में लिखा है–

''क़ुदरत के हुस्न से मेरी पहली मुठभेड़ लगातार अपने को दोहराती रही। जब भी मैं फ़ाख़्ता के डैनों के बीच डगमगाया, गिरा, गिरा तो फूलों के आग़ोश में।''

निज़ार के पिता मिठाई के ताजिर थे और शायरी से बेहद लगाव था उन्हें! और उन्हें हर उस चीज़ से लगाव था जो देखने में सुंदर हो। इनके बड़े चचा अबु-ख़लील अल-क़ब्बानी मशहूर स्टेज ऐक्टर थे जो हर प्रयोग को स्टेज पर आज़मा चुके थे। निज़ार ने उन्हीं से प्रेरणा ली और विरासत में मिली कलात्मक दृष्टि और खुला नज़रिया जो अंत तक कला और साहित्य के प्रति उनमें बना ही रहा। निज़ार को रंग, आकृति और आकार अपनी तरफ़ ख़ींचते थे इसलिए वह स्केच कहीं भी बना लेते थे। दीवार पर, ज़मीन पर, आसमान पर। उनकी रुचि बाद में संगीत में हो गयी। कला और संगीत, ख़ूबसूरती और स्वरमाधुर्य, रूपविधान और लय सब-कुछ उन्होंने अपने अंदर ही पा लिया जब शायरी करनी शुरू की। इस पर सोने में सुहागा यह हुआ कि सीरिया के महत्त्वपूर्ण कवि ख़लील मरदम बेग उनको टीचर के रूप में मिले, जिन्होंने उनकी अरबी भाषा की बुनियाद और शायरी की तराश की पुख़्ता तालीम दी। साथ-ही-साथ वह फ्रेंच और अंग्रेज़ी शायरी का भी गहरा अध्ययन करते रहे।

निज़ार ने 1945 में दमिश्क़ विश्वविद्यालय से क़ानून की डिग्री ली। उनका काव्य-संग्रह *श्यामला ने मुझसे कहा* के नाम से आ चुका था। इसमें बेबाक अहसास न सिर्फ़ चौंकाने वाले थे यहाँ तक की सदमा देनेवाले ख़्याल भी थे–

एक युद्धग्रस्त पीढ़ी के लिए। 1945 में उन्होंने डिप्लोमैटिक सर्विस ज्वाइन कर ली और संसार के महत्त्वपूर्ण देशों की राजधानियों में उन्हें रहने का मौक़ा मिला। क़ाहिरा, लंदन, मैड्रिड के परिवेश ने उन पर गहरा असर डाला और नाज़िर ने अपनी बेहतरीन कविताएँ वहाँ लिखीं। मगर वह अपने डिप्लोमैटिक माहौल में ख़ुश नहीं थे। तंग आकर 1966 में उन्होंने इस्तीफ़ा दे दिया और बेरुत में अपनी दूसरी बीवी बिलक़ीस के साथ जा बसे, जहाँ उन्होंने एक पब्लिकेशन स्थापित किया और लेखन में डूब गये।

निज़ार-अल-क़ब्बानी के काव्य-संग्रहों के कई-कई संस्करण हुए। *श्यामला ने मुझसे कहा* (1944), *नाबालिग़ वक्ष-स्थल* (1948), *सामबा* (1949), *तुम मेरी हो* (1950), *कविताएँ* (1956), *मेरी महबूब* (1961)। ये सारे काव्य-संग्रह समग्र रूप में 1967 में छपे।

निज़ार की शायरी पर क्लासिकल कवियों का कोई प्रभाव नज़र नहीं आता है और न ही वह अपने समकालीन सीरियाई कवियों से प्रभावित रहे। जिस अरब कवि ने नाज़िर को फॉर्म और विषय-वस्तु से मुतास्सिर किया वह थे लेबानीज़ रूमानी कवि इलयास अबू शकाका (1903-1947) मगर उनका प्रतिवादी नज़रिया यानी हर वस्तु के विरोध में खड़ा होकर हर स्थिति की निंदा करना उन्हें क़ाबिले क़ुबूल न था। निज़ार दरअसल अपनी मूल प्रेरणा बोदलेयर (Baudeliare) और सिंबालिस्ट वरलेन (verlaine) और रिमबौद (Rimbaud) से लेते थे। मगर वह प्रभावित किसी भी स्कूल ऑफ़ पोयट्री से नहीं थे। निज़ार ज़बर्दस्त तरीक़े से अपने व्यक्तित्व, सोच, स्टाइल और फॉर्म से जुड़े हुए थे।

निज़ार क़ब्बानी अपनी शायरी में बेहद मामूली शब्दों को उठाते हैं और उसमें ऐसी कैफ़ियत और रंगत भरते हैं कि वह ग़ैरमामूली बन जाते हैं। जैसे "उसके बाल मेरे हाथों में एक काली रौशनी के जलप्रपात की तरह' या फिर 'मेरा प्यार आग के रंग का...।' निज़ार की शायरी में ग़ज़ब का संगीत है और यही कारण है कि उनकी कविताएँ सबसे ज़्यादा गायी जाती हैं।

निज़ार की शायरी में औरत का वजूद बड़ी नज़ाकत और नफ़ासत के साथ सामने आता है, मगर किसी ख़ास औरत को मुख़ातिब उन्होंने नहीं किया है। उनकी यह तन्मयता ही उनकी शायरी की सबसे बड़ी ख़ूबी बनकर उभरती है। वह औरत के हुस्न के प्रशंसक हैं। महिलाओं की ओर उनका अपना झुकाव, उनकी परवाह करना, उनके प्रति सम्मान, और उन औरतों से हमदर्दी जो पीड़ित और शोषित हैं। उनकी यह चेतना फ्रेंच कवियों द्वारा उनमें आयी और दो इंसानों के बीच का फ़र्क उन्हें औरत और मर्द के रूप में नज़र आया। वह ख़ुद इस बात को स्वीकार करते हुए लिखते हैं कि उनकी कोई भी मुलाक़ाती लड़की यूनिवर्सिटी के पहले साल तक उनकी दोस्त नहीं बन पायी थी।

निज़ार की शुरू की कविताओं में कवि ख़ुद एक औरत गढ़ता है और उसके सम्मोहन को बयान करता है। उनका अवलोकन केवल प्रॉस्टीट्यूट (बाज़ारू) लड़कियों तक सीमित था, जहाँ कामुक चुनौतियाँ और लुत्फ़ लेने का एक अपना अंदाज़ था। जिसमें औरत के जिस्म, होंठ, सीने और कूल्हे का खुला बयान होता था।

निज़ार की पहली बार अपने क़द व क़ामत की औरत से तब मुलाक़ात हुई जब वह क़ाहिरा में डिप्लोमैट थे! जहाँ से उनकी कविता में अनगढ़ कामुकता की जगह परिष्कृत शृंगारात्मकता आ गयी थी। जहाँ पर वह औरत की लताफ़त, व्यवहार, सुरुचिपूर्णता, विवेक, उनके सजने की कलात्मक शैली, मिज़ाज की ख़ूबी, सेंट, कपड़े, ज़ेवर, मैनीक्योर के साथ उनका दुनियादारी में दख़ल, ममता और प्यार बहुत-कुछ देखने का अवसर मिला। उनके बाद के दोनों संग्रह किसी कवि की तरह नहीं बल्कि फ़ोटोग्राफ़र की तरह औरत की तस्वीर खींचते हैं, ख़ासकर अपनी कविता *सामबा* और *पीला लिबास* में। निज़ार औरतों के जीने के शहरी अंदाज़ से बुरी तरह प्रभावित थे।

लेकिन निज़ार लंदन पहुँचकर एक नयी औरत से मिले जिसने उनके ज़हन से बक़ौल ख़ुद के "वह जाहिलाना धूल जो कामुकता एवं शृंगार रस की थी उसे पूरी तरह झाड़ दिया।" निज़ार ने वास्तविक औरत से मुलाक़ात कर ली जो उसकी ही तरह दिल व दिमाग़ की मालिक थी जिसमें बौद्धिकता और विवेक की कमी न थी। इसके बाद निज़ार ने औरत को अपनी शायरी में कभी भी 'मेरी महबूबा' कहकर मुख़ातिब नहीं किया और उसको 'मेरी दोस्त' कहकर एक नयी पहचान दी।

निज़ार औरत के स्थान और स्थिति के प्रति पूरी तरह चौकन्ना हो गये थे। तीसरी दुनिया की औरत किस जहन्नुम में जीती है, इसका अंदाज़ उन्हें गहराई से हो चला था। उन्होंने अपनी नज़्म *हरम से उठती आवाज़* में औरत के गुड़िया बने व्यक्तित्व को अपने शब्दों से तोड़-सा दिया। निज़ार ने यह सारा प्रतिरोध औरत से ही करवाया है कि सभ्यता ने उसके व्यक्तित्व पर झूठा मुलम्मा धोखे से चढ़ा रखा है। औरत एक समझनेवाला प्रेमी चाहती है, एक दोस्त जिस पर वह विश्वास कर सके, न कि ऐसा आदमी जो उसे खिलौना समझकर रोज़ बदल सके। वह थक चुकी है 'मैं तुमसे प्यार करता हूँ' जैसे पुराने और घिसे-पिटे जुमले से। उनका यह प्रतिरोध उनकी कविता *प्यार और पेट्रोल* में बड़े तीखे स्वर में उभरता है। यह एक ऊँची आवाज़ का रुदन है अपने शोषण करनेवाले मर्द के विरोध में–

प्यार और पेट्रोल

"तुम! अपने रुतबे से मुझे नहीं पा सकते हो...
तुम! जो ख़रीद सकते हो अपने पेट्रोल से दुनिया को...
तुम! अपनी कार और पेट्रोल से
एक औरत के दिल पर क़ब्ज़ा नहीं कर सकते
औरतें तुम्हारी शौक़ नहीं हैं।
रखो अपने पेट्रोल को या फिर खींच लो सारा और
ख़र्च करो जाकर पेरिस में
जो तुम्हारा पुण्य स्थल है!

मरे हुए लोग

हमारी कॉफ़ी ख़त्म हुई
हमारी कहानी का भी अंत हुआ
मुहब्बत समाप्त हुई जिसे मैं कहता था अपनी शक्ति
जब मैं तरस खाने की हद तक
अहमक़ था...

अब तुम्हारी आँखों में, दिखती नहीं वह चमक
वह कौन-सा लम्हा था जिसने मुझे आज़ाद कर दिया?
तुम्हारे पुराने क़िस्सों से...
तुम्हारी उबाऊ हरकतों से...

जब कभी तुम मेरे लिये हूर थीं
जब तुम मेरे ज़हन में किसी परी की तरह उभरती थीं
करोड़ों सितारे झिलमिलाते थे
तुम्हारी आँखों की चमक में
जैसे गाती हों बुलबुलें?
आख़िर मुझे किस चीज़ ने दीवाना बनाया तुम्हारा?

कैसे मैंने उस पर्दे के ताने-बाने चीरकर
ग़ुलामी की उस दोजख़ से ख़ुद को निकाला?

रात की ख़ामोशी...ख़ुशबुएँ...उसकी सरसराहटें
मुझे उधेड़ रही हैं
कहाँ है मेरा भविष्य...पहलेवाला
जिसमें देख सकता था मैं छोटी कविता
उन दो ख़ूबसूरत लबों में।

किसने मुझे बेदार किया?
किसने मेरी वफ़ा मुझे वापस दी?
मेरे दायरे और दूरियाँ भी लौटा दीं?
किस तरह मैंने अपने ही हाथों से प्रेम की प्रतिमा को तोड़ दिया
जिस वक़्त प्यार ने मुझे ज़ंगआलूदा बना दिया था
कैसे मिली आज़ादी?

मेरे लिये तुम्हारे मामूली चेहरे में कुछ भी हसीन नहीं
मुझे कुछ भी नज़र नहीं आ रहा है ख़ास
न तुममें न तुम्हारी आँखों में।
कभी थीं तुम मेरे ख़्वाबों की मलिका
वक़्त ने तुम्हें उतार दिया उस ऊँचाई से
वह भी क्या दिन थे मेरी हिमाक़त के!

निज़ार क़ब्बानी मुहब्बत की पुख़्तगी और समझ में अपनी दूसरी नज़्मों में और भी ज़्यादा उभरकर आए हैं। यहाँ उन्होंने ख़ुद को, पुरुषों के मनोविज्ञान में एक कवि की तरह खोला है–

मैं...एक मर्द हूँ दूसरों की तरह
अपनी पवित्रता में
उसके उलट भी
पैग़म्बर की दी सारी दुआओं से संतुष्ट
और ख़ुदा के वजूद से इनकार में
मैं मासूम हूँ एक बच्चे की तरह
ज़ालिम हूँ एक ख़ूँख़ार पशु की तरह
मैं मर्द हूँ ठीक दूसरे मर्दों की तरह
एक आदमी जो प्यार करता है...जब वह चाहता है...
अपनी चालीस साल की सारी हिंसा के साथ
सिर्फ़ तुम समझ सकते हो

और वह भी चालीस साल लंबा प्यार!
औरत का वजूद!
सिर्फ़ तुम समझ सकते हो।

❧ गर्भवती ❧

"पीले क्यों पड़ गये।"
मैं जल्दबाज़ी में बोल गयी
लेकिन सच यह है कि मैं गर्भवती हूँ
"नहीं!
हम बच्चे को गिरवा देंगे"
तुम मुझे बाहर फेंकना चाहते हो
मुझे पर लानत भेजना चाहते हो
मैं हमेशा से जानती थी कि तुम कूड़ा हो...
तुम्हारा यह चेक, मुझे हँसने पर मजबूर कर रहा है
किसके लिए यह रुपये? किसके लिए?
मेरे एबॉर्शन के लिए
मेरे ज़ख़्मों को सिलने के लिए
उसका भुगतान है
यह मेरी वफ़ादारी की क़ीमत है, गंदगी के ढेर?
मैं यहाँ तुम्हारे बदबूदार नोटों के लिए नहीं आयी थी
"शुक्रिया!"
"मैं एबॉर्शन करवाऊँगी
क्योंकि मुझे एक ग़लीज़ बाप, नहीं चाहिए!"

निज़ार के इस तरह के ख़्यालात अरब शायरी में नये थे, जो पाठकों को झिझोड़कर रख देते थे। औरतों के मुँह से इस तरह का सामाजिक एवं व्यक्तिगत विरोध उस समय एक परंपरागत समाज में करना कम हिम्मत का काम न था, वह भी मर्द द्वारा औरतों के मुख से। निज़ार की शायरी को लेकर आलोचनाएँ थीं, परंतु उसको पसंद करनेवालों की संख्या काफ़ी थी जिसमें औरतें सबसे ज़्यादा थीं।

निज़ार ने केवल औरतों को ही अपनी शायरी का विषय नहीं बनाया है। देश की दूसरी समस्याओं पर भी उनकी गहरी पकड़ थी। जैसे इज़रायली सवाल पर उनकी कविता–'स्वेज मोर्चे से एक फ़ौजी का ख़त!' इत्यादि।

‘रोटी’ हशीश और चाँदनी रात

जब चाँद पूर्व में निकलता है
तब उसकी तेज़ चाँदनी में घरों की छतें ऊँघती हैं
तब लोग अपनी दुकानों में ताले डाल
झुंड-के-झुंड चाँद से मिलने निकलते हैं
साथ में रोटी, रेडियो लेकर पहाड़ की चोटी पर जाते हैं
और साथ में ले जाते हैं नशा
वहाँ पहुँचकर वह फ़ैंटेसी ख़रीदते और बेचते हैं
और परछाइयाँ भी।
वे गुम हो जाती हैं जब चाँद चमक उठता है
यह रौशनी का थाल क्या कर देता है
मेरी इस सरज़मीन को?
ज़मीन जिस पर सीधे-सादे लोग रहते हैं
जो तंबाकू चबानेवाले हैं...या ड्रग के डीलर?
यह चाँद क्या कर बैठता है हमारे साथ
हम गँवा देते हैं अपनी बहादुरी और जीते हैं
सिर्फ़ जन्नत से भीख माँगने के लिए
और जन्नत है क्या,
कमज़ोर और काहिलों के लिए?
जब चाँद दाख़िल होता है ज़िंदगी में तो यह बदल जाते हैं लाशों में
और पवित्र आत्माओं के मक़बरों को झिझोड़ते हैं
इस उम्मीद के साथ कि उन्हें मिलेगा थोड़ा चावल, कुछ बच्चे
वे अपनी बढ़िया क़ालीनें बिछाते हैं
और ख़ुद को तन्हा उस अफ़ीम के साथ छोड़ देते हैं
जिन्हें हम कहते हैं क़िस्मत
और नियति
मेरा देश, सादे लोगों का देश!

निज़ार क़ब्बानी हमारे बीच हैं या नहीं, वह कब गये और कहाँ उन्होंने अंतिम साँसें लीं, इस सियासी घटाओं भरे वक़्त में इस तरह की सूचना मिलना मुश्किल न सही आसान भी नहीं है। मगर हाँ, अरब भाषा साहित्य में औरतों का हिमायती अपने तीखे तेवर, असरदार ज़बान और शायरी में काव्यात्मकता की वजह से हमेशा ज़िंदा रहेगा!

स्रोत

1. जान ए. हायवुड, 'मॉडर्न अरबी लिटरेचर'।
2. ए. खूरी और हामिद अलगार 'एन एंथ्रालॉजी ऑफ़ मॉडर्न अरबी वर्स-सीरियन', लेखक संघ पत्रिका 2003 अंग्रेज़ी, दमिश्क़।

बैबिलॉन के खँडहरों पर लिखी जा रही आधुनिक देवमालाएँ

इराक़

जमील सिद्दीक़ी अल-जहावी
मारूफ़ अल रूसाफ़ी
नाज़िक-अल-मलायका
अब्दल वहाब-अल-ब्याती
बदर शाकिर अल-सय्याब
अली जाफ़र
साजिदा अल-मोसवी
फ़ारूक़ यूसुफ़

बैबिलॅन* के खँडहरों पर लिखी जा रही आधुनिक देवमालाएँ

इराक़ के गीत मीठे हैं
इराक़ के फल भी मीठे हैं
इराक़ के लिए हर अहसास
यहाँ तक कि
जो भी इराक़ से संबंधित है
मीठा है!

मगर, जो नहीं जानते इराक़ को
वहाँ के लोगों को और
खजूर के दरख़्तों को
उसके अद्भुत संसार के जादुई चराग़ को!

वे उस तरह हैं
जिसने इंसानी दुनिया को कभी नहीं देखा है।

कवि सलाह मोहम्मद जमील की यह छोटी-सी कविता जहाँ उनके वतन की मुहब्बत को व्यक्त करती है, वहीं इराक़ के समृद्ध अतीत की तरफ़ भी इशारा करती है। यह वही ज़मीन है जो प्रारंभिक सभ्यता का स्रोत रहा है। पहला लिखित क़ानून 'ख़ते मीख़ी' (पत्थर पर कील से लिखना) के रूप में हाम्मुरबी का, जो ईरान का बादशाह था, और फिर काग़ज़ क़लम के आधुनिक उपकरण, खेती का आरंभ और जाने क्या-क्या सुबूत ज़मीन के नीचे दबे मिले जिसमें गिलगमेश जैसी दास्ताँ, चाक टैबलेट पर पढ़ने को मिलीं। बाद में अलिफ़ लैला, सिंदबाद, अलीबाबा चालीस चोर—तीनों किरदार शहरज़ाद, सिंदबाद, मरजीना कभी हमसे दूर जाते ही नहीं हैं।

दो नदियाँ-पानी से लबालब भरी-दजला और फ़रात; हरी, नीली और नदी किनारे नख़लिस्तानों का न समाप्त होनेवाला हरा-हरा सिलसिला। चमकता सूरज, खुला नीला आसमान और बड़े-बड़े खिले गुलाबों से भरी क्यारियाँ, रेगिस्तान के

* अरबी में 'बाबल' कहते हैं।

फैले चौड़े सीने पर यदा-कदा हरी झाड़ियाँ! क़ुदरत का हुस्न भी कई-कई शक्लों में आपको वहाँ नज़र आएगा। ठीक इसी तरह इस मुल्क का इतिहास भी है। कभी ख़ुशहाली तो कभी बदहाली, जो कवियों की रचनाओं में कभी दरपर्दा तो कभी साफ़-साफ़ पढ़ी जा सकती हैं।

इराक़ का इलाक़ा अपनी सरहदों में कभी सिकुड़ा तो कभी फैला, मगर वहाँ के लोगों और धरती का मिज़ाज नहीं बदला। सभ्यता एवं मानव-संस्कृति के बीज इस इलाक़े में इस तरह बिखरे हैं कि बार-बार यह इलाक़ा तबाह होकर फिर पनप उठता है। बग़दाद उस समय भी मौजूद था जब चंगेज़ ख़ाँ के पोते हलाकू ने बग़दाद पर आक्रमण किया था। तातारी फ़ौज ने हलाकू के हुक्म से लूटमार, आगज़नी और क़त्लेआम का ऐसा क़हर बरपा किया था कि बग़दाद की सड़कों पर बहते ख़ून में उन सिपाहियों के घोड़ों की टाँगें डूब गयी थीं। उस घटना का बयान करते हुए क़ुतुबद्दीन हनफ़ी लिखते हैं–"मदरसों से लूटी किताबें दजला में डाल दी गयीं जो पानी में फूलकर एक-दूसरे से चिपक गयीं और एक पुल की शक्ल में ढल गयीं जिस पर से पैदल और सवार बड़े आराम से गुज़र जाते थे। बाक़ी नदी का पानी काफ़ी दूर तक काला हो गया था।" (*मरजीना का देश इराक़* से)

सन् 2003 में इराक़ में यही सब घटा। म्यूज़ियम और पुस्तकालय लूटे गये। बग़दाद मलबे का ढेर बनता गया बमों की बारिश और लाशों के अम्बार से। बम ऊपर से गिरना ज़रूर इस वक़्त बंद हो चुके हैं मगर शहर में फटना बंद नहीं हुए हैं। अब अमेरिका का रुख़ लीबिया, लेबनान, मिस्र, सीरिया और यमन की तरफ़ है। ये सारे मुल्क अपनी भौगोलिक स्थिति, अपनी आर्थिक-सामाजिक परिस्थितियों में मस्त थे। उनके ज्ञान-विज्ञान, कला और सोच का अपना नज़रिया था, मगर सियासी स्तर पर वह लगातार फ्रांस और ब्रिटेन से शोषित रहे। प्रथम और द्वितीय महायुद्ध के समय इन इलाक़ों का जो हाल था वह हर तरह के कष्टों से भरा था। ग़ुलामी, बेकारी, ग़रीबी, जलावतनी, शोषण ऐसा कुछ भी नहीं बाक़ी बचा था जो इन्हें, झेलना न पड़ा हो। मगर हर नाउम्मीदी में उम्मीद की एक सुनहरी रौशनी भी फूटती है। इस सारी बदहवासी में साहित्य में जो बदलाव आया वह सकारात्मक था। फ्रेंच तो इस इलाक़े की दूसरी भाषा का दर्जा रखती थी। अरब बुद्धिजीवी जब बाहर भागे और टूटे दिल व दिमाग़ से उन्होंने फ्रेंच, अंग्रेज़ी साहित्य पढ़ा, जिसने उन्हें नयी उमंगों से न केवल दो-चार कराया बल्कि इस कुंठा से निकाला। जब तारीख़ कुछ अहम लिख रही है उसमें उनका कोई सहयोग नहीं है। इस दर्द को इस तरह भरा गया कि अरब भाषा साहित्य में उनका अहम योगदान रहा। नयी ज़मीन आनेवाले लेखकों और कवियों को दी गयी और सामाजिक चेतना ने नयी भाषा भी गढ़ी। सियासी अनुभव और शोषण की ज़िल्लत ने साहित्य की पुरानी शैली को अलविदा कहा और नयी कहानी, नयी कविता, नये अंदाज़ से सामने आयी।

1979 में ईरान-इराक़ जंग की छुटपुट शुरुआत हो चुकी थी जिसने अस्सी के दशक में भीषण रूप धरा। उस समय कवियों का विषय था युद्ध और शहीद। अदनान अल सैग़ा की लंबी कविता *सार्जेंट सबा के गीत* की कुछ पक्तियाँ—

"अगर किसी ने सोने के बाज़ार में सोना खोया
वह ढूँढ़ लेगा।
अगर किसी ने अपना दोस्त खोया
तो उसे एक दो साल बाद भूल जाएगा।"
तभी उसकी आवाज़ कटती है बंदूक़ों के दन दनादन से
"लेकिन अगर किसी से उसका वतन खो जाए
तो वह कहाँ जाकर ढूँढ़ेगा?"

हमीद सईद की कविता—

अपने बचपन में...अपने बाबा के खेत से
वह भगाता था आफ़तों को।
वह सीख गया था कैसे चिड़ियों को भगाये
फिर सीखा भेड़िये को दूर भगाना
अगर उसने उठाया हाथ में पत्थर तो समझ गये
साथी कि उन पर आफ़त टूटनेवाली है।
जब यह सब वह नहीं करता तो
निराशा में घिर जाता है।
और देखता है अपनी मातृभूमि को प्यार और सूरज के साथ!

अब्दुल रज़्ज़ाक़ रुबाई की बेहद सादा लंबी नज़्म के चंद टुकड़े जो हमीद नामक शहीद की माँ के नाम हैं—

हर जुमेरात की शाम को
हमीद की माँ चुनती है सबसे बढ़िया
ज़ेवर और कपड़ा अपनी वार्डरोब से
अपने को इत्र से भिगोकर
बैठ जाती है घर की चौखट पर।
देखती है डूबते सूरज की सुर्ख़ी को
उनकी आँखें रंग-बिरंगी हो जाती हैं रौशनी से
अल-हादी इलाक़े की औरतें उनके पास से
ख़ामोशी से रोती गुज़रती हैं।
हमीद की माँ अपनी शाम शुरू करती है
उन्हीं बातों से जो कल कह चुकी हैं

"मैं फ़ातिमा अल-ज़हरा के पास गयी थी
वह मेरे क़रीब आयीं,
उन्होंने मुझे रोता देखा
और कहा!
ख़ुश हो शहीद की माँ!
वह तुम्हारे पास से गुज़रेगा
हर जुमेरात की रात को
हवा के घोड़े पर सवार
दरवाज़ों को खटखटाता
क्वार्टर्स की दीवारों का ख़ामोशी से चुंबन लेता
हमीद का घोड़ा
हमारे पास से आज रात गुज़रेगा"
सितारे चमक उठे
सड़क पर गुज़रनेवाले इक्का-दुक्का थे
अल-हादी क्वार्टर की औरतों को ठंड महसूस हुई
वह उठ खड़ी हुईं।
हमीद की माँ ने अपना लकड़ी का किवाड़
बंद किया
और दुआ पढ़ी
दूसरी जुमेरात के इंतज़ार में।

इन सारी तन्हाइयों के बावजूद इराक़ी क़ौम अपनी बुनियादी बुनावट को खो नहीं पायी है। हम्मीदी जासिम का एक गीत यहाँ दिया जा रहा है जो इराक़ी लोगों के मिज़ाज को बताता है। इराक़ी हँसते हैं दिल खोल कर वे अपनी बातों में वह पहलू निकाल लेते हैं, जिससे वे अपनी ख़ुशमिज़ाजी क़ायम रख सकें।

उत्सव गीत

कहते हैं
जब आत्मा ख़ुश होती है तो वे गाते हैं।
मुझे याद नहीं पड़ता हमने कितनी बार गाया
इन अकाल पड़े वर्षों में।
हमने गीत सुना दूर से आती आवाज़ों में
अलरशीद के बग़दाद से।

या फिर और भी दूर से
'अश्तर' के गले के सुरीलेपन में,
ऐसा मीठा राग जो कबूतर के गुटरगूँ में है।
अलरशीद का वह बग़दाद अब सद्दाम का है।
जहाँ सभ्यता और संस्कृति इराक़ियों के
गले का हार है
जिनके लिए कहा जाता है कि
'वे तो गाते हैं भुखमरी और रणक्षेत्र में भी,
उन्हें गाने से कोई नहीं रोक सकता।'
वे गाते रहेंगे,
जब तक न्याय है और विजय का जज़्बा है।
तभी कहते हैं
'जब आत्मा ख़ुश होती है तो वे गाते हैं!'

बैबिलॅन देवमालाओं को पढ़ते हुए पता चलता है कि जब वहाँ की धरती पर कोई मुसीबत आती थी तो बेबिलॉन के सारे भगवान आपस में विचार-विमर्श करते थे। मगर आज की स्थिति उस प्राचीन वैभवपूर्ण बैबिलॅन के खँडहर के पास बन रहे आधुनिक खँडहर से बिलकुल अलग है। आज विश्व स्तर के ख़ुदा उस देश की ख़ुशहाली के बारे में नहीं बल्कि ख़ुशहाली के नाम पर बर्बादी का सलाह-मशवरा कर रहे हैं।

तारीख़ का यह अध्याय भी बैबिलॅन सभ्यता के खँडहरों पर से एक दिन गुज़र जाएगा और छोड़ जाएगा अतीत की धरती पर अपने पदचिह्न!

लिखता रहूँगा तब तक जब तक है साँस

जमील सिद्‌दीक़ी अल-जहावी

जमील सिद्‌दीक़ी अल-जहावी इराक़ के उन सेमी-क्लासिकल कवियों में गिने जाते हैं, जिन्होंने पुराने को आधुनिक बनाया। बग़दाद (1863-1936) में जन्मे जमील कुर्दी माँ-बाप की संतान थे। आप बग़दाद के मुफ़्ती के बेटे थे। पिता से पढ़े जमील को एक साथ फ़ारसी, कुर्दिश, तुर्की और अरबी भाषा आती थी। बग़दाद से पढ़ाई ख़त्म कर जमील डिप्लोमैटिक सर्विस में रहे। जिसमें से सबसे महत्त्वपूर्ण 'अलज़वारा' टर्की में 1888 में थी। 1896 में जमील इस्तांबुल गये मगर वहाँ के सुल्तान ने यह कहकर कि जमील मेरी आलोचना बंद करे, उन्हें यमन भेज दिया। वहाँ पहुँचकर भी जब आलोचना जारी रही तो सुल्तान ने उन्हें बग़दाद बुलाया और सजा सुनायी। जमील इस्तांबुल के क़ैदख़ाने में रहे।

सेहत ख़राब होने के कारण बग़दाद लौटे और औरतों के उत्थान को लेकर अनेक लेख लिखे, जिससे पिछड़ी सोच के सत्ताधारी भड़क उठे और सन् 1910 में लॉ स्कूल से उन्हें निकाल बाहर किया। जमील ने अपनी सारी किताबें बेचीं और ईजिप्ट चले गये, फिर टर्की। वह बग़दाद तब तक नहीं लौटे जब तक हुकूमत बदली नहीं।

मैं कविता लिखता हूँ ताकि मेरे देशवासी जागें
मगर वह उल्टा मुझ पर आरोप मढ़ते हैं
जब मैं अड़ा रहता हूँ तो वह मुझे प्रताड़ित करते हैं
वह कुछ भी कहें, मैं तब तक लिखता रहूँगा जब तक मुझमें साँस बाक़ी है।

अंग्रेज़ों के आने से जमील ख़ुश हुए और उनको अच्छा ओहदा भी मिला जो बहुत कम समय के लिए था। जब शाह फ़ैसल ने भी उन्हें 'कवियों का कवि' की उपाधि देकर पेंशन मुक़र्रर की तो जमील दुखी हो उठे। उन्होंने दोनों चीज़ें लौटा दीं। उनकी सेहत पहले से अच्छी नहीं थी। ऊपर से फ़ालिज अटैक से वह बिस्तर पर लग गये। आख़िरी दिन ग़रीबी और बेचारगी में गुज़रे। उनके पास केवल उनकी पत्नी मौजूद थीं।

जमील एक बड़े कवि थे मगर उस नज़रिये से उन्हें वह सम्मान भौतिक रूप में नहीं मिला। इनकी सारी शायरी छह जिल्दों में हैं। *रुबा* के नाम से 1924 में

उन्होंने उमर ख़य्याम की रुबाइयों का अरबी में अनुवाद किया। *काव्यमय अभिव्यक्ति* (1908), *दीवाने जाहावी* (1924), *सुगंध* (1928), *पतली धारा* (1934), *आख़िरी बूँद* (1939)। इनकी शायरी में सियासत, इश्क़, दर्शन, बयान तो हैं ही, शोकगीत भी उन्होंने लिखे हैं।

जमील की ज़्यादातर कविताएँ औरत के अधिकारों को लेकर हैं। एक कविता पत्नी को धन्यवाद के रूप में भी है, जब बीमारी में उन्होंने जमील की बेहद सेवा की थी। उन्होंने लिखा था।

मर्द की .ख़ुशी इसी में है कि औरत उसका कहना माने और
वह औरत का।

कुछ का ख़्याल है कि इसमें उनका लहज़ा शिकवा भरा है, मगर सच तो यह है कि उन्होंने जो कुछ भी कहा वह सबसे बड़ा सच है। उनकी एक कविता एक फ़ौजी विधवा भिखारिन पर है जिसकी कुछ पंक्तियाँ यहाँ दी जा रही हैं–

वह पहने तार-तार कपड़े और चीथड़ा अबा
ठीक उसकी ज़ख़्मी आँतों की तरह
उसने अपनी उँगलियों से बहते आँसुओं को रोक रखा था
जब वह एक-दो क़दम आगे बढ़ती तो आहिस्ता से
अपना दहिना हाथ लोगों के सामने फैला देती
जैसे कि वह उनसे शर्मिंदा है जिससे भीख माँग रही हो
ओ फ़ौजी विधवा तुम्हें शरमाने की ज़रूरत नहीं
बल्कि शर्म से सरकार अपना मुँह छुपाये जिसका कुछ कर्तव्य था।

औरतों की आर्थिक व सामाजिक स्थिति के प्रति वह बेहद संवेदनशील थे। अपनी नज़्म में कहते हैं–

पर्दे के पीछे सब कुछ छुपा और ठहरा हुआ,
जब पर्दा हटता है तो नज़र आता है बहुत कुछ
कैसे कोई देश करेगा तरक़्क़ी
अब आधे छुपे हुए हों आधे लोगों से?

रचनाएँ इंसानी संवेदनाओं की ऐसी सनदें होती हैं जो ऐतिहासिक परिप्रेक्ष्य को आज के धरातल पर लाकर खड़ा कर देती हैं। आज इराक़ की वर्तमान स्थिति इस कविता में सच की तरह है। जो गुज़रा है वह सब-कुछ हमें पता नहीं। हमको केवल बमबारी और मरनेवालों की गिनती और संख्या बतायी जाती है। मगर वे परिवार कैसे जी रहे हैं जिनका कोई-न-कोई मरा हो और वे रोटी-रोटी की मोहताज हो रहे हों। बेकारी, महँगाई, आतंक, विदेशी क़ब्ज़ा, आती और लौटती फ़ौजों का जाना।

औरतों की ज़बान में कविता कहनेवाला कवि

मारूफ़ अल रूसाफ़ी

मारूफ़ अल रूसाफ़ी इसी पहचान के साथ अरबी साहित्य में जाने जाते हैं। उनके यहाँ उस दौर में औरतों को लेकर कविताएँ नहीं लिखी जाती थीं। उन्होंने औरतों को अपनी शायरी में जगह दी, बल्कि उनकी ज़बानी उनकी बातें भी रखीं। इस विषय पर उनकी अनेक नज़्में हैं। मारूफ़ 1876 में बग़दाद में पैदा हुए। पिता अरब और माँ कुर्द थीं। मारूफ़ को ग़रीबी में सिर्फ़ पाल-पोसकर बड़ा किया। मारूफ़ ने गहराई से ग़रीबी को महसूस ही नहीं किया बल्कि हर क़दम पर झेला है। यही ग़रीबी उनकी शायरी की प्रेरणा बनी।

उस माहौल में जब लड़के सिर्फ़ तिजारत करना सीखते थे। उन दिनों बेटे को लेकर माँ के दिल में बड़े-बड़े अरमान थे। मारूफ़ भी माँ की इच्छा की क़दर करते हुए आधे दर्जन मदरसों में भटके ताकि शिक्षा प्राप्त कर सकें। एक समय ऐसा आया कि इनका रुझान शायरी की तरफ़ बढ़ा और ख़ुशक़िस्मती से उन्हें अल शेख़शकूरी अलूसी, जो अरबी भाषा-साहित्य के महान उस्ताद माने जाते थे, मारूफ़ के मार्गदर्शक बन गये। उस्ताद ने उनका परिचय इस्लामी उसूलों और सूफ़ी मत से गहरे कराया। कभी-कभी रूसाफ़ी सारी रात मस्जिद में इबादत करते हुए ज़ारो व क़तार रोते हुए गुज़ार देते थे! उनका दृष्टिकोण इस्लामिक सार्वभौमिकता का प्रतीक था। कायनात को एकता एवं समता में देखते थे। वह एक हद तक सूफ़ी ही थे। उनकी एक कविता भी है जिसकी चंद पंक्तियाँ...

इस्लाम इस बात की इजाज़त
किसी भी इंसान को नहीं देता कि वह दूसरों को
अपने से बदतर समझे! आदम की औलादों में
ग़रीब और अमीर एक हैं, अरब दूसरे ग़ैर अरबों की तरह हैं
इंसान की शान और पहचान
उसका काम है।
बेहतर वही है जो ईमानवाला हो दूसरों की
मदद करने में।

मारूफ़ जीवन भर कुँवारे रहे और माँ के परम भक्त। अपनी भतीजी पर जान छिड़कते थे। वह किसी औरत के साथ इस्तांबुल में रहते थे। उससे उनका रिश्ता क्या था, यह किसी को साफ़ पता नहीं, तो भी अफ़वाह के दायरे से बाहर था।

उनकी अधिकतर कविताएँ आम लोगों से संबंधित हैं जैसे दासी, विधवा, ग़रीब अरमेनियन, बग़दाद का क़ैदी, ईद में लावारिस वग़ैरह। उनकी कविता *ग़रीबी और बीमारी* की चंद पंक्तियाँ दी जा रही हैं। इसमें बग़दाद की एक गर्म रात को उन्होंने पास की छत पर एक औरत को आर्तनाद करते हुए सुना और देखा कि एक औरत अपने बीमार भाई को पानी पिला रही है जो कल तक ख़ानदान पाल रहा था, आज मजबूर है।

उसे रोटी चाहिए, भूख से उसकी आँतें ऐंठ रही थीं।
उसने उसे सँभाला और माफ़ी माँगते हुए उसे पानी पिलाया
क्या वाक़ई पानी उसकी प्यास को शांत कर देगा और
उसके अंदर की भूख को भी?

यही कविता आगे जाकर एक जनाज़े के जुलूस में बदल जाती है और उसकी बहन चुप नहीं रहती और फ़रियाद करती है–

ओ अमीर लोगो! कितनी बार
तुमने ख़ुदा के करम का ग़लत इस्तेमाल किया है
जबकि तुम्हारे पास दया नहीं है
इसलिए भूखे लोग बिना रोटी के जागते हैं
जब तुम आराम से खर्राटे भरते हो
सब तरह के खाने और शरबत का सेवन करके।

भूख और ग़रीबी इनकी मशहूर कविताओं में से एक है। इनके अन्य विषय विदेशी आक्रमण, ज़ुल्म, शोषण, देशप्रेम, ग़ुलामी की घुटन आदि हैं। उनका देहांत 1945 में हुआ।

अवसाद की गायिका का जीवन से भरा राग

नाज़िक-अल-मलायका

इराक़ की 'आज़ाद शायरी' की बुनियाद डालनेवालों में से शायरा नाज़िक-अल-मलायका का अहम स्थान है जो 1923 में बग़दाद में ऐसे परिवार में पैदा हुई जो शरीफ़ और साहित्यिक रुचि रखनेवाला था। नाज़िक-अल-मलायका के माता-पिता दोनों ही शायर थे। उन्होंने अपनी बेटी को शिक्षा और उचित वातावरण दिया जिससे मलायका का ज़हन फल-फूल सके। मलायका कुछ इस तरह की बातें करती कि पूरा ख़ानदान हैरत में पड़ जाता मगर उसकी अभिव्यक्ति पर कभी रोक नहीं लगी। यह सोचकर कि मलायका एक ज़हीन और संवेदनशील बच्ची है जो इस रोक-टोक से गहरे आहत भी हो सकती है और हो सकता है कि उसका दिल शायरी और मौसीक़ी से हमेशा के लिए हट जाए।

मलायका ने बहुत कम उमर में मौत के ठंडेपन का, गहराई से अहसास कर लिया था, जब तीन व्यक्ति एक के बाद एक उससे जुदा हुए। उसने अपनी इस स्थिति का बयान इस्मत मेंहदी को इंटरव्यू देते हुए किया था कि आख़िर मौत हर शख़्स को दबोच ही लेती है। उनकी कविताओं में मौत का अक्स लरज़ता नज़र आता है। इसकी शुरुआत 1948 में क़ाहिरा में फैले कालरा में हुई बेशुमार मौतें थीं, जिन पर उन्होंने अपनी पहली *आज़ाद नज़्म* लिखी थी।

घर के लोगों द्वारा प्रोत्साहन, सहयोग और प्रशंसा तथा आरामदेह कामयाब ज़िंदगी जीने के बाद भी मलायका अवसाद की ओर जाने से नहीं रुकी। जो भी घटना छोटी या बड़ी मलायका के आस-पास घटती, चाहे-अनचाहे उसका गहरा असर कवयित्री के दिल व दिमाग़ पर पड़ता था। दूसरे महायुद्ध और रशीद-अल-गिलानी की बग़ावत के दुखद प्रभाव से कौन उस संवेदनशील कवयित्री को बचा सकता था।

मलायका के दादा ने बचपन से अपनी पोती की शायराना तबीयत और मौसीक़ी के रुझान को पकड़ लिया था। जब नन्ही मलायका शायरी और शायरा का अर्थ भी नहीं समझती थी तब से दादा उसे शायरा कहकर पुकारते थे। दस वर्ष की उम्र में मलायका ने अपनी पहली क्लासिकल शैली में कही नज़्म लिखी तो

पिता, जो हाईस्कूल के अध्यापक थे, व्यक्तिगत रूप से बेटी को पढ़ाने का ज़िम्मा ले लिया। मलायका की दिलचस्पी बढ़ी ख़ासकर पिता जिस शैली में ग्रामर पढ़ाते थे। बाद में प्रसिद्ध इराक़ी बुद्धिजीवी मुस्तफ़ा जव्वाद के नेतृत्व में शोध कार्य किया। बी.ए. की डिग्री 1944 में हायर टीचर्स ट्रेनिंग कॉलेज बग़दाद के अरबी भाषा विभाग से ली। फ्रेंच, अंग्रेज़ी, लैटिन भाषा में प्रोफ़ीसिएंसी का कोर्स किया।

प्रिंसेटान यूनिवर्सिटी से 'लिटरेरी क्रिटिसिज़्म' विषय में डिग्री ली और बग़दाद लौटकर उच्च शिक्षा बरक़रार रखी और इस बीच कई बार डिग्री लेने के लिए विदेश गयीं।

मलायका का पहला प्यार संगीत था। उन्हें 'उद' बजाने में महारत हासिल थी। उनका पहला कविता-संग्रह *रात के प्रेमी* 1947 में आया। अचानक 1952 में मलायका को गहरा धक्का पहुँचा जब उनकी माँ का देहांत हुआ। माँ से ज़्यादा वह उनकी दोस्त थीं और मलायका से केवल पंद्रह साल बड़ी थीं। अब्दुल-अल-करीम क़ासिम का दौर था, जब वह अध्यापन में आयीं मगर उन्होंने बग़दाद की जगह बेरुत में रहना पसंद किया। उस समय अधिकतर बुद्धिजीवी देश की सियासत से परेशान थे। मलायका 1962 में बग़दाद लौटीं और अरबी विभाग के अध्यापक अब्द-अल-हादी से उन्होंने विवाह किया। शादी के बाद बसरा गयीं जहाँ उन दोनों ने बसरा यूनिवर्सिटी की बुनियाद रखी। हालात उन्हें कुवैत ले गये जहाँ वह साहित्य पढ़ाती थीं। उनके दो और महत्त्वपूर्ण संग्रह आए। 1949 में *चिनगारी और राख*, 1957 में *लहरों का तल*। आलोचना पर भी कुछ महत्त्वपूर्ण पुस्तकें उन्होंने लिखी थीं। मलायका पर अंग्रेज़ी कवि कीट्स का गहरा प्रभाव था। ख़्वाब और बेदारी, सियाही, ग़म, अवसाद की गहरी छाप उनकी कविताओं में है। इलियट का प्रभाव भी उन पर ख़ासा है। उनके यहाँ रूमानी अभिव्यक्तियों का अपना मूड है और इराक़ी-अरब कवियों में अली अहमद ताहा, अबू मादी, जिब्रान, नसीब अरीदा भी उन्हें एक हद तक मुतासिर करते हैं। मलायका ने अंत में 'आज़ाद बहर' में लिखना पसंद किया। उसी के साथ बैत भी लिखी।

नाज़िक-अल-मलायका कहती हैं कि जब उन्होंने कालरा के हादसे पर मीटर की बंदिश में शायरी करनी चाही तो उनके जज़्बात सही तरीक़े से उसमें अभिव्यक्त नहीं हो पा रहे थे। इसी बीच रेडियो द्वारा सूचना मिली कि छह सौ लोग मरे। उन्होंने फिर कोशिश की और हारकर सोचा कि उनके अहसास के साथ पंक्तियाँ नहीं चल रही हैं। बेहतर है कि काग़ज़ के टुकड़े-टुकड़े कर डालूँ। फिर मौतें हर दिन एक हज़ार में बदल गयीं और इनके दुख ने एकाएक घोड़ों की टापों की शिद्दत इख़्तियार कर ली और उस लय पर आज़ाद नज़्म की पंक्तियाँ कुछ इस तरह से निकलीं जो उनके जज़्बात की सही तर्जुमान थीं।

नाज़िक-अल-मलायका के शब्दों में कि ज़िंदगी ऐसे शिकंजे में बँध चुकी है जिससे भागना अब मुश्किल है और वे शिकंजे उनकी शायरी में दुख, उदासी,

प्यार, निराशा, कल्पना, परवाज़ का मिला-जुला रंग भरते हैं। नये कवियों का रुझान मलायका की शायरी की तरह है जहाँ नया-पुराना दोनों है, जहाँ शायरी के गहरे सरोकारों के साथ ज़बान का हुस्न और बयान भी पढ़नेवाले को बरबस अपनी तरफ़ खींचता है। उनके दो और संग्रह *समंदर का रंग, 'चाँद और दरख़्त'* हैं, जिसमें आशा का स्वर है।

नाज़िक की ये कविताएँ वास्तव में अतीत में हुए बग़दाद के विध्वंस पर चार-पाँच दशक पहले लिखी गयी थीं। इन्हें पढ़कर महसूस होता है जैसे वर्तमान बग़दाद की स्थिति पर ये पंक्तियाँ अभिव्यक्त की गयी हैं। जो बात इन कविताओं से निकलती है वह साबित करती है कि इस पूरे इलाक़े में महाशक्तियों का तांडव सदियों से चल रहा है और उसमें आम इंसान पीढ़ी-दर-पीढ़ी जूझ रहा है। राजनीतिक, ऐतिहासिक परिदृश्य में यदि हम न जाएँ तो कविताएँ उस दुख को हमसे मिलवाती हैं जो हर इंसान के दिल में किसी-न-किसी रूप से मौजूद रहता है और वह ताज़िंदगी उससे मुक्ति के लिए छटपटाता रहता है—और यही सच इन कविताओं को ताज़ा रखे हुए है।

गीत : एक

वह है, देनेवाला
हमारी रातों को दुख और विषाद।
उसी ने तो भरी है सजगता
हमारी आँखों के प्यालों में।

हमने उसे पाया था
बारिश की एक सुबह राह चलते।
बड़े प्यार से उसका शाना थपथपा दे डाला वह कोना
जो धड़कता था हमारे दिल के कोने में।

पता नहीं वह छोड़ गया हमको या फिर ओझल हो गया,
हमारी नज़रों से सदा के लिए।
वह भ्रम था मेरा, जहाँ भी हमारा अस्तित्व था
पीछा करता रहा वह हमारा लगातार।

काश! हम उस नीली बरसाती भोर में
उसको मुँह न लगाते
साक़ी!
जिसने भर दी हमारी आँखों में सजगता।

❧ गीत : दो ❧

कैसे बिसरा दें हम व्यथा को?
कैसे भूल जाएँ हम उसको?
जिसे हम सदा ओढ़ते-बिछाते हैं। और
पीछा करते हैं उसके छोड़े गये यायावरी क़दमों का
और जब,
हम सोते हैं तो जो आख़िरी चीज़ देखते हैं
उसके भ्रूभंग तेवर से निर्मित देवालय को
और आँख खुलते ही फिर उसके दर्शन करते हैं।
उसे ले चलते हैं हम अपने संग
जहाँ तक ले जाती है हमारी इच्छाएँ और ज़ख़्म।
आख़िर हम क्यों नहीं उसकी सीमा निर्धारित कर देते हैं
अपनी उत्कंठा और चाँद के बीच
अपनी प्यास और निर्मल स्वच्छ झरने के बीच
अपनी आँखों और दृश्य के बीच
मगर हम उसे इजाज़त दे बैठते हैं कि
वह बो दे हमारी आँखों में व्यथा और समय के फेर को।
हम गुलाबी नशे में डूब अपनी कविताओं के चीथड़ों को
दे बैठते हैं वक्राकार रूप।
लेकिन अंत में वर्तमान धो डालता है वह सब-कुछ
कैक्टस जिसका सिरहाना था और क्षमा ने घाटी में
डेरा डाल लिया था।
शुभ संध्या! हमारी व्यथा को
हम भूल जाएँगे!

❧ गीत : तीन ❧

आख़िर कहाँ से आन खड़ा होता है यह अवसाद हमारे सम्मुख
आख़िर कहाँ से? यह जुड़वाँ भाई है हमारे सपनों का
और हमारे गीतों को दे रहा है लय आदिम काल से।
कल हम उसके साथ गये उछलती जल तरंगों में
जहाँ झील की लहरों में,

उसे हमने तोड़ा और बहा दिया, बिना
आह भरे और आँसू गिराये।
हमने सोचा कि हम सुरक्षित लौट आए हैं
अब हम कभी आहत नहीं होंगे
अब हमारी मुस्कान को उदासी नहीं छीनेगी
अब हमारे गीतों में नहीं बोयेगी कड़वे अनुभवों के बीज।
हम तक पहुँचा वह लाल गुलाब
सुगंध से तर-बतर
उसे भेजा था हमारे मित्रों ने
समंदर के उस पार से।
इसको हम किस-किस का संकेत समझें
ख़ुशी या शांति का!
वह गंध जाने कहाँ गुम हो गयी
गर्म उबलते आँसुओं के संग।
अपनी उदास उँगलियों से हमने थपथपाया
"हम प्यार करते रहेंगे तुम्हें ऐ मेरे अवसाद!"
आख़िर कहाँ से आन खड़ा होता है दुख हमारे सम्मुख
आख़िर कहाँ से? यह जुड़वाँ भाई है हमारे सपनों का।

गीत : चार

क्या कभी उबर पाएँगे हम अपने दुखों से
या फिर सदा की तरह टालते रहेंगे सुबह या शाम के लिए?
अधिकार जमा लो या फिर खेल-खेल में उसे राज़ी कर लो
गीत के द्वारा, किसी भूली-बिसरी धुन को सुनाकर।
मगर प्रश्न है : दुख होगा कौन?
एक छोटा बच्चा अपनी जिज्ञासा से भरी आँखों के संग
गूँगा, या फिर सहानुभूति भरी थपकन!
ख़ुश कर दो उसे
जब हम गायेंगे, मुस्कुरायेंगे तो उसे नींद आ जाएगी।
अरे, मेरी उँगली जिसने दिया हमें आँसू और पछतावा
हमारे दुखों के आगे,
कौन बंद करेगा अपने दिल का दरवाज़ा!

तब वह पहुँचेगा हम तक रोता, यह कहता कि
हम उसे प्यार करें और क्या?
भूल जाएँ घावों को और मुस्कुरायें?
यह बच्चा सबसे मासूम तानाशाह है
हमारा प्रिय शत्रु और कड़वे मित्र
आह! तुम थे जिसने घोंपा था चाकू और कहा था
बिना विरोध दिखाये तड़पना और छटपटाना।
अरे मेरे छोटे बच्चे!
हमें माफ़ करना हाथों और होंठों से
आख़िर तुमने खोद ही लिया हमारी आँखों से
बहते आँसुओं का स्रोत और हो गये उत्तेजित!
हमारा घाव यहाँ और वहाँ है और
हम बहुत पहले माफ़ कर चुके हैं ग़लतियों को।

गीत : पाँच

ओ वेदना हमारे प्यार की
हमने तुम्हें अपना शासक समझ
पौ फटते ही तुम्हारे सर पर ताज रख दिया है।
तुम्हारी रुपहली बेदी पर अपना माथा रगड़
लोबान जला, तिल और क्षौम की सुगंध बिखेरी है
हमने आहुति अर्पण कर बेबीलोन के राग पर
अपने गीत गाये हैं।
हमने तुम्हारे लिये सुगंधित दीवारों से
देवालय निर्मित कर उसके फ़र्श को
ज़ैतून के तेल से ख़ूब चमकाया है!

ताज़ा अंग्रेर-रस, गर्म खौलते आँसू
लंबी ठंडी रातों में पाम वृक्षों को जला
होंठ भींचे अपनी गहरी उदासी के संग
हमने गेहूँ को तुम्हारे लिये पीसा है।
इस सबके बाद
हमने फिर गाया और आनेवाली घटनाओं के लिए मनौतियाँ मानीं :
उन्मत्त बेबीलोन के पाम वृक्षों से खजूरें

रोटी, वाइन और खिले ताज़ा गुलाब अर्पित कर
हमने तुम्हारी आँखों के लिए प्रार्थना कर बलि चढ़ायी।
और हमने अपने आँसुओं को जमाकर उससे जपमाला बनायी
अरे, तुम! जिसकी कृपा से हमें गीत और राग मिले
तुम वह आँसू बने जिसने हमें विवेक प्रदान किया।
तुम तो ज्ञानेंद्रिय के फ़व्वारे हो!
ओह! तुम। उपजाऊ और धनवान!
ओह! तुम। प्रचंड वेदना!
ओह, तुम तो कोप हो जिससे टपकती हैं दया की बूँदें!
हमने सब-कुछ कर लिया था अपने सपनों में,
अपने उदास गीतों की प्रत्येक पंक्ति में।

अरब यथार्थ का अग्रदूत

अब्दल-अल-वहाब-अल-ब्याती

खेतिहर क़बीला 'अल-ब्याती' से ताल्लुक़ रखनेवाले इस शायर का जन्म बग़दाद [1926] में अब्दल अल क़ादिर अल जीलानी के पवित्र मस्जिद के आसपास जीलान में हुआ। बचपन बग़दाद के आस-पास के गाँव में बीता जहाँ क़ुदरत के सौंदर्य के प्रति अनुराग और आम आदमी के प्रति गहरी जिज्ञासा उभरी। यह दोनों भावनाएँ उनकी शायरी की परछाईं बनकर उनको आम आदमी के प्रति हमेशा हमदर्दी-भरा व्यवहार करने पर मजबूर करती रहीं। इसकी ज़िंदा मिसाल 'जाबल हमरीन'–जैसे नाम हैं जो उनकी कविता की आत्मा में झिलमिलाते हैं।

अब्दल-अल-वहाब-अल-ब्याती सामाजिक यथार्थ आंदोलन के न केवल झंडा बरदार थे बल्कि अपने समय और अरबी साहित्य के बेहद संजीदा और संवेदनशील कवि माने गये हैं।

अल-ब्याती ने शिक्षा समाप्त कर टीचर्स ट्रेनिंग कॉलेज में 1944 में अध्यापन शुरू किया जो उस समय की अहम नौकरियों में से एक थी। अल सय्याब व नाज़िक अल-मलायका के साथ मिल कविता की नयी ज़मीन भी तैयार की। बग़दाद और रमादी में पढ़ाने के दिनों में वह एक 'मार्क्सवादी कवि' होने के कारण बहुतों की नज़रों में खटकने लगे। कुछ अरसे बाद 1950 में उन्हें नौकरी से निकाला गया और शहर से बीस वर्ष के लिए दरबदर कर दिया गया। उनकी इस दरबदरी का ज़िक्र उनकी कविता में जगह-जगह आता है। जलावतनी के ये तूलानी दिन ईस्ट यूरोप, सोवियत यूनियन (रूस) और अन्य अरब देशों में बड़े कष्ट से गुज़ारे। उन्हीं दिनों इनके प्रिय मित्र टर्की के कवि नाज़िम हिकमत भी इसी दरबदरी को झेल रहे थे। 1958 में क्रांति के समय कुछ दिनों के लिए बग़दाद लौटे। अपनी इस ख़ुशी को उन्होंने *14 जुलाई* नामक कविता में व्यक्त किया है।

अल-ब्याती इराक़ के कल्चरल अटैची के रूप में मास्को गये, मगर देश में सियासी बदलाव के कारण उन्हें वापस बुलाया गया। कुछ दिन कल्चरल मंत्रालय में वह एडवाइज़र बने। फिर जलावतनी की ख़ाक छानते अजनबी शहरों व मुल्कों में भटकने लगे। 1959 से 1965 तक उन्होंने एफ्रो-एशियन स्टडी मास्को में

अध्यापन किया। वहाँ से मिस्र आए जहाँ उन्होंने *अल-जमहूरिया* लिखा। इसके कुछ अंश राष्ट्रपति सादात के हुक्म से ज़ब्त कराये गये। अल-ब्याती की कविताओं के लगभग दस संस्करण हैं। जिनमें सबसे चर्चित *टूटे जाम* (1967) *जलावतनी की कविता* (1957), *बीस कविताएँ बर्लिन में* (1959), *शब्द मरेंगे नहीं* (1960), *आग और शब्द* (1964)। अल-ब्याती ने पॉल एल्यूवर्ड और लुइस एरागान की कविताओं को लेकर एक नाटक *नीसापुर ट्रायल* भी लिखा था।

उन्हें रूमानी कवि से सामाजिक यथार्थ की तरफ़ लानेवाले कवियों में एरोगान, नेरूदा, मायाकोवस्की और आदेन रहे हैं। अब इनके विषय इंसान की आज़ादी, सम्मान, ख़ुशी हो गये थे। उनका झुकाव नाज़िम हिकमत की तरफ़ बढ़ा जो उन्हीं की तरह तुर्की से निकाले गये थे। वह सिर्फ़ अल-ब्याती के गहरे मित्र ही नहीं बल्कि परामर्शदाता भी थे। एल्यूवर्ड और एरागान की तरह अल-ब्याती दो-तीन छोटी-छोटी लयात्मक पंक्तियाँ छंदमुक्त लिखते थे जो कि अरबी कविता और अरबी शायरों के लिए नयी विधा थी। यह कोशिश दरअसल उस आडंबर भरे शब्दों से बोझिल सजावट के ख़िलाफ़ एक प्रयोगात्मक प्रयास भी था।

अपनी शुरू की रूमानी कविताओं को ख़ारिज करते हुए कहते हैं कि कोई भी अरब कवि नहीं, जिसने मेरा ध्यान बाँटा हो यहाँ तक कि ख़लील जिब्रान ने भी नहीं! मैंने एक बूढ़ी माँ को काले कपड़े पहने अपने खेत के सामने रोते दिखाया है। जब समाज दुख और कष्ट झेल रहा हो उस समय कवि कैसे प्यार से भरी रूमानी कविता लिख सकता है? जो लिख रहे हैं उन्हें नयी पीढ़ी की व्यथा का अंदाज़ा ही नहीं है कि सियासत, ग़रीबी, ग़ुलामी, आवारगी और बेकारी ने उसको किस हद तक कुंठित बना दिया है।

अलजीरियन स्वतंत्रता संग्रामी की फ्रेंच सत्ताधारियों द्वारा जेल में मौत देखकर उन्होंने *दोपहर में मौत* नामक कविता अपने क़ैद के दिनों लिखी थी–

दोपहर में मौत

क़ैदी की खिड़की पर काला चाँद,
रात, फ़ाख़्ता, क़ुरआन और बच्चा
अपनी हरी आँखों के साथ
पढ़ रहे हैं 'सूरह फ़तह'।
क्षितिज पर उभरी नयी रौशनी
यासमीन की ख़ुशबुओं से तरबतर क्यारियाँ
जिनको चुन रहे हैं किसी शहीद संत के हाथ

जो विद्रोही भी है।
अलजीरिया का सूरज पैदाइश के उन लम्हों में
उसे दोबारा जन्म देगा।
बहार की उन झाड़ियों में
तब लगेंगे
फूल, सुगंध से भरे तरोताज़ा और सदाबहार!

14 जुलाई

मेरे शहर में आज
सूरज चमक रहा है
बिगुल की ध्वनि गुंजरित है चारों-दिशाओं में
वीरों के स्वागत के लिए
ओ मेरी मख़मूर आँखोंवाली महबूबा!
जागो, देखो हम आज़ाद हैं
आग की तरह,
चिड़िया और धूप की तरह
कोई दीवार हमारे बीच मौजूद नहीं
न कोई बेहूदा भय,
हम पर हुकूमत कर रहा है।

मेरे शब्द!

मेरे शब्द!
कभी पुराने नहीं पड़ेंगे,
मेरे शब्द,
कभी हारेंगे नहीं,
मेरे शब्द
कभी युद्धरत नहीं होंगे
मेरे शब्द बंदरगाह पर
चलने की तैयारी में हैं
आह! यह कैसी उत्तेजना है यात्रा पर जाने की।

꧁ जीवन के लिए कला ꧂

मैं अपने पैरों तले रौंद डालूँगा
उन कला के हिमायतियों और आडंबरियों को
जो भिखमंगे हैं और पुरानी शायरी के दैत्य!
मैं उनकी शायरी को उनके सर पर मसल दूँगा
ताकि मेरी धमनियों में ज़िंदगी का नया ख़ून दौड़ सके।
मैं आम आदमी के साथ छल नहीं कर सकता हूँ
उन ज़रूरतों से आँख नहीं फेर सकता
जहन्नुम में जाओ कला के झूठो!
यहाँ है मेरी प्रेरणा का स्रोत
ओ मेरे महान प्यार!
मुझे गिटार दो,
मुझे फूल दो,
मैं इंतज़ार कर रहा हूँ कि
ज्वार बैठे और मैं यात्रा पर जाऊँ।
ओ, मेरे रूमाल
आँसुओं से भीगे हुए
मैं देख रहा हूँ
जबकि मेरा आसमान बरस रहा है।
अँधेरे में ग़रीबी की व्यथा
आँसू बहा रही है
हारी हुए शहरों की
बाल्कनियों के नीचे
ओ मेरी उत्सुकता!
मेरे शब्द,
फूल हैं
वह कभी नहीं मुरझायेंगे!

꧁ बच्चे और ज़ैतून की शाख़ ꧂

ओ, तारों के शहर बग़दाद,
धूप, बच्चे और अंगूर,

भय और उत्तेजना...
कब देखूँगा तुम्हारी वह लंबी सड़कें
जो बारिश से नहायी हों
दिन के इस साँवलेपन में
बच्चों की आँखें जब
अच्छाई और पवित्रता से चमक उठें
उन फुटपाथों पर जहाँ उन्हें सोना है।
कब मैं देखूँगा अपनों को, ओ तारों के शहर बग़दाद
धूप, बच्चे और अंगूर
कब उनके बैनर आसमान पर सजेंगे
इंक़िलाब करते हुए?

पोस्टकार्ड टू दमिश्क़

ओ दमिश्क़ हम मिलेंगे
तुम्हारे हरियाले मैदानों, बर्फ़बारी,
पंछियों, जंगलों, गुलाबों और असीमित समंदर से,
लेकिन तुम उनमें से हो, ओ मुहब्बत के ग़लीचे
लहरों, शालों और उत्सुकता...
आऊँगा मैं, ओ दमिश्क़ माफ़ करना मेरे परायेपन को
मेरे सुनसान दिनों को
मेरी व्यथा को
मैं कब से लड़ रहा हूँ
तारीख़ के गलियारों में
इस दर से उस दर तक!

ज़िंदगी भर औरत का इंतज़ार करता मर्द

बदर शाकिर अल-सय्याब

इराक़ के क्रांतिकारी कवियों में इनका शुमार होता है। ज़िंदगी में उन्हें वह इज़्ज़त और रुतबा न मिला जिसके वह अधिकारी थे। आज़ाद नज़्म की बुनियाद डालनेवालों में एक अहम नाम और दूसरे विश्वयुद्ध के बाद के महत्त्वपूर्ण कवियों में शामिल बदर शाकिर अल-सय्याब कवयित्री नाज़िकं अल-मलायका के समकालीनों में से थे।

बदर शाकिर 1926 में बसरा के पास एक गाँव 'जैकूर' में पैदा हुए। किसानों के उस परिवार में शिक्षा की कोई सहूलियत नहीं थी। चार साल की उमर में माँ का देहांत हो गया और पिता ने दूसरा विवाह कर लिया। अपने छोटे-से बेटे से यह कहकर कि इस बदसूरत घिनौने बच्चे से मेरा कोई रिश्ता नहीं है, उन्होंने अपनी ज़िम्मेदारियों से मुँह फेर लिया। बदर शाकिर ने ख़ुद कहीं लिखा है–

"मैंने ज़िंदगी भर एक ऐसी औरत का इंतज़ार किया जो मेरी माँ की मौत का घाव भर सके।"

जैकूर में उनकी मुलाक़ात एक देहाती लड़की से नदी किनारे हुई ज़रूर, मगर उनकी दोस्ती कॉलेज की सहपाठनी से हुई जिससे बाद में उन्होंने विवाह भी किया। 1943 में बग़दाद में अध्यापन कार्य सँभाला। जल्द ही इनको नौकरी से इसलिए निकाल दिया गया कि इनके विचार मार्क्सवादी थे। 1948 में हुई उथल-पुथल में इनको जेल जाना पड़ा। इन पर आरोप था कि यह अपनी कविताओं से माहौल में आग लगाते हैं। इनको बग़दाद छोड़ना पड़ा। कुवैत जाकर भी इन्हें चैन न मिला। पेट भरने के लिए पत्रकारिता ने मदद ज़रूर की थी, लेकिन ज़्यादा समय उनका कॉफ़ी हाउस में गुज़रता। उदासी के दिन अवसाद में डूबे। ख़ुद आख़िर फ़ैसला किया क्यों न सीरिया और लेबनान चले जाएँ जहाँ उनके विचारों की प्रतिबद्धता का सम्मान हो सके! 1961 में उन्हें पैरालेटिक अटैक हुआ और वह तन्हा, बीमार और परेशान बग़दाद, लंदन, पेरिस, बेरुत के अस्पतालों के बिस्तर पर पड़े रहे। फिर कुवैत के चैरिटी हॉस्पिटल में 39 वर्ष की अल्पावस्था में (1964) में चल बसे।

बदर शाकिर अल-सय्याब ने अपनी छोट-सी अदबी ज़िंदगी में बहुत-कुछ महत्त्वपूर्ण लिखा। उनके छह संग्रह हैं जिनमें *फीके फूल* (1947), *लीजेंड* (1950), *बारिश के स्रोत* (1960) और अंतिम संग्रह *भद्रपुरुष की बेटी की खिड़की* के नाम से आया। उनका चौथा काम विश्व स्तर के बेहतरीन कवियों की रचना का अनुवाद है। अल-सय्याब का विचार था कि वह दौर गुज़र गया है जब ज़रूरी नहीं समझा जाता था महान् कवियों के लिए वे दूसरों को पढ़ें और अपने को तराशें। सिर्फ़ योग्यता है जो ऐडिथ सित्वेल (Edith Sitwell) और टी.एस. इलियट (T.S. Eliot) जैसे कवि पैदा कर सके।

बदर शाकिर अल-सय्याब को दो कवियों ने निखारा। पहले ऐडिथ सित्वेल (Edith Sitwell) जिन्होंने इंद्रियगत ध्वनियाँ, कल्पनात्मकता और मिथक दिये! वह उनकी कविता *लूलाबाई* (Lullaby) से प्रभावित थे। दूसरे इलियट की छाप ज़्यादा गहरी पड़ी। मगर सय्याब चूँकि मार्क्सवादी विचारधारा के थे, इसलिए वह उन्हें प्रतिक्रियावादी कवि कहने लगे।

"मैं सिर्फ़ और सिर्फ़ उसकी शैली से प्रभावित हूँ इससे ज़्यादा कुछ नहीं। मैं अपने विचारों और दृष्टिकोण में उससे बिलकुल अलग हूँ।"

बदर शाकिर अल-सय्याब की ज़िंदगी ने जिस तरह पलटा खाया उसने उसकी कविता पर भी असर डाला और बाद में महसूस हुआ कि जैकूर पर लिखी उनकी कविताओं में इलियट की ही गूँज है। यह प्रभाव केवल दो कवियों तक उनकी कविताओं में सीमित नहीं रहा बल्कि एज़रा पाउंड, रूमानी कवि कीट्स, शेली, यहाँ तक कि शेक्सपियर, दांते, विरगिल, गोयटे और होमर का भी असर रहा। उनकी कविताओं में अवसाद परछाईं बनकर थरथराता है, जबकि शायर बिस्तर पर पड़ा मौत का इंतज़ार कर रहा हो तब उसे मौत ही पनाह लगती है। अपने समकालीन साम्यवादी कवि नाज़िम हिकमत, पेबलो नेरूदा, मायाकोवस्की और लोर्का से भी सय्याब काफ़ी प्रभावित रहे हैं।

अल-सय्याब की प्रसिद्ध कविता *अंधी वेश्या, बारिश के स्रोत, विदेशी गल्फ़ में, हथियार और बच्चे* और *बंजर भूमि* है। आख़िरी दिनों में वह जैकूर को बहुत याद करते थे जिस तरह एडवर्ड सईद अपने आख़िरी दिनों में अपने वतन को। अल-सय्याब अपनी लंबी कविता *अंधी वेश्या* में पूरी कहानी कह डालते हैं कि कैसे सामंती समाज में अपनी भूख और ग़रीबी से तंग आकर एक लड़की जिस्मफ़रोशी करने पर मजबूर हो जाती है। एक ग़रीब बाप भूख की लानत से मजबूर आटा चुराता है और मौत की सजा उसे मिलती है। उसकी जवान बेटी गाँव से शहर आती है और जिस्मफ़रोशी शुरू कर देती है। वह रात कैसी है जो यह बताती है कि रात आती ही है गुनाह को छुपाने के लिए और वेश्यावृत्ति को बढ़ावा देने!

☙ वेश्या ❧

रात घिर आयी है जिसकी कालिमा को
शहर ने अपने अंदर जज़्ब कर लिया है।
राह से गुज़रनेवाले किसी शोक गीत की तरह
शहर के कोनों में छुपने लगे हैं।
सड़क किनारे खड़े लैम्प पोस्ट, जैसे
'सुल्ताना चम्पा' पुष्प की तरह घाटी में फूले हों
ठीक मैडसा की आँखों की तरह जो
अपने ज़ुल्म से हर दिल को पत्थर बना देती थी।
यह संकेत बेबीलोन के लोगों को पूर्वसूचना दे रहा है
कि अब आग भड़कनेवाली है।

इस कविता में सय्याब एक बेहद संवेदनशील कवि की तरह उभरे हैं। उनके अंदर आक्रोश और पीड़ा दोनों करवटें बदलते हैं। पानी न बरसने से इराक़ भुखमरी के दौर से गुज़र रहा है और इस वेश्या को ग्राहक का इंतज़ार है जो उसके जीने का सहारा बनेगा। जैसे कमरे का भाड़ा, लैम्प में तेल, वह तेल जिस पर विदेशियों का क़ब्ज़ा है। वह उसे उन्हीं के दिये पैसों से ख़रीदेगी। स्थिति कुछ ऐसी है जैसे विदेशी फ़ौजी सिपाही द्वारा किसी स्थानीय लड़की का बलात्कार। इस कविता में, चिड़ियाँ बेचनेवाला आता है जो उस लड़की के ज़हन में अपने गाँव की याद दिला जाता है, जहाँ साफ़ हवा और पंछी उड़ते थे। यह शहर जहाँ सिर्फ़ गंदगी है।

बदर शाकिर अल-सय्याब की कविताओं से गुज़रना दरअसल इतिहास से नहीं बल्कि वर्तमान परिदृश्यों से भी गुज़रने-जैसा है। आज का इराक़ भी बहुतों की याद में कुछ इसी तरह का रूपक गढ़ता होगा!

☙ बारिश ❧

तुम्हारी आँखें खजूर के दो उपवन हैं
जिन्हें सूरज अपनी हरारत से ताज़ादम करता है
या फिर दो बालकनियाँ जहाँ से चाँद
चाँदनी बिखेरता गुज़रता है।
जब तुम्हारी आँखें मुस्कुराती हैं तो

अंगूर की कलियाँ चिटखती हैं और
रौशनी के दायरे नाच उठते हैं
ठीक नदी में चाँद के अक्स की तरह
जो पौ फटते ही कश्ती खेने लगता है
अंदर तारे-जैसे ही झिलमिलाते हैं तो
ग़म का झीना-भीना कोहरा उन्हें ढाँप लेता है
किसी समंदर की तरह जिसको
शाम का झुटपुटा अपने में छुपाने को बेचैन हो
शीत के गर्भाशय में पतझड़ का ठंडापन
मृत्यु और जन्म
अँधेरे और उजाले।
मेरी आत्मा में उठता रुदन, किसी डरे बच्चे की चीख़
जैसा, जो चाँद देखकर डर गया हो
तुम्हारी आँखें जैसे इंद्रधनुष पीता हो बादलों को
और पिघलता है बारिश में
बूँदें लगातार बूँदें एक के बाद एक
बच्चे अंगूर के बाग़ानों में ख़ुशी से हँसते हैं।
बारिश का संगीत पेड़ों पर ख़ामोश बैठी चिड़ियों को चहकाता है
बारिश! बारिश! बारिश!

अल-सय्याब ने अपने अवलोकन एवं संवेदना के अलावा लोकगीतों, मिथक और धार्मिक कथाओं को भी स्थानीय रंग के साथ अपनी कविताओं में जगह दी है। उनकी कविताएँ काफ़ी लंबी हैं और उसमें एक लय का दोहराव है जो उनकी अपनी शैली है।

उनकी कविता *लोहे का पलंग* की कुछ पंक्तियाँ दी जा रही हैं—

लोहा, लोहा!
माँ ने पुराना लोहे का पलंग बेच डाला
वह पलँग जिस पर युगल प्रेमी मिले थे
जहाँ दो बाँहों ने हमआग़ोश हो ज़िंदगी के सुदूर सफ़र पर
चलने का इरादा किया था।
अफ़सोस! कल वह बदल जाएगी तेज़ घूमते बम और चाक़ू में
हाथ जो काटेंगे दूसरों के हाथ और
बम पालनों को उड़ाकर
ज़िंदगी की रौशनी को बुझा देंगे!

समय के साज़ पर धड़कती शायरी

अली जाफ़र

इराक़ के वासित शहर में अली जाफ़र 1945 में पैदा हुए और बग़दाद में उनकी शिक्षा हुई। विश्वविद्यालय से उन्होंने अरबी भाषा साहित्य में डॉक्टरेट की डिग्री ली। आपके महत्त्वपूर्ण संग्रह *न कुछ होगा न कोई आएगा* (1973) *मुर्ग़ाबियों का जलघर* (1975)। इसके अलावा उनके आलोचनात्मक लेखों का संग्रह *बंजारों का साम्राज्य* नाम से भी आया है।

इराक़ के माशी लैंड में इराक़-ईरान युद्ध के दौरान भारी हमला हुआ और उस इलाक़े में बाँध का पानी खोल दिया गया। पूरा इलाक़ा सैलाब में डूब गया। कई दर्दनाक यादें इस तरह की इराक़ी नागरिकों के ज़हन में मौजूद हैं। उस पर लिखी एक प्रतिनिधि कविता यहाँ दे रही हूँ–

अलवान-अल-हुवैज़ी का विवाह

मुबारक गीतों से भरा
क्षितिज!
चमकता-सा,
दो नदियों के बीच उभर रहा है।

मेहनतकश हाथों की थकन,
फटी हथेलियों से निकलने को बेचैन है
मछलियाँ चुप हैं
सरकंडों के बीच फँसी नावें खड़ी हैं
और बारिश के पानी में भीगती चिड़ियाँ
गाना गा रही हैं।

अलवान अपने पुरुषार्थ
अपनी पसंद
प्यार और चुंबनों से ख़ुश था।

यहाँ एक घर वहाँ एक औरत!
वहाँ एक सपना जिसमें एक औरत!
यहाँ एक मर्द जिसमें एक औरत!

कब ये दो थके हुए सुस्तायेंगे?
कब ज्वार भाटे में बदलेगा?
कब ये दो किनारे मिलेंगे?
और कब...
मिलन की प्रतीक्षा करती कामना
आग पकड़ेगी?

अँधेरा उसके घर
सरकंडों के बीच पसरकर बैठ गया है
हवा में तेज़ी है और
क्षितिज का चेहरा रोने की आवाज़ों में
डूब रहा है।
सूरज के चेहरे पर काला नक़ाब गिरा
और पानी का रंग भी स्याह पड़ गया।

ज़िंदगी का चेहरा ख़ून का बादल बना
आग, आग का पीछा करती
और लाशें,
लाशों का पीछा करने लगीं।

सात कठिनाई भरी रातें गुज़रीं
अलवान अपने गीतों के साथ ख़ुश था।
हुवैज़ा का पानी ख़ाक का साम्राज्य बना
नावें ख़ून से भरी और...
सरकंडे छींटों से भीगे।

उसने आक्रमणकारियों को अपनी 'माशी' से
खदेड़ दिया।
जहाँ उसके सपनों में वह औरत रहती थी।
आह!

अलवान अपने पुरुषार्थ से
या फिर ख़ून देखकर ठगा-सा रह गया?
लेकिन...
यह तो वह था
जिसकी छाती का घाव ख़ून उगल रहा था।

ख़ून से भरी नाव
डूबने से पहले पानी के बीच
किसी फूल की तरह उभरी थी।
नाव के
डूबने के बाद, वह ख़ून में बैठी औरत
रो पड़ी थी।

शाम ढलते ही
चिड़ियों का एक झुंड
घास और शहीदों की लाशें।
सभी
अलवान की शवयात्रा में शामिल हुए।

समय की ज़ालिमाना चाल से घायल

साजिदा अल-मोसवी

इराक़ी कवयित्री साजिदा अल-मोसवी का जन्म 1950 में बग़दाद में हुआ था। उनकी शिक्षा इसी शहर में हुई जहाँ से 1975 में उन्होंने बग़दाद विश्वविद्यालय से बी.ए. की उपाधि ग्रहण की। साजिदा 'जनरल फ़ेडरेशन ऑफ़ इराक़ी वूमेन', 'इराक़ी राइटर्स यूनियन' एवं 'नेशनल एसेंबली' की कर्मठ सदस्या रही हैं। उनके कविता-संग्रह हैं–*छोटी लड़की ने पाया खजूर का पेड़* (1979), *खजूरों के पेड़ों से प्यार* (1981), *अंकुर* (1986), *चाँद का झरना* (1987), *बैबिलॅन हस्तलिपि* (1989), *पुराने पुल के ऊपर चाँद, सिसकियाँ* (1996), *इराक़ी टेलीग्राम धरती पर रहनेवालों के नाम* (2000)।

साजिदा से मेरी मुलाक़ात इराक़ में 'अंतरराष्ट्रीय महिला सम्मेलन' में 1983 में पहली बार हुई थी। लगभग दो दशक बाद साजिदा से फिर मुलाक़ात होगी वह भी सीरिया में, इसका गुमान न था। अपनी बीमार बेटी के इलाज के चलते उन्हें बग़दाद छोड़ना पड़ा। हर पल उनकी चिंता की केंद्र उनकी बेटियाँ हैं, जिन्हें वे इराक़ में छोड़ आयी हैं। इनमें से दो विवाहित हैं और एक उनके पास ही रहकर पढ़ रही है। उनका कहना था कि जब बग़दाद पर बम गिर रहे थे उस समय वह अपनी पाँचों बेटियों को समेटे हर पल मौत का इंतज़ार कर रही थीं। उन्होंने जो भी हालात बयान किये उसका संक्षिप्त ब्योरा उनकी कविताओं में मौजूद है।

यह कविता 1995 में लिखी गयी थी जब इराक़ में आर्थिक नाकाबंदी के कारण दवाओं की ज़बर्दस्त कमी थी। 1997 में कवयित्री के पति का देहांत हुआ जो दमा और हृदय के रोगी थे।

2004 में जब सीरिया में उनसे मुलाक़ात हुई थी तब उन्होंने ये कविताएँ अंग्रेज़ी में टाइप पन्नों की फ़ोटोकॉपी से बनी पुस्तिका के रूप में दी थी।

❧ वेंटोलाइन इनहेलर ❧

माफ़ करना भाई! नहीं है हमारे पास।
माफ़ करना बहन! सभी बिक चुका है।
देखना है, तो मेहरबानी करके, इस बिल्डिंग के मोड़ पर
हमारा दूसरा बिंदूदार है, शायद वहाँ हो।
यह सुनकर जैसे ही मुड़ी,
ठंडी हवा ने मुझे अपने भँवर में लपेटा,
कभी हल्की...कभी तेज़ डरावनी आवाज़ों के संग जैसे,
प्रेतों की टोली एक साथ दौड़ लगा रही हो या फिर
दैत्यों के झुंड फुंकारे मार रहे हों।
मेरे अंदर की घुमड़ती पीड़ा ने
इस ख़ौफ़नाक परिवेश से मुझे बेगाना बना दिया था।

अँधेरे या धुँधलके में मुझे सँजोना था उस मर्द को।
जो मुझे अपनी आँखों की पुतलियों से ज़्यादा प्यारा था।
अकेलेपन और चिंता ने मुझे अंत में,
चिल्लाने पर मजबूर कर दिया।
अरे! कोई सुन रहा है मेरी आवाज़ को
क्या किसी के पास वेंटोलाइन इनहेलर है?
घर में या जेब में?

कितनी अजीब बात है,
उँगली के बराबर इस दवा का न मिलना
ख़तरा बन जाए एक मरीज़ की ज़िंदगी के लिए?
क्या किसी ने सोचा था ऐसा होगा?
क्या किसी ने सुनी थी ऐसी बात कभी?
अकेली मैं आगे बढ़ी, सड़क-दर-सड़क
एक घर से दूसरे घर तक, एक दुकान से दूसरी दुकान तक
अपनी रूह की गहराई से फ़रियाद करती, वेंटोलाइन!
कहीं कुछ नहीं सिवाय निस्तब्धता में गूँजतीं मेरी प्रतिध्वनियाँ।
उधर वह मरीज़ इंतज़ार कर रहा था मगर
'वेंटोलाइन' कहीं नहीं मिला।
अब मेरा मज़बूत दिल आँसुओं में पिघल रहा था।

'इकियस'* कुछ नहीं कर सकता था इस अभाव के विरुद्ध
इस पल वह या तो खर्राटे भर रहा होगा या फिर
शराब के घूँट भर रहा होगा और मैं इधर
सब्र का अभ्यास कर रही थी और सोच रही थी कि
कैसे हासिल करूँ वेंटोलाइन इनहेलर
आख़िर कैसे?

और किताबों पर बरसीं बूँदें

मैंने उसे देखा था
सराय बाज़ार की सड़क पर
फुटकर किताबों को बेचते हुए।
वह कुछ चिन्तित-सा लगा जैसे
सोच रहा हो कि आख़िर कौन ख़रीदेगा इन पुस्तकों को?
मैंने पूछा, "कितने की है अल-बुहुतरी**?"
उसने कोई जवाब नहीं दिया।
कौन लेगा पैसा के बदले में
आँसू और सरोकार?
उसकी आँखों में भर आए आँसू
मुझे मोमबत्ती के जंगल-जैसे लगे।
ऊपर आसमान पर छायी घटा से,
एक बूँद आँसू की तरह नीचे टपकी
किताबों के भीगने के डर से
उसने अपनी क़मीज़ डाली और पलकें झपकायीं!
वह जुमे का दिन था
जब सराय के फुटपाथ पर
किताबों पर बारिश हुई थी।

---

* यूनाइटेड नेशंस के स्पेशल कमीशन के इराक़ में हेड थे जो इराक़ पर लगी आर्थिक नाकाबंदी की अवधि बढ़ाने के पक्षधर थे।

** अब्बासी काल का प्रसिद्ध कवि

❧ अँगूठी ❧

एक पुरानी सुनार की दुकान के दरवाज़े पर
वह सोच में डूबी खड़ी थी।
चमकते सोने के ज़ेवरों पर उसकी नज़रें टिकी थीं।
वह अंदर दाख़िल हुई, शो केस में से
एक साथ हज़ारों अँगूठियों के नग दमक उठे।
उसकी उँगली में एक अँगूठी थी
उसने आँखें भर सबको देखा मगर
उसकी अपनी अँगूठी के आगे सब मांद थीं।
वह फिर सोच में डूब गयी।
उसने शादी की अँगूठी को
अपनी उँगली से उतारा
और उसे बेच डाला...
सुनार की दुकान से निकलते समय
वह मुतमईन थी।
जब घर पहुँची तो उसके हाथों में
अंगूर और रोटी से भरे थैले थे।

❧ बाद का पछतावा किस काम का ❧

जब चित्रकार की तूलिका नहीं चलती सही
बदल डालता है फ़ौरन वह अपने ब्रश को, फिर
तेज़ी से मिलाता है उषा की लाली के रंग
उतार लेता है हूबहू सूर्योदय के उस दृश्य को।
जब अध्यापक से हो जाती है भूल कोई
वह फ़ौरन खोलता है संदर्भ पुस्तिका,
और सुधार लेता है अपनी ग़लती।
जब पानी के जहाज़ का कप्तान
चूक जाता है सही मार्ग की पहचान में, तो
वह हुक्म देता है और वे लौट पड़ते हैं।
लेकिन, इंसानों को मारना

इन सारी भूलों के बीच, ऐसी भूल है
जो सुधारी नहीं जा सकती।
विशेष रूप से जब हथियार जाना-पहचाना हो
और विश्व उसके अपराध का साक्षी हो
तब ज़रूरी हो जाता है उसके कृत्य पर
सबका एक साथ चिल्लाकर कहना 'नहीं'
अन्यायपूर्वक किसी को मारना,
फिर अपनी भूल सुधारना
क्या मरनेवाले को जीवित कर सकता है?
बाद में किया गया पछतावा
आख़िर किस काम का होगा,
किस काम का होगा?

हाय अफ़सोस

आह! क्या कभी तुमने देखा
कैसे यहाँ लोग जल-प्रलय में तैरते हैं,
कैसे रहते हैं वे ऊँची दीवारों के अंदर
बनी दीवारों के पीछे?
आह!
क्या कभी तुमने देखा है कि कैसे यहाँ,
गहरे संतोष के संग लोग सोते हैं?
अभी भी बेदाग़ सूरज उन्हें बाँहों में ले
'उत्साह' से भरता है।
उन्हें पहनाता है कपड़े
जो धैर्य के सुनहरे ताने बाने से बुने हैं,
जिन पर उकरी है सीप और मोती की कशीदाकारी।
आह!
यहाँ रहते हैं फ़ौलाद से बने लोग
जो ठोस है अपनी निष्ठा की शीतलता के संग
आग की लपटों से दूर
आह!
यहाँ लोग, ग़रीब हैं मगर रखा है

उनके सर पर सबसे बहुमूल्य सुंदर ताज।
चाहे वे कवि हों या अमीर
कोई भी उपग्रह नहीं गुज़रता उनके पास से
बिना नतमस्तक हुए और ठहर जाता है
अप्रैल स्तंभ चिह्न के पास
आह!
कैसे दुनिया सो सकती है
जब उत्पीड़न भरी लंबी रात के बाद
दुनिया का अमीर अभी भी
अन्याय के काले बिस्तर पर
करवटें बदल रहा हो!
अफ़सोस जब वह सोता है तो
हमारे खलिहानों और खेतों में आग लगी होती है।
आह!
हमारे भाई जा चुके हैं,
दूर बहुत दूर विस्मृति की गुफाओं में
क्या पता अपनी कर्तव्यविमूढ़ता के कारण।
उन्होंने बेच दी हर चीज़
यहाँ तक कि ईमानदारी और वफ़ादारी भी।
वे गये बिना किसी उपलब्धि के
छोड़ गये केवल पीछे ख़ाली कुर्सियाँ और
अपमान और कुंठा के गहरे घाव।
इसमें भी कोई हैरानी नहीं कि
यह दुनिया हो गयी है धोखेबाज़।
आह!
कैसे संभव है आदमी का आदमी को बेचना?
कैसे संभव है राजनेता का अपने वतन को बेचना?
क्यों लाखों लोग बलि चढ़ा दिये जाते हैं
मानव अधिकार के नाम पर?
क्यों घेरा डाल रखा है हरे सितारों की फ़ौजों ने?
आह! इस सबके बीच हत्यारा रहा है आज़ाद
कारण बन जाता है आगे आनेवाले नरसंहार का।
अफ़सोस, क्या है यह दुनिया,
कितना दमित है इंसान यहाँ!

❧ विवाह ❧

हिंसक मिसाइल
सनसनाते हुए तीर की तरह गिरा
घरों को मलबे के ढेर में बदलता हुआ।
मोहल्ले की सबसे सुंदर लड़की को दुल्हन बना
दूसरे मोहल्ले के सबसे तेजस्वी दूल्हे से ब्याहने
औरतों, मर्दों, बच्चों का जुलूस चला।
वे जब पहुँचे तो
ठगे रह गये यह देख वहाँ कुछ भी न था।

दूल्हा का घर भी नहीं, सारा मोहल्ला
मलबे के ढेर में बदल चुका था।
कौन कल्पना कर सकता है
उस दुल्हन के दिल पर गिरी बिजली की,
जिसके पास रहने को अब
कोई ठिकाना बचा नहीं था।

❧ इराक़ी टेलिग्राम धरती पर रहनेवालों के नाम ❧

आओ! चलो, जमा करें फूलों को,
दुनिया के मैदानों से, और
बना डालें एक गुलदस्ता।
संयुक्त राष्ट्र संघ इन दिनों नहीं भेजता, हमें
सुगंध से भरे फूल, लेकिन
देता है बारूद और
दुर्भावपूर्ण धुएँ के घने काले बादल।

आओ! चलो जमा करें मृत बच्चों के
अँगूठों के निशान, और
उनके बहे आँसुओं को।
'बचपन बचाव' नारे लगानेवाले
संयुक्त राष्ट्र संघ की नपुंसकता ही तो थी
जो बचा न सकी एक भी बच्चा

मिसाइल, भूख और जाड़े से।
आओ! चलो जमा करें दुनिया भर की चाबियाँ,
और खोल डालें उनसे सारे अधिकार के बंद दरवाज़े
जिन पर ताला डाल रखा है संयुक्त राष्ट्र के पहरेदारों ने।

आओ! चलो गायें सामूहिक गीत
भोर में, सूरज की लाली फूटने से पहले
सदा रहनेवाली आत्माओं का वही सनातन युद्ध गीत

उस अमर हो जानेवाले आदमी के लिए।
अपने शब्दों और आचरण द्वारा दोहरायें ताकि
पूरा विश्व सुन सके उसकी गुनगुनाहट
सलाम ... ! (शांति)
सलाम ... !
सलाम ... !
आओ! चलो जमा करें गैंती को
और तोड़ डालें दस वर्षों की नाकेबंदी की ज़ंजीरों को।
दुनिया का दिल धड़कता है दीवार के उस पार
गाओ...अल्लाह के बंदों उस आदमी के लिए।

आओ! चलो बोयें प्रत्येक अंतःकरण में एक-एक पौधा
अँधेरे घरों में कपास का नन्हा बीज,
जब कभी थोड़ी-सी रौशनी होगी हमारे पास
देख लेंगे उस बढ़ते पौधे को हम सब एक साथ!

नये रूपक का चितेरा

फ़ारूक़ यूसुफ़

फ़ारूक़ यूसुफ़ 1955 में बग़दाद में पैदा हुए। 1978 में उन्होंने अकादमी ऑफ़ फाइन आर्ट्स बग़दाद से सेरिमिक में डिग्री ली। उनका पहला कविता-संग्रह *जड़ता के गीत* (1979) थी। *फ़रिश्ता जिसका पीछा राजकुमारों ने किया* (1985), *बच्चों के गीत, पचास नर्सरी राइम का अध्ययन* प्रकाशित हुए। 'चिल्ड्रेन कल्चर डिपार्टमेंट' में काम करने के साथ वह आलोचना भी लिखते हैं और इराक़ के महत्त्वपूर्ण आर्ट आलोचकों में गिने जाते हैं।

मुहब्बत

हम ठहरे रहे
एक-दूसरे के सामने
धुँधलाये, अस्पष्ट और संदिग्ध से!
वर्षों गुज़र गये
हमारे अंदर का प्यार कभी न बोल सका सच!
हम अलग हुए फिर मर गये।
उन्होंने बताया : "हमने दो गौरैयों की छाया देखी थी!"
तब सोचा फिर होगा हमारे बीच प्यार
और
"तब होंगे हम प्रेमी"

☙ दोस्ती ❧

कल वह आया
और मेरी आँखों पर अपनी आँखें रखकर
चला गया।

☙ खोज ❧

कल ही तो
पड़ोसी ने ढूँढ़ी
मेरी नाक पर
दो आँखें
जो उस बिल्ली की तरह थीं।

☙ संबंध ❧

उसने दरख़्त पा लिया
मगर चिड़ियों को मार्ग न दिखा सका।
सो, वे लगातार उड़ती रहीं।

☙ दृश्य ❧

लोमड़ियाँ सावधान थीं
ठीक हवा की तरह
पेड़ पर
एक परिंदा ज़ख़्मों से चूर था।

मजबूरी

सड़कें वीरान थीं
कॉफ़ी शॉप बंद थी
मैंने अपने घर को पीछे छोड़ा
और सोया अपनी किताबों से दूर।

संबंध-विच्छेद

तोता मर रहा था
ज़िम्मेदारी से मैंने हाथ झाड़ लिये थे।

मौत

एक बच्चा और एक कबूतर
अकेले थे सड़क पर,
कार गुज़री
बच्चा अकेला था सड़क पर
कबूतर उसका दिल लेकर उड़ा
और चला गया दूर।

दूसरी ज़िंदगी

अब हम इंतज़ार कर रहे हैं
दूसरे सालों का,
आग प्रतीक्षा में है
दूसरे आतिशकदों की
और खेत बहुत दूर हैं
क्या खेत इंतज़ार करेंगे
किसी दूसरी दस्तक का?

ग्रैफ़िक

मेज़ पर धुएँ का ग़ुबार
और कुछ नहीं फ़क़त धुआँ
ख़ामोशी के पीछे
सब धुल रहा था।
वे दो मर्द कहाँ ग़ायब हो गये।

स्रोत

1. साजिदा अल-मोसवी के काव्य-संग्रह।
2. अन्य कवियों के संग्रहों से चुनी कविताएँ और जीवन-परिचय, अरबी की विभिन्न साहित्यिक पत्रिकाओं से।
3. सीरियन लेखक संघ की पत्रिका 2003 में अंग्रेज़ी में प्रकाशित।

क़ुसूर किसका है नयी हव्वा या पुराने आदम का

हिंदुस्तान

फ़िराक़ गोरखपुरी
साहिर लुधियानवी
मीरा जी
कैफ़ी आज़मी
निदा फ़ाज़ली
सय्यदा नसरीन नक़्क़ाश
शबनम एशाइ

क़ुसूर किसका है नयी हव्वा या पुराने आदम का

उर्दू शायरी सिर्फ़ मर्दों तक महदूद नहीं रही। औरत भी ख़ुदा की बनायी मख़्लूक़ है। वह भी शायरी कर सकती थी और उन्होंने की भी होगी। मगर सामाजिक और ख़ानदानी रवायतों ने उसे मुशायरों तक पहुँचने और साहिबे किताब बनने का मौक़ा नहीं दिया होगा, वे ग़ज़लें, नज़्में, रुबाइयाँ गुमनामी के अँधेरे में डूब गयी होंगी या फिर उनकी यह ख़ूबी घर की चहारदीवारी में क़ैद होकर सिर्फ़ सोहर, मेहँदी, सेहरा, लोरी या फिर सोज़, मर्सिया, नौहा तक सीमित रही होगी। जो सीना-ब-सीना चली तो होगी मगर रचनाकार के नाम के साथ उसने चौखट नहीं लाँघी होगी। बल्कि एक सामूहिक अभिव्यक्ति के रूप में एक विशेष माहौल तक सीमित रही होगी। यह उस दौर का तहज़ीबी पहलू भी था जब यह सोच आम थी कि औरत का अकेला कुछ नहीं होता है बल्कि वह जो कुछ करती है वह अपने से हटकर परिवार और समाज के लिए अंजाम देती है। कभी मर्दों के साथ भी ऐसा हुआ होगा लेकिन बाद में सृजनात्मक चेतना के साथ बौद्धिक धरोहर के रूप में उस व्यक्ति को मान्यता देने पड़ी जिसने अकेले ही तन्हाई के क्षणों में ऐसा कुछ रचा जो केवल और केवल उसकी अभिव्यक्ति और निजी सृजन स्रोत की अभिव्यक्ति थी। औरतें भी उस मरहले से गुज़रीं। उनके व्यक्तित्व की पुख़्तगी, ख़ूबी और तेज़ी उन्हें भेड़ों के गल्ले की तरह न हाँक सकी और उनकी तख़्लीक़ी ख़ूबियों को खुले दिल व दिमाग़ से क़ुबूल करना बल्कि उनका नाम भी पर्दे से निकल मर्दों के सफ़ में शामिल होना शुरू हो गया। जहाँ न मर्द-औरत की खाई, न दूरी; न ही किसी तरह का भेदभाव था बल्कि वहाँ सिर्फ़ कलाम और अमल का दख़ल था। जहाँ औरत अपना दिल व दिमाग़ काग़ज़ पर खोल कर रख सकती है।

तारीख़ हमें तहख़ानों तक ले जाती है। कभी यादों तो कभी सनदों के सहारे हम वहाँ पहुँचते हैं। यादें अगर याददाश्त की शक्ल में लिखित प्रमाण-पत्र का रूप धर लेती हैं तो वह सनद बन जाती हैं। सनद एक सच होता है तारीख़ का और यादें इंसान की मौत के बाद उसके दिमाग़ में महफ़ूज़ न रहकर एक अरसे बाद मिट्टी में मिल जाती हैं। औरत के लेखन का ज़बानी साहित्य सामूहिक इंसानी धरोहर बन कर लोकगीत, लोक-साहित्य में महफ़ूज़ रह गया। अब हमारे पास

शोध करने के बाद औरतों द्वारा लिखित जो साहित्य मिलता है, हम उसी के सहारे औरत के लेखन की शुरुआत का समय तय कर लेते हैं।

तारीख़ के पन्ने पलटने से जो बात सामने आती है उससे पता चलता है कि उर्दू की तीन शायरा बीबी फ़तह मुल्क, इम्तियाज़ और चंदाबाई महलक़ा हैं क्योंकि इन तीनों कवयित्रियों के दीवान मिलते हैं। जबकि साहित्यिक लेखों में अन्य कवयित्रियों के फ़क़त नाम दर्ज मिलते हैं जैसे बेगम कामला, जाफ़री, जम्यित पारसा, अख़्तरी, रसिया वग़ैरह।

इन तीन ख़वातीन शायराओं में चंदाबाई महलक़ा को सबसे ज़्यादा शोहरत हासिल थी। शुरू के दिन उनके ज़रूर आज़माइश के थे फिर वह महल में दाख़िल हुईं। जिससे उनके पास दौलत, शोहरत, फ़न व हुनर सभी कुछ आ गया था।

हम से करे है यार बयाँ अपनी चाह का
हाज़िर हैं हम भी, गर इरादा हो निबाह का

कभी सय्याद का खटका है कभी ख़ौफ़ ख़िज़ाँ का
बुलबुल अब जान हथेली पर लिये बैठी है।

इसके बाद जो कवयित्रियाँ वजूद में आयी होंगी उनका अंत भी वही हुआ जो उनकी पिछली पीढ़ी का हुआ। यह कि उनका कलाम कहीं महफ़ूज़ न रह सका और वक़्त गुज़रने के साथ ज़हन से भी ओझल हो गया। अरसे बाद साहिबे दीवान शायरा औरंगज़ेब की बड़ी बेटी ज़ैबुन्निसा उर्दू शायरी के आसमान पर नमूदार होती हैं जो अरबी और फ़ारसी के साथ उर्दू में भी शेर कहा करती थीं!

उनके कुछ नमूने—

जुदा हो मुझसे मेरा यार .ख़ुदा न करे
.ख़ुदा किसी के तईं दोस्त से जुदा न करे

कहते हो तुम न घर मेरे आया करे कोई
पर दिल न रह सके तो भला क्या करे कोई

इसके बाद मीर तक़ी मीर की साहबज़ादी 'उमराव बेगम' का नाम आता है।

कुछ बेअदबी और शबे विसाल नहीं की
हाँ यार के रुख़सार पर रुख़सार तो रखा।

इतना भी ग़नीमत है तेरी तरफ़ से ज़ालिम
खिड़की न रखी रौज़ने दीवार तो रखा

शाहआलम की मलिका जीनाबेगम भी शायरी में दख़ल रखती थीं–

डबडबायी आँखों में आँसू थम रहे हैं
कासा-ए-चश्म में जूँ शबनम रहे

आया न कभी .ख्वाब में भी वस्ल मयस्सर
क्या जानिये किस साअत बंद आँख लगी थी

मुग़ल काल का पतन, अंग्रेज़ों की ग़ुलामी, स्वतंत्रता-संग्राम आंदोलन के मौक़ों पर औरतें ख़ामोश नहीं बैठीं। उन्होंने अपनी व्यथा, संघर्ष और विद्रोह को अपने लेखों, नारों और शायरी में पूरी मुखरता से दर्ज कराया। नयी शायरी के दौर में भी अनेक नाम उभरे और नज़्मों व ग़जलों में नयी अनुभूतियों और अभिव्यक्तियों को जोड़ा। उन नामों में कवयित्रियाँ–सय्यदा बेगम अख़्तर, राफ़िया बानो, सफ़िया शमीम, ज़ेबताज़ोर, ज़ाहिदा ख़लीकुलज़मा, आमना बिर्जीस, नजमा तसद्दुक़, कनीज़ मैमूना वग़ैरह हैं। राफ़िया बानो मुजामिर के .ख्यालात देखें–

बदल दूँगी निज़ामे ज़िंदगी को सइये पैहम से
ज़माना काँप उठेगा मेरे अज़्मे मुसम्मम से
मेरे बिगड़े हुए तेवर से तूफ़ान दमब.खुद होंगे
मेरे बिफरे हुए नारों से इंसाँ दमब.खुद होंगे
हूँ जब तक मैं ज़िंदा बग़ावत है ज़िंदा
मेरा जज़्बा-ए-सादिक़ .फ़ानी नहीं है

ज़ाहिदा ज़ैदी का नाम बड़ा अहम है। उनकी नज़्म *एक मंज़र* यहाँ दी जा रही है–

इक शिकस्ता कश्ती में
सैलाब की तुंद मौजों पे
मैं जा रही हूँ कहाँ
हाथ में मेरे चप्पू नहीं
और कश्ती है बे-बादबान
दूर तक कोई इंसान या आबी परिंदा
नज़र मुझको आता नहीं
मेरी आवाज़ सीने में बंद है
चारसू गूँजती है जुनून की साज़े तन्हाइयाँ
महवे हैरत हूँ
यह क्या कोई .ख्वाब है
या हक़ीक़त का .खुदकार तीखा बयाँ!

उनकी बहन साजिदा ज़ैदी का आक्रोश उनकी नज़्म *मैं वह तस्वीर नहीं* में देखें–

किसने झाँका है मेरी ज़ात की तन्हाई में
कौन भटका है मेरी लहू की पिन्हाई में
किसने अम्वाजे तख़य्युल को गिना है मेरी
किसने रखा मेरे 'नाकरदा' गुनाहों का हिसाब
कौन उतरा कभी आज़ादी-ए-हस्ती के निहा ख़ानों में
मैं वह तस्वीर नहीं–
नक़्श वह दीवार नहीं–
मेरी नज़रों की तमाज़त से
ये दीवारें पिघल जाएँ तो क्या?
इससे आगे भी तो बस दश्त है तन्हाई का!

औरत के अंदर तन्हाई का यह अहसास अव्वल दिन से था। अपने को न समझे जाने का यह दुख उसे घरेलू चहल-पहल और ज़िम्मेदारियों से बाँधे रहता था। मगर आज पढ़ी-लिखी कमानेवाली औरत को वही शिकायतें क्यों है? क्या सब-कुछ हासिल करने के बावजूद वह कुछ भी हासिल नहीं कर पायी है–न महबूब न शौहर न दोस्त? उसे कब समझनेवाला मिलेगा? या फिर औरत की उम्मीदें और ख़्वाहिशें मर्द को लेकर ज़्यादा तो नहीं हो गयी हैं? आख़िर एक सुशिक्षित, संवेदनशील औरत पढ़े-लिखे बाहोश मर्द से चाहती क्या है?

उसी दौर में मोईन अहसन जज़्बी भी शायरी कर रहे थे। उनकी हमदर्दी उस तबक़े की औरत से नज़र आती है जो समाज की नज़र में बाइज़्ज़त नहीं समझी जाती है। *तवायफ़* नाम की नज़्म के चंद अशआर देखें–

अपनी फ़ितरत की बुलंदी पे मुझे नाज़ कब है
हाँ! तेरी पस्त निगाही से गिला है मुझको
तू गिरा देगी मुझे अपनी नज़र से वरना!
तेरे क़दमों पे तो सिजदा भी रवा है मुझको
अपनी पस्ती का भी अहसास फिर इतना अहसास
कि नहीं मेरी मोहब्बत भी गवारा तुझको
और ये ज़र्द से रुख़सार ये अश्कों की क़तार
मुझसे बेज़ार मेरी अर्ज़े वफ़ा से बेज़ार!

नियाज़ आज़मी साहब ने भी 'तवायफ़' विषय पर नज़्म लिखी है मगर उसमें तेवर दूसरे हैं और तवायफ़ की ज़बानी वह कहते हैं–

तुम ये कहते हो कि बदनाम व गुनहगार हूँ मैं
तुम ये कहते हो कि बदकार व सियाहकार हूँ मैं

ख़ुद को बाज़ार में नीलाम किया करती हूँ
सिन्फ़े नाज़ुक को मैं बदनाम किया करती हूँ
करती रहती हूँ जवानी का हर इक से सौदा
लाके बाज़ार में हुस्न व शबाब बेच दिया
मुझको जो चाहे वह होंठों से लगा लेता है
मैं कि वह जाम जिसे कोई उठा लेता है
प्यार बिकता है मेरा, मेरी वफ़ा बिकती है
चंद सिक्कों के अवज़ मेरी हया बिकती है
तुम न होते जो ख़रीदार तो बिकती कैसे
तुम न होते जो तलबगार तो बिकती कैसे
एक ही हाथ से ताली तो नहीं बजती है
एक ही शख़्स से महफ़िल तो नहीं सजती है
मेरे ही सर पे है तन्हा कोई इल्ज़ाम नहीं।
मैं हूँ बदनाम अगर, तुम भी तो ख़ुशनाम नहीं!

बातें सुनाने का यह अंदाज़ औरतों ने अपनी शायरी में अपना लिया और खुलकर वे सलवातें मर्दों को सुनाना शुरू की हैं कि मर्दों ने उनसे हमदर्दी करना ही छोड़ दिया है। आज जज़्बी और नियाज़ आज़मी की तरह वर्तमान समय में नये कवि नहीं लिख रहे हैं। सरदार जाफ़री, साहिर, कैफ़ी, यह प्रगतिशील कवि अपनी ज़िम्मेदारी समाज के लिए महसूस करते थे जिसमें औरत भी साँस ले रही थी और हर तरह के ज़ुल्म सह रही थी। शायरों में ये चंद नाम नहीं बल्कि लंबी फेहरिस्त है जिन्होंने औरत को इंसान समझ अपने ज़हन और अदब में जगह दी और उस मर्द और समाज को कटघरे में खड़ा किया। यही काम आज औरतें कर रही हैं। साथ ही कुछ का दावा है कि यह हमारा मैदान है क्योंकि अभी तक मर्दों की हमदर्दी सिर्फ़ सतही रही है।

बिलक़ीस जफीरुल हसन के तेवर उस बदज़ात मर्द के ख़िलाफ़ खौलते पानी की तरह उबलते हैं जिन्होंने औरतों को शताब्दियों से रस्म व रिवाज, धर्म और सामाजिक पाबंदियों में क़ैद कर रखा था। अपनी एक कविता में वह ख़ुद सतायी हुई औरत की तरफ़ से बोलती हैं। दूसरी में वह एक बेबस औरत का बयान करती हैं।

जो करने पर उतर आए तो कोई, क्या कर नहीं सकता
यक़ीनन, मैं भी कर सकती हूँ तुमसे बेवफ़ाई
कज अदाई
हिक़ारत, तंज़ और दुशनाम, सब-कुछ!
तुम्हारे ही दिये सिक्के - तुम्हारे मुँह पे मैं भी मार सकती हूँ
मुझे नादान या कमज़ोर मत समझो

जो करने पर उतर आए कोई - क्या कर नहीं सकता
मगर क्या फ़ायदा - दुख दे के तुमको
कोई सुख पाना मुझे अच्छा नहीं लगता
यूँ भी
लड़ाई बराबरवालों में होती है
क्यों बेकार अपनी ताक़तें ज़ाया करूँ मैं;
जो तुम्हारा निस्फ़ बेहतर हूँ

सख़्त हैरत है, बानो तो ऐसी न थी
उसको इस घर में आए हुए
बीस बरसों से ज़्यादा का अरसा हुआ
इन बीस बरसों में उसने किसी से कुछ न कहा
न शिकायत किसी की, न कोई गिला

ऐसी औरत को आज क्या हो गया
ज़हर चूहों का क्यों खा लिया—
क्या पता?
सख़्त हैरत है, बानो तो ऐसी न थी!

नयी शायरी हो या प्रगतिशील शायरी दोनों तरह का बदलाव एक नयी औरत से हमकलाम है जो उसे अपने साथ मैदाने जंग, इंक़िलाबी जलसों और हर उस मोर्चे पर ले जाना चाहता है जहाँ वह ख़ुद पहुँचना चाहता है। उर्दू के मशहूर शायर सलाम मछली शहरी वक़्त की नज़ाकत और मुल्क के हालात देख कह उठते हैं—

मुझे नफ़रत नहीं है इश्क़िया अश्आर से लेकिन
अभी इसको ग़ुलामाबाद में मैं गा नहीं सकता
मुझे नफ़रत नहीं हुस्ने जन्नतज़ार से लेकिन
अभी ताबे निशाते रक़्से महफ़िल ला नहीं सकता
मुझे नफ़रत नहीं है पाज़ेब की झंकार से लेकिन
अभी दोजख़ में इस जन्नत से दिल बहला नहीं सकता
अभी हिंदोस्ताँ को आतिशीं नग़्मे सुनाने दो
अभी चिनगारियों से इक गुले रंगीं बनाने दो

सरदार जाफ़री *इंतज़ार न करना* में कहते हैं—

मैं तुझको भूल गया इसका एतबार न करना
मगर ख़ुदा के लिए मेरा इंतज़ार न करना
अजब घड़ी है मैं इस वक़्त आ नहीं सकता

सरे दर इश्क़ की दुनिया बसा नहीं सकता
मैं तेरे साज़े मुहब्बत पर गा नहीं सकता
मैं तेरे प्यार के क़ाबिल नहीं हूँ प्यार न कर
न कर ख़ुदा के लिए मेरा इंतज़ार न कर

अली जव्वाद ज़ैदी अपनी नज़्म *मेरी राह में* औरत को मुख़ातिब होकर कहते हैं–

तुम साथ कहाँ तक जाओगी
तुमको तो अभी से उलफ़त है, तुम दुनिया भर की क्या जानो
रस्ता है कठिन मंज़िल है कड़ी कुछ सोचो, समझो, पहचानो
अच्छा है कि अब से लौट चलो, घर जाओ मेरा कहा मानो

और फिर मजाज़ भी कह उठते हैं–

तेरे माथे का यह आँचल बहुत ही ख़ूब है लेकिन
तू इस आँचल से इक परचम बना लेती तो अच्छा था

पता नहीं ये सारे शायर औरत के बहाने अपने प्यार के बंधनों को आज़ादी देना चाहते थे और इंक़िलाब में क़ुर्बान हो जाना चाहते थे या फिर यह भी एक तरह का आशिक़ाना इज़हार था? लेकिन इस बात से इनकार नहीं कि वतन की राह पर चलने के लिए उन्होंने औरत के वजूद को सिरे से नकारा नहीं! बल्कि अपने मख़सूस रूमानी लहजे में वक़्त की ज़रूरत, शायरी में नया बदलाव और बदलती औरत को उन्होंने गहराई से पहचाना और उनके क़दम-ब-क़दम उस दौर की औरतों ने भी इस बदलाव को शिद्दत से महसूस किया था। जिसमें अदा जाफ़री, ज़हरा निगार, साजिदा ज़ैदी, वग़ैरह थीं। मगर उन्होंने इंक़िलाब या आज़ादी की लड़ाई के लिए ऐसी नज़्मे नहीं लिखीं जिसमें कहा हो–"छोड़ो मेरा हाथ छोड़ो मुझे वतन पर क़ुर्बान होना है।" या फिर वे इस सिलसिले से मर्द और घर को अपनी जद्दोजहद में रुकावट समझतीं बल्कि सब को साथ लेकर चली हैं। इस वक़्ती बदलाव से हटकर जब हम उर्दू शायरी को 'मुकम्मल' रूप में देखते हैं तो अख़्तर अंसारी का यह शेर हमको गहरे खींच लेता है–

मैंने इक बार कहा तुमसे मुहब्बत है मुझे
तुमने शरमाते हुए मुझको जवाब इसका दिया
आह लेकिन दिले नाशाद (यह ग़ारत हो जाए)
इस क़दर ज़ोर से धड़का कि मैं सुन न सका

मखदूम मोहिउद्दीन का शेर देखें–

रात भर दीदेनमनाक में लहराते रहे
साँस की तरह से आप आते रहे जाते रहे

जाँनिसार अख़्तर की *गर्ल्स कॉलेज की लारी* अपने वक़्त में ख़ूब मशहूर हुई थी–

जब कभी रेल में गुज़रोगी फ़िरदौस अलीगढ़ से
तुम्हें महसूस होगा रह चुकी हो तुम यहाँ जैसे
तुम्हें बेसाख़्ता मेरी मुहब्बत याद आएगी।

इनकी शायरी में उस औरत का हुस्न उभरकर आया है जो घरेलू है, महबूबा या दोस्त नहीं। बहुत कम शायरों ने उस औरत को देखने की कोशिश की है जो उनके साथ जीती और साँस लेती हैं। शायद यही वजह है कि मर्दों की शायरी में औरत के जो भी जज़्बे हों वह एक दूरी और ग़ैरियत के साथ हैं और इस कमी को जाँनिसार की शायरी पूरी करती है। इनकी शायरी औरत को सिर्फ़ बेवा, यतीम, भिखारिन और दाश्ता (रखैल) समझकर मात्र हमदर्दी भरी लफ़्फ़ाज़ी नहीं करता है।

गाती हुई हाथों में यह सिंगर की मशीन
क़तरों से पसीने के शराबोर जबीं
मसरूफ़ किसी काम में देखूँ जो तुम्हें
तो और भी मुझको नज़र आती है हसीन
आहट मेरे क़दमों की जो सुन पायी है
इक बिजली-सी तन-बदन में लहरायी है
दौड़ी है हर इक बात की सुध बिसराकर
रोटी जलती तवे पर छोड़ आयी है।
जब कहती हूँ अब मुझमें रखा क्या है भला
वह रूप न रंगत न जवानी की अदा
कहते हैं, तेरी-सी ख़ूबसूरत औरत
जो भी हो, रहेगी ख़ूबसूरत ही सदा

एक बात यहाँ नोट करने की है कि मर्दों की शायरी में चाहे नज़्म हो, बैत हो, रुबाई हो, या फिर आज़ाद कविता उसमें औरत से एक गहरा जुड़ाव महसूस होता है। मगर इसका असर आज वैसा नज़र नहीं आता। नयी औरतों की शायरी में एक गहरा शिकवा उभरता है जिसकी वजह भी साफ़ नज़र आती है कि औरत के अनुभव और अनुभूतियाँ पहले-जैसे नहीं रह गये हैं। उसका तेज़ दिमाग़, गहरी दृष्टि, आहटों को भाँप लेने का चौकन्नापन इन ख़ूबसूरत अभिव्यक्तियों से नहीं बहल पाता। उसे कुछ और चाहिए जो उसको जद्दोजहद और बुनियादी सवालों का जवाब तलाश करने में मदद दे। वफ़ा और बेवफ़ाई की लक्ष्मण-रेखा से दूर एक नया क्षितिज तलाश कर सके। जाँनिसार अख़्तर से आगे बढ़कर उसे समझा जा

सके क्योंकि उसके बाक़ी सवाल तो हल नहीं हो पाए अगर राफ़िया शबनम आबदी की नज़र से देखा जाए।

मैं कि एक औरत हूँ
बेहिसों की ग़ैरत हूँ
मैं ज़मीं-जैसी हूँ
फल भी दूँ तो मिट्टी हूँ
पाकबाज़ होकर भी
दिलनवाज़ होकर भी
आज़मायी जाती हूँ
मैं जलायी जाती हूँ
साँस-साँस कटती हूँ
भाइयों में बँटती हूँ
दाँव पर भी लगती हूँ
दिन-रात सुलगती हूँ

मैं उनका सखी! हाथ बँटा सकती हूँ
हालात को हमवार बना सकती हूँ
वह बोझ उठायेंगे अकेले कब तक
मैं ख़ुद भी तो कुछ बोझ उठा सकती हूँ

औरत ख़ुद अब बराबर से चलने और हर परेशानी बाँटने की बात कर रही है। यह एक ऐतिहासिक मोड़ है जो जाँनिसार अख़्तर ने शायरी में पहली बार उठाया है। क्योंकि अभी तक उसे सब ज़िम्मेदारी और अपनी मजबूरी का अहसास दिला रहे थे।

यह बात 'तुम्हारा निस्फ़े बेहतर' (अर्थात् तुम्हारा आधा हिस्सा) में तरन्नुम रियाज़ ने अपनी कविता में बड़ी ख़ूबसूरती से कहा है–

दिल उसे ऐसा ही क़ुदरत ने दिया है और मैं
उसकी पसली से बनी हूँ, उसका ग़म जानती हूँ
कितना मासूम है, पहचानती हूँ!"

यहाँ पर मैं कवयित्रियों को आधुनिक और प्रगतिशील ख़ानों में बाँटना नहीं चाहती बल्कि उस आवाज़ को काग़ज़ पर लाना चाहती हूँ जो उन्होंने किसी भी दौर में अपनों के लिए उठायी हो। चाहे वह बग़ावत मुल्क के लिए हो या अपनी निजी आज़ादी के लिए हो।

कुछ तंगनज़र उर्दू को बँटवारे का कारण बताते हैं जो ख़ुद वक़्त के साथ उनकी अज्ञानता को साबित कर इस बात को झुठला चुकी है। इस वक़्त उर्दू

केवल हिंद और पाकिस्तान में ही नहीं बल्कि पूरे विश्वस्तर पर सृजन की भाषा बन चुकी है। उर्दू का मिज़ाज और बनावट यहाँ तक कि उसकी पैदाइश भी इस बात की ज़ामिन है कि वह बँटवारा नहीं बल्कि सद्भावना और आपसी मेल-मिलाप पर यक़ीन रखती है। इसका सबसे बड़ा नमूना 1857 का साहित्य है जिसने ग़ुलामी के ख़िलाफ़ किस तरह जोश भरा है और यह जोश भरनेवाले उर्दू ज़बान के जाननेवाले हिंदू और मुसलमान दोनों थे। उसी बाहमी जज़्बे के तईं औरत को लेकर उर्दू में बहुत-कुछ दोनों तरफ़ से लिखा गया है। विषयों को मर्द-औरत क़लमकारों में बाँटा नहीं गया है। ग़ज़ल के बाद जो आज़ाद नज़्में या नयी शायरी आयी है उसमें औरत भी खुलकर सामने आयी है चाहे वह मजाज़ हो, सरदार जाफ़री हो, या फिर कैफ़ी आज़मी और साहिर लुधियानवी हों। इनकी नज़्मों और गीतों में औरत को लेकर एक हमदर्दी का जज़्बा हुआ करता था जिसमें हम पुराने शायरों में हाली और उनके हमक़लम कई और नाम भी ले सकते हैं।

आज़ादी की लंबी कहानी यानी 1947 तक जो जुनून हमको शायरी में वतन की मुहब्बत, ग़ुलामी से नफ़रत, आज़ादी की ललक और क़ुर्बानी में नज़र आता था वह यकायक मर्द और औरत के बीच तकरार में बदल गया! प्यार, कसक, बेवफ़ाई, हरजाई, मिलन, जुदाई ये सारे जज़्बे सहज थे, सहजता से बयान होते थे और दिल पर असर करते थे। टूटे दिल का बयान बहुत पहले भी होता था और बाद में भी! मगर वर्तमान समय में पुरानी सहजता क्रोध, घृणा, तिरस्कार में बदल गयी, आख़िर क्यों और कैसे? तेवर, ख़ुद्दारी, आत्मसम्मान, अना और ख़ुलूस व प्यार पहले भी था मगर दुश्मनी नहीं। अब रिश्ता शुरू प्यार से होता है मगर ख़ात्मा नफ़रत पर। इसकी वजह बदलता समाज और नैतिकता है जिसमें औरत-मर्द दोनों ही बदलकर रह गये हैं।

यहाँ तरन्नुम रियाज़ की एक नज़्म रखना चाहूँगी जो आज के हालात का सही बयान है और यह सच सिर्फ़ उर्दू का सच नहीं है बल्कि रिश्तों में आयी बेईमानी आज विश्वस्तर पर नज़र आती है–

उसने मतलब की ख़ातिर किया इस्तेमाल
बेचता भी रहा और ख़रीदा किया
शीशा-ए-दिल को तोड़ा बदन के लिए
और बदन को भी छोड़ा किसी दूसरे तीसरे तन की ख़ातिर
कि उसकी तलाश अब भी जारी है
और जाने कब तक वह जारी रहेगी अभी
ख़ूनी होंठों की वे दायमी तिश्नगी
किसकी शफ़्फ़ाफ़ गर्दन की नीली नसों से
बुझेगी कभी या बुझेगी नहीं!

तरन्नुम रियाज़ एक दूसरा अहसास सामने लाती हैं–

"बहुत ग़ुस्से में,
चिढ़कर मैं
ख़िलाफ़ उसके ही लिखकर नज़्म
जब उसको सुनाती हूँ
बड़ी ही सादगी से दाद देता है
बड़ी ईमानदारी से
कोई उन्वान भी तज्वीज़ करता है
मुझे उसकी इन्हीं बातों पर प्यार आता है
अजब यह दिल का नाता है।

तरन्नुम रियाज़ की इन नज़्मों में परवीन शाकिर की तरह तल्ख़ बात को तल्ख़ लहजे में नहीं कहा गया है। शायद नजमा रहमानी के लफ़्ज़ों में पाकिस्तानी शायरात के लहजे में जो तेज़ी और तुंदी है वह हिंदुस्तानी शायरात में नहीं है। यह बात उन्होंने शहनाज़ नबी के सिलसिले से कही है–

तुम्हारी आँखों की गर्मियाँ हैं नसों में रक़्साँ
मगर न जाने
यह किसकी चीख़ें तुम्हारे लहजे की नर्मियों पर हुई हैं हावी

उनकी दूसरी नज़्म देखें

(अगली रुत के आने तक)–
कहीं दूर से
कोई आवाज़ दे
और कानों में चुपके से कह दे
मुझे तुम तो लगती हो
अब भी जवाँ और हसीन

कितनी शादाब और शगुफ़्ता हो तुम
कितनी ताज़ा हो तुम
कोई शोला हो तुम
ज़िंदगी के सुरों में पिरोया हुआ एक नग़मा हो तुम
या लड़कपन का मासूम सपना हो तुम
बल्कि बादे बहारी का इक नरम झोंका हो तुम।

नजमा रहमानी ने अपने लेख में (जो उन्होंने शहनाज़ नबी पर लिखा है) यह भी कहा है कि यही वजह है कि समालोजक पाकिस्तानी शायरात की तरफ़ ज़्यादा

ध्यान देते हैं और हिंदुस्तानी शायरात का वह नर्म लहजा कहीं दबकर रह जाता है। इसकी वजह यह भी हो सकती है जब आपको आज़ादी मिली हो तो आपको हदें बाँधनी और सरहदें तय करनी पड़ती हैं। मगर जब बंदिशें और क़ैद हो तो सब-कुछ तोड़ने-फोड़ने की बेताबी बढ़ जाती है जो नए शब्द और नयी अभिव्यक्तियाँ भी क़लम को देती हैं और इसमें कोई शक नहीं है कि उर्दू का पाकिस्तानी निसाई लहजा (महिला-लेखन) कड़वाहट से भरा है। ख़ासकर शारीरिक संबंधों को लेकर जिसमें फ़हमीदा रियाज़, अज़रा अब्बास अपने ग़ुस्से का खुलकर इज़हार करती हैं। मगर दबा-छुपा और संकेत में कहा वह जज़्बा उर्दू के भारतीय महिला स्वर में भी गूँजता है जो बाहरी शोर न हो मगर आपके अंदर काफ़ी गहरे गूँजता रहता है। अज़रा परवीन का यह शेर–

तुम अच्छी भली औरत को रण्डी तो बना सकते हो
मगर रंडी को औरत नहीं बना सकते हो

परवीन का अदब कटुता का अदब है जिसमें मर्द से भरपूर नफ़रत भरी हुई है।

रुख़साना जबीं का यह शेर नफ़रत नहीं शिकायत और हैरत से भरा है। साथ ही एक गहरा कटाक्ष भी है–

हाँ, वह आमादा गुफ़तार हुआ है लेकिन
जब मेरे पास कोई फूल न पत्थर होगा

शबाना की नज़्म *फूल भेजे हैं* के चंद शेर–

मैं अकसर सोचती थी
'वह मुझे सॉरी कहेगा'
आज उसने फूल भेजे हैं
नहीं! मेरा जन्म-दिन तो नहीं
ये रोज़े चाहत भी नहीं–
कि आज उसने फूल भेजे हैं
बहुत ही ख़ास दिन है
मेरा सफ़रे आख़िरत का दिन है
बना माज़रत का दिन
अब उसने फूल भेजे हैं।

दूसरा रुख़ देखें। अनीस अमरोही की छोटी-सी नज़्म *एक सवाल* में यही दर्द उभरता है, मगर कुछ अलग ढंग से–

तुमने शायद
रुसवाई के डर से

सारे तोहफ़े लौटा दिये हैं
ख़त भी सारे भिजवाये हैं
वापस...लेकिन
वह जो मेरी रूह, तुम्हारे
तन मन में रक़सिंदा है
तुम्हारी हस्ती में जी रही है
वे मेरी साँसें
जो
तुम्हारे सीने की धड़कनों में
धड़क रही हैं
कैसे लौटा पाओगी?
मर जाओगी तब भी कैसे
रुसवाई से बच पाओगी?

मर्दों और औरतों के अंदर अलग-अलग अपनी तरह की तन्हाई है। मगर कवियों में तल्खी कम कवयित्रियों में कड़वाहट भरी शिकायते ज़्यादा हैं। राफ़िया शबनम आबदी की नज़्म के चंद शेर–

मैं ख़ौफज़दा कबूतरी नहीं
कि जिस पर कोई बाज़ बड़ी आसानी से झपट पड़े
मैं वह सहमी-सहमी बिल्ली भी नहीं
जो घर के किचन में
दूध की पतीली देखकर मियाऊँ-मियाऊँ करती है
मैं, वह दुबकी हुई कुतिया भी नहीं
चंद छिछड़ों की इवज़ जो
अपने मालिक के तलवे चाटती है

फ़रख़ंदा नसरीन हयात का अवलोकन *जन्म-जन्म की कहानी* में देखें–

कुछ दिन पहले मैं कबूतर थी
आँखें बंद करके सोचती थी
कि दुनिया में बिल्लियों का वजूद मिट चुका है
और इससे पहले
मैं चकोर और तीतर के दरमियान कोई शै थी
'सुब्हान तेरी क़ुदरत' की बोली बोलती थी
और चाँदनी रात में बेक़रार-सी रहती थी
जब मैं उससे भी पहले कुतिया थी

तो सारा दिन
अपने मालिक का पाँव चाटती थी
मगर मेरे प्यार का यह सिला मिला
कि वह एक और कुतिया ले आया

हिंदुस्तान में मुशायरे की एक बड़ी पुरानी रिवायत रही है जिसने उर्दू तहज़ीब को अवाम तक पहुँचाने और तर्ज़े ज़िंदगी को बताने का भी फ़र्ज़ अंजाम दिया था। मगर आज मुशायरा का अंदाज़ बदला जिसका सबसे बड़ा नुक़सान उर्दू कवयित्रियों को हुआ। मैगज़ीनें बंद हो चुकी थीं। बीच का एक दौर उर्दू अदब में ऐसा आया था। मंच की तरफ़ रुझान बढ़ा और छपना वह भी किताब की शक्ल में महँगा दिखा। क्योंकि ज़्यादातर किताबें उर्दू में कवियों को अपने जेब से छपवानी पड़ती हैं। क्योंकि यहाँ प्रकाशन, बाज़ार और रॉयल्टी की सहूलियतें आमतौर पर मौजूद नहीं जबकि मंच पर कवियों को मानदेय की रस्म चल पड़ी है। इससे अकसर कवियों ने अपनी कविताएँ नयी लड़कियों से पढ़वायीं और इन बातों से उर्दू शायरी ख़ासकर नयी उभरती शायरात को ख़ासा नुक़सान पहुँचा। मगर ज़माना बदला और ढेरों नाम फिर से पत्रिकाओं में छपे नज़र आते हैं और इससे प्रकाशित शायरी की तरफ़ फिर से लोगों का रुझान बढ़ा है। आज लिखनेवालों में नये-पुराने नाम एक साथ पढ़े और सराहे जा रहे हैं जिनमें बिलक़ीस ज़फ़ीरुल हसन, शफ़ीक़ फ़ात्मा, नूरजहाँ सरवत, मीना नक़वी, फ़ात्मा ताज, फ़रहत आरा, अज़रा नक़वी, साहेबा शहरयार, इंद्रा शबनम, सुरय्या हुसैन, सलमा हिजाब, सादक़ा नवाब सहर, आशा प्रभात, फ़ौज़िया फ़ारुक़ी, अनवरी बेगम, उलफ़त शाकिर, दीप्ती मिश्रा, रफ़िया शबनम आबदी, रज़िया सिद्दीक़ी, वग़ैरह ख़ास हैं।

हम तारीख़ के पन्ने पलटें और देखें कि दरअसल औरत का मक़ाम उर्दू अदब में ग़ज़ल से हटकर क्या था। मसनवी और मर्सिया में जो ज़िक्र आता है वह फ़र्क़ है। मसनवी में कहानी के मुताबिक़ जिस औरत का ज़िक्र आता था वह हसीन और दिलरुबा होती थी। मर्सिया में इस तरह की औरतों की जगह न थी। 1957 में हिंदुस्तान में जो बदलाव की फ़िज़ा बनी उसमें औरत की स्थिति पर भी बड़ी गंभीरता से सोचा गया और इसकी शुरुआत 'हाली' से होती है।

ऐ माँओं, बहनों, बेटियों दुनिया की इज़्ज़त तुमसे है
मुल्कों की बस्ती हो तुम्हीं क़ौमों की इज़्ज़त तुमसे है

हाली ने कम उम्र की शादी के ख़िलाफ़ *बेवा की मुनाजात* लिख लोगों के दिल हिला दिये। इक़बाल ने भी क़ुबूल किया–

वजूदे ज़न से है तस्वीरे कायनात में रंग

या फिर अकबर इलाहाबादी

तालीम लड़कियों की ज़रूरी तो है मगर
ख़ातूने ख़ाना हो वह सभा की परी न हो

इस तरह से धीरे-धीरे औरत के लिए उर्दू अदब में दरवाज़े खुलते चले गये और औरत अपने बदलते हालात के मुताबिक़ अपने को बदलती चली गयी। आज नयी औरत जो एक तरफ़ मर्दों के शाना-ब-शाना जीवन के हर कार्यक्षेत्र में बराबर से क़दम मिलाकर चल रही है। वह शोषित नहीं होना चाहती और बक़ौल ग़ालिब के- 'ले आएँगे बाज़ार से जाकर दिलो जाँ और' के तर्ज़ पर अपने टूटे दिल को जोड़ने का हुनर जान गयी है। शहला निगार शम्सी कहती हैं–

नयी क़सम खा लूँगी
गर मेरी कुछ क़समें थीं
तेरे भी कुछ वादे थे
तू जो वादे भूल गया
मैंने भी तोड़ दिया क़समों को
तेरी ही दुनिया बड़ी नहीं है
मेरा भी जहाँ बड़ा है
तू वादा कर लेगा कहीं
तो मैं भी कहीं
क़सम खा लूँगी नयी।

बात तो इंसानों की बराबरी की है तो फिर सिर्फ़ मुहब्बत में ही बावफ़ा रहकर अपने जीवन के विकास की गाड़ी क्यों रोकी जाए? यह जीवन-दर्शन अवसाद, आत्महत्या, बेकैफ़ी (असंतोष) और तन्हाई से कहीं अच्छा है मगर कब तक? अगर आनेवाली पीढ़ी ने अहसास को मर्द औरत के रिश्तों में चुटकी की तरह उड़ाकर रख दिया तो इसका अंत क्या होगा? इंसान को इंसान की ज़रूरत तो रहेगी मगर मरते दम तक चलनेवाले रिश्ते नहीं रहेंगे–और अब आज के इंसान को या तो पुराने हैंगओवर से निकल आना चाहिए और उस मुहब्बत की तलाश छोड़ देनी चाहिए या फिर शिकवे शिकायत की जगह अपने को बदल देना होगा और रिश्तों को डिस्पोज़ल नेपकिन समझ लेना होगा ताकि आनेवाले वक़्त में यह तन्हाई शायर नवाज़ अदयालवी की दुआ न बनकर रह जाए और नयी हव्वा आधुनिक दौर की सख़्तियों को झेलते-झेलते पुराने आदम से मुँह ही मोड़ ले।

लौट आओ
मैं तन्हाई में उतर रहा हूँ
मैं टूटकर बिखर रहा हूँ

बाँहों में भर लो समेट लो तुम
पहली वफ़ा से गले लगाओ
अपनों में भी अकेला-सा हूँ
होके साहिल प्यासा हूँ
कहीं रूठ जाऊँ न ज़िंदगी से
फिर शोख़ अदा से मुझे मनाओ
मेरा लिहाज़े ज़बाँ रख लो
सच्ची मुहब्बतों का मान रख लो
बड़ी उम्मीदों से हाथ उठे हैं
मेरी दुआ में लौट आओ!

फ़िराक़ गोरखपुरी के शेरों में ज़नाना तरन्नुम

रघुपति सहाय 'फ़िराक़' गोरखपुरी

फ़िराक़ की पैदाइश 1896 में तुर्कमानपुर, डिप्टी इंस्पेक्टर ऑफ़ स्कूल्स रामनारायण यादव की कोठी के एक हिस्से ब-मक़ाम गोरखपुर में जुमे के दिन हुई थी। फ़िराक़ साहब का आबाई वतन बनवारहार तहसील बाशगाँव, ज़िला गोरखपुर था। उनके बुज़ुर्ग शेरशाह सूरी के ज़माने में कहीं बाहर से आकर आबाद हुए और यहीं रच-बस गये। उनके बुज़ुर्ग उस दौर के बड़े ज़मींदारों में से थे जिन्होंने पाँच गाँव बसाये थे। उन गाँवों के रहनेवाले 'पाँच गाँवों के कायस्थ' कहलाये। फ़िराक़ साहब की प्रारंभिक शिक्षा घर पर हुई। वालिद 'इबरत' साहब ख़ुद भी एक अच्छे शायर थे और उर्दू फ़ारसी के बड़े आलिम थे। फ़िराक़ साहब को उर्दू फ़ारसी की शिक्षा उनके फूफीज़ाद भाई राजकिशोर ने दी थी।

फ़िराक़ साहब 1918 से 1919 तक डिप्टी कलक्टर के ओहदे पर रहे। उन्हें अंग्रेज़ों ने आई.सी.एस. के लिए चुन लिया था मगर इस बीच वह गाँधी जी के विचार के प्रभाव में आ चुके थे। उन्होंने उस ओहदे से इनकार कर दिया। 'स्वदेश' नामक समाचार-पत्र ने उनके इस फ़ैसले की बड़ी प्रशंसा की थी। 6 सितम्बर, 1920 में किसी मीटिंग के गिरफ़्तार लोगों में फ़िराक़ भी थे।

फ़िराक़ साहब को ज्ञानपीठ सम्मान से नवाज़ा गया। उस दौरान उन्होंने कहा था कि उर्दू का सारा सरमाया हिंदी लिपि में भी हो जाए तो कोई हर्ज नहीं है। फ़िराक़ साहब का कहना था कि अगर उर्दू का रसमुलख़त (लिपि) शाम को बदला जाएगा तो उर्दू सुबह तक मर जाएगी।

फ़िराक़ साहब इलाहाबाद विश्वविद्यालय में अंग्रेज़ी के उस्ताद थे। उर्दू में लिखते थे। उनकी शायरी में हुस्न, इश्क़, फ़लसफ़ा और जज़्बा अपनी सारी हलावत के साथ मौजूद है। उनकी शायरी जिस गहराई से समझी जाती है उस तफ़सील से बयान नहीं की जा सकती। वह रूहानी मसर्रतों के ऐसे नग़मानिगार थे जहाँ हक़ीक़ी ज़िंदगी का अक्स गहरा और अहसास का रंग बेहद सूफ़ियाना था। वह अपने समय में ही बड़े और अच्छे शायर क़ुबूल किये जा चुके थे। इस बात का उन्हें शिद्दत से अहसास था।

फ़िराक़ की नज़्में, ग़ज़लें, रुबाइयाँ उनके बाज़ौक जमालियाती शेरी शऊर का ऐसा आईना थीं जिनमें लफ़्ज़ों के आईने न सिर्फ़ अहसास की पर्तों को बारीकी से दिखाते हैं बल्कि इंसानी जज़्बों की मुश्किलात का भी चेहरा दिखाते हैं। अहसास अनुभवों की कितनी हदें पार करता है और पढ़नेवालों की अनुभूतियों के कितने फ़ासलें तय करा देता है यह फ़िराक़ को पढ़कर ही महसूस किया जा सकता है। उनका परिचय चंद शब्दों में नहीं दिया जा सकता है।

फ़िराक़ गोरखपुरी को हिंदी से कोई रुचि न थी मगर इन दोनों नज़्म व रुबाई में उन्होंने हिंदी शब्दों का प्रयोग किया है। शायद यह उनके विषय की मजबूरी रही हो, या फिर इलाहाबाद की फ़िज़ा का कमाल हो जहाँ आप उर्दू या हिंदी से अलग नहीं रह सकते हैं।

फ़िराक़ गोरखपुरी की सारी शायरी 'कुल्लियात' (समग्र) मुतरिब निज़ामी द्वारा फ़रीद बुक डिपो (दिल्ली) से छप चुकी है। इस संकलन में उनकी कुछ ऐसी नज़्में और रुबाइयाँ हैं जो पहले नहीं छपी थीं। उन्हीं में से जुगनू नज़्म जो तवील नज़्म है, उसके कुछ शेरी हिस्से लिये हैं। एक बीस साल का लड़का किस तरह बड़ा होकर माँ को याद करता है। उनकी रुबाइयों में से महत्त्वपूर्ण अंश लिये हैं जिनमें औरत की कुछ विशेष छवियाँ उन्होंने उभारी हैं।

रुबाइयात

हर जलवे से इक दर्से नमू लेता हूँ
लबरेज़ कई जाम व सबू लेता हूँ
पड़ती है जब आँख तुझ पर ए जाने बहार
संगीत की सरहदों को छू लेता हूँ

ढलका आँचल दमकते सीने पे अलक
पलकों की ओट मुस्कुराहट की झलक
वह माथे की कहकशाँ वह मोती भरी माँग
वह गोद में चाँद-सा हुमकता बालक

आँगन में लिये चाँद के टुकड़े को खड़ी
हाथों पे झुलाती है उसे गोद भरी
रह-रहके हवा में जो लुका देती है
गूँज उठती है खिलखिलाते बच्चे की हँसी

नहला के छलके-छलके निर्मल जल से
उलझे हुए गेसुओं में कंघी करके
किस प्यार से देखता है बच्चा मुँह को
जब घुटनों में लेके है पहनाती कपड़े

किस प्यार से दे रही है मीठी लोरी
हिलती है सुडौल बाँहें गोरी-गोरी
माथे पे सुहाग आँखों में रस, हाथों में
बच्चे के हिंडोले की चमकती डोरी

रक्षाबंधन की सुब्ह रस की पुतली
छायी है घटा गगन पर हल्की-हल्की
बिजली की तरह लचक रहे हैं लच्छे
भाई के है बाँधती चमकती राखी

छिड़काव हुए चबूतरे पर कुछ नम
बैठी है सुहागिनी, बदन में कुछ ख़म
चुटकी से शुआएँ नूर बरसाती हुई
है दीदनी चौक पूरने का आलम

चौके की सुहानी आँच, मुखड़ा रौशन
है घर की लक्ष्मी पकाती भोजन
देते हैं करछुली चलने का पता
सीता की रसोई के खनकते बर्तन

जब झूला झूलने में वह सावन गाये
करवट क़ौसे क़ुज़ाह को रह-रह के दुलाये
वह पेंग बढ़ाने में लचकता हुआ जिस्म
आईना नीलगूँ में बिजली लहराये

हौदी पे खड़ी, खिला रही है चारा
जोबन रस अँखड़ियों से छलका-छलका
कोमल हाथों से है, थपकती गर्दन
किस प्यार से गाय देखती है मुखड़ा

वह गाय को दूहना सुहावनी सुब्हें
गिरती है भरे थन से चमकती धारें
घुटनों पे कलस का वह खनकना कम-कम

या चुटकियों से फूट रही हैं किरणें

निर्मल जल में नहा के रस की पुतली
बालों से अरगज़े की ख़ुशबू लिपटी
सतरंग धनुष की तरह बाँहों को उठाये
पहलाती है अलगनी पे गीली साड़ी

निखरी-निखरी नयी जवानी दमे सुब्ह
आँखों में सुकूँ की कहानी दमे सुब्ह
आँगन में सुहागनी उठाये हुए हाथ
तुलसी पे चढ़ा रही है पानी दमे सुब्ह

आँगन में सुहागनी नहा के बैठी
रामायण ज़ानुओं पे रखी है खुली
जाड़े की सुहावनी धूप खुले गेसू की
परछाईं चमकते सफ़े पर पड़ती हुई

अमृत वह हलाहल को बना देती है
ग़ुस्से की नज़र फूल खिला देती है
माँ लाडली औलाद को जैसे ताड़े
किस पार से प्रेमी को सजा देती है

प्यारी तेरी छब दिल को लुभा लेती है
उस रूप से दुनिया की हरी खेती है
ठंडी है चाँद की किरन-सी लेकिन
यह नर्म नज़र आग लगा देती है।

प्रेमी को बुख़ार, खुल नहीं सकती है पलक
बैठी है सिरहाने, मांद मुखड़े की दमक
जलती हुई, पेशानी पर रख देती है हाथ
पड़ जाती है बीमार के दिल में ठंडक

जब तारों ने जगमगाते नेज़े तौले
जब शबनम फलक से मोती डोले
कुछ सोच के ख़लवत में बसद नाज़ उसने
नर्म उँगलियों से बंद क़बा के खोले

❦ जुगनू ❦

वह बेपनाह घटा वह भरी-भरी बरसात
वह सीन देखके आँखें मरी भर आती थीं
मेरी हयात ने देखी हैं बीस बरसातें
मेरे जन्म ही के दिन मर गयी थी माँ मेरी
वह माँ कि शक्ल भी जिस माँ की मैं न देख सका
जो आँख भर के मुझे देख भी सकी न, वह माँ
मैं वह पिसर हूँ जो समझा नहीं कि माँ क्या है
मुझे खिलाइयों और दाइयों ने पाला था
वह मुझसे कहती थीं जब घिर के आती थी बरसात
जब आसमान में हर सू घटाएँ छाती थीं
बेवक़्ते शाम जब उड़ते थे हर तरफ़ जुगनू
दिये दिखाते हैं यह भूली-भटकी रूहों को
मज़ा भी आता था मुझको कुछ उनकी बातों में
मैं उनकी बातों में रह-रहके खो भी जाता था
पर उसके साथ ही दिल में कसक-सी होती थी
कभी-कभी यह कसक हूक बनके उठती थी
यतीम दिल को मेरे यह ख़्याल होता था
यह शाम मुझको बना देती काश इक जुगनू
तो माँ की भटकी हुई रूह को दिखाता राह
कहाँ-कहाँ मेरी ख़ातिर भटक रही होगी
यह सोचकर मेरी हालत अजीब हो जाती
पलक की ओट में जुगनू चमकने लगते थे
कभी-कभी तो मेरी हिचकियाँ-सी बँध जातीं
कि माँ के पास किस तरह में पहुँच जाऊँ
और उसको राह दिखाता हुआ मैं घर लाऊँ
दिखाऊँ अपने खिलौने, दिखाऊँ अपनी किताब
कहूँ कि पढ़ के सुना तू मेरी किताब मुझे

ज़िंदगी में नाकाम मगर शायरी का कामयाब लहजा

साहिर लुधियानवी

साहिर 8 मार्च, 1921 में लुधियाना के मुस्लिम गूज्जर परिवार में पैदा हुए। पिता अब्दुल हई और माँ में कभी नहीं पटी। पिता की दूसरी शादी और माँ का ग़रीबी और बेटे के लिए सुरक्षा का इंतज़ाम रखना दोनों चुनौती थी। पिता साहिर को अपने पास रखना चाहते थे या फिर जान से मार डालना। ऐसी कश्मकश भरी ज़िंदगी में साहिर का बचपन गुज़रा। अपने शिक्षा काल में ही साहिर की ग़ज़लों और नज़्मों की दीवानगी बढ़ गयी थी। 1945 में *तलख़ियाँ* नाम से पहला काव्य-संग्रह आया। साहिर की शायरी में अपने समकालीनों की तरह ख़ुदा, शराब और महबूबा का ज़िक्र नहीं बल्कि मुल्क की बदहाली, आज़ादी की तमन्ना और औरत की स्थिति पर उनकी तीखे तेवरवाली शायरी है। उन्होंने अदबे लतीफ़, *शाहकार* और *सवेरा*—जैसी पत्रिकाओं का संपादन किया। साम्यवादी विचारधारा पर यक़ीन रखनेवाले साहिर का 'सवेरा' पत्रिका में लिखा लेख पढ़कर पाकिस्तान सरकार ने उनको अरेस्ट करने का आर्डर दिया। साहिर भारत लौटे और मुंबई में बस गये! साहिर ने फ़िल्मों में जो गीत लिखे वह इंक़लाबी थे, सामाजिक बदलाव, बेहतर परिवर्तन लानेवाले थे। उनको पद्मश्री अवार्ड से सम्मानित किया गया। साहिर ने 1940-50-60 की पीढ़ियों को दिमाग़ी और संवेदना के धरातल पर साहित्य एवं सांस्कृतिक मूल्यों से इस तरह उकसाया कि उनकी रीढ़ की हड्डी खड़ी रहे और वह खुली आँख से वतन और ख़ुद को देखें और समझें। *आओ कोई ख़्वाब बुनें* (1981) और *परछाइयाँ* (1981) उनके काव्य-संग्रह हैं। साहिर की ज़िंदगी पर एक ड्रामा दानिश इक़बाल ने 2010 में लिखा। साहिर ने बेहतरीन गाने फ़िल्मों को दिये मगर कभी भी वे ग़ज़लें और नज़्में शायरी के पैमाने पर कम नहीं उतरे। बल्कि आम आदमी अपनी समस्याओं को भूल कर, शायरी की इस पूरी अदबी नफ़ासत में लुत्फ़ अंदोज़ होता था। साहिर की जवानी भी नाकाम मुहब्बतों से ज़ख़्मी रही, मगर अपनी शायरी में वह जिस औरत को मुख़ातिब करते हैं उसमें न शिकवा है न इल्ज़ाम तराशी। बल्कि वह औरत को झिझोड़कर एक रूमानी कैफ़ियत से निकाल सख़्त ज़मीन पर खड़ा करना चाहते हैं जो उनके

अंदर के इंसान की पाकीज़गी भी दर्शाती है और सामाजिक दृष्टि और मानवीय सरोकारों के प्रति उनकी निष्ठा को भी बताती है! साहिर ने अदब (साहित्य) और समाज को बहुत संजीदगी से लिया। उनके नैतिक मूल्य फ़िल्मी दुनिया में रहने के बावजूद आला रहे।

शेर

मुहब्बत तर्क की मैंने गरेबाँ-सी लिया मैंने
ज़माने अब तो ख़ुश हो ज़हर ये भी पी लिया मैंने
अभी ज़िंदा हूँ लेकिन सोचता रहता हूँ ख़लवत में
कि अब तक किस तमन्ना के सहारे जी लिया मैंने
इन्हें अपना नहीं सकता, मगर इतना भी क्या कम है
कि कुछ मुद्दत हसीं ख़्वाबों में खोकर जी लिया मैंने
बस अब तो दामने दिल छोड़ दो बेकार उम्मीदो!
बहुत दुख सह लिये मैंने बहुत दिन जी लिया मैंने

शाहकार

मुसव्विर! मैं तेरा शाहकार वापस करने आया हूँ

अब इन रंगीन रुख़सारों में थोड़ी ज़र्दियाँ भर दे
हिजाब आलूद नज़रों में ज़रा बे-बाकियाँ भर दे

लबों की भीगी-भीगी सिलवटों को मुज़महिल कर दे
नुमायाँ रंगे पेशानी पे अकसे सोज़े दिल कर दे

तबस्सुम आफ़रीं चेहरे में कुछ संजीदापन भर दे
जवाँ सीने की मख़रूती उठानें सरनगूँ कर दे

घने बालों को कम कर दे मगर रख़शंदिगी दे दे
नज़र से तमकिनत लेकर मज़ाक़े आजिज़ी दे दे

मगर हाँ बेंच के बदले उसे सोफ़े पे बिठा दे
यहाँ मेरे बजाय इक चमकती कार दिखला दे

❧ यकसूई ❧

अहदे गुमगश्ता की तस्वीर दिखाती क्यों हो?
एक आवारा मंज़िल को सताती क्यों हो?
वह हँसी अहद जो शर्मिन्दा इफ़ा न हुआ
उस हँसी अहद का मफ़हूम जताती क्यों हो
ज़िंदगी शोला-ए-बेबाक बना लो अपनी!
ख़ुद को ख़ाकिस्तरे ख़ामोश बनाती क्यों हो
मैं तसव्वुफ़ के मराहिल का नहीं हूँ क़ायल
मेरी तस्वीर पे तुम फूल चढ़ाती क्यों हो?
कौन कहता है कि आहें हैं मसाइब का इलाज
जान को अपनी अबस रोग लगाती क्यों हो?
एक सरकश से मुहब्बत की तमन्ना रखकर!
ख़ुद को आईन के फन्दों में फँसाती क्यों हो?
मैं समझता हूँ तक़द्दुस को तमद्दुन का फ़रेब!
तुम रसूमात को ईमाँ बनाती क्यों हो?
जब तुम्हें मुझसे ज़्यादा है ज़माने का ख़्याल
फिर मेरी याद में यूँ अश्क बहाती क्यों हो?
तुम में हिम्मत है तो दुनिया से बग़ावत कर दो
वरना माँ-बाप जहाँ कहते हैं शादी कर लो

आधुनिक कविता का एक बदनाम मुसाफ़िर

मीरा जी

मीरा जी का पूरा नाम मोहम्मद सनाउल्लाह डार था। उनकी पैदाइश 25 मई, 1912 में पाकिस्तान पंजाब में कश्मीरी परिवार में हुई। पिता रेलवे में इंजीनियर थे। इसलिए ज्यादातर बाहर रहते थे। मीरा जी अरसे तक मुंशी महताबउद्दीन बलोचिस्तान में रहे। तालीम-नॉनमैट्रिक। उसके बाद उपसंपादक 'अदबी दुनिया' लाहौर (1938 से 1941) रहे फिर आल इंडिया रेडियो में (1942 से 1945) रहे। कुछ सालों बाद बंबई से प्रकाशित 'ख़्याल' नामक पत्रिका के संपादक (1948 से 1949) रहे। आपकी मौत 3 नवंबर, 1949 को किंग एडवर्ड हस्पताल बंबई में हुई। आपके अदबी कारनामों में *मीरा जी के गीत* (1943), *मीरा जी की नज़्में* (1944), *गीत ही गीत* (1944), *पाबंद नज़्में* (1948), *तीन रंग* (1968), *कुल्लियाते मीरा जी* (1988)। मीरा जी ने पहले तख़ल्लुस 'साहिरी' फिर बाद में 'मीरा जी' रखा।

मीरा जी को एकतरफ़ा प्यार मीरा सेन नाम की मोहतरमा से हुआ और उन्हीं की याद में उन्होंने अपना तख़ल्लुस मीरा रखा और उनके आदर में नाम के साथ 'जी' लगाया और ख़ुद मीरा जी कहलाने लगे। जीवन भर कुँवारे रहे। वह बोहिमियाई जीवन जीते थे। सर पर साफा, कान में बड़े-बड़े बाले, गर्दन में कई रंगों की माला, लम्बे बाल और मोंछें, ढीला-ढाला लिबास।

मीरा जी ने औरतों के अहसास की बड़ी बारीक तर्जुमानी अपनी शायरी में की है जबकि वह औरत से ज़ाहिरी तौर से सारी ज़िंदगी दूर रहे। मगर हमदर्दी और ख़ुलूस का जज़्बा शदीद तौर पर उन पर ग़ालिब रहा।

मीरा जी की शायरी समय के आगे की शायरी थी जो उनके समय में नहीं समझी गयी। उनकी कुछ कविताओं पर हंगामा भी हुआ जैसे *लबे जुए बार* जो शुरू में आसानी से नहीं समझी जा सकती है, मगर बाद में वह इस तरह दरपर्दा अहसास का बयान करती है जिसको समझना ख़ासा कठिन है। तो भी काफ़ी हद तक सलीम अहमद साहब ने अपनी व्याख्या इस नज़्म के बारे में दी है जो पढ़ने लायक़ है।

☙ रस की अनोखी लहरें ❧

मैं यह चाहती हूँ कि दुनिया की आँखें मुझे देखती जाएँ, यूँ देखती जाएँ
जैसे कोई पेड़ की नर्म टहनी को देखे
(लचकती हुई नर्म टहनी को देखे)
मगर बोझ पत्तों का उतरे हुए पैरहन की तरह सेज के साथ ही फ़र्श पर
एक मसला हुआ ढेर बनकर पड़ा हो।
मैं यह चाहती हूँ कि झोंके हवा के लिपटते चले जाएँ मुझसे,
मचलते हुए, छेड़ करते हुए, हँसते-हँसते कोई बात कहते हुए,
लाज के बोझ से रुकते-रुकते, सँभलते हुए, रस की रंगीन सरगोशियों में,
मैं यह चाहती हूँ कभी चलते-चलते, कभी दौड़ते-दौड़ते बढ़ती जाऊँ,
हवा जैसे नदी की लहरों से छूते हुए, सरसराते हुए बहती जाती है,
रुकती नहीं है।
अगर कोई पंछी सुहावनी सदा में कहीं गीत गाये
तो आवाज़ की नर्म लहरें मेरे जिस्म से आकर टकरायें और लौट जाएँ ठहरने
न पाएँ।
कभी गर्म किरनें, कभी नर्म झोंके,
कभी मीठी-मीठी फ़सूँसाज़ बातें,
कहीं कुछ, कभी कुछ, नये-से-नया रंग उभरे।
उभरते ही तहलील हो जाए फैली फ़ज़ा में,
कोई चीज़ मेरे मसर्रत के घेरे में रुकने न पाए।
मसर्रत का घेरा सिमटता चला जा रहा है
खुला खेत गंदुम का फैला पड़ा है
बहुत दूर आकाश का शामियाना, अनोखी मसहरी बनाये रसीले इशारों से
बहका रहा है।
थपेड़ों से पानी की आवाज़ पंछी के गीतों में घुलकर फिसलते हुए
अब निगाहों से ओझल हुई जा रही है।
मैं बैठी हुई हूँ
दुपट्टा मेरे सर से ढलका हुआ है,
मुझे ध्यान आता नहीं है, मेरे गेसुओं को कोई देख लेगा,
मसर्रत का घेरा सिमटता चला जा रहा है,
बस अब और कोई नयी चीज़ मेरे मसर्रत के घेरे में न आने पाए।

ॐ बालाख़ाना ॐ

सो रही है बेसवा,
सिलवटें बिस्तर पर हैं;
पैरहन में बेशुमार
सिलवटें सिमटी हुई खोयी हुई
बूए बोसीदा का मुबहम इमतेज़ाज
जिसका धुँधला-सा तसव्वुर भी है इतना नागवार
सर झटककर उससे मिलता है गुरेज़
इक तरफ़ बिखरे हुए हैं फ़र्श पर
चंद साज़
और कमरे की फ़ज़ा
जिसमें आसूदा हैं, पिन्हाँ है सदाएँ मुख़तलिफ़
इक सुकूते आहनी का संगदिल इज़हार है।
दूर नीला आसमाँ
चाँद और तारे लिये
और टुकड़े अब्र के
इक दरीचे से नज़र आता है ग़मगीन, पुर फ़ुगाँ
रौनक़ आरा नींद में बेहोश है
उसके नफ़से लाशाऊरी में उलझते हैं ख़्याल।
"आइयेगा बंदापरवर! --सेठजी!"
"आप कल आए नहीं?"
"चंद ज़ेवर और लिबास"
"अब मुझे आराम करना चाहिए"
"आइयेगा बंदापरवर! –सेठजी।"
"और निगाहें और हिना"
"और हस्ती की परेशानियों के रंग"
"आइयेगा बंदापरवर। –सेठजी।"
"ज़ाहिरी बातें तमाम"
"अब जवानी की बहार, अब–लीजिये, गाने को हूँ, मिटने को हूँ"
"चंद ज़ेवर, और लिबास और...क्या कहा? इक वक़्त था, हाँ, वक़्त था।
"आह! लेकिन अब मुझे आराम करना चाहिए"
"ज़िंदगी और बेबसी'
"आइयेगा बंदापरवर। –सेठजी।"

दूर नीला आसमाँ
चाँद और तारे लिये
उसका धुँधला-सा तसव्वुर भी है मुझको नागवार!

☙ चार आँखें और एक नज़र ❧

मर्द, औरत को गाली देगा—औरत मर्द को गाली देगी
यूँ दुनिया का काम चलेगा—जीवन की नदी बह लेगी

हाँ मर्दों की चाहत क्या है—दो लम्हे, सावन का जोबन
औरत की भी मुहब्बत क्या है—हीरे, ख़ुशबू और पैराहन

लेकिन रात को चिपका तन्हा—(जैसे छायी थीं चाँद की किरणें)
पीले गाल, आँसुओं में डूबी—सोयी-सोयी दुखती आँखें
लेकर आया मेरा प्रेमी—रीत यही है सच्चे दिल की

लेकिन रात को चाँद-सितारे—करते थे किरनों से इशारे
मेरी प्रियतम मुझसे मिलने—आयी थी चोरी, चुपके से
रूप की मूरत चाह की देवी—रीत यही है सच्चे दिल की

ये बातें भी जग में देखीं—फिर क्यों मर्द, औरत का बैरी
फिर क्यों औरत दुश्मन हो गयी?—फिर क्यों देगी औरत गाली?
यह भी होगा वह भी होगा—तुम भी खेलो खेल अनोखा।

☙ तू पार्वती मैं शिवशंकर ❧

तू पार्वती मैं शिवशंकर
लेकिन यह पहले जन्म की हैं बातें सारी
अब तू है वही देवी लेकिन सूरत बदली, सीरत बदली
और बदली हालत जीवन की
और मैं हूँ एक पुजारी, बेबस, तन्हा, मंदिर से बाहर
अब तुझमें रूप नहीं पहला, अब मुझ में प्रेम नहीं पहला
वह रूप कहानी थी, बीती, वह प्रेम फ़साना था भूला
तू और मैं दोनों एक ही क़ुव्वत के थे मज़ाहिर, अब रूपोश हुए,
दो मौसम थे मिलकर गुज़रे, दो नग़मे थे ख़ामोश हुए

अब पहली बात नहीं बाक़ी
मैं मतवाला था तू साक़ी थी
तू पार्वती, मैं शिवशंकर।
लेकिन, अफ़सोस यह पहले जन्म की हैं बातें सारी
मैं शिवशंकर तू पार्वती।

महबूबा की तस्वीर

तेरी आँखों के पीछे तो अँधेरा है सुकूँ है ख़ामोशी है
तू क्यों गहरी निगाहों से मुझे यूँ देखती है?
भवें तो क्या नज़रें भी जम गयी हैं;
बता क्या सोचती है?
अभी बातों के लच्छे मेरे दिल से कह रहे थे
"हमीं ने रंग, ख़िलवत में भरे थे
हमीं जागे हुए थे"

जो वोह सोये तो सोया है ज़माना
मिटा हर इक बहाना
मैं सब पहचानता हूँ
मैं ख़ामोशी के मअनी जानता हूँ
है ख़ामोशी इशारा
हुआ है सब्र से दिल पारा पारा
न सुनने पाएँगे अब कान वे बातें दोबारा।

तू अब तंग आ गयी है
और अपने दिल में शायद सोचती है
कि इतनी रात के बीते पे भी ये बेरुख़ी है
तेरी आँखों के पीछे सर्दमोहरी का सुकूँ है, ख़ामोशी है।

स्रोत

1. कुल्लियाते मीरा जी, संपादक डॉ. जमील जालबी, फ़रीद बुक डिपो, नयी दिल्ली।
2. सलीम अहमद।

ज़िंदगी और फ़न में औरत का अहम रोल

कैफ़ी आज़मी

आज़मगढ़ में 19 जनवरी, 1919 में पैदा हुए और वहीं 10 मई, 2002 में उनका इंतक़ाल हुआ। बचपन में मुशायरे में ग़ज़ल पर सभी को शक हुआ कि यह बड़े भाई के शेर हैं। मगर जब उन्होंने दिये गये मतले पर पूरी ग़ज़ल कह डाली तो सबको यक़ीन आया। वह ग़ज़ल बेगम अख़्तर ने गायी भी थी। 1942 में फ़ारसी उर्दू में तालीम पूरी कर वह 'भारत छोड़ो', आंदोलन से जुड़े और फ़ुल टाइमर साम्यवादी (1943) बन गये। 'प्रोग्रेसिव राइटर्स मूवमेंट' की सदस्यता ली। कानपुर में मिल मज़दूरों के बीच रहकर काम किया फिर मुंबई आए और मुशायरों में जाने लगे। 1947 में हैदराबाद गये और वहाँ शादी की मगर उन्होंने अपना रास्ता नहीं बदला। कैफ़ी की शायरी में सामाजिक चेतना बढ़ी।

कैफ़ी आज़मी का पहला काव्य-संग्रह *झंकार* 1943 में आया फिर *आख़िरे शब, सरमाया, आवारा, आवारा सजदे, कैफ़ियात, नया गुलिस्तान* और लेख-संग्रह *मेरी आवाज़ सुनो*। कैफ़ी साहब ने फ़िल्मों में डायलॉग, गीत, ग़ज़ल, नज़्में लिखी हैं और बहुत पसंद की गयी। मगर वे सब अदब को सामने रखकर लिखी गयी थीं। कैफ़ी साहब की ज़िंदगी पर दो ड्रामे बने। पहला 'कैफ़ी और मैं', उनकी पत्नी शौकत आज़मी ने उनके काम और ज़िंदगी के अहम टुकड़ों को लेकर लिखा। जावेद अख़्तर ने *यादों की रहगुज़र* (2006) नाम से उसमें काम किया। दूसरा ड्रामा रानी बलवीर ने 'वक़्त ने किया क्या हसीन सितम' नाम से कैफ़ी की शायरी और शख़्सियत पर डायरेक्ट किया (2005)। कैफ़ी अपने वक़्त के बहुत अहम और हरदिल अज़ीज़ शायर रहे हैं।

कैफ़ी साहब ने औरत को अपनी शायरी में बराबरी का दर्जा दिया जो हक़ीक़ी ज़िंदगी में भी उनकी सोच का हिस्सा रही है।

∞ अंदेशा ∞

रूह बेचैन है इक दिल की अज़ीयत क्या है
दिल ही शोला है तो यह सोज़े मुहब्बत क्या है
वह मुझे भूल गयी इसकी शिकायत क्या है
रंज तो ये है कि रो-रो के भुलाया होगा

दिल ने ऐसे भी कुछ अफ़साने सुनाये होंगे
अश्क़ आँखों ने और न बहाये होंगे
बंद कमरे में जो ख़त मेरे जलाये होंगे
एक एक हर्फ़ जबीं पर उभर आया होगा

ज़ब्त की सइ में जज़्बात उबल आए होंगे
ग़म पशिमाने तबस्सुम में ढल आए होंगे
अश्क यूँ नाम पे मेरे निकल आए होंगे
सर न कंधे से सहेली के उठाया होगा

∞ औरत ∞

क़ल्बे माहौल में लरज़ाँ शरर-ए-जंग हैं आज
हौसले वक़्त के और ज़ीस्त के यक रंग हैं आज
आबगीनों में तपाँ वलवला, संग हैं आज
हुस्न और इश्क़ हमआवाज़ व हमआहंग हैं आज
जिसमें जलता हूँ उसी आग में चलना है तुझे
उठ मेरी जान मेरे साथ ही चलना है तुझे

ज़िंदगी जेहद में है सब्र के क़ाबू में नहीं
नब्ज़-ए-हस्ती का लहू काँपते आँसू में नहीं
उड़ने खिलने में है नकहत ख़मे गेसू में नहीं
जन्नत इक और है जो मर्द के पहलू में नहीं
उसकी आज़ाद रविश पर भी मचलना है तुझे
उठ मेरी जान मेरे साथ ही चलना है तुझे

क़द्र अब तक तेरी तारीख़ ने जानी ही नहीं
तुझमें शोले भी हैं बस अश्क फ़िशानी ही नहीं

तू हक़ीक़त भी है दिलचस्प कहानी ही नहीं
तेरी हस्ती भी है इक चीज़ जवानी ही नहीं
अपनी तारीख़ का उन्वान बदलना है तुझे
उठ मेरी जान मेरे साथ ही चलना है तुझे

गोशे-गोशे में सुलगती है चिता तेरे लिये
फ़र्ज़ का भेस बदलती है क़ज़ा मेरे लिये
क़हर है तेरी हर इक नर्म अदा तेरे लिये
ज़हर ही ज़हर है दुनिया की हवा तेरे लिए
रुत बदल डाल अगर फूलना फलना है तुझे
उठ मेरी जान मेरे साथ ही चलना है तुझे

तोड़ के रस्म के बुत-ए-बंद क़दामत से निकल
ज़ोफ़-ए-इशरत से निकल वहमे नज़ाकत से निकल
नफ़्स के खींचे हुए हलक़ए-अज़मत से निकल
क़ैद बन जाए मुहब्बत तो मुहब्बत से निकल
राह का ख़ार ही क्या गुल भी कुचलना है तुझे
उठ मेरी जान मेरे साथ ही चलना है तुझे

तोड़ यह अज़्मे शिकन सिलसिला-ए-बंद भी तोड़
तेरी ख़ातिर है जो ज़ंजीर वह सौगंध भी तोड़
तौक़ यह भी है ज़मर्रुद का गुलूबंद भी तोड़
तोड़ पैमाना-ए-मर्दान ख़िरदमंद भी तोड़
बनके तूफ़ान छलकना है उबलना है तुझे
उठ मेरी जान मेरे साथ ही चलना है तुझे

तू फ़लातून व अरस्तू है तो ज़हरा परवीं
तेरे कब्ज़े में है गरदूँ तेरी ठोकर में ज़मीं
हाँ उठा जल्द उठा पाए मुक़दर से जबीं
मैं भी रुकने का नहीं वक़्त भी रुकने का नहीं
लड़खड़ायेगी कहाँ तक कि सँभलना है तुझे
उठ मेरी जान मेरे साथ ही चलना है तुझे

शेरों के महराबों में नयी औरत की तस्वीरकशी

निदा फ़ाज़ली

निदा फ़ाज़ली का पूरा नाम मुक़तिदा हसन निदा फ़ाज़ली है। इनकी पैदाइश 12 अक्टूबर, 1938 की है। बँटवारे के वक़्त यह इंदौर में पढ़ रहे थे। पूरा ख़ानदान पाकिस्तान गया मगर इन्होंने इनकार कर दिया। इनके वालिद शायर थे। इनके दिल पर भजन और कीर्तन का बचपन में काफ़ी गहरा प्रभाव पड़ा। बड़े होकर शायरी में डूबे और मुंबई की तरफ़ चल पड़े। इनकी एक पुस्तक *मुलाक़ातें* है जिसमें इन्होंने अपने वक़्त के अहम शायरों की बातचीत दर्ज की है जिसमें साहिर, अली सरदार जाफ़री, कैफ़ी आज़मी मौजूद हैं। मुंबई में आकर इन्होंने बेहतरीन गाने फ़िल्मों में दिये और अपना रिश्ता तीनों जगह से गहरा बनाये रखा–स्टेज, किताब, फ़िल्म। इनके महत्त्वपूर्ण संग्रह *लफ़्ज़ों का पुल* (1949-1969), *आँख और ख़्वाब के दरमियान, शहर मेरे साथ चल तू, ज़िंदगी की तड़प,* हैं। शेर के मजमुए–*तमाशा मेरे आगे, दीवारों के बीच, दीवारों के बाहर* हैं। उनकी जीवनी भी दो जिल्दों में छपी है।

निदा के यहाँ आज के दौर के सारे जलते सवाल मौजूद हैं। कमउम्री में लिया उनका फ़ैसला इतना पुख़्ता था जिसने उनके अंदर विश्वास के साथ संघर्ष के बीज बो दिये। उनकी शायरी का केंद्र आम इंसान है। निदा को पसंद करनेवाले काफ़ी हैं।

एक लड़की

वह शोख़-शोख़ नज़र साँवली-सी इक लड़की
जो रोज़ मेरी गली से गुज़र जाती है
सुना है–
वह किसी लड़के से प्यार करती है
बहार होके तलाशे बहार करती है

न कोई मेल न कोई लगाव है लेकिन

न जाने क्यों बस उसी वक़्त जब वह आती है
कुछ इंतज़ार की आदत-सी हो गयी है मुझे
इक अजनबी की ज़रूरत-सी हो गयी है मुझे

मेरे बरामदे के आगे यह फूस का छप्पर
यह इक झुकती हुई बदनुमा-सी नीम की शाख़
और उस पे जंगली कबूतर के घोंसले का निशाँ

ये सारी चीज़ें कि जैसे मुझी में शामिल हैं
मेरे आलम में मेरी हर ख़ुशी में शामिल हैं
मैं चाहता हूँ कि वह भी यूँ ही गुज़रती रहे
अदा व नाज़ से लड़के को प्यार करती रहे

एक ख़त

तुम आईने की आराइश में जब खोयी हुई-सी थीं
खुली आँखों की गहरी नींद में सोयी हुई थीं
तुम्हें जब अपनी चाहत थी
मुझे तुमसे मुहब्बत थी

तुम्हारे नाम की ख़ुशबू से जब मौसम सँवरते थे
फ़रिश्ते जब तुम्हारे रात-दिन लेकर उतरते थे
तुम्हे पाने की हसरत थी
मुझे तुमसे मुहब्बत थी

तुम्हारे ख़्वाब जब आकाश के तारों में रौशन थे
गुलाबी पंखड़ियों में धूप थी आँचल में सावन थे
बहुतों से रक़ाबतें थीं
मुझे तुमसे मुहब्बत थी

तुम्हारा ख़त मिला
मैं याद हूँ तुमको इनायत है
बदलते वक़्त की लेकिन हर इक दिल पे हुकूमत थी
वह पहले की हक़ीक़त थी
मुझे तुमसे मुहब्बत थी

☙ फिर यूँ हुआ ❧

मुमकिन है चंद रोज़
परेशां रही हो तुम
यह भी हुआ हो, वक़्त पे सूरज उगा न हो
इमली में कोई अच्छा कतारा पका न हो
छत की खुली हवाओं में आँचल उड़ा न हो

दो तीन दिन रज़ाई में सर्दी रुकी न हो
कमरे की रात पंख पसारे उड़ी न हो
हँसने की बात पे भी बमुश्किल हँसी हो तुम
मुमकिन है चंद रोज़ परेशान रही हो तुम

कुछ दिन ख़तों में आँसू बहे शोर व ग़ुल हुआ
तुम ज़हर पीकर सोयीं!
मैं इंजन से कट गया!

फिर यूँ हुआ कि धूप खिली, अबर छटा गया
मैंने वतन से कोसों परे घर बसा लिया
तुमने पड़ोस में नया भाई बना लिया–

☙ पहचान ❧

(हाजरा बेगम की नज़्र)*

नहीं यह भी नहीं
यह भी नहीं
यह भी नहीं...वह तो
न जाने कौन थे
यह तो सब-के-सब तो मेरे जैसे हैं
सभी की धड़कनों में नन्हे-नन्हे चाँद रौशन हैं
सभी मेरी तरह से वक़्त की भट्टी के ईंधन हैं
जिन्होंने मेरी कुटिया में अँधेरी रात में घुसकर
मेरी आँखों के आगे
मेरे बच्चों को जलाया था

* जलगाँव के फ़साद में जब चार बच्चों को जला दिया गया था।

वोह कोई और थे
वोह चेहरे तो कहाँ अब ज़हन में महफ़ूज़ जज साहब
मगर हाँ!
पास हूँ तो सूँघकर पहचान सकती हूँ
वोह उस जंगल से आए थे
जहाँ की औरतों की गोद में
बच्चे नहीं हँसते।

फ़ुर्सत

मैं नहीं समझ पाया आज तक इस उलझन को
ख़ून में हरारत थी या तेरी मुहब्बत थी
क़ैस हो या लैला, हीर हो या राँझा हो
बात सिर्फ़ इतनी है आदमी को फ़ुर्सत थी।

तीन शेर

उजाड़ कमरे को चुपचाप सजा रहा हूँ मैं
सवेरे उठते ही तुमको भुला रहा हूँ मैं
कभी मुझे भी था यारों से इख़्तेलाफ़ बहुत
हर एक बात पे अब सर झुका रहा हूँ मैं
कहीं मिले कोई अपना तो फूटकर रो लूँ
कई दिनों से बहुत मुस्कुरा रहा हूँ मैं

पिघलता धुआँ

दूर शादाब पहाड़ी पे नया इक बँगला
लाल खपरैलों पे फैली हुई अंगूर की बेल
सहन में बिखरे हुए मिट्टी के राजा-रानी
मुँह चिढ़ाती हुई बच्चों को कोई दीवानी

सेब के उजले दरख़्तों की घनी छाँव में
पाँव डाले हुए तालाब में कोई लड़की
गोरे हाथों में सँभाले हुए तकिये का ग़िलाफ़
अनकही बातों को धागों से सिये जाती है

दिल के जज़्बात का इज़हार किये जाती है
एक सुलगती हुई सिगरेट का बल खाता धुआँ
फैलता जाता है हर सम्त मेरे कमरे में
गर्म चूल्हे के क़रीं बैठी हुई इक औरत
एक पेवंद लगी साड़ी से तन को ढाँपे
धुँधली आँखों से भरी सम्त तके जाती है
मुझको आवाज़ पे आवाज़ दिये जाती है
और मैं सोच रहा हूँ यह बल खाता धुआँ
जो बड़ी तेज़ी से मोखे से बहा जाता है
क्यों मेरी माँ की सदाओं से पिघल जाता है
क्यों?

जन्नत में दोजख़ी हवाओं की शायरी

सय्यदा नसरीन नक़्क़ाश

कश्मीर की सरज़मीन जहाँ हब्बाख़ातून अरनहमाल और ललध्य ने अपनी शायरी के जुगनू बिखेरे हैं, इसी इलाक़े की नयी शायरात में सय्यदा नसरीन नक़्क़ाश हैं जिनकी शायरी के लिए प्रो. हामदी कश्मीरी कहते हैं कि इनका अदब कश्मीरी संस्कृति का दर्पण है। सय्यदा की मादरी ज़बान कश्मीरी है मगर उन्होंने उर्दू को अपने इज़हार की ज़बान बनाया। उनकी शायरी में जो अहसास पढ़ने को मिलते हैं वे ख़ालिस निसवानी हैं। उनका यह ज़नाना लहजा अपनी सारी मासूमियत और ईमानदारी के साथ शेरों में ढलता नज़र आता है! इनके यहाँ शिकवे और ग़ुस्से की जगह पीड़ा का अहसास गहरा है। वह मर्द को बुरा-भला कहने के बजाय उसकी कमी को ज़्यादा शिद्दत से दर्ज करती हैं।

सय्यदा एक त्रैमासिक पत्रिका रिसाला 'बैनुल-अक़वामी सदा' निकालती है। उनके कई कविता संग्रह हैं *दश्ते तन्हाई* (1994), *रूहे चनाब* (2005), *तन्हाइयाँ* (2010) में आया और ख़ूब सराहा गया।

ग़ज़ल

न सिर्फ़ दिल ही गया दिल का मुद्दआ भी गया
वह क्या गये कि अब मिलने का सिलसिला भी गया

मैं उसको जाने से रोकूँ तो किस तरह रोकूँ?
मैं सोचती ही रही और वह चला भी गया।

वोह और दिन थे कि जब ज़िंदगी में सब-कुछ था
अब उसके बाद तो जीने का हौसला भी गया

हुसूले ज़र की हवस उसको ले गयी परदेस
सुकूने दिल की वह दौलत मगर लुटा भी गया

हवा का झोंका जो शाख़ों को गुदगुदाता था
वह हँसते फूलों को छूकर, उन्हें रुला भी गया

वह शहरे संग में पहुँचा तो हो गया पत्थर
अब उससे मिलने का पुरकैफ़ सिलसिला भी गया

कोई बताये तो नसरीन हम कहाँ जाएँ
उसे भी पा न सकें हाथ से ख़ुदा भी गया!

ग़ज़ल

तमाम उम्र मैं देखूँगी रास्ता तेरा
तू जागती आँखों को ख़्वाब मत देना

मैं आसमाँ को ज़मीं पर उतार लाऊँ तो क्या
यह मोजिज़ा भी जहाँ को अगर दिखाऊँ तो क्या

रात है सब अपनी-अपनी मशालें रौशन करो
आ मिलेगा क़ाफ़िले से वह उजाला देखकर

कोई मंज़िल न मिली और सफ़र ख़त्म हुआ
ख़ुद को पाया भी तो किस मोड़ पर पाया हमने

मैं तो वह ख़ाक हूँ छूते ही बिखर जाऊँगी
किस पे इतरायेगी ए मौजे हवा मेरे बाद

ग़ज़ल

शाम के साये हुए मिलकर जुदा
रात भर दिल में बपा महशर रहा

भूली यादें भी दबे पाँव चली आती हैं
तुम अकेले तो नहीं आज इधर आए हो

जहाँ भी देखूँ वहीं रुक के तकने लगती हूँ
कि हर उजाड़ खँडहर अपना घर लगे है मुझे

हँसते भी हैं तो आँखों में आ जाते हैं आँसू
वह जाने हमें कैसी दुआ दे के गये हैं

कितना था तल्ख़ उससे मुहब्बत का तजर्बा
हर रिश्ता-ए-ख़ुलूस से डरना पड़ा मुझे

तल्ख़ अनुभवों का कड़वा बयान

शबनम एशाई

शबनम एशाई कश्मीर से हैं। उनकी नज़्मों के बारे में महमूद हाशमी-जैसे आलोचक का ख़्याल है कि **शबनम** की नज़्मों में मौत की-सी ख़ामोशी है, लेकिन ख़ामोशी में दाख़ली तूफ़ानों के नाग मौजूद है। यूँ तो महसूस होता है कि शबनम की हर नज़्म ऐसी क़ब्रों का नौहा है जिस पर कुत्बे (शिलालेख) नहीं हैं। उनकी ज़्यादातर नज़्में ख़ुद से बातें करती नज़र आती हैं। आगे वह यह भी क़ुबूल करते हैं कि उनके शेरों में ललआरफ़ा उन्हें नज़र आती है जो बिना लिबास के वादियों में फिरती थीं! उनके यहाँ कश्मीर का नैसर्गिक सौंदर्य और पाकीज़गी है। शबनम की नज़्में उर्दू अदब में बिलकुल अलग तरह से अपनी पहचान बनाती हैं! यह शायरी सिर्फ़ एक औरत की शायरी नहीं है।

नज़्म

मैं जिस्म पे टेलकम नहीं
अपने वजूद पे
नमक छिड़कना चाहती हूँ
सदियों से जमी हुई
बर्फ़ काटना चाहती हूँ
क्या तुम रिश्तों का अलाव
दहका सकते हो?
मैं अपनी आँखों को
आँसुओं से
तलाक़ दिलवाना चाहती हूँ
जो सदियों से
आँसू काश्त कर रही हैं
क्या तुम मेरी आँखों को

ख़्वाब दे सकते हो
ज़माने के बखेड़ों में नहीं
मन की दुनिया में
घर बनाना चाहती हूँ
बस अब मैं
दिल की बात सुनना चाहती हूँ
क्या तुम मेरे मन में
बोल सकते हो?

ॐ नज़्म ॐ

वजूद के जो हिस्से
वजूद की तलाश में खो जाते हैं
उनका इंद्रराज
ज़िंदगी की किसी भी फ़ाइल में नहीं मिलता
हाँ उन नज़्मों में
जो आँसुओं की रौशनाई से
लिखी गयी हों
वह हिस्से बसते हैं
फिर हमें तारीकी को
अपना नशेमन बनाना पड़ता है
इस राज़ से ज़िंदगी नहीं
वजूद वाक़िफ़ है
और हम
वजूद नहीं
ज़िंदगी जीते हैं।

ॐ नज़्म ॐ

लाओ ज़रा पहन लूँ तुम्हें
तन्हाई उतार दी मैंने
बाहर कॉरिडोर में पड़ी सिसक रही है
अपने धीमे लहजे में
वह सारी दास्तानें सुनातीं

जिन्हें सुनकर मैं धीमी आँच पर
पहरों सुलगती थी–
लाओ ज़रा पहन लूँ तुम्हें
'की होल' से झाँक रही है!

☙ दुख का चेहरा ❧

तुमने मुझे इतनी बार मिटा दिया है
कि अब मैं
बिना किसी चेहरे के
जी सकती हूँ
लेकिन कोई मुजस्समा नहीं बन सकती
अगर एक बार भी
तुम मुझे
पढ़ने के बाद मिटाते
मैं दुख तराशने की मश्क़
नहीं दोहराती
तुम दूसरों को
दुख देने की सरशारी में
जी सकते हो
मैं बहुत-सारे दुखों को तराश कर
कोई मुजस्समा बना सकती हूँ
एक बार
एक दुख की दुखन
तुम भी ले लो.
मुझे किसी
दुख का चेहरा बनाते हुए
लिख लो!

☙ सफ़रे ईजाद ❧

मुझे फ़रार भरती जूतियों ने पहन लिया
और एक सफ़र
ईजाद किया–

मेरे साथ मेरी ख़ामोशी है?
इक बेसवाली है
बाक़ी सब
ख़्वाब महज़ वफ़ा
नींदें
सब-कुछ जागीरदारी के
कोने, खड्डों में
पड़े हुए हैं!
ख़ामोशी के दामन से
वफ़ा का दामन बड़ा होता है
पैरों के छाले पड़ने पर
वफ़ा की तलब बढ़ती है!
मैं मोर की मानिंद
अपने पैरों को देखकर
रोती हूँ
मेरे क़दम
मुझे वापस कर दो
इंतेक़ाल से पहले
मैं अपना दिल
कहीं बो देना चाहती हूँ!

गीत-घाटी में कविता की बयार

मिज़ोरम की तरफ़ जाए बिना पता नहीं लग सकता है कि यह इलाक़ा कितना सरसब्ज़ और ताज़गी से भरा हुआ है। रंग-बिरंगे फूलों से भरी झाड़ियाँ और छोटे पेड़ एक समा बाँध देते हैं। उस पर हरे रंग के असंख्य शेडों से आपकी आँखें सुख प्राप्त करती थकती नहीं हैं। इतने शेड्स आपको घाटी में विभिन्न वृक्षों, बूटों और घास में नज़र आएँगे जिनके बीच 'झूमा कल्टिवेशन' की अपनी छटा होती है जो सीढ़ीदार दबीज़ हरे मखमली घने छोटे-छोटे खेतों में नज़र आती है। उस पर से आकाश के बदलते पल-पल ख़ुशरंग और बादलों के झीने-झीने कोहरे, रुई के फाहे की तरह कभी हवा के संग डोलते तो कभी बूँदों में बदल जाते हैं। इन सारे नैसर्गिक हुस्न के बाद आपको मोर, पपीहा, कोयल कूकते-नाचते नज़र नहीं आएँगे, यहाँ तक कि गौरैया भी फुदकती नहीं दिखेगी। लेकिन वहाँ के औरत-मर्द आपको गाते, गुनगुनाते और नाचते नज़र आएँगे। गिटार लगभग हर जवान के गले में लटका नज़र आएगा। कवि वाकहामा के शब्दों को यहाँ दोहराना ज़रूरी है–

मनोहर ऊँची पहाड़ियाँ ढकी हैं हरे जंगलों से
बिलोरी ओस जो गिरती है, पीते हैं उसे बहते पानी में
जहाँ चिड़ियों की चहचहाहट और सीकाड़ास का एक सुर है
जो सारे दिन 'सुहावनी भेंट' के रूप में गाते रहते हैं।

यह तो है क़ुदरत के हुस्न का बयान जिसमें कीड़ा सीकाड़ास का अहम रोल है। मगर मृत्यु के समय भी वह अपने क़बाइली विश्वास वाले गाने तब तक गाते हैं जब तक शवयात्रा चल नहीं पड़ती।

'ऊपर पीअरला' आराम के लिए बेहतर जगह है
जहाँ न बादल है न अँधेरा हमेशा प्रकाश जगमगाता है।
तुम जाओ वहाँ हम तुमसे आकर मिलेंगे
वहाँ बड़ी प्यारी सुबह और बड़ी सुंदर नदी है।

पहाड़ियों के ढाल पर खड़े लकड़ी और ईंट-सीमेंट से बने घर बाहर से जैसे भी दिखें मगर अंदर उनकी सजावट और नफ़ासत अलग नज़र आती है। जालीदार पर्दे, बनावटी फूलों के गुलदस्ते, साफ़-चिकना फ़र्श और सलीक़े से रखा सामान। इतवार की सुबह सजी-धजी औरतें और सूट में मर्द, हाथ में बाइबल लिये गिरजाघर जाते आपको ऊँची-नीची पगडंडियों पर नज़र आएँगे। अंग्रेज़ी बोलने के साथ अपनी भाषा के अलावा, टूटी-फूटी हिंदुस्तानी सभी बोल लेते हैं। कपड़ों और मेकअप में संतुलन के साथ रुचि और सलीक़ा भी झलकता है। इन सबके पीछे मिज़ोरम के क़बीलों का अपना इतिहास भी है जो मिशनरी की देन है–जिसने हर घर और व्यक्ति पर अपना गहरा असर डाला है। यदि आप गिटार गर्दन में टाँगे किसी लड़के से गाना सुनाने की फ़रमाइश करेंगे तो वह ईसा मसीह का गीत सुनाएगा–

चाइल्ड!
इन माई आइज़
पिक मी अप!

सारे दिन टी.वी. पर गाड चैनेल चलता रहता है। मिज़ोरम के लोग भी कद-काठी में सुंदर और स्वभाव में सौम्य और विनम्र होते हैं। बाक़ी सारे क़बीलों में सबसे ज़्यादा सुशिक्षित।

मिज़ोरम दक्षिणी पटकाई पर्वत की मोड़दार पहाड़ियों पर बसा भारत का एक छोटा-सा हिस्सा है। मिज़ोरम में रहनेवाला लुशाई क़बीला जिसने सौ वर्ष पूर्व ईसाई धर्म स्वीकार किया मगर चर्च के हस्तक्षेप के बावजूद वे आज भी अपने क़बीलाई रीति-रिवाज से मुक्त नहीं हो पाए हैं। क्योंकि इस उलझाव में चर्च नहीं पड़ता है। यह क़बीला अपनी पहचान में 'गवैया क़बीला' के नाम से मशहूर है। इसी के साथ मिज़ोरम 'रंग-बिरंगी दुनियावाला' और 'मीठी आवाज़ों वाला' इलाक़ा भी कहलाता है। मिज़ोरम में लोकगीतों का अपार भंडार है। संगीत उनकी रगों में ख़ून की तरह दौड़ता है और गुनगुनाना उनकी आदत में शामिल है।

मिज़ोरम के अध्यापक एवं कवि एल. ख़ियांटे के अनुसार वहाँ के लोक साहित्य में कई कहानियाँ हैं जिसमें 'हमुअकी' भी एक है। मिज़ोरम लोक-साहित्य की पहली शायरा 'हमुअकी' (Hmuaki) मानी गयी हैं जिन्हें उनके गाँववालों ने ज़िंदा ज़मीन में दबा दिया था। केवल इस भय से कि वह औरत हर विषय पर कविता लिख डालती है। कहीं ऐसा न हो कि कल हमारे लिये कोई भी अछूता विषय न बचे जिस पर हम लिख सकें। उनकी अंतिम यात्रा के लिए परंपरागत रूप से क़ब्र खोदी गयी और उनको दफ़नाने के लिए लिटाया गया। जब मिट्टी डाल उनकी क़ब्र बंद की जा रही थी तो उस समय उन्होंने यह शेर पढ़ा–

जवानो! ऐ, मेरे गाँव के प्यारे जवानो!
दफ़न करना इस बार मुझे पूरी महारत से।

उनके कुछ अन्य उदाहरण–

जब हम लुत्फ़ उठाते हैं अपने गाँव नगेंटे का,
कितने भावुक हो उठते हैं कि एक बार फिर, जिये आकर यहाँ।
नष्ट हो जाने दो मेरे शरीर को मगर मेरी कविता को नहीं,
उड़ने दो उन्हें पश्चिम के हुक्मरानों के सरों पर।

मुझे ऐसा महसूस होता है कि हमुअकी उस दौर की कवयित्री होंगी जब लिखना-पढ़ना शुरू नहीं हुआ होगा। उनके जीवन के क़िस्से और कविताएँ मुँहज़बानी याद हो गयीं और पीढ़ियाँ उसे दोहराने में गुज़र गयीं।

1894 में क्रिश्चियन मिशनरी के आने से पहले मिज़ो बोली 'धूलियन डायलेक्ट' के रूप में थी। उसको रोमन शब्दों में लिखा जाने लगा और वह मीज़ो भाषा कहलाने लगी। इस भाषा में सबसे पहले जो लिखा गया वह था इतिहास। अच्छी-बुरी जो ज़िंदगी थी उसको नोट किया गया। यादों के सहारे उनका अतीत लिखित में दर्ज हो गया। यह सब-कुछ दो महत्त्वपूर्ण क्रिश्चियन मिशनरी पुरुषों साप-उपा रीव एफ.डब्ल्यू. सैविज (Rev. F.W. Savidge) और पू-बूअंगा रीव जे.डब्ल्यू. लॉरेन (Rev. J.H. Lorrain) द्वारा अंजाम दिया गया था। इन्होंने सबसे पहले अक्षरों पर काम शुरू किया था। इनके आने से पहले डिप्टी कमिश्नर (चिटगाँव) हिलट्रैक्स के लेफ्टिनेंट कर्नल थॉमस हर्बर्ट लेविन (Thomas Herbert Lewin II 1839-1916) जिन्हें मीज़ो 'थंगलियाना' के नाम से पुकारते थे, उन्होंने इस इलाक़े पर लिखने की पहल की थी। यह लुशाई (मीज़ो) भाषा की पहली पुस्तक थी। यह पुस्तक 1874 में छपी थी जिसमें कुछ मीज़ो लोक-कथाएँ और कुछ मीज़ो शब्द लिये गये थे। वास्तव में यह पुस्तक इस इलाक़े की 'सूचना-पुस्तिका'– जैसी थी। इसी के साथ लुशाई भाषा, व्याकरण, शब्दकोश इत्यादि पर विभिन्न लोगों ने कड़ी मेहनत कर इस क़बीले को उसकी लिखित भाषा-साहित्य उपलब्ध करा दिया। इसके प्रति मिज़ोरम के लोग बहुत आभारी हैं। मिज़ोरम में 1994 में लिरेसी की सौवीं वर्षगाँठ भी मनायी गयी।

मिज़ो हिस्टोरियन के. ज़ावला का कहना है कि दुनिया में इतनी बड़ी संख्या में लोकगीत किसी दूसरे क़बीले के पास नहीं होंगे जितने लुशाई क़बीले के पास हैं। एक दूसरी महत्त्वपूर्ण लोक-गीतों की कवयित्री के गीत अभी भी गाये जाते हैं जिनका जीवन-काल 1750-1810 है। इनका नाम लियन-चाहियारी था जो थांगलुहा क़बीले के सरदार की बेटी थीं। लियन को क़बीले में कोई जवान अपने बराबर का नहीं लगता, जो लगा उसमें अपनी बात कहने की हिम्मत न थी। उसे डर था कि वह मार डाला जाएगा। लियन समझ गयीं और ख़ुद उन्होंने अपने दिल का हाल कहा और चावंगफिआंगा को हिम्मत बँधायी। दोनों के प्रेम संबंध पनपने लगे। क़बीले के सरदार के यहाँ एक जश्न था। सारा गाँव नाच-गा रहा था। ये दोनों

नज़र बचाकर आग के अलाव के पीछे अँधेरी जगह में मौजूद थे। माँ ने अलाव ठीक किया तो सारे गाँव ने उन्हें ऐसी स्थिति में देख लिया। अपमान और भय से दोनों परेशान थे। चावंग ने भाग जाने में ही अपनी भलाई देखी। उस समय लियन के गीत गूँजे, जिसमें से यहाँ कुछ दिये जा रहे हैं–

हाय अफ़सोस! मैं उस सीमा पार गयी
जहाँ मुझे पिता के सम्मान का ध्यान न रहा
तुमने अपने जाने की ख़बर न दी
मुझे पता होता तो मैं कभी तुम्हें न जाने देती
मेरे पहले प्यार!

लियन ने अपना घर छोड़ दिया और उसे ढूँढ़ती भटकती रहती थी। उसे वह सब याद आता जब वह अलाव के लिए साथ-साथ लकड़ी चुनते थे।

मैं आयी थी तुम्हारे जाने के बाद उस घर में
मगर वहाँ सिर्फ़ चिड़ियों के पंख के अलावा कुछ न था
मैं तन्हा जाती हूँ उस अकेले जंगल में
गिरती पेड़ों की पत्तियों के नीचे बरसती हैं तुम्हारी यादें!

लियन के प्रेमगीत बड़ी संख्या में जमा हुए हैं। हमुआकी और लियनचाहियारी के अतिरिक्त लोकगीतों की अन्य कवयित्रिओं के नाम जो बुज़ुर्ग लेते हैं उनमें– माँगसेला, जकुआला, दारचुहमा, लालसुथालाहा, लटचहिगाया, लालविथंगया, इत्यादि हैं। मर्दों ने भी लोकगीत कहे थे। दोनों का अपना अलग रंग और रस है। चवानगचेहन ज़ाइ, चायहला, बौहला, हलादू, तगलम ज़ाइ, रालरुन ज़ाइ, चेहेइ ज़ाइ वग़ैरह।

मिज़ो कवियों और कवयित्रियों ने दिल की लय पर गीत गाना कम किया और काग़ज़ पर कविता लिखना शुरू किया। शुरुआती दौर की मिज़ो कविता एक रस में डूबी थी, वह रस था प्रेमरस। प्रेमरस अपने पूरे विस्तार के साथ मिज़ो साहित्य में मौजूद है चाहे वह कवि बिआकलीआना हों, जिन्होंने काले अतीत से छुट्टी पा ली और नये प्रभात का स्वागत किया। यह भी एक अभिव्यक्ति है उनकी कविताओं में कि वह अपने साथियों में प्यार बाँटने और भाग्य को कोसने की सलाह देते हैं। इसी तरह दूसरा महत्त्वपूर्ण कवि पी.ए.सी. चांगथू (1922 में जन्मे) हैं जो प्राकृतिक दृश्यों में प्यार ढूँढ़ते हैं और सारे सौंदर्य को बाँहों में भरना चाहते हैं। तीसरे कवि वंकहामा हैं–

जब तुम अपनी चमकीली मुस्कान से दिखते हो
दुनिया में फिर से बहार आ जाती है मेरे लिये

चांगथू को, एक कवि के संवेदनशील मन रखने के कारण सतही प्यार से परेशानी महसूस होती है। जिसमें गहराई और ज़िंदगी को आख़िरी दम तक निभाने की शक्ति नज़र न आती हो। कीट्स की पोयम *ला बेला डैम संसमरसी* का प्रभाव इनकी शायरी में झलकता है। उनकी कविता *नूनरांग हेमेलथा* जिसका अनुवाद *ज़ालिम हसीना* या *पत्थरदिल सौंदर्य* किया जा सकता है। उनकी दूसरी कविता में लड़की कहती है, "काश! मैं अपना दिल तुमसे बदल सकती सख़्तदिल, ख़ूबसूरत जवान!" उनकी एक अन्य कविता की पंक्तियाँ–

तब तुम जाओ अपने दिल की गहराई में
जहाँ मेरे प्यार की कोई परछाईं भी नहीं बची
अपने नये प्यार की तरफ़ बढ़ो
मैं भी दूर चला जाऊँगा तुमसे।

समय के बदलाव की आहटें इनकी कविताओं में महसूस होती हैं। आज मिज़ोरम ही नहीं, संसार भर में आयोजित विवाह की जगह लव-मैरिज का चलन है–

मेरे प्यार! मैं तुम्हारे लिये सारे सुख की कामना करता हूँ
यहाँ तक कि मैं आसमान से तारे भी तोड़ लाता अगर कहतीं
तुमने मुझे भुला किसी और से विवाह कर लिया तो क्या
मैं चाहूँगा हमेशा तुम दोनों को ख़ुश देखना वही होगी मेरी ख़ुशी

दूसरे कवियों में अन्य तरह की दृष्टि और संवेदना नज़र आती है जिसमें व्यंग्य की मात्रा प्रेम के दायरे और विस्तार से बाहर निकल आयी है। बतौर मिसाल पी.सी. चांगथू (1922) हैं जो नयी नस्ल के जीने और सजने के तरीक़ों पर व्यंग्य करते हैं और चिंता व्यक्त करते हैं। दूसरे व्यंग्य कवि एफ तुआया (1935) जो 'गास्पल रिवाइवल वेव' के बड़े समर्थक थे। उन्होंने अपनी कविताओं में गहरी चिंता प्रकट करते हुए लीजेंडरी व्यक्तित्व 'थासीमा' को कोट करते हुए कहा है कि थासीमा जवानों के व्यवहार के सदमे से मरा था। अगर वह आज दोबारा पैदा हो जाए तो जवानों के ख़ाली दिल, दूसरों की संस्कृति को अपनाता, नशा, बालों के स्टाइल और पहनावे को देखकर वह एक नहीं बल्कि तेरह बार मरता।

एक सदी में मिज़ोरम के लुशाई साहित्य ने लंबा रास्ता तय किया है। गीत के फ़ारमेट से निकलकर उन्होंने नये प्रयोग किये और विधाएँ अपनायी हैं। मगर विश्व स्तर के साहित्य को देखते हुए इनके पास अनुभव का इतिहास नहीं है। तो भी वर्तमान समय की सारी समस्याओं और इंसानी कठिनाइयों के प्रति जागरूक हैं। यह इलाक़ा अब दुनिया से कटा भी नहीं है और न

उस तरह शोषण का शिकार जैसे पहले था। शिक्षा और प्रगति का स्तर हर साल बढ़ रहा है।

कवियों, लेखकों, अध्यापकों और जीवन के अन्य कार्यक्षेत्रों में औरतों ने अपना सहयोग बढ़ाया है। यहाँ पर कुछ कवयित्रियों की चुनी हुई रचनाएँ दी जा रही हैं जो अंग्रेज़ी भाषा में उपलब्ध हैं। इन कविताओं का असली सौंदर्य तो इनकी अपनी भाषा में होगा। पिफर तो भी अंग्रेज़ी से हिंदी अनुवाद तक आते-आते जो रस बचा है वह यक़ीनन हतकोरा (नींबू) और अनन्नास से कम खटमिट्ठा नहीं।

रिश्तों की नयी अभिव्यक्ति

मोना ज़ोट

☙ बेवक़ूफ़ गया जहन्नुम में ❧

उसने जगह चुनी और
लगाया ठीक उस जगह क्रास का निशान।
लाया एक कुर्सी ताकि
रख सके उसे वहाँ।

उसने रस्सी कसी ऊपर छत की कड़ी में
और डाला फंदा अपनी गर्दन में,
पैर से धक्का दे गिराया कुर्सी को ज़मीन पर
और अब वह गया नर्क में।

यही कर पाया
(उसकी माँ के अनुसार)
वह अपनी पूरी ज़िंदगी में
इकलौता अच्छा काम।

☙ निशानेबाज़ ❧

मैं शब्दों को कहूँगी अलविदा
और बन जाऊँगी बंदूक़धारी
उस लड़के को मार गिराऊँगी
जो काहिल है और मूर्ख या
फिर इसलिए कि 'मेरा दिल चाहा।'

सिगरेट को छोड़ो, अफ़ीम लो
अफ़ीम तुरंत...जानते हो
फ़ौरन पहुँचाती है सपनों में
मैं अपना सामान बाँधता हूँ
वहाँ सूरज इतना तेज़ नहीं चमकता है
यहाँ की तरह...लेकिन...ख़ैर छोड़ो
हम कुछ ख़ास महसूस करना चाहते हैं
अपने-आपको।

अपने अंदर यात्रा करनेवाली कवयित्री

लालरिनमावी ख़ियांटे

☙ तन्हाई ❧

वे ठीक कहते थे
ऐसी चीज़ मौजूद है इस शहर में
जिसे तन्हाई कहते हैं
मैं भी तन्हा हूँ इतने लोगों के बीच
यहाँ तक कि जब मैं दोस्तों के साथ होती हूँ
तब भी तन्हा रहती हूँ।

अब मैं,
वजह जान चुकी हूँ
दरअसल मैं डरती हूँ
डरती हूँ अपने बचपन से
जो मुझे अपने अकेलेपन के
भँवर में फँसा लेता है आसानी से

जहाँ कोई नहीं पहुँच पाता वहाँ
आख़िर मैं कैसे पहुँच जाती हूँ तन्हा।

☙ आत्मा का मिलन ❧

मैं तुम्हारे हाथों की पकड़ से दूर निकल आयी हूँ
मैं तुम्हारे दिये आराम से दूर निकल आयी हूँ

तुम्हारी आत्मा जो मुझे जानती थी उसकी पकड़ से दूर
आगे-पीछे घूमती थी मेरी ख़ुशी के लिए उससे भी दूर
तुम्हारे दिल में बैठे गहरे प्यार से भी दूर मैं आ गयी हूँ।

मैं दूर निकल आयी हूँ ताकि तुम तक पहुँच सकूँ,
मैं दूर हो गयी ताकि कभी भी तुमसे अलग न हूँ
दूर हुई तुमसे ताकि तुम्हारे साथ रह सकूँ हमेशा
दूर आ गयी ताकि मैं रहूँ तुममें अकेली।

माँ बनना

गर्वीली ख़ुशी की अनुभूति,
मेरे जिस्म की हर पर्त में
समा गयी, ऐसा पहली बार हुआ

मुश्किल है मेरा यक़ीन करना कि
मैं माँ बन गयी।
जो ख़ुशी मेरे अंदर घुमड़ रही है
जो प्रशंसा मेरे अंदर उबल रही है
उसकी तुलना किसी से नहीं

ख़ुशी और प्रशंसा बनकर आँसू
मेरे गालों पर बह रही है
...सृजनकर्त्ता
'ख़ुशी का पुलिंदा' पैदा हुआ।
परिपूर्णता!
अब मैंने उसका अर्थ समझा है
ख़ुदा!
इससे पहले मैं उसके नज़दीक नहीं थी
सौभाग्य...
बच्चे के रूप में
कायनात का यह कैसा चमत्कार!

☙ अलविदा माँ ❧

ख़ुदा की तारीफ़ करो
उसी की रहमत से
इस ख़ूबसूरत आरामदेह घाटी में
शांति, ख़ुशी और संतोष
सब-कुछ अब तुम्हारा है
लेकिन हम रो रहे हैं
क्योंकि
हमें तुम्हारी कमी बहुत खल रही है
और तुम!
फ़रिश्तों के साथ
जन्नत का आह्लाद-गीत गा रही हो 'हाल्लेलूजाह'
इंतज़ार कर रही हो हमारे आने का
ताकि तुम फिर से भर सको
हमें अपनी बाँहों में।

विद्रोही स्वर की गूँज

मालसोमरिआतजुआली जेकब

❧ टूटे सपने और सूखी हड्डियाँ ❧

टूटे सपने, सूखी हड्डियाँ,
बस, यही है मेरे पास,
कौन, क्या करेगा इन दो चीज़ों का?

क्या कभी घूरा भी,
प्रशंसा-भरे गीत गा सकता है?
क्या सूखी हड्डियाँ भी
तालियाँ बजा नृत्य कर सकती हैं?
फिर भी जाने क्यों,
दिल को इंतज़ार रहता है।

इस राख के ढेर में
इत्तफ़ाक़ से
कहीं कोई फ़ीनिक्स!
तो नहीं दफ़न है?

❧ हाथ ❧

औरतों के हाथ कितने प्यारे
मुलायम और सफ़ेद होते हैं।
उँगली अँगूठी से सजी हुई और
नुकीले नाख़ून रँगे हुए।

मगर,
मेरी माँ के हाथ
भद्दे और फटे हुए हैं।
अपनी छोटी चौकोर उँगलियों और
अपने टूटे नाख़ूनों के साथ
सदा रसोई की गंदगी से काले रहते हैं।

लेकिन कितने प्यारे हैं वे दोनों हाथ,
जो हमें प्यार से खाना खिलाते
और कपड़े पहनाते हैं।
मेरी परवरिश करनेवाले ये हाथ
किसी बढ़ई के रंदे की तरह सख़्त
मेहनत के पसीने से पसीजे हुए हैं।

हाथ जो बच्चों को आशीर्वाद देने उठते हैं
और दूसरों के ज़ख़्मों पर भी
मरहम रख उन्हें सहलाते हैं।

तब उन्हें ठोक दिया जाता है सलीब पर
मांस चिथड़े-चिथड़े हो जाता है जैसे ही,
वह लटक जाते हैं पेड़ पर।
वे हाथ जो ख़ून टपकाते हैं, केवल
हमें स्वतंत्रता देने के लिए।

वे पवित्र हाथ जो
पकड़े हुए हैं अधिकारदंड।

प्रकृति से प्यार करनेवाली कवयित्री

ललथियांगलिमी ज़ोट

✦ बारिश के बाद ✦

चिड़ियाँ अपनी चहचहाहट से
ऐलान करती हैं कि
वे ऊँचा बहुत ऊँचा उड़ सकती हैं।
पूरे संतोष के साथ अपनी पत्तियाँ निकालते हैं,
लंबे वृक्ष और नन्ही घास।

पहाड़ दूर हैं और आसमान ऊपर
ताज़गी फैली है जहाँ तक जाती है नज़र।
बारिश के बाद,
प्रकृति अपने धुले हरियाले कपड़ों के संग
भर देती है मिठास हवाओं में।

जब कभी बादल गरजते और बिजली चमक उठती है
प्रकृति अपने रौद्र रूप से हमें डराती है।
कुछ ऐसा ही भयानक तूफ़ान इस समय
मेरे दिल में उठा है जिसने
मेरे दिल को दुख और उदासी से भर दिया है।
मेरे ठहरे दिमाग़ में दस्तक देता है यह मुहावरा अकसर :
"हर बादल में उम्मीद की किरण छुपी हुई है।"

यह बहुत बड़ी चुनौती है जिसका सामना करना है फिर,
क्यों बैठी हो तुम बिना मुक़ाबले के यूँ चुपचाप।

क्या प्रकृति इस सवाल का जवाब अपने में नहीं है?
दक्ष हाथों ने रची है विविधताओं से सजी यह धरती,
अभी देर नहीं हुई है उससे कुछ सीखने में,

एक सुंदर शांत संसार पा लेना अपने अंदर
बारिश के बाद।

☙ तुम्हें प्यार के साथ ❧

चमकती चाँदनी की चादर में
सब-कुछ कोमल ख़ामोशी में डूबा
सोया दिल कभी नहीं जान पाया
कि मैं तुम्हें अपने क़रीब देखना चाहती हूँ

जैसे-जैसे चाँद दबे पाँव सरकता है
सारा परिवेश रुपहला हो उठता है
तब मेरी इच्छा जागती है तुम्हारे जूतों की
हल्की आहटें लेने की और साँसों की
मद्धिम लय सुनने की।

हवा में ख़ुनकी है और यादों में ताज़गी
रात के ढलने के साथ बढ़ती है
जैसे ही मैं अपनी आँखें बंद करती हूँ
तुम्हारी बाँहों का गर्म स्पर्श मुझे छूता है

अफ़सोस! लानत है उन लंबी दूरियों पर
जो हमारे और तुम्हारे बीच बढ़ गयीं
काश! मैं बता सकती अपनी चाहत को
और तुम्हारा वजूद अपने दिल की गहराइयों में

☙ रक्षा करो ❧

हरियाली से भरे जंगल
गदबदी घास, जिस पर जमा हो हम मनाते थे सोग,
ऊँचे लंबे दरख़्त जो देते थे हमें साया,
वे सब बदल चुके हैं अब नंगे मैदानों में।

चिंघाड़ती गोलियों की ध्वनि के बीच उठता धुआँ,
जिसने समाप्त कर दी है जंगल की निस्तब्धता,
शांति से चरते चौपाये बुरी तरह भयभीत हो,
भाग गये हैं जिधर सींग समाएँ।

आपस में घुल-मिलकर रहनेवाले एक-दूसरे से हुए जुदा
बच्चे बिन माँ के हो गये बेसहारा।
कैसे बचाये हम अपनी जान को,
जब इंसान ही पड़ गये हों हाथ धोकर हमारे पीछे।

गुम होते जा रहे जीवों की, तैयार हो गयी है विशेष सूची
जिसमें हम सब शामिल हैं सदा के लिए समाप्त हो जाने के ख़तरे के संग
तुम हमें नुक़सान पहुँचाते हो जबकि हम तुम्हें नहीं
हम जीना चाहते हैं, मेहरबानी कर, हमारी रक्षा करो।

❧ शीत ऋतु से पहले आना ❧

बिहार विदा हुई अपनी सारी रंगीनी के साथ,
गर्मी भूल गयी अपने सारे गीत,
पतझड़ का सूरज तप उठा है,
प्रकृति के रंग को बदलने के लिए।

लंबे इंतज़ार के बाद आते हैं साल के ये मौसम
सभी दिखाते हैं अपना रंग-रूप अपनी सृजनात्मकता के बल पर
कितना अच्छा हो कि एक ऋतु ठहर जाए सदा के लिए
लेकिन एक के बाद एक गुम हो जाते हैं ख़ामोशी में।

क्या तुम प्रतीक्षा कर सकते हो उस कड़वे पल की
जब ठंड ले लेती है गर्मी की जगह?
सो आना तुम जाड़े से पहले बाँटने मेरे साथ
गर्माहट गुज़रे पतझड़ के सूरज की।

❧ कितना सुन्दर! ❧

कितना ख़ूबसूरत अहसास है
किसी को प्यार करना।
वह सब देखना और महसूस करना
यह आशीर्वाद है जो तुम्हें मिला
जब तक ज़िंदा रहना इसे गँवाना नहीं।

कितना ख़ूबसूरत यह दिल है
जो अपने चारों तरफ़ फैली चीज़ों से

प्यार करता है।
यह वास्तव में वरदान है जो तुम्हें मिला
इसी में मौजूद है ज़िंदगी का वजूद

कितनी ख़ूबसूरत है आत्मा।
किसके पास दिल है उसे दीवाना कर
प्यार करने के लिए
यह है शक्ति और बहादुरी का स्रोत
और सौभाग्य सारे जानदारों का

कितनी सुंदर है यह ज़िंदगी।
जिसकी आत्मा है इतनी बेशक़ीमती
हम सबके लिए
यह सबसे बड़ा उपहार है हमारा
इस फल में मौजूद है बीज का सिलसिला

रात का दूसरा पहर

शाम का सूरज धीरे-धीरे डूब गया पश्चिम में
एक थकन भरा दिन गुज़ार प्रकृति ने भी अब आराम किया।
जैसे ही स्याही ने दुनिया को अपनी बाँहों में समेटा
सुंदर घास के मैदान डूबने लगे धुँधलके में।

एक बार फिर गुम हो गयीं अँधेरे में
गाँव की टेढ़ी-मेढ़ी पगडंडियाँ और
चाँद के उगते ही, रात ठंडी शांत चाँदनी में
खो गयी अपने सौंदर्य एवं रूपहले विचारों में।

ख़ुशी उबल रही है मगर उदासी के साथ-साथ
उल्लू आहिस्ता से डैने पंख फड़फड़ा चीख रहे हैं,
अँधेरा रोक नहीं पाता ज़िंदगी की गहमागहमी को
सारी रात शिकार जारी है हर एक कोने में।

मीठी नींद में डूबा इंसान नहीं जान पाता
बंद दरवाज़े के बाहर घटती ज़िंदगी को
मगर इंतज़ार में है वह एक नयी सुबह के
जब वह लौटेगा अपनी ख़ुद की दुनिया में।

औरत का दर्द समझनेवाले कवि

प्रो. एल. ख़ियांटे

☙ मिज़ो औरत का विलाप ❧

बुलंद करती हूँ अपनी आवाज़ को अपनी विशेष शैली में
ताकि तुम्हें बता सकूँ औरत की व्यथा भरी ज़िंदगी को
मुझे सदा से तलाश रही है अपनी मंज़िल की
ताकि स्वर्ग के राजा से हो सकूँ एक दिन रूबरू।

हथियार डाल यूँ कब तक सहते चले जाएँगे अत्याचार हम,
कितने दिनों तक हम इस व्यवस्था के पाटों में पिसते रहेंगे दानों की तरह?
कितनी मेहनत करते हैं रात-दिन इस धरती पर हम
ताकि सब मिलकर भोग सकें स्वर्ग का सुख यहाँ।

उठो! खड़ी हो न्याय के साथ,
उठो! संगठित हो सब एक साथ,
ताकि तुम्हारे साम्राज्य का मूल्य जान सकें वे
तब तोड़ सको तुम, अपने बोये वृक्षों से मनचाहे फल।

☙ रात की आत्मा ❧

कौन से कारण हैं जो बनाते हैं रात को इतना भूखा,
उन सभी वस्तुओं का भूखा जिन्हें दिन नकारता है।
रौशनी मद्धिम पड़ जाती है रात को, शायद इसलिए,
कुछ विशेष कोनों में, जो बहुत ख़ास हैं, फिर भी चिह्नित नहीं।

जो दिन में पहचाने नहीं जाते,
अफ़सोस! जहाँ रात के पंजे शुरू करते हैं दबोचना।
हाँ, दबोचना रात के अँधेरे में।

वे कौन-से कारण हैं जो रात को भर देते हैं आक्रोश से,
क्रोधित रात, कर डालती है वह सब, जो चाहती है करना,
जिसके इज़हार में भरी है कड़वाहट-ही-कड़वाहट!
उसके लिए आश्चर्य जो पाता है उपहार!
रात का उपहार, किसी शिकार के रूप में,
शिकार जिसे देखा नहीं गया, अंकुश भरे तेवर के संग।
वे तेवर जो बहुत आम हैं।

कौन-से कारण हैं जो रात को बना देते हैं इतना मनोहर,
मनमोहिनी? कारण है वह लाती है अपने संग आकर्षण!
आकर्षण, चाँदनी के छिटके प्रकाश का,
चाँद जो किसी मासूम के गाल पर चमक रहा है।
मासूमियत! जो अनुभव की तरफ़ ले जाती है,
अनुभव, रात के लिए हज़ारों आँखें हैं,
आँखें! जो रात के साथ चमचमाती हैं।

कौन-से कारण हैं जो रात को बनाते हैं उबाऊ,
उबाऊ! उसके लिए जिसे छोड़ दिया किसी ने तन्हा,
तन्हा! हाँ, रात के बिखरे हुस्न से अलग कर
हुस्न! जिस पर रात की छाया मँडरा रही है।
मँडरा रही सूखे होंठोंवाले चेहरे पर,
होंठ! जो काटने के अलावा और कुछ नहीं जानते करना,
काटते हैं पीठ पीछे, घूरते और बड़बड़ाते हैं।

अब मैं तुमसे पूछता हूँ प्रिय रात की आत्मा!
क्या कारण थे जिसने सवाल करने पर मुझे मजबूर किया
ओह! बताओ बड़ी नर्मी और शालीनता के साथ।
दुख और सुख की आत्मा...मुझे बताओ।
ओह! रात की आत्मा,
बुनती हो ख़ौफ और ख़ुशी के सपने,
जो बनाते हैं तुमको इतना डरावना और बेहद प्यारा।

ॐ गुनहगार* ॐ

ज़ोरम की हर पहाड़ियों को ग़ौर से देखो
जहाँ उसने अपने वास्तविक गुण दिखाये हैं।
क्योंकि उसके अंदर ख़ुदा का सच्चा प्यार छुपा था,
तभी वह सारे आरोपों के साथ वापस चला गया।

कौन इनकार कर सकता है उसकी अच्छाइयों से,
और नकार सकता है उसके वजूद को इस धरती पर?
अगर वास्तव में हम मीज़ो हैं तो कभी नहीं भूल सकते हैं
उसके दिल को छू लेनेवाले मूल्यों को।

आगे से कभी उस अंग्रेज़ सज्जन को नकारना नहीं
बल्कि एक जवान देशभक्त मीज़ो की तरह उसे जानना।
अपनी पुरानी मान्यताओं की कसौटी पर
उसके आत्मीय निश्छल प्रेम को कभी परखना मत।

चलो हम सब चलें ज़ोरम के उस नये स्थान पर
जहाँ उसे बना दें एक महान 'मिशनरी'
उसे एक सच्चे प्रेमी की तरह मशहूर होने दो
तभी उस पर लगाये सारे आरोप सदा के लिए मिट जाएँगे।

---

* एडविन रोलैंड (1867-1939) नामक एक मिशनरी कार्यकर्ता थे, जो मीज़ो लड़की से प्रेम करने लगे थे। यह देख उनके मिशनरी साथी भयाक्रांत हो उठे कि एडविन के इस बर्ताव से क़बीला हमसे रुष्ट हो जाएगा और मिशन का काम पूरा नहीं हो पाएगा। उन सब ने फ़ैसला लिया और एडविन को इस मिशन से निकाल ब्रिटेन वापस जाने पर मजबूर किया। उसी की निष्ठा पर रची यह कविता है।

स्रोत

1. नया वरक़ -10- सं. साजिद रशीद; 2. मिज़ग़ान; 3. शबख़ून 260-263 शेष 2003-2002; 4. ज़हने जदीद 2003; 5. तजदीदे नो 2009; 6. शबनम एशाई-महमूद हाशमी मिज़ग़ान; 7. शहनाज़ नबी-नजमा रहमानी मिज़ग़ान; 8. वर्क़ ज़हरा निगाह असातीर, लाहौर; 9. ख़ाके दिल-जाँ निसार अख़्तर दानिशकदा, अमरोहा; 10. तल्ख़ियाँ, आली पब्लिकेशन; 11. शाम का पहला तारा, ज़हरा निगाह, असातीर, लाहौर; 12. आओ कोई ख़्वाब बुनें, अलवी बुक डिपो; 13. क़िस्से, अक्टूबर 2010 तुफ़ैल अख़्तर, पाकिस्तान; 14. क़िस्से, उन्नीस; 15. एन इंट्रोडक्शन टू मीज़ो लिटरेचर (सेमिनार पेपर, रिपोर्ट एंड सेलेक्टेड पोयम) डॉ. एल. ख़ियांटे अंग्रेज़ी विभाग, सेमिनार नेशनल बुक ट्रस्ट 3-7 अक्टूबर, 2001; 16. एक लंबा इंटरव्यू डॉ. मारग्रेट (एक औरत की आवाज़-इंद्रप्रस्थ प्रकाशन, दिल्ली) प्रोफ़ेसर इंगलिश मिज़ोरम विश्वविद्यालय, 2003 बेस आन कल्चर, इतिहास, हिस्ट्री बाई नासिरा शर्मा।

सियासी उमस में शायरी की सोंधी महक

पाकिस्तान

अख़्तर शीरानी
नून मीम राशिद
फ़ैज़ अहमद फ़ैज़
अज़रा अब्बास
फ़ात्मा हसन
सकीना साजिदा पिनाह

सियासी उमस में शायरी की सोंधी महक

पाकिस्तान में आज़ाद या नयी शायरी की शुरुआत अदा जाफ़री से होती है। इनका पहला काव्य-संग्रह 1949 में *मैं साज़ ढूँढ़ती हूँ* के नाम से आया। यह वह दौर था जब मुल्क बँट चुका था और इंसान एक अजीब कैफ़ियत से गुज़र रहा था। उस माहौल का असर अदा जाफ़री की शायरी में साफ़ झलकता है–

जिस्म आसूदा सही रूह मगर बेताब
एक बेनाम तग़य्युर के साथ
दर्द की टीसें सहीं, लज़्ज़ते जावेद नहीं
नग़म-ए-उम्मीद नहीं
क़हर है उफ़ ये तसलसुल यह तवासिर यह जमूद

अदा जाफ़री पाकिस्तान की 'जदीद शायरी' की पहली शायरा हैं जिनके लिए परवीन शाकिर ने लिखा है कि पहले ज़माने की ज़्यादातर कहनेवालियाँ शहज़ादियाँ और बेगमात थीं या फिर उनका ताल्लुक़ बालाख़ानों या कोठों से था। एक जीती-जागती औरत हमें नहीं मिलती है। यह साँस लेती औरत हमें जदीद (आधुनिक) शायरी में मिलती है अदा जाफ़री के यहाँ! अदा जाफ़री से यह सिलसिला शुरू होता है।

उनका दूसरा मजमुआ *शहरे दर्द* आया जिसने उनके कलाम की संजीदगी और शायराना ख़ूबियों का सिक्का गाड़ दिया। तभी फ़ैज़ अहमद फ़ैज़ कहते हैं कि शायरी में इज़हार का यह लहजा शायर को तभी हासिल होता है जब उसे अपना मक़ाम हासिल हो जाता है। उनकी नज़्म *मिरासे आदम* के चंद बंद–

ग़म रसीदा न हो आबदीदा न हो
क़ाफ़िला तो हमेशा रहा तेज़ रौ
एक मशअल बुझी दूसरी जल गयी
एक मुरझा गयी इक कली खिल उठी
वोह जो इंसान हैं
इक कली के लिएं इक किरन के लिए

जाँ लुटाते रहे सर कटाते रहे
सच कहो दोस्तो सच कहो साथियो
तुमने इन्साँ को भी मरते देखा कभी
उसके दामन को दस्ते अज़ल छू सका।

अदा जाफ़री की ज़बान सादा है। फ़ारसी के प्रभाव और हिंदी के शब्दों से मुक्त है। उनके यहाँ दर्शन, मनोवैज्ञानिक उलझाव नहीं है बल्कि बग़ावत और जसारत (साहस) की आग को बड़े सादे अल्फ़ाज़ में कह जाती हैं।

अदा जाफ़री के यहाँ भय, इंतज़ार, उम्मीद और जोश है। अपनी सारी शायराना ख़ूबियों के साथ उनका तीसरा काव्य-संग्रह *ग़ज़ाला तुम तो वाक़िफ़ हो* अदब की कसौटी पर खरा उतरा। उसने आकर ज़बर्दस्त धूम मचायी और उनकी अज़मत पर मोहर लगा दी। अदा जाफ़री के बाद उसी लब व लहजे में दूसरी शायरा ज़हरा निगाह अपनी नज़्मों और ग़ज़लों के साथ उर्दू शायरी के ऐवान में दाख़िल होती हैं और अपनी ईमानदाराना बयान से पाठकों का दिल जीत लेती हैं। उन्होंने अपनी नज़्म *सोचती हूँ, अपने रास्ते लौट जाऊँ, बनवास, गुल चाँदनी, समझौता, ग़मगीन नहीं हैराँ हैं हम,* में आज़ादी के फ़रेब और बेसरोसामानी का गहरा बयान किया है।

ज़हरा निगाह के यहाँ सियासत, समाज, जज़्बात, ज़नाना इज़हार है मगर उसमें निराशा और उदासी नहीं है। उनके यहाँ भी अदा जाफ़री की तरह आपबीती दरअसल जगबीती होती है। उनके विषय चारों-तरफ़ फैली मासूम भावनाओं से जुड़े हुए हैं। उनका नज़मिया बयान उनके ग़ज़लिया अंदाज़ पर भारी है। लब व लहजा नर्म है–

काम-काज का पल्लू डाले
दिनभर घर से उलझूँ-सुलझूँ
रात को लेकिन आँखें मूँदे
पिछली रात का सावन देखूँ
हीरे लाल बिखरते जाएँ
महल दो महले हटते जाएँ
छोटा आँगन नीचे कमरे
दूर-दूर से हाथ हिलायें
जगमग जगमग सोने-जैसा
घर सबकी नज़रों में आया
भीगा आँचल, फैला काजल
किसने देखा किसने छुपाया।

ज़हरा निगाह के यहाँ जब अतीत उनकी शायरी में क़दम रखता है तो वह अपने साथ हिंदी लफ़्ज़ों को भी साथ लाता है। उनके यहाँ जाम व मीना, और अंतरराष्ट्रीय घटनाओं का भी ज़िक्र बड़ी ख़ूबसूरती से आता है। एक ज़िंदा धड़कते दिल के इंसान में जो जज़्बे ज्वार-भाटा बनते हैं वह सब ज़हरा निगाह की शायरी में मौजूद हैं। उनकी इस ख़ूबी को फ़ैज़ ने भी महसूस किया है। तभी उन्होंने कहा है कि दिल को लगता शेर कहना बहुत दिल गुर्दे का काम है।

मुलायम गर्म समझौते की चादर
यह चादर मैंने बरसों में बुनी है
उसी में तन ढक लूँगी अपना
उसी से तुम आसूदा रहोगे
न ख़ुश रहोगे न पसमुर्दा रहोगे!

इन दोनों कवयित्रियों के बाद एक अलग तरह का बाग़ी लहजा लिये किश्वर नाहीद और फ़हमीदा रियाज़ आयीं। फ़हमीदा के यहाँ जिस्मानी हिंसा के प्रति गहरा आक्रोश था और नाहीद के यहाँ समाज में नारी की स्थिति के प्रति ग़म भरी झल्लाहट। किश्वर नाहीद का काव्य-संग्रह *गलियाँ, धूप, अँधेरे* आया तो पाकिस्तानी पाठक चौंक पड़े। उनकी शायरी में पंजाबी और अंग्रेज़ी शब्द का इस्तेमाल भी कभी-कभार ज़रूरत के मुताबिक़ होता है। आलोचक शमीम हनफ़ी का उनकी शायरी के बारे में कहना है कि लगातार गहरी बेचैनी और व्यथा और हर पल सरकशी के जज़्बे से उनकी शायरी बोझिल है। लेकिन एक सच और भी है कि किश्वर हिंदुस्तान में बड़े शौक़ से पढ़ी जाती हैं और हर मुशायरे में आप हिंदुस्तान आती है। आपकी कई पुस्तकें भारतवर्ष में छपी हैं।

मेरा जी करता है
वोह सब जो मेरे क़ातिल हैं
मैं उन्हें हवा की तरह निगल जाऊँ

एक शेर में शायरा ख़ुद अपनी ज़हनी तब्दीली की तरफ़ इशारा करती हैं—

अब कुछ-कुछ समझी है दुनिया को नाहीद
अब की बार नहीं मानी बहलाने से

अब *मोज़े बेचनेवाली औरत, तेरे बीच मेरी ढील, कुँवारपने की सोच* जैसी नज़्म लिखनेवाली नाहीद झुँझलाकर कह उठती हैं—

अँधेरी गली में रोनेवाली बिल्ली की तरह
घर से निकलती औरतों की-सी ज़िंदगी

मुझे पसंद न थी।
मुझे यह भी पसंद न था कि
अंदर से तो मैं ज़र्द जाऊँ
बाहर से निखरी-निखरी नज़र आऊँ
मैंने अंदर की औरत से मुँह मोड़कर
अकेले सफ़र का फ़ैसला किया है
अपने कमरे में बेशुमार ताज़े फूल सजाए
मुल्क-मुल्क के रिकाड्, कट गिलास और वाइन...
सारा घर चीज़ों और आवाज़ों से भर गया
सुबह की रौशनी में देखा तो
ज़र्द औरत फिर मौजूद थी...

इन कविताओं ने दबी चिनगारियों को जैसे हवा दे दी हो और एक रास्ता दिखा दिया हो कि बस अब नहीं। तुम्हारे हथियार हमारे बदन पर नहीं टूटेंगे और फ़हमीदा रियाज़ एक अलग लब व लहजे के साथ अपनी दो नज़्मों *बाकरा* और *लाओ हाथ, अपना लाओ ज़रा* के साथ ज़हनों में छा गयीं। कुछ ने बुरा माना कुछ ने सराहा। उनके पहले काव्य-संग्रह *पत्थर की ज़बान* के बारे में शाहिद नोखेज़ ने अपनी राय ज़ाहिर की है–'उनकी शायरी मोम भी है और पत्थर भी।' व्यवस्था से नाराज़गी, मर्दों के प्रति क्रोध, ज़नाना अहसास मौजूद है अपनी सारी कड़वाहट के साथ, जिसमें हिंदी शब्दों का ख़ासा प्रयोग है। फ़हमीदा रियाज़ लंबे अरसे तक हिंदुस्तान में रह चुकी हैं और उनके अदब को लोग चाव से पढ़ते हैं। *बदन दरिदा* उर्दू अदब में एक नयी आवाज़ समझी गई, जो अभी तक मौजूद न थी। किश्वर मर्द को ख़ारिज कर अपने अस्तित्व में आज़ादी देखती हैं। जबकि फ़हमीदा मर्द से किनाराकश नहीं होती है, बल्कि उसके साथ रहकर बाग़ी लहजा अपनाती हैं–

संग दिल रिवाजों के
ख़स्ताहाल ज़िनदानों में
एक सदाए मस्ताना
यह इमारते कोहना टूट भी सकती है
यह असीर शहज़ादी छूट भी तो सकती है!

या फिर पहली रात का ज़िक्र *बाकरा* (कुँवारी) में–

उसकी उबली हुई आँखों में अभी तक है चमक
और सियाह बाल हैं भीगे हुए ख़ून से अब तक
तेरा फ़रमाना था यह कि इस पे कोई दाग़ न हो

सो ये ऐब अछूता भी था अनदेखा भी
बेकराँ रेग में सब गर्म लहू जज़्ब हुआ
देख चादर पर मेरी सब्त है उसका धब्बा!

फ़हमीदा रियाज़ की दो-तीन नज़्में उनकी पहचान बन गयी हैं और वही हर जगह कोट होती हैं। बाक़ी नज़्में चूँकि सहज स्वर में अपना एतराज़ दर्ज करती हैं तो वे दब-सी गयी हैं–

ज़बानों के रस में यह कैसी महक है
ये बोसों की, जिससे मुहब्बत की सहबा की
उड़ती है ख़ुशबू
ये बदमस्त ख़ुशबू जो गहरा ग़ुनूदां नशा ला रही है
यह कैसा नशा है

या फिर दूसरी जगह देखें–

न उम्मीद कोई न कोई सहारा
बग़ावत की हिम्मत न कोशिश का यारा
भरी बेबसी मुझ पे ज़ाहिर है लेकिन
तुम्हारी तमन्ना, तुम्हारी तमन्ना!

फ़हमीदा के यहाँ मर्दों से नफ़रत नज़र नहीं आती है मगर उनके ज़हन में यह बात जम-सी गयी है कि मर्द औरत का शारीरिक शोषण करता है और यह अपमान औरत सहती है, क्योंकि उसे मर्द की ज़रूरत से इंकार नहीं।

फ़हमीदा से भी ज़्यादा उकताया और ज़हरीला लहजा सारा शगुफ़्ता का है। इंसान के नाते इनका अनुभव एक-दूसरे धरातल पर शायरी को ले जाता है–

क्या माँ ऐसी होती है
तुम्हारे बच्चे फीके क्यों पड़े हैं?
तुम किस कुनबे की माँ हो
रेप की, क़ैद की, बटे हुए जिस्म की?
या ईंटों से चुनी हुई बेटियों की!

उनकी पीड़ा एकाएक नफ़रत में बदल जाती है–

आग की तलाश में मेरे कई चराग़ बिछुड़ गये
वफ़ादारी की गलियों में कुतिया कम
और कुत्ता ज़्यादा मशहूर है!

कहीं-कहीं सारा के ग़म और ग़ुस्से की जगह हक़ीक़त और फ़लसफ़ा आकर उनके शेरों को संजीदगी दे देता है–

घर से डरी हुई औरत
कहीं-न-कहीं तो चलती है
.ख्वाह पेड़ काटे या उम्र!

सारा शगुफ़्ता की नज़्मों में औरत जितना दिल को छूती है उससे कहीं ज़्यादा उनकी ख़ुद की ज़िंदगी हमें सोचने पर मजबूर कर देती है। उनकी ज़िंदगी एक औरत के सनकीपन और मासूमियत की कहानी है जो बार-बार ठोकरें खाकर भी उसे नवाज़ती रही और जब सचमुच उसे ज़िंदगी ने कुछ बख़्शा तो उसे वह क़ुबूल करने की जुर्रत न कर सकी और आत्महत्या कर ली।

शायरी का शायर की निजी ज़िंदगी से आपसी कोई संबंध नहीं होता। वह अपने मौज़ूँ समाज और परिवेश से भी उठाता है मगर हमेशा का यह सच नहीं है। कुछ रचनाकारों का जीवन उनकी सोच और अहसास पर इतना छा जाता है कि उसमें वह डूबे कुछ और देख भी नहीं पाते हैं। उनकी ज़िंदगी का भोगा यथार्थ दर्द की तहरीर बन उनकी शायरी में गूँज उठती है।

लेखक और उसके लेखन में परिवेश का बड़ा हाथ होता है। कवियों का भी यही हाल है कि वे अपने माहौल से उठाये हुए विषय और इंसानी जीवन के कष्टों से मुँह मोड़ नहीं सकता। गाँव से शहर, हाथ से मशीन, रिश्तों से आमदनी तक का सफ़र जटिल था। उसे इंसानों ने पार किया इसके बावजूद कि उन्हें इस दुख दर्द के कारण भी पता थे।

इन तीनों कवयित्रियों ने अदा जाफ़री के दौर से ही लिखना शुरू किया था और इनके साथ और बाद में कई कवयित्रियाँ आगे-पीछे आयीं जैसे शाहिदा हसन, रेहाना रूही, सायमा अली, सीमा मेराज, शगुफ़ता नाज़ली, रूबी जाफ़री, शाहीन मुफ़ती, गुलनार आफ़रीन, रुख़साना, सबा कई दर्जन नाम हैं। इनके बीच डॉक्टर वहीद क़ुरैशी मरहूम ने गज़ाला ख़ाकवानी को फ़हमीदा रियाज़ और किश्वर नाहीद, परवीन शाकिर के नामों के साथ जोड़ा है।

नज़र से मेरी .ख़ुमार उतरा तो मैंने देखा
जो शब का मेरा सिंगार उतरा तो मैंने देखा
उस रात थे तुम्हारे रवइये अजीब से
जैसे कोई निबाह रहो हो रक़ीब से
हौसला उसमें नहीं था कि पलटकर देखे
मैं भी उस श़ख्स से मिलने दमे रुख़सत न गयी।

मैं उस पाकिस्तानी शायरा का ज़िक्र करना अब ज़रूरी समझती हूँ जो शायरी में अपना एक अलग मक़ाम रखती हैं। जिनके शेर कहावतों और मुहावरों में ढल चुके हैं जो एक बार पढ़ने के बाद याद हो जाते हैं और कभी ज़हनी तौर से धुँधले नहीं पड़ते। मर्द के मनोविज्ञान पर उनकी गहरी नज़र थी। और औरत के उन जज़्बों की ज़मीन उनकी पकड़ में थी जो पुरानी और नयी दोनों थीं जिसमें इतिहास और कहानियाँ दोनों छुपे रहते हैं। बतौर मिसाल यहाँ पर परवीन शाकिर ने औरत की पुरानी तारीख़ बयान कर दी है–

कमाले ज़ब्त को इतना भी आज़माऊँगी
मैं अपने हाथ से उसकी दुल्हन सजाऊँगी

जुगनू को दिन के वक़्त परखने की ज़िद करें
बच्चे हमारे अहद के चालाक हो गये।

मैं सच कहूँगी मगर फिर भी हार जाऊँगी
वह झूठ बोलेगा और लाजवाब कर देगा।

वह कहीं भी गया लौटा तो मेरे पास आया
बस यही बात है अच्छी मेरे हरजाई की।

शायद उसने मुझको तन्हा देख लिया है
दुख ने मेरे घर का रस्ता देख लिया है

परवीन शाकिर की शायरी में वह सब-कुछ है जो अदा जाफ़री, ज़हरा निगाह, किश्वर नाहीद, फ़हमीदा रियाज़ की ख़ूबियाँ हैं। उनके शेर पढ़ते हुए पाठक को शायरी की उस दुनिया में जाना पड़ता है जहाँ वह अहसास, परवाज़, आरज़ू, ख़्वाब के तरन्नुम में डूब, शेरी वज़न और लय में शराबोर हो उठता है। उनकी शायरी पर अश्फ़ाक़ अहमद वरक़ ने *ख़ुशबुओं की शायरा* के नाम से एक शब्दचित्र लिखा है। इसकी कुछ पंक्तियाँ यहाँ दी जा रही हैं–

"इस दुनिया में ग़ज़ल की वजहें आग़ाज़े औरत और औरत की वजहें आगाज़ मर्द है और अब यह तीनों एक-दूसरे के लिए लाज़िम और मलज़ूम (परस्पर पूरक) हो चुके हैं। उर्दू शायरी की तारीख़ पर नज़र डालें तो मर्दों के साथ ख़्वातीन शायरात की भी कमी नहीं है मगर उनमें से अकसर के यहाँ शायरा बोलती है तो औरत ग़ायब होती है। और औरत की आवाज़ सुनायी देती है तो शायरा पीछे हट जाती है। यह पहली ख़ातून शायरा है, जिसके यहाँ औरत और शायरा क़दम-से-क़दम मिलाकर चलती हुई महसूस होती हैं। परवीन शाकिर को ज़बान पर पूरी गिरफ़्त है। उर्दू ज़बान पर भी और अपनी ज़बान पर भी। यही वजह है कि अल्फ़ाज़ और इशारात उसके सामने हाथ जोड़े खड़े रहते हैं। जो चाहती है लिख देती है। लोग भी वही चाहते हैं जो लिख देती है।"

अश्फ़ाक़ अहमद वरक़ ने आज के लिखे अदब ख़ासतौर से औरतों की क़लम से निकले साहित्य के लिए बड़ी गहरी बात कही है। इसमें कोई शक नहीं है कि परवीन शाकिर के शेर सिर्फ़ उनके ख़ुद के शेर नहीं हैं बल्कि उसमें कही बात दरअसल हर एक के दिल की ज़बान बन जाती है।

यहाँ पर अन्य पाकिस्तानी कवयित्रियों की नज़्मों और ग़ज़लों के नमूने दिये जा रहे हैं जो अच्छी शायरा हैं, मगर उतनी ज़्यादा अभी चर्चित नहीं। उनको चुनते हुए यह बात ज़हन में थी कि पाठक यह भी जानें कि इस वक़्त पाकिस्तान में शायरी का निसाई (ज़नाना) फ़िक्री रुझान और लहजा क्या है। नसरीन अंजुम भट्टी की नज़्म 'ताँबे की औरत' के चंद शेर देखें–

हथौड़े के हाथों में सोने के कंगन
जँचे क्यों नहीं?
और ताँबे की औरत
तपी, तमतमायी, मगर मुस्कुरायी, जमी ही रही
क्यों पिघल न सकी
पाँव जलते रहे, वो : कड़ी धूप में भी खड़ी ही रही
उसके आने तक
लौट जाने तक
नहीं उसको सचमुच किसी बात की भी
कोई सुध नहीं
तूने आज मुझे इन आँखों से देखा जो तेरी नहीं थीं
और वो : बात कही जो सारा बाग़ नहीं जाने था
एक अकेला गुल जाने था
सिगरेट का!

बुशरा एजाज़ नज़र और ग़ज़ल दोनों लिखती हैं, अख़बार में कॉलम भी। उनकी ग़ज़ल के चार बंद यह बताते हैं कि आज की औरत कितनी अकेली है और सब-कुछ पाकर भी मुहब्बत में ख़ाली हाथ है–

गिरी थीं घर की दीवारें तो सहने दिल में हमको
घरौंदे का कोई नक़शा बनाना चाहिए था
हमारी और उसकी आरज़ू में फ़र्क़ यह था
हमें बस वह, उसे सारा ज़माना चाहिए था।

इरफ़ाना अमर का शिकवा भी इससे अलग नहीं है। आज की औरत समझने के बाद भी उस सच से अकसर चश्मपोशी करती है कि हो सकता है सच समझकर रास्ता बदलने से सिर्फ़ सुनसान राह मिले–

बहुत-से फूल भिजवाने का मतलब
कोई वायदा सुहानी शाम का है
मोहब्बत में अगर है ख़ुदग़र्ज़ वह
मुझे भी डर है तो अंजाम का है
मैं चल रही हूँ आज भी उस बेवफ़ा के साथ!

शाहिदा तबस्सुम इन छह शेरों में दहशत की पूरी कहानी कह जाती हैं और उस सियासत से तपती ज़मीन का ख़ाक़ा खींचती हैं, जहाँ दिल और पैर में फूटे फफोलों की जलन है–

कोरे घड़े में ख़ुश्क चमेली का गजरा
बढ़ती प्यास का इक मातम और ख़ाली घर
रातें आहट आँखें नम और ख़ाली घर
ज़र्द हवाएँ भी कम-कम और ख़ाली घर
बस्ती में बारूद सुरंगें और तारीकी
दिल से जाँ तक घुटता दम और ख़ाली घर

समीना गुल ने अभी लिखने की शुरुआत की है। उनकी नज़्म *मुहब्बत* बेहद चर्चित हुई है

मुहब्बत के सभी जज़्बे तुम्हारे नाम करती हूँ
वफ़ा के दिलनशीं क़िस्से तुम्हारे नाम करती हूँ
कहा गुल ने अक़ीदत से वतन के पासबानों से
मैं अपने चाँद-से बेटे तुम्हारे नाम करती हूँ

शमीम जावेद रेडियो पाकिस्तान में हैं। इनका पहला संग्रह 2002 में *लहू के दोजख़ में जलती शामें* आया है–

रोती नस्लों का माजरा लिखूँ
दिल की बस्ती का सानेहा लिखूँ

कौसर समरीन के दो शेर यहाँ दिये जा रहे हैं जो उनकी सोच और अहसास की पुख़्तगी की तरफ़ इशारा करते हैं–

ले गये सारे खिलौने शहर के सरमायेदार
मैले कपड़ेवाले बच्चे देखते रह गये

ज़ख़्मी हुए हैं जब से बदन फ़ाख़्ताओं के
पत्ता कोई भी पेड़ में रक़्साँ नहीं रहा

फ़ौक़िया मुश्ताक़ की नज़्म *दिन गुज़रने के बाद* का आख़िरी हिस्सा देखें–

तो अब तुम लौट आए हो
तो मेरी बात इक मानो
जहाँ से लौट आए हो
वहीं वापस चले जाओ
कहीं ऐसा न हो तुमको
ज़रा ताख़ीर हो जाए
यहाँ की तरह हर जज़्बा
वहाँ भी ख़ाक हो जाए।

मोहिउद्दीन की नज़्म *औरत* का आख़िरी टुकड़ा–

कितना हो सफ़र हो उसका
पहुँचे वो कहाँ कब तक
यह नाव की हिम्मत है
तुम उसको यूँ न रोको
बस दोश पे लहरों के
दरिया से गुज़रने दो!

परवीन फ़ना सय्यद की छोटी-सी नज़्म *वक़्त की अदालत* का अंत-

सुकूत, गहरे सुकूत के
ज़र्द सायबानों से
ढँका हुआ शहर
वक़्त की जागती अदालत से
अपना इन्साफ़ माँगता है।

कहा जाता है पाबंदी में अच्छा साहित्य वजूद में आता है। यह सच है कोई भी क़ैद आपको फ़रियाद करने पर मजबूर करती है। पाकिस्तानी शायरात का लब व लहजा इसीलिए अपनी अभिव्यक्ति और सोच में अनोखापन लिये हुए है। नयी लिखनेवाली कवयित्रियों की एक लंबी सूची है। रखशंदा नवेद, नाहीद क़मर, फौज़िया ताहिर, शाइस्ता हबीब, समीना राजा, नसरीन शबनम, शकीला, आमना मुफ़्ती, बुशरा एजाज़, रुख़साना सबा, नसीम नाज़िश वग़ैरह ऐसे नाम हैं जिनकी शायरी में आँच है। इस हाइकू पर बात ख़त्म करती हूँ जहाँ औरत की मासूमियत की मजबूरी है–

मजबूरी-ए-निसाँ

उसी बाज़ूए क़ातिल पे
सर रखकर
सोने की आदत है
रोने की आदत है

तस्वीर का दूसरा रुख़ क्या है। उर्दू के शायरों के अदब में ग़ज़ल के दरीचों से निकलकर औरतों को कौन-सा मक़ाम मिला है—तहख़ाना, छत या फिर हमज़ाद का दर्जा या फिर पुख़्ता इज़हार की शायराना ज़मीन।

स्रोत

1. मेज़ पर रखे हाथ, अज़रा अब्बास, जदीद क्लासिकल पब्लिशर, अज़ीमाबाद कराची।
2. इंतेख़ाब, कुलियात-ए-नून मीम राशिद, संपादन मर्ग़ूब अली, तख़लीक़ात पब्लिकेशन, दिल्ली।
3. 'शबख़ूँ' शम्सुर्रहमान फ़ारूक़ी, अप्रैल अंक 1997।
4. 'शेष' हसन जमाल, अप्रैल 1997।

खोया-खोया सा वह जवाँ ख़ामोश

अख़्तर शीरानी

मोहम्मद दाऊद ख़ाँ अख़्तर शीरानी 4 मई, 1905 में टोंक प्रांत में पैदा हुए। पिता का नाम हाफ़िज़ महमूद ख़ाँ शीरानी था। अफ़ग़ानिस्तान के मशहूर और प्रतिष्ठित परिवार शीरानी से आपका सिलसिला था। वालिद ने आपका नाम मोहम्मद दाऊद ख़ाँ रखा था। मसूद ख़ुसरू आपका तारीख़ी (जन्मतिथि) नाम था। अपना तख़ल्लुस उन्होंने अख़्तर रखा। हाफ़िज़ महमूद ख़ाँ साहब जब टोंक से वापस आए तो उन्होंने अख़्तर के लिए न केवल पढ़ाई का बेहतर बंदोबस्त किया, बल्कि कसरत कराने के लिए पहलवान रखा और 'ख़ुशनवीसी' (सुंदर आलेखन) सिखाने के लिए अलग उस्ताद मुक़र्रर किया।

1920 के बाद जलावतनी की वजह से प्रो. महमूद ख़ाँ साहब को टोंक छोड़ना और लाहौर जाना पड़ा, जहाँ अख़्तर ने 1922 में मुंशी फ़ाज़िल की डिग्री हासिल की और अपनी ज़हानत और शायरी से आस-पासवालों को प्रभावित किया। अख़्तर शीरानी ने पहले 'हुमायूँ' नाम की पत्रिका फिर 1925 में 'इंतेख़ाब' का संपादन किया। 1928 में 'ख़्यालिस्तान' निकाला। वह बंद हुआ तो 1931 में 'रूमान' जारी किया फिर 'शाहकार' का संपादन सँभाला। 1935 में हैदराबाद दकन के 'दारुलतर्जुमा' (अनुवाद एकेडमी) का दावतनामा मिला मगर उन्होंने वहाँ जाने से उसी तरह इनकार किया जैसा वालिद के रिटायरमेंट के बाद उन्हें इस्लामिया कॉलेज लाहौर में पढ़ाने का मौक़ा मिला तो उन्होंने यह कहकर इनकार कर दिया कि लड़कों को पढ़ाना मेरे बस का काम नहीं है। बाक़ी ज़िंदगी उन्होंने शेरो-अदब में लगायी और 9 सितम्बर, 1948 में लाहौर में आख़िरी साँसें लीं।

अख़्तर शीरानी ने औरतों और बच्चों के लिए भी नज़्में लिखी हैं। उनके पास मौज़ूआत की कमी न थी। हर विषय पर उन्होंने लिखा। जहाँ उनका दिल धड़का वहाँ मुहब्बतों, अपनी सारी परेशानियों को उन्होंने क़ुदरत और औरत के हुस्न के बयान में छुपाना चाहा। उनकी तीन ख़्याली महबूबाएँ थीं, रेहाना, सलमा, अज़रा, जिनमें से सलमा को संबोधित कर उन्होंने सबसे ज़्यादा नज़्में लिखी हैं। उनकी ज़िंदगी मुख़्तसर (43 वर्ष) रही, मगर उन्होंने उर्दू अदब को महत्त्वपूर्ण योगदान

दिया। *सुब्ह बहार* (1946), *अख़्तरिस्तान* (1946), *लाला-ए-तूर* (1946), *तय्यूरे आवारा* (1946), *कुल्लियात-ए-अख़्तर शीरानी* (1960), *शहनाज़* (1948), *शहरुद* (1949), *नग़मा-ए-हरम* (1939), *फूलों के गीत* (1936)। अख़्तर का दौर हिंद में सियासी उथल-पुथल और ग़ुलामी का दौर था। उन सारी दर्दनाक कैफ़ियतों को भी उन्होंने 'रूमान' में बाँधा है। संकेतों में वह अपनी बात कह ज़रूर गये हैं।

अख़्तर शीरानी के बारे में उर्दू के लोकप्रिय कवि नून मीम राशिद का इज़हार देखें :

चंद लम्हे अख़्तर शीरानी के साथ

जिन लोगों ने अख़्तर शीरानी का नाम सुना है, उनके दिल में इस नाम के साथ एक और नाम भी वैसी ही अहमियत रखता है। यह नाम अख़्तर की शायरी की रूह है। इसी एक नाम से कल्पना की रूमानी आवारगी के बावजूद उनकी शायरी में ज़िंदगी धड़कती है। यह न सिर्फ़ उनकी इश्क़िया ज़िंदगी के विभिन्न कोणों को जाहिर करती है, बल्कि हमको उस ज़िंदगी के विकसित आयामों से भी गुज़ारती चली जाती है।

मैं चाहता हूँ कि सबसे पहले इस सवाल का जवाब दे दूँ जो अख़्तर के हर पाठक के ज़हन में पैदा होता है—यानी सलमा क्या है?

मैंने उनसे सीधे नहीं पूछा। मेरी हैसियत एक डरपोक तालिबे इल्म जैसी थी। अख़्तर ने इस लफ़्ज़ को अपनी अक्सर इश्क़िया नज़्मों में ऐसे ख़ुलूस भरे इज़हार के साथ इस्तेमाल किया है, गोया उनकी तमाम शायरी किसी 'इश्क़े रुसवा की दास्तान-ए-ख़ामोश' के सिवा कुछ नहीं हैं और उनकी हर नज़्म एक वास्तविक रूमान है जो कभी किसी शायर के ख़्यालात से पुर होता है और कभी दुख के साथ।

सलमा यूँ समझ लीजिये कि एक 'आइडियल' या 'मक़सद' था, जिस तक अख़्तर पहुँचना चाहते थे और शायद उनका दिल इस ज़ौक़ से महरूम नहीं हुआ। वहाँ उन्हें अपने जज़्बात का कोई अक्स या शैले के अल्फ़ाज़ में प्रतिरूप नज़र आता था, बल्कि सिर्फ़ इसलिए कि शेर कहने के लिए एक माशूक़ ज़रूरी होता है। मौजूदा दौर के एक-दो शायरों ने उस माशूक़ को एक दोस्त की शक्ल में देखना पसंद किया है, लेकिन अफ़सोस है कि पूर्वी नुक़्तए नज़र से यह लफ़्ज़ बहुत ही अजनबी है। शायरी में अगर यह लफ़्ज़ महबूब का बदल क़रार दे लिया जाए तो शायरी नैतिक सीमा से आगे कभी नहीं बढ़ सकती है। अख़्तर की शायरी में ये दोनों बातें नहीं, उनकी नग़मानवाज़ी की इंतेहा सलमा है यानी एक औरत...और औरत के मुताल्लिक़ वह अपनी एक नज़्म में लिखते हैं—

वह रोती है तो सारी कायनात आँसू बहाती है
वह हँसती है तो फ़ितरत मस्त होकर मुस्कुराती है
वह सोती है तो बज़्मे कहकशाँ को नींद आती है

गोयटे ने कहा कि "मुहब्बत और दर्द का जज़्बा कायनात की हर शै में पाया जाता है लेकिन उसका जीता-जागता नमूना औरत की ज़ात है।" अख़्तर के यहाँ औरत एक शक्ति भी है–

वह चाहे तो उल्ट दे पर्दे दुनियाए फ़ानी को
वह चाहे तो मिटा दे जोश बहरे ज़िंदगानी
वह चाहे तो जला दे नख़्ले ज़ार हुक्मरानी को
वह चाहे तो बदल दे रंग बज़्मे आसमानी को
वह कह दे तो बहार जलवा मिट जाए नज़ारों से
वह कह दे तो लिबासे नूर छिन जाए सितारों से

इंसान की इन ख़ूबियों से उनकी सलमा ताल्लुक़ रखती है, गोया एक औरत को अपनी काव्यात्मकता की सीमा या बक़ौल ख़ुद 'अफ़कार की माबूद' यानी विचारों का ख़ुदा बनाकर अख़्तर उन फ़ितरती उसूलों की हिमायत कर रहे हैं, जिनसे उर्दू के पुराने कवि अनभिज्ञ थे। कीट्स ने हुस्न को ईमानदारी का हमपल्ला माना है। हुस्न का अहसास कुछ आध्यात्मिक-सा है, कुछ सूफ़ियाना-सा! मगर अख़्तर के लिए हुस्न का दूसरा नाम सलमा है। वड्र्सवर्थ से इस मशहूर देहाती को यह हुस्न लूसी की सूरत में नज़र आया और मज़लूम कीट्स के लिए उसने फ़ेनी ब्राउनी की शक्ल ले ली। मगर सलमा न तो बूढ़े वर्ड्सवर्थ की कमसिन 'लूसी' है (कहा जाता है कि वर्ड्सवर्थ गहरे जज़्बात से ख़ाली था। उसकी लूसी का भी यही हाल था) और न कीट्स की फ़ेनी ब्राउनी की तरह हद से ज़्यादा बेदादगर। सलमा नग़मा, शराब, शेर और जवानी को एक ख़्याली पुंज समझ लें, जिसका बाहरी आकार पर्दे-ए-इंसानी का-सा है–

बहारे हुस्न का तो गुँच-ए-शादाब है सलमा
तुझे फ़ितरत ने अपने दस्ते रगीं से सँवारा है
शबिस्ताँ-ए-जवानी का तो इक ज़िंदा सितारा है
तू इस दुनिया में बहरे हुस्न फ़ितरत का किनारा है
तू इस संसार में एक आसमानी ख़्वाब है सलमा
जहाँ क़ुद्स का तू इक नूरानी सितारा है.

एक हुस्न फ़रोश से

मुहब्बत! आह तेरी यह मुहब्बत रात भर की है
तेरी रंगीन ख़लवत की लताफ़त रात भर की है
तेरे शादाब होंठों की इनायत रात भर की है
तेरे मस्ताना बोसों की हलावत रात भर की है

मय रौशन है तो और तेरी तलअत रात भर की है
गुल शबे बू है तो और तेरी नकहत रात भर की है
तू क्या जाने कि सौदा-ए-मुहब्बत किसको कहते हैं?
ग़मे हिजराँ है क्या और सोज़े उलफ़त किसको कहते हैं?
जुनूँ होता है कैसा और वहश्त किसको कहते हैं?
तू क्या जाने ग़म शबहाए फुरक़त किसको कहते हैं?
तेरे इज़हारे उलफ़त की फ़ज़ाहत रात भर की है
निगाहें मस्त से दिल को मेरे बहका रही है तू
अदाए शोख़ से जज़्बात को भड़का रही है तू
मुझे बच्चे की सूरत, नाज़ से फुसला रही है तू
खिलौने दे के बोसों के मुझे बहला रही है तू
मगर नादान है तू आह धोखा खा रही है तू
मुझे मालूम है तेरी मुहब्बत रात भर की है
तेरे ज़हरीले बोसे मुझ को जिस दम याद आएँगे
मेरे होंठों पे काले नाग बनकर थरथरायेंगे
पशिमानी के जज़्बे मुझको दीवाना बनायेंगे
मेरे अफ़कार को नफ़रत के ख़ंजर गुदगुदायेंगे
मेरे दिल की रगों में ग़म के शोले तैर जाएँगे
मैं समझा! आह समझा यह मसर्रत रात भर की है
मुझे दीवाना करने की मसर्रत बेख़बर कब तक?
रहेगी मेरे दिल में तेरी उलफ़त कारगर कब तक?
मुझे मसहूर रखेगा यह इश्क़ बेसमर कब तक?
मुझे मग़लूब करके ख़ुश है तू ज़ालिम मगर कब तक?
तेरी यह फ़तह मेरी यह हज़ीमत रात भर की है

ओ देश से आनेवाले बता!

ओ देश से आनेवाले बता,
ओ देश से आनेवाले बता—किस हाल में हैं याराने वतन?
आवारा ग़ुरबत को भी सुना—किस रंग में है कुनआने वतन?
वह बाग़े वतन, फ़िरदौसे वतन—वह सर्द वतन, रेहाने वतन?
ओ देश से आनेवाले बता!

...

ओ देश से आनेवाले बता,
क्या अब भी वहाँ के पनघट पर—पनहारियाँ पानी भरती हैं?
अँगड़ाई का नक़्शा बन-बनकर—सब माथे पर गागर धरती हैं?
और अपने घरों को जाते हुए—हँसती हुई चुहलें करती हैं?
ओ देश से आनेवाले बता!

...

ओ देश से आनेवाले बता,
क्या अब भी वहाँ बरसात के दिन—बाग़ों में बहारें आती हैं?
मासूम वोह हसीं दोशीज़ाएँ—बरखा के तरानें गाती हैं?
और तितलियों की तरह से रंगीं—झूलों पर लहराती हैं?
ओ देश से आनेवाले बता!

...

ओ देश से आनेवाले बता,
क्या अब भी किसी के सीने में—बाक़ी है हमारी चाह बता?
क्या याद हमें भी करता है अब—यारों में कोई 'आह' बता?
ओ देश से आनेवाले बता—लिल्लाह बता, लिल्लाह बता?
ओ देश से आनेवाले बता!

...

ओ देश से आनेवाले बता,
क्या हमको वतन के बाग़ों की—मस्ताना फ़िज़ाएँ भूल गयीं?
बरखा की बहारे भूल गयीं—सावन की घटाएँ भूल गयीं?
दरिया के किनारे भूल गये—जंगल की हवाएँ भूल गयीं?
ओ देश से आनेवाले बता!

...

ओ देश से आनेवाले बता,
आख़िर में यह हसरत है कि बता—वह ग़ैरते ईमाँ कैसी है?
बचपन में जो आफ़त ढाहती थी—वह आफ़ते दौराँ कैसी है?
हम दोनों थे जिसके परवाने—वह शामे शबिस्ताँ कैसी है?
ओ देश से आनेवाले बता!

...

ओ देश से आनेवाले बता,
अब नामे ख़ुदा होगी वह जवाँ—मायके में है या ससुराल गयी?

दोशीज़ा है या आफ़त में उसे—कमबख़्त जवानी डाल गयी?
घर पर ही रही या घर से गयी—ख़ुशहाल रही, ख़ुशहाल गयी?
ओ देश से आनेवाले बता!

❧ खजूरों के तले वह जो खँडहर से झिलमिलाते हैं ❧

यह सब रेहाना के मासूम अफ़साने सुनाते हैं
सबा शाख़ों में नख़लिस्तान की जिस दम सरसराती है
मुझे हर लहर से रेहाना की आवाज़ आती है
खजूरों के हसीं साये ज़मीन पर लहलहाते थे
सितारे जगमगाते थे, शगूफ़े खिलखिलाते थे

❧ मुझे बददुआ न दे ❧

ओ नाज़नीन! ख़ुदा के लिए बददुआ न दे
मैं बेवफ़ा सही मुझे दादे वफ़ा न दे
मेरी ख़ता को अपने करम से सिला न दे
ग़फ़लत की दे सजा मगर ऐसी सजा न दे
ओ नाज़नीन ख़ुदा के लिए बददुआ न दे
तस्लीम है कि तुझको सताता रहा हूँ मैं
तेरे हसीन दिल को दुखाता रहा हूँ मैं
लेकिन तू इस तरह मेरे दिल को दुखा न दे
ओ नाज़नीन ख़ुदा के लिए बददुआ न दे
इक़रार है मुझे कि गुनहगार हूँ तेरा
मुजरिम हूँ, ख़तावार हूँ तेरा
ओ नाज़नीन ख़ुदा के लिए बददुआ न दे
यह क्या कहा "ख़ुदा करे तेरा भी आए दिल
मेरी ही तरह तेरा भी कोई दुखाये दिल
और दिल भी यूँ दुखाये कि क़ुदरत शिफ़ा न दे"
ओ नाज़नीन ख़ुदा के लिए बददुआ न दे
माना कि तेरे इश्क़ को दिल से भुला दिया
नक़्शे वफ़ा को सीने से अपने मिटा दिया

लेकिन तू मेरी पिछली वफ़ाएँ भुला न दे
ओ नाज़नीन ख़ुदा के लिए बददुआ न दे

बस्ती की लड़कियों में बदनाम हो रहा हूँ

(एक देहाती गीत)

फ़रियादी जफ़ाए अय्याम हो रहा हूँ
पामाले ज़ूर बख़्त नाकाम हो रहा हूँ
सर गुश्ता ख़्याल अंजाम हो रहा हूँ

बस्ती की लड़कियों में बदनाम हो रहा हूँ!
बदनाम हो रहा हूँ!
सलमा से दिल लगाकर
बस्ती की लड़कियों में बदनाम हो रहा हूँ,
सलमा से दिल लगाकर, सलमा से दिल लगाकर।
...
कहती हैं सब, यह किसकी तड़पा गयी है सूरत!
सलमा की, शायद उसके मन भा गयी है सूरत!
और उसके ग़म में इतनी मुरझा गयी है सूरत!
मुरझा गयी है सूरत, कुम्हला गयी है सूरत!
सँवला गयी है सूरत,
सलमा से दिल लगाकर।

पनघट पे जबकि सारी होती हैं जमा आकर
गागर को अपनी रखकर घूँघट उठा-उठाकर
यह क़िस्सा छेड़ती हैं मुझको बता-बताकर
"सलमा से बातें करते देखा है उसको जाकर
हमने नज़र बचाकर"
सलमा से दिल लगाकर
बस्ती की लड़कियों में बदनाम हो रहा हूँ।

रातों को गीत गाने, जब मिलकर आती हैं सब
तालाब के किनारे, धूमें मचाती हैं सब
जंगल की चाँदनी में मंगल मचाती हैं सब
तो मेरे और सलमा के गीत गाती हैं सब

और हँसती जाती हैं सब
सलमा से दिल लगाकर
बस्ती की लड़कियों में बदनाम हो रहा हूँ।

खेतों से लौटती हैं, जब दिन छुपे मकाँ को
तब रास्ते में बाहम वोह मेरी दास्ताँ को
दोहरा के 'छेड़ती' हैं, सलमा को मेरी जाँ को
और वह हया की मारी, सी लेती है ज़बाँ को
क्या छेड़े उस बयाँ को
सलमा से दिल लगाकर
बस्ती की लड़कियों में बदनाम हो रहा हूँ।
...
एक शोख़ ताज़ा वारिद ससुराल से घर आकर
सखियों से पूछती है, जिस दम मुझे बताकर
"यह कौन है" तो ज़ालिम कहती है मुस्कुराकर
"तुम इसका हाल पूछो सलमा के दिल से जाकर!"
यह गीत उसे सुनाकर
सलमा से दिल लगा कर
बस्ती की लड़कियों में बदनाम हो रहा हूँ।

'ग़ुलामी' औरत के शोषण का रूपक

नून मीम राशिद

आधुनिक उर्दू कविता की नींव रखने में नून मीम राशिद एक अहम नाम है। आपका पूरा नाम नज़र मोहम्मद राशिद है। आपकी पैदाइश 9 नवंबर, 1910 में गुजराँवाला (पाकिस्तान) में हुई और देहांत 1 अक्टूबर, 1975 को। आपके चार महत्त्वपूर्ण काव्य-संग्रह हैं। *मावरा* (नज़्मों का मजमूआ 1941), *ईरान में अजनबी* (1955), *ला-इंसान* (1969), *गुमान का मुमकिन* (जो तू है मैं हूँ 1977)। नून मीम राशिद की शायरी में इक़बाल का दर्शन और अख़्तर शीरानी का रूमान घुला मिला था। उनकी शायरी का ज़ायक़ा उर्दू से ज़्यादा फ़ारसी नयी कविता का है। लंबे अरसे तक ईरान में राजदूत रहे थे। उनकी शायरी में फ़ारसी शब्दों की भरमार का आरोप उन पर है। सच पूछा जाए तो उनकी अनुभूतियाँ, अनुभव और अभिव्यक्तियाँ उर्दू से दूर और फ़ारसी के क़रीब हैं। वह अपनी नज़्मों और कविता में सीधे मुख़ातिब होते हैं। यही ख़ूबी फ़ारसी कवि अहमद शामलू में भी थी, जो आसान ज़बान, प्रवाहपूर्ण बयान और औरत को साक्षी बना अपना दिल खोल देते हैं; चाहे बात इश्क़ की हो, इंक़िलाब की हो, आम इंसानों की तकलीफ़ों की हो। यू.एन.ओ. में रहने के कारण विश्व स्तर की समस्याओं पर भी उनकी गहरी नज़र थी, जो बेचैनी बनकर उनकी शायरी में निकली। इसमत चुग़ताई की तरह उन्होंने भी अंतिम यात्रा, दफ़नाने की नहीं जलाने की पसंद की थी। उनके चाहनेवालों को गहरा धक्का लगा मगर उनकी पत्नी और बेटे शहरयार ने उनकी आख़िरी ख़्वाहिश को पूरा किया।

उनकी चंद नज़्मे यहाँ दी जा रही हैं जिस पर ख़ासा हंगामा भी हुआ, मगर जिस ज़हनी कैफ़ियत, तारीख़ी पसेमंज़र और अनुभवों के पुराने इशारे हैं, वह नयी अनुभूतियों से न केवल हमें दो-चार कराते हैं, बल्कि ज़हन को बंदिश से रिहाई भी मिलती है। उनकी नज़्म 'हुस्ने कूज़ागर' चार हिस्सों में सिर्फ़ शायरी के पैमाने पर नहीं; बल्कि अहसास, सोच, दर्शन, रिवायत और ग़ुस्से व ग़म की शिद्दत पर खरी उतरती है।

उनके ख़्यालात *मैंने क्यों लिखा* में ख़ुद 'नून मीम राशिद' की ज़बानी एक इंटरव्यू के ज़रिए पढ़े जो शिकागो विश्वविद्यालय के कारलूकपोला, न्यूयॉर्क यूनिवर्सिटी के अरशद हुसैन और बरकले यूनिवर्सिटी के जॉन स्प्रिट ने अपने शोध के लिए

उनसे किया था। इसी इंटरव्यू के एक सवाल का जवाब यहाँ दिया जा रहा है ताकि उस कवि की संवेदना और फ़लसफ़े को सही नज़रिये से देखा जा सके–

"उर्दू से पंजाब की आशनाई एशिया महाद्वीप के दूसरे हिस्सों से नयी थी। पंजाब फ़ारसी ज़बान के असर में मौजूदा सदी के शुरू तक रहा है। अकसर पंजाबी शायर पंजाबी में नहीं बल्कि फ़ारसी में शेर कहते थे, बल्कि दो ज़बान जाननेवाले होते थे। दिल्ली और लखनऊ के शायर अपने मिले-जुले माहौल की वजह से फ़ारसी से दूर जा चुके थे। इसलिए जिस ज़बान से उनका सीधा ताल्लुक़ रहा, पंजाबी उससे दूर रहे। फिर भी दिल्ली और लखनऊ के अकसर शायरों की इश्क़िया रूह ईरानी थी। पंजाब के शायर अपनी इश्क़िया रूह के लिए उन सरचश्मों (स्रोतों) के मोहताज थे जो पंजाबी शायरी ने उन्हें बख़्शे थे। लेकिन मेरी शायरी में फ़ारसी शब्दों की भरमार के बावजूद मेरी शायरी की रूह फ़ारसी या पुरानी शायरी की इश्क़िया रूह नहीं है। बल्कि पंजाब की रूह है। लेकिन उस पंजाब की जिसमें मैंने आँखें खोली थीं। वह वारिस अली शाह की नहीं थी, बल्कि उस पंजाब की थी जहाँ इश्क़ की रिवायत बदल चुकी थी। वह इश्क़ जो सूफ़ीवाद पर था जो अपने सारे मुहावरे जागीरदाराना शब्दकोश से लेता था, मेरे लिये अजनबी था। मेरा यह अजनबीपन आज तक क़ायम है।

लखनऊ और दिल्ली के शायरों की अतिशयोक्ति से भरी ग़मज़दगी मुझे मज़ाकिया लगती है। मेरी शायरी में आपको जगह-जगह ग़ुस्सा नज़र आए मगर वह रोना नहीं, जिसने उर्दू क़दीम शायरी को मर्सिया (शोक-गीत) बना डाला था। मेरी शायरी में औरतों के जितने किरदार आए हैं वे सबके-सब हमारे ज़माने के किरदार हैं। औरतों के बिंब नहीं। ये औरतें सूफ़ी ख़्वाबों की पैदावार या उसका रूपक भर नहीं हैं, ऐसा भ्रम भी नहीं जिस पर हक़ीक़त का धोखा हो। वह ऐसी शख़्सियत भी नहीं जिस पर मर्द होने का धोखा हो और सबसे बढ़कर यह कि उनसे मेरा 'सुलूक' अतीत और भविष्य के महबूबों-जैसा नहीं है। यह सारी औरतें उस वक़्त के हिंदुस्तान से ताल्लुक़ रखनेवाले संकेत हैं।

जिस ज़माने में मैंने परवरिश पायी उस वक़्त हिंदुस्तान अजनबी हुकूमत के पंजे से निकलने की जद्दोजहद कर रहा था। शुरू से मेरे लिये आज़ादी की जद्दोजहद व्यक्तिगत आज़ादी की जद्दोजहद का था। क्योंकि मनोवैज्ञानिक स्तर पर और ग़ुलामी की बेबसी ने इंसान के अंदर नैतिकता के स्थान पर ख़ालीपन भर दिया था। वह ख़ालीपन को बदसूरती और बुराइयों से भरने लगा था। ग़ुलामी व्यक्ति के क़द और क़ीमत दोनों को कम कर देती है। इस क़िस्म की ज़िंदगी में इश्क़ और फ़िक्र (विचार) छोटे और बेबुनियाद हो जाते हैं। व्यक्ति को अपनी ग्रोथ के लिए जिस-जिस अंदरूनी और बाहरी मिलावट की ज़रूरत होती है उसे ग़ुलामी तोड़-मोड़ डालती है। चुनांचे मेरी नज़्मों के सारे किरदार उनमें औरतों के किरदार भी शामिल हैं, वे भी उस मनोवैज्ञानिक फ़साद का शिकार हैं। इनकी ज़िंदगी में पारस्परिक

विलय की ज़रूरत है जिससे उनके अस्तित्व की शक्ति और पूर्णता की तरफ़ बढ़ने में मदद दे। इस तरह से ये सारी नज़्में उस ज़माने के हिंदुस्तान का रूपक हैं।

हमारे अदब में अभी तक एकाकी संवाद की सही शिनाख़्त नहीं हो पायी है, इसलिए बहुत-से आलोचकों ने इन नज़्मों को मेरी आपबीती समझा है। कुछ ने तो इतनी दरियादिली से काम लिया है कि यहाँ तक कह दिया है ''जो शायर इस तरह के किरदारों का इंतेख़ाब करता है, हो न हो उसके अपने ज़हन में ज़रूर कोई टेढ़ापन है।''

रक़्स

ए मेरी हमरक़्स मुझको थाम ले
ज़िंदगी से भागकर आया हूँ मैं
डर से लरज़ाँ हूँ कहीं ऐसा न हो
रक़्सगह के चोर दरवाज़े से आकर ज़िंदगी
ढूँढ़ ले मुझको, निशाँ पाले मेरा
और जुर्मे ऐश करता देख ले।

ऐ मेरी हमरक़्स मुझको थाम ले
रक़्स की ये गर्दिशें
एक मुबहम उस्या के दौर में
कैसी सरगरमी से ग़म को रौंदता जाता हूँ मैं।
जी में कहता हूँ कि हाँ,
रक़्सगह में ज़िंदगी के झाँकने से पेश्तर
कुलफ़तों का संगरीज़ा एक भी रहने न पाए।

ऐ मेरी हमरक़्स मुझको थाम ले
ज़िंदगी मेरे लिये
एक ख़ूनी भेड़िये से कम नहीं,
ए हसीन व अजनबी औरत इसी के डर से मैं
हो रहा हूँ लम्हा-लम्हा और भी तेरे क़रीब
जानता हूँ तू मेरी जाँ भी नहीं
तुझसे मिलने का फिर इमकाँ भी नहीं
तू मेरी उन आरज़ुओं की मगर तमसील है
जो रहीं मुझसे गुरेज़ाँ आज तक।

ऐ मेरी हमरक़्स मुझको थाम ले
अहदे पारीना का मैं इन्साँ नहीं

बंदगी से उस दर-व-दीवार की
हो चुकी हैं ख़्वाहिशें बेसोज़ो रंगो नातवाँ
जिस्म से तेरे लिपट सकता तो हूँ
ज़िंदगी पर मैं झपट सकता नहीं
इसलिए अब थाम ले
ऐ हसीन व अजनबी औरत मुझे अब थाम ले।

बेकराँ रात के सन्नाटे में

तेरे बिस्तर पे मेरी जान कभी
बेकराँ रात के सन्नाटे में
जज़्ब-ए-शौक़ से हो जाते हैं आज़ा मदहोश
और लज़्ज़त की गेराँबारी से
ज़हन बन जाता है दलदल किसी वीराने का
और कहीं उसके क़रीब
नींद, आग़ाज़े ज़मिस्ताँ के परिंदे की तरह
ख़ौफ़ दिल में किसी मौहूम शिकारी का लिये
अपने पर तौलती है चीखती है।
बेकराँ रात के सन्नाटे में
तेरे बिस्तर पे मेरी जान कभी
आरज़ुएँ तेरे सीने के कोहिस्तानों में
ज़ुल्म सहते हुए हब्शी की तरह रेंगती हैं
एक लम्हे के लिए दिल में ख़्याल आता है
तू मेरी जान नहीं
बल्कि साहिल के किसी शहर की दोशीज़ा है
और तेरे मुल्क के दुश्मन का सिपाही हूँ मैं
एक मुद्दत से जिसे ऐसी कोई शब न मिली
कि ज़रा रूह को अपनी वह सुबुक बार करे।
बेपनाह ऐश के हैजान का अरमाँ लेकर
अपने दस्ते से कई रोज़ से मफ़रूर हूँ मैं
ये मेरे दिल में ख़्याल आता है
तेरे बिस्तर पे मेरी जान कभी
बेकराँ रात के सन्नाटे में।

☙ इंतक़ाम ❧

उसका चेहरा, उसके ख़दोख़ाल याद आते नहीं
इक शबिस्ताँ याद है
इक बरहना जिस्म आतिशदाँ के पास
फ़र्श पर क़ालीन, क़ालीनों पर सेज
धात और पत्थर के बुत
गोशए दीवार में हँसते हुए।
और आतिशदाँ में अंगारों का शोर
उन बुतों की बेहिसी पर ख़श्मगीन
उजली-उजली ऊँची दीवारों पे अक्स
उन फ़िरंगी हाकिमों की यादगार
जिनकी तलवारों ने रखा था यहाँ
संगे बुनियादे फ़िरंग।

उसका चेहरा उसके ख़दोख़ाल याद आते नहीं
इक बरहना जिस्म अब तक याद है,
अजनबी औरत का जिस्म,
मेरे 'होंठों' ने लिया था रात भर
जिससे अरबाबे वतन की बेबसी का इंतक़ाम
वह बरहना जिस्म अब तक याद है।

☙ दाश्ता (रखैल) ❧

मैं तेरे ख़नदए बेबाक से पहचान गया
कि तेरी रूह को खाता-सा चला जाता है,
खोखला करता चला जाता है, कोई आलमे ज़हरे गुदाज़
मैं तो इस पहली मुलाक़ात में यह जान गया।
आज यह देखकर हैरत न हुई
कि तेरी आँखों से चुपचाप बरसने लगे अश्कों के सहाब,
इसपे हैरत तो नहीं थी, लेकिन
किसी वीराने में सिमटे हुए ख़्वाबीदा परिंदे की तरह
एक मुबहम-सा ख़्याल
दफ़अतन ज़हन के गोशे में हुआ बालफ़िशाँ

कि तुझमें मेरी तमन्ना तो नहीं हो सकती
आज, लेकिन मेरी बाँहों के सहारे की तमन्ना है ज़रूर,
ये तेरे गिरया-ए-ग़मनाक से मैं जान गया।
तुझसे वाबिस्तगी शौक़ भी है,
हो चली सीने में बेदार वह दिलसोज़ी भी
मुझसे महजूरे अज़ल जिसपे है मजबूरे अज़ल
नफ़्से ख़ुदबीं की तसल्ली के लिए
वह सहारा भी तुझे देने पे आमादा हूँ
तुझे अंदूह के दलदल से जो आज़ाद करे
कोई अंदेशा अगर है तो यही
तेरे इन अश्कों में इक लम्हे की नौउम्मीदी का परतो हो तो कहीं
और जब वक़्त की अमवाज को साहिल मिल जाए
ये सहारा तेरी रुसवाई का इक और बहाना बन जाए।
जिस तरह शहर का वह सबसे बड़ा मर्द लईम
जिसकी मुज़दे शबाना देकर
बन के राज़िक़ तेरी तज़लील किये जाता है
मैं भी बाँहों का सहारा देकर–
तेरी आइंदा की तौहीन का मुजरिम बन जाऊँ।

ख़ुदकुशी

कर चुका हूँ आज अज़्मे आख़िरी–
शाम से पहले ही कर देता था मैं
चाटकर दीवार को नोके ज़बान से नातवाँ
सुबह होने तक वह हो जाती थी दोबारा बुलंद,
रात को जब घर का रुख़ करता था मैं
तीरगी को देखता था सरनगूँ
मुँह बिसोरे, राहगुज़ारों से लिपटते सोगवार
घर पहुँचता था मैं इंसानों से उकताया हुआ
मेरा अज़्मे आख़री यह है कि मैं
कूद जाऊँ सातवीं मंज़िल से आज।
आज मैंने पा लिया है ज़िंदगी को बेनक़ाब
आता-जाता था बड़ी मुद्दत से मैं

एक अश्वासाज़ वह हरज़ेकार महबूबा के पास
उसके तख़्ते ख़्वाब के नीचे मगर
आज मैं देख पाया हूँ लहू
ताज़ा दरख़शाँ लहू,
बुए मय में बुए ख़ूँ उलझी हुई
वह भी अब तक ख़्वाबगह में लौटकर आई नहीं
और मैं कर भी चुका हूँ अपना अज़्मे आख़िरी!
जी में आयी है लगा दूँ एक बेबाकाना जस्त
इस दरीचे में से जो
झाँकता है सातवीं मंज़िल से कुए बाम को।

शाम से पहले ही कर देता था मैं
चाटकर दीवार को नोके ज़बाँ से नातवाँ
सुबह होने तक वह हो जाती थी दोबारा बुलंद
आज तो आख़िर हम आग़ोशे ज़मीं हो जाएगी।

मिसिज़ सालामांका

ख़ुदा हश्र में हो मददगार मेरा
कि देखी हैं मैंने मिसिज़ सालामांका की आँखें
मिसिज़ सालामांका की आँखें
कि जिनके उफ़क़ हैं जुनूबी समंदर की नीली रसाई से आगे
जुनूबी समंदर की नीली रसाई
कि जिसके जज़ीरे हुजूमे सहर से दरख़शाँ
दरख़शाँ जज़ीरों में ज़रताब व उन्नाब व क़िरमिज़ परिंदों की जौलाँगही
ऐसी फैली हुई जैसे जन्नत के दामाँ
परिंदे अज़्ल और अबद के मह व साल में बालअफ़शाँ।
ख़ुदा हश्र में हो मददगार मेरा
कि मैंने लिये हैं मिसिज़ सालामांका के होंठों के बोसे
वो बोसे कि जिनकी हलावत के चश्मे
शुमाली ज़मीनों के ज़रताब व उन्नाब व क़िरमिज़ दरख़्तों
के मदहोश बाग़ों से आगे
जहाँ ज़िंदगी के रसीदा शगूफ़ों के सीनों
से ख़्वाबों के दमदीदा ज़म्बूर लेते हैं रस और पीते हैं वो

कि जिसके नशे की जिला से
ज़मानों की नदीदा मेहराब के दो किनारों के नीचे
हैं यकबारगी गूँज उठते ख़ला व मला के ज़लाज़िल
ज़लाज़िल के नग़मे बहम ऐसे पेवस्त होते हैं जैसे
मिसिज़ सालामांका के लब मेरे लब से!

ख़ुदा हश्र में हो मददगार मेरा
कि देखा है मैंने
मिसिज़ सालमांका को बिस्तर में शब भर बरहना
वह गर्दन वह बाँहें, वह रानें, वह पिस्ताँ
कि जिनमें जुनूबी समंदर की लहरों के तूफ़ाँ
शुमाली दरख़्तों के बाग़ों के फूलों की ख़ुशबू
जहाँ दमबदम अत्र व तूफ़ाँ बाहम व गुरेज़ाँ
मिसिज़ सालामांका का जिस्म बरहना
उफ़ुक़ ता उफ़ुक़ जैसे अंगूर की बेल जिसकी
ग़िज़ा आसमानों का नूर और हासिल
वह लज़्ज़त जिसका नहीं कोई पायाँ
ख़ुदा के सिवा कौन है पाक दामाँ।

शायर का माज़ी

यह शबहाए गुज़श्ता के जुनूँ अंगीज़ अफ़साने
यह आवारा परीशाँ ज़मज़मे साज़े जवानी के
ये मेरी इश्रते बरबाद की बेबाक तस्वीरें
ये आइने मेरे शोरीदा आग़ाज़ जवानी के
ये इक रंगीं ग़ज़ल लैला के ज़ुल्फ़ों की सताइश में
ये तारीफ़ें सलीमा की फ़ुसूँ परवर निगाहों की
ये जज़्बे से भरा इज़हार शीरीं की मोहब्बत का
ये इक गुज़री कहानी आँसुओं की और आहों की
कहाँ हो ओ मेरी लैला...कहाँ हो ओ मेरी शीरीं?
सलीमा तुम भी थककर रह गयीं राहे मुहब्बत में?
मेरे अहदे गुज़श्ता पर सुकूते मर्ग तारी है
मेरी शम्मो, बुझती जाती हो किस तूफ़ाने ज़ुलमत में?
मेरे शेरो, मेरे 'फ़िरदौसे गुमगश्ता' के नज़ारो

अभी तक है दयारे रूह में इक रौशनी तुमसे
कि मैं हुस्नो मोहब्बत पर लुटाने के लिए तुमको
उड़ा लाया था जाकर महफ़िले महताबो अंजुम से।

मैं उसे वाक़िफ़े उलफ़त न करूँ

सोचता हूँ कि बहुत सादा व मासूम है वोह
मैं अभी उसको शनासाए मुहब्बत न करूँ
रूह को उसकी असीरे ग़मे उल्फ़त न करूँ
उसको रुसवा न करूँ वक़्फ़े मुसीबत न करूँ

सोचता हूँ कि अभी रंज से आज़ाद है वोह
वाक़िफ़े दर्द नहीं, ख़ूगरे आलाम नहीं
सहर ऐश में उसकी असरे शाम नहीं
ज़िंदगी उसके लिए ज़हर भरा जाम नहीं

सोचता हूँ कि मुहब्बत है जवानी की ख़िज़ाँ
उसने देखा नहीं दुनिया में बहारों के सिवा
नकहत व नूर से लबरेज़ नज़ारों के सिवा
सब्ज़ाज़ारों के सिवा और सितारों के सिवा

सोचता हूँ कि ग़मे दिल न सुनाऊँ उसको
सामने उसके कभी राज़ को उरयाँ न करूँ
ख़लिशे दिल से उसे दस्त व गरीबाँ न करूँ
उसके जज़्बात को मैं शोल-ए-बदआमाँ न करूँ

सोचता हूँ जला देगी मुहब्बत उसको
वह मुहब्बत की भला ताब कहाँ लायेगी
ख़ुद तो वह आतिशे जज़्बात में जल जाएगी
और दुनिया को उस अंजाम पे तड़पाएगी

सोचता हूँ कि बहुत सादा व मासूम है वोह
मैं उसे वाक़िफ़े उल्फ़त न करूँ।

इंक़िलाब के पंखों पर सवार शायरी

फ़ैज़ अहमद फ़ैज़

फ़ैज़ का जन्म 13 फ़रवरी, 1911 में और देहांत 1984 में हुआ। फ़ैज़ पाकिस्तानी कवि नहीं बल्कि अंतरराष्ट्रीय स्तर पर उर्दू के कवि माने जाते थे। साम्यवादी विचाराधारा के कारण पाकिस्तानी सरकार के पसंदीदा कवि न थे। जेल भी गये जलावतन भी हुए। 1962 में लेनिन अवार्ड मिला। 'लोटस' पत्रिका का संपादन भी किया। फ़ैज़ की शुरू की तालीम मदरसे में मौलवी द्वारा हुई फिर बाद में मिशन कॉलेज, सियालकोट से बी.ए. करके मुरे कॉलेज गये। फिर अरबी और अंग्रेज़ी में लाहौर से मास्टर डिग्री ली! अमृतसर में पढ़ाया, फिर फ़ौज में रहे। वहाँ से इस्तीफ़ा [1947 में] देकर वह लाहौर लौटे और 'पाकिस्तान टाइम्स' के एडीटर इन चीफ़ बने। उनके महत्त्वपूर्ण काव्य-संग्रह *नक़्शे फ़रियादी* (1943), *दस्तेसबा* (1952), *ज़िंदाँनामा* (1956), *दस्ते तहे संग* (1965), *मेरे दिल मेरे मुसाफ़िर, सरे वादिए सीना*। ये सारे संग्रह एक जिल्द में *नुस्ख़्हाय वफ़ा* के नाम से आ चुके हैं। *सलीबें मेरे दरीचे में* जेल में लिखे ख़तों का संग्रह, *मीज़ान* आलोचनात्मक लेख-संग्रह, *माह व साल आशनाई* संस्मरण-संग्रह।

मुझसे पहली-सी मुहब्बत मेरी महबूब न माँग

मुझसे पहली-सी मुहब्बत मेरी महबूब न माँग
मैंने समझा कि तू है तो दरख़्शाँ है हयात
तेरा ग़म है तो ग़मे दहर का झगड़ा क्या है
तेरी सूरत से है आलम में बहारों को सबात
तेरी आँखों के सिवा दुनिया में रखा क्या है?
तू जो मिल जाए तो तक़दीर नेगूँ हो जाए
यूँ न था, मैंने फ़क़त चाहा था यूँ हो जाए
और भी दुख हैं ज़माने में मुहब्बत के सिवा

राहतें और भी हैं वस्ल की राहत के सिवा
अनगिनत सदियों के तारीक बहीमाना तिलिस्म
रेशम व अतलस व कमख़ाब में बुनवाये हुए
जा बजा बिकते हुए कूचा-ओ-बाज़ार में जिस्म
ख़ाक में लिथड़े हुए ख़ून में नहलाये हुए
लौट जाती है उधर को नज़र क्या कीजे
अब भी दिलकश है तेरा हुस्न, मगर क्या कीजे
और भी दुख हैं ज़माने में मुहब्बत के सिवा
राहतें और भी हैं वस्ल की राहत के सिवा
मुझ से पहली-सी मुहब्बत मेरी महबूब न माँग।

चन्द रोज़ और मेरी जान

चंद रोज़ और मेरी जान। फ़क़त चंद ही रोज़
ज़ुल्म की छाँव में दम लेने पे मजबूर हैं हम
और कुछ देर सितम सह लें, तड़प लें, रो लें
अपने अजदाद की मीरास है माज़ूर हैं हम
जिस्म पर क़ैद है, जज़्बात पर ज़ंजीरें हैं
फ़िक्र महबूस है, गुफ़्तार पे ताज़ीरें हैं
अपनी हिम्मत है कि हम फिर भी जिये जाते हैं
ज़िंदगी क्या किसी मुफ़लिस की क़बा है जिसमें
हर घड़ी दर्द के पैवंद लगे जाते हैं
लेकिन अब ज़ुल्म की मीआद के दिन थोड़े हैं
इक ज़रा सब्र कि फ़रियाद के दिन थोड़े हैं
अरसए-दहर की झुलसी हुई वीरानी में
हमको रहना है पे यूँ ही तो नहीं रहना है
अजनबी हाथों का बेनाम गिरांबार सितम
आज सहना है, हमेशा तो नहीं सहना है
यह तेरे हुस्न से लिपटी हुई आलाम की गर्द
अपनी दो रोज़ा जवानी की शिकस्तों का शुमार
चाँदनी रातों का बेकार दहकता हुआ दर्द
दिल की बेसूद तड़प, जिस्म की मायूस पुकार
चंद रोज़ और मेरी जान। फ़क़त चंद ही रोज़

☙ तन्हाई ❧

फिर कोई आया दिले ज़ार, नहीं कोई नहीं
राहरो होगा कहीं और चला जाएगा
ढल चुकी रात, बिखरने लगा तारों का ग़ुबार
लड़खड़ाने लगे एवानों में ख़्वाबीदा चराग़
सो गयी रस्ता तक तक के हर इक राहगुज़ार
अजनबी ख़ाक ने धुँधला दिये क़दमों के सुराग़
गुल करो शम्मे, बढ़ा दो मय व मीना व अयाग़
अपने बेख़्वाब किवाड़ों को मुक़फ़्फ़ल कर लो
अब यहाँ कोई नहीं, कोई नहीं आएगा।

☙ कोई आशिक़ किसी महबूबा से ❧

गुलशन-ए-याद में गर आज दमे बादे सबा
फिर से चाहे कि गुल अफ़शाँ हो तो हो जाने दो
उमरे रफ़ता के किसी ताक़ पे बिसरा हुआ दर्द
फिर से चाहे कि फ़रोज़ाँ हो तो हो जाने दो
जैसे बेगाना से अब मिलते हो वैसे ही सही
आओ दो-चार घड़ी मेरे मुक़ाबिल बैठो
गरचे मिल बैठेंगे हम तुम तो मुलाक़ात के बाद
अपना अहसासे ज़ियाँ और ज़्यादा होगा
हमसुख़न होंगे तो हर बात के बीच
अनकही बात का मौहूम-सा पर्दा होगा
कोई इक़रार न मैं याद दिलाऊँगा न तुम
कोई मज़मून वफ़ा का न जफ़ा का होगा
गिर्दे अय्याम की तहरीर को धोने के लिए
तुमसे गोया हों दमे दीद जो मेरी पलकें
तुम जो चाहो तो सुनो और जो न चाहो न सुनो
और जो हर्फ़ करें मुझसे गुरेज़ा आँखें
तुम जो चाहो तो कहो, और जो न चाहो न कहो।

❧ याद ☙

तश्ते तन्हाई में, ऐ जाने जहाँ लरज़ाँ हैं
तेरी आवाज़ के साये, तेरे होंठों के सराब
तश्ते तन्हाई में, दूरी के ख़स व ख़ाक तले
खिल रहे हैं, तेरे पहलू के समन और गुलाब
उठ रही है कहीं क़ुरबत से तेरी साँस की आँच
अपनी ख़ुशबू में सुलगती हुई मद्धम-मद्धम
दूर, उफ़क़ पार, चमकती हुई क़तरा-क़तरा
गिर रही है तेरी दिलदार नज़र की शबनम।

इस क़दर प्यार से, ऐ जाने जहाँ रखा है
दिल के रुख़सार पे इस वक़्त तेरी याद ने हाथ
यूँ गुमाँ होता है, गरचे है अभी सुब्हे फ़िराक़
ढल गया हिज्र का दिन, आ भी गयी वस्ल की रात।

मैं लाइनें क्यों खींचती हूँ

अज़रा अब्बास

अज़रा अब्बास 1948 में पाकिस्तान के शहर कराची में पैदा हुईं। उर्दू भाषा साहित्य में मास्टर डिग्री ली और अध्यापन कार्य में व्यस्त हो गईं। पहला नस्री नज़्मों का संग्रह *नींद की मुसाफ़तें* 1981 में आया। उनकी शायरी का विषय औरत की बदलती भूमिका है जिसमें उसकी व्यक्तिगत ज़रूरतों, शारीरिक, घरेलू एवं राजनीतिक माहौल का ज़िक्र बड़े प्रभावी ढंग से आया है।

अज़रा अब्बास लिखती हैं—"मेरी शायरी का तसव्वुर क्या है? आज इस पर बात करते हुए आप में से शायद कोई यह कह सकता है कि छोटा मुँह और बड़ी बात, लेकिन तीन किताब लिखने के बाद जब मैं ख़ुद अपने-आपसे सवाल करती हूँ कि मैंने क्यों लिखा? मैंने लिखना ज़रूरी क्यों समझा? क्या लिखे बग़ैर मेरा गुज़ारा हो सकता था? क्या मैं सिर्फ़ एक बीवी और कुछ बच्चों की माँ बनकर मुतमइन नहीं हो सकती थी? तो यह जवाब मैं ख़ुद को देती हूँ कि नहीं, यह जो लिखने की मजबूरी मेरे साथ है, यह उस वक़्त ही मेरे लिये अहम हो गयी थी जब से मैंने सोचना शुरू किया था।

सोच जो ज़िंदगी के एक-एक कोने से निकलकर मेरे चारों तरफ़ मँडराती। कई दफ़ा मुझे बाहर की दुनिया से इतना अलग कर देती कि मेरे साथ चलनेवाले और मेरे साथ रहनेवाले लोग भी घबराकर मुझे देखने लगते—यह कौन है?

एक जो मैं हूँ। शायरा जो मेरी सोच की पैदावार थी। हम दोनों एक-दूसरे के साथ चलने लगे। मैंने कभी सोचा कि मेरी शायरा मुझसे जुदा हो गयी या मर गयी या मार डाली गयी तो क्या होगा? मैंने शायद तमामतर तवानाइयों (ऊर्जाओं) के साथ अगर किसी से मुहब्बत की है तो वह अपनी शायरा से। मुझे मालूम था अगर यह किसी की ज़द में आ गयी तो मैं अपनी तन्हाई से ख़ौफ़ज़दा होकर ख़ुदकुशी भी कर सकती हूँ। शायद मैं...'यरमियाह' की तरह उस दिन पर लानत भेज देती जिस दिन मुझे पैदा किया गया था, लेकिन इस शायरा ने मुझे बचा लिया।

ज़िंदगी को मैंने एक फुटबॉलर की तरह अपने पाँव की हरकत पर रखा है। एक बेहतरीन फुटबॉलर जानता है कि उसके पाँव की कौन-कौन-सी हरकत उसकी गेंद को गोल के क़रीब ला सकती है और कितना दूर ले जा सकती है। मेरी तमाम शायरी एक ही उन्वान के गिर्द घूमती है कि 'यह ज़िंदगी है!' तो मेरे दोस्तो! मेरे

नज़दीक शायरी एक औरत है जो ज़िंदगी को तख़्लीक़ (सृजित) करती है और ज़िंदगी से तख़्लीक़ होती है।"

☙ मेज़ पर रखे हाथ ❧

मेज़ पर रखे हैं हाथ
हाथों को मेज़ पर से उठाती हूँ
फिर भी पड़े रहते हैं
मेज़ पर
और हँसते हैं।
मेज़ पर रखे
अपने ही दो हाथों को
हाथों से उठाना मुश्किल होता है।
मैं हाथों को
दाँतों से
उठाती हूँ
पर हाथ नहीं उठते
मेज़ पर रह जाते हैं
दाँतों के निशानों से भरे हुए
मैं भी हाथों को घूरती हूँ
मेज़ का रंग आँखों में
भर जाता है।
मैं आँखें बंद कर लेती हूँ
सो जाती हूँ
मेज़ पर रखे हुए हाथों पर
सर रखकर।

☙ हाथ खोल दिये जायें ❧

मेरे हाथ खोल दिये जाएँ
तो मैं
इस दुनिया की दीवारों को
अपने ख़्वाबों की लकीरों से
सियाह कर दूँ

और क़हर की बारिश बरसाऊँ
और इस दुनिया को अपनी हथेली पर रखकर
मसल दूँ।
मेरा दामन ख़्वाबों के अँधेरे में
फैला हुआ है
मेरे ख़्वाब फाँसी पर चढ़ा दिये गये
मेरा बच्चा मेरे पेट से छीन लिया गया
मेरा घर क़हरख़ानों के अस्तबल के लिए
खोल दिया गया
मुझे बेज़ीन घोड़े पर
अँधेरे मैदानों में उतार दिया गया है
मेरी ज़ंजीर का सिरा किसके पास है?
क़ियामत के शोर से पहले
मैं अपनी धज्जियों को समेट लूँ
अपने बच्चों को आख़िरी बार ग़िज़ा
फ़राहम कर दूँ
और ज़हर का प्याला पी लूँ
मेरी ज़ंजीर खोल दी जाए
उसका सिरा किसके पास है?

ले जाते हो कहाँ

ख़ाली है दिल
उन बातों से
जो दिल को खिलौना बनाती हैं
और दिल को खिलखिलाती हैं
और आँखें तरग़ीब देती हैं
हिलकोरे से लेती साँसें
लम्स की नरमाहट से उतर जाती हैं
लेकिन
अब जिस्म का हर हिस्सा
लम्स की तरावट पर आमादा नहीं होता
और जिस्म कटे हुए
और अलहदा रखे हुए

गोश्त की तरह चुपका पड़ा रहता है
कोई इरतेआश नहीं होता
ढीले-ढीले से गोश्त में
जिसे
जगह-जगह से मक्खियाँ भिनभिनाकर
बेहिस कर देती हैं
तुम्हारी उँगलियाँ भी
देर तक हरकत करने के बाद
एक-एक नुक़्ते पर
दायरे बनाने के बाद भी
कुलबुलाती हुई ये उँगलियाँ
सारे जिस्म पर ऐसे घूमती हैं
जैसे कोई कीड़ा
चुपके से घुस आया है कपड़ों में
और कुतर रहा है
बस कपड़े
कपड़ों की सरसराहट
और जब यह न भी हो
तो दूर से आँखें देखती हों जैसे
दीवार पर रेंगती
छिपकली को
जो पेट और पाँवों और मुँह को
गोल दायरे में घुमाकर
मटक रही हो
और कराहत का समाँ बना रही हो
तुम अपनी उँगलिया हटा लेते हो।

एक रोटी तक पहुँचने के लिए

एक रोटी तक पहुँचने के लिए
हम अपने ख़्वाब बेच देते हैं
अपने रंग धो डालते हैं
अपनी ख़ुशबू उड़ा देते हैं
अपनी आँखें धुँधली कर लेते हैं

और अपने जिस्मों को सदहा साल से
चलती हुई चक्की में
पीस डालते हैं
और क्या करते हैं
और क्या नहीं करते?
हमें कोई भी इख़्तियार नहीं
बस एक रोटी तक
पहुँचने के लिए।

जलावतन होने से पहले

यह ख़बर आने के बाद
मैं अपने घर की खिड़कियाँ
बंद करती हूँ
बिजली के तमाम स्विच ऑफ़ कर देती हूँ
फ्रिज में रखा हुआ खाना
पड़ोस में दे देती हूँ
बचा हुआ दूध गली की बिल्ली के आगे
डाल देती हूँ
और एक गिलास ठंडा पानी पीती हूँ
तमाम दरवाज़े लॉक कर
सड़क पर निकल जाती हूँ
दोपहर से पहले
या रात के किसी पहर
सरकारी गाड़ी में
सरकारी मुर्दाख़ाने में
मुझे बाक़ी जलावतनों के साथ
फेंक दिया जाएगा
और एक ख़बर छपेगी
मुलज़िमा फ़लाँ बिनते फ़लाँ के घर
पुराने संदूक़ में
पुराने कपड़ों की तहों में
बहुत-सी नज़्में
क़ाबिले एतराज़ हालत में पायी गयीं।

शायरी में इंसानी जज़्बों को ज़िंदा रखनेवाली शायरा

फ़ात्मा हसन

फ़ात्मा हसन को पढ़ते हुए अरसा गुज़रा और यह साथ हमेशा उनके अहसासात और अफ़कार के हुस्न से प्रभावित रहा ख़ासकर उनकी हाइकू जो दिल पर अजीब असर करती है। उन्होंने ग़ज़लें और नज़्में भी लिखी हैं। उन्हें पसंद करनेवाले बड़ी तादाद में हैं।

फ़ात्मा हसन 5 दिसंबर, 1953 में कराची की बस्ती मलीर में पैदा हुईं। उनका दधियाल ग़ाजीपुर और ननिहाल कलकत्ता है। पाकिस्तान बनने के बाद फ़ात्मा हसन के पिता ढाका चले गये जहाँ से उन्होंने 1969 में मैट्रिक पास किया। ढाका में जब सियासी उथल-पुथल शुरू हुई तो परिवार ने फ़ात्मा हसन को कराची भेज दिया। 1980 से 1983 तक वह सिन्ध की सरकारी पत्रिका 'इज़हार' की संपादिका रहीं।

फ़ात्मा हसन पंजाबी भाषा में भी शेर कहती हैं। उनकी शायरी में सादगी और मासूमियत है जो पढ़नेवालों को अपनी भावनाओं के समीप लगती हैं।

☙ ग़ज़ल ❧

क्या कहूँ उससे कि जो बात समझता ही नहीं
वोह तो मिलने को मुलाक़ात समझता ही नहीं
हमने देखा है फ़क़त ख़्वाब खुली आँखों से
ख़्वाब थी, वस्ल की वह रात समझता ही नहीं
मैंने पहुँचाया उसे जीत के हर ख़ाने तक
मेरी बाज़ी थी मेरी मात समझता ही नहीं
दुख तो मुझको भी जुदाई की घड़ी का है मगर
आज क्यों सोचे हर इक बात समझता ही नहीं
रात पुरवाई ने उसको भी जगाया होगा
रात क्यों कट न सकी बात समझता ही नहीं

शायरी का कोई अंदाज़ समझता ही नहीं
वोह मुहब्बत की रिवायात समझता ही नहीं

ॐ शाख़ों से दूर ॐ

गहरी होती शाम
लॉन की ख़ाली कुर्सियाँ
और अधूरी लड़कियाँ।

ॐ पुराने घर में ॐ

शाम, याद और बदलियाँ
लहरें, झाग और कश्तियाँ
गुमसुम चार सहेलियाँ
उलझी हुई पहेलियाँ।

ॐ एक लड़की ॐ

लफ़्ज़ों का ख़ौफ़ ओढ़े हुए
सो गयी है
सोचती हूँ
पहले इसको जगाऊँ
या चादर हटा दूँ।

ॐ अकेली ॐ

रात ये मैंने
ख़्वाब में देखा
तुम तन्हा हो
सारा दिन मैं भीड़ में थी
और रही अकेली।

☙ पानी मेरा साथी ❧

कल जब पानी बरसा
सोंधी मिट्टी महकी
उजली ख़ुशबू जागी
याद पुरानी दहकी।

☙ रौशनी ❧

जाने कल क्या मन में आयी
मैंने उससे पूछा
बताओ–रौशनी क्या है
मेरी आँखें मूँद के बोला
अब तो सब-कुछ समझ गयी हो।

☙ इन्तज़ार ❧

जब मैंने हर चेहरे पर
उसका धोखा खाया था
तब वह क्यों न आया था।

☙ वो चाहता है ❧

एक ख़त ऐसा लिखूँ
जिसको पढ़ते हुए
ज़िंदगी बीत जाए
सोचती हूँ कि मैं
अपनी आँखें उसे
किस तरह भेज दूँ।

मैंने एक ख़्वाब बुना

सकीना साजिद पिनाह

सकीना साजिद नयी नस्ल की शायरात में एक अहम नाम है। उनके चार मजमूए *एहसासे ना-तमामी* 1981, *ग़ज़ल सहेली* 1988, *आधी रात का पूरा चाँद* 1993, *ख़ुदशिकनी* 2001 में छपकर चर्चित हो चुके हैं। उनकी सबसे बड़ी ख़्वाहिश है कि इंसान को इंसान के ज़ुल्म से नजात मिल जाए और दुनिया में ताक़त, दौलत की बादशाहत के बजाय मुहब्बत और इन्सानियत की हुक्मरानी हो; बिना रंग व नस्ल, मज़हब व समुदाय के भेदभाव के।

डॉक्टर सकीना की शायरी दरअसल औरत के जज़्बात का आईना है। उनके शेर में वह सब-कुछ है जो एक बाहोश इंसान महसूस करता है। औरत की नयी पहचान की आवाज़ है जिसमें एशियायी औरत अपना आज का चेहरा बख़ूबी देख सकती है। परवीन शाकिर के बाद यह दूसरी कवयित्री हैं जहाँ औरत भी है और शायरी भी है। उनकी शायरी के बेहतरीन शेर यहाँ दिये जा रहे हैं–

जो बीत गयी दिल पर कब उसकी शिकायत की
इक मोम की गुड़िया ने सूरज से मुहब्बत की

न होता दिल तो इस दुनिया में कैसी ठोकरें खाती
अँधेरे घर में रहती हूँ दिया मेरी ज़रूरत है

हसीन लगती हूँ ज़ख़्मों के पैराहन में बहुत
यह रंग व बू न किसी फूल न किसी कली में मिले

कोई तकता तो होगा चाँद में मेरे ही चेहरे को
किसी की आँख में तो ख़्वाब होंगे रात भर मेरे

सीता हूँ मैं और राम से यह पूछ रही हूँ
क्या घर में मेरे लिये बनवास नहीं है

मुझे पागल न जानो तो बताना चाहती हूँ
मैं दुनिया तोड़ के फिर से बनाना चाहती हूँ

मिला न चैन जिस दुनिया में नबियों और वलियों को
मेरे दरवेश दिल को है ख़बर, यह है वही दुनिया

ज़माने भर की मुहब्बत से क्या ग़र्ज़ मुझ को
बस एक शख़्स की नफ़रत से डर लगता है

ख़ुद अपने अश्कों में आप नहाती हूँ
देखो तपती रेत पे कैसी रिमझिम है

वह इक पेड़ है मज़बूत, घनेरा, ऊँचा
मैं कि इक बेल हूँ और उसका सहारा चाहूँ

कुछ इतनी मुहब्बत है कि बस उसका चले तो
वह ताक़ में गुड़िया की तरह मुझको सजा ले

बदल देगी यह मेरी शक्ल 'मेरा दिल' मेरी सोचें
न बदली थी, न बदली है, न बदलेगी दुनिया

तअनों के तीर, तन्ज़ के नेज़े न चलायें
घर है यह मेरा आपकी जंग गाह नहीं

दुनिया है जानती हूँ यहाँ क्या नहीं मगर
रहती हूँ घर में जैसे कलीसा में राहिबा

हक़ीक़त से तो मैं डरती नहीं थी
फिर अपने ख़्वाब से क्यों डर रही हूँ

तन्हा उदास कमरे में बैठी थी शाम से
आयी और उसकी याद उठा ले गयी मुझे

डरती हूँ कि फैले न कहीं दिल में अँधेरा
रहने दो मेरे ज़हन में कुछ ख़्वाब उजाले

झरोखे से झाँकता अतीत

ताजिकिस्तान

गुलचेहरा सलीमानवा
गुलरुख़सार सफ़ी योवा

झरोखे से झाँकता अतीत

फ़ारसी भाषा का तीसरा देश पूर्व सोवियत संघ का एक प्रांत ताजिकिस्तान था, जहाँ की भाषा ताजिकी कहलाती थी और इसकी लिपि रूसी हो गई थी। अब ताजिकिस्तान एक स्वतंत्र राष्ट्र है। यह दोनों कविताएँ फ़ारसी दरी भाषा से मैंने अनुवाद की हैं, जो अफ़ग़ानिस्तान में बोली जाती हैं।

बच्चों का अहसास पढ़नेवाली शायरा

गुलचेहरा सलीमानवा

गुलचेहरा सलीमानवा 1 जनवरी, 1927 में बुख़ारा (उज़बेकिस्तान, रूस) में पैदा हुईं। 1947 में बुख़ारा विश्वविद्यालय के भाषा-साहित्य विभाग से उन्होंने डिग्री ली और इसके फ़ौरन बाद अध्यापन शुरू कर दिया। सत्रह साल की उम्र से शायरी शुरू की। 1947 में दोशान्बे से उनको अध्यापन की दावत मिली और वह ताजकी भाषा पढ़ाने लगीं। इसी के साथ पत्रकारिता का भी शौक़ पैदा हुआ। उस दौर के महत्त्वपूर्ण पत्र और पत्रिकाओं—पीश आहंगे ताजिकिस्तान और ज़नाने ताजिकिस्तान मशाल, बाग़ियाने शर्क़ इत्यादि में बराबर छपती रहीं। 1957 में उन्होंने कम्युनिस्ट पार्टी ज्वाइन की और उसी साल लेखक संघ की मेंबर भी बनी थीं। बच्चों के लिए भी उन्होंने काफ़ी लिखा है।

बाल-साहित्य में उनकी बेहतरीन रचनाएँ *दो शाख़े आलू, नरगिस, चालीस जादूगर, बढ़िया सेब, सुनहरा सूरज, बारिश, माँ के कपड़े* आदि-आदि हैं। गुलचेहरा की रचनाओं का विभिन्न भाषाओं में अनुवाद हुआ और ख़ुद उन्होंने उज़बेक और रूसी भषाओं के महत्त्वपूर्ण ग्रन्थों का विदेशी भाषा में अनुवाद किया।

बच्चों के लिए कही उनकी एक कविता का अनुवाद दिया जा रहा है।

पहली उड़ान

ख़ूबसूरत चेहरेवाला मेरा नन्हा बेटा
शरीर, चंचल और मेरे दिल का टुकड़ा
पहली बार उसने पैर उठाया जो चलने को
लगा फ़ज़ा में कोई हवाई जहाज़ उड़ा
कल वह पैर रखता इसी तरह
फ़ज़ा की ऊपरी सतह को छूलेगा
शुक्र और चाँद तक पहुँचता
मेरा बेटा
क़दम-ब-क़दम चलना सीख लेगा।

आज़ादी की तमन्ना की तड़प

गुलरुख़सार सफ़ी योवा

गुलरुख़सार सफ़ी योवा 17 दिसंबर, 1967 में ताजिकिस्तान के बाख़्व जो कमस्मूल के क़रीब है, वहाँ पैदा हुईं। बचपन से शेरो-शायरी की तरफ़ रुझान था। आज वह ताजिकिस्तान की महत्त्वपूर्ण कवयित्रियों में गिनी जाती हैं।

इक्कीस वर्ष की आयु में गुलरुख़सार ने भाषा-साहित्य की डिग्री लेनिन विश्वविद्यालय से लेने के बाद अध्यापन का काम शुरू किया। अरसे तक 'पीश आहंगे ताजिकिस्तान' नामक पत्रिका की ज़िम्मेदारी सँभाली और शायरी के साथ पत्रकारिता में भी सक्रिय हुईं। गुलरुख़सार के कई संग्रह ताजिकी और रूसी भाषा में आ चुके हैं।

गुलरुख़सार के शेरों का अनुवाद चेक और बुलगारी भाषाओं में भी हुआ है—

कवयित्री ने अनुवाद का काम भी शुरू किया जिसमें उन्हें सफलता मिली। 1980 में लेनिन की शती के अवसर पर मेडल मिला और हर एक वर्ष बाद दूसरा पुरस्कार उन्हें अपने सृजनात्मक काम पर मिला। 1994 में गुलरुख़सार रूसी एवं ताजिकिस्तान लेखक संघ की मेम्बर चुनी गयीं। इनकी शायरी जो ताजिकी भाषा में है, पाठक उसका लुत्फ़ तो नहीं उठा सकेंगे मगर उसका भावार्थ तो हिंदी में समझ ही लेंगे। ताजिकी भाषा दरी-फ़ारसी का ही एक रूप है। ताजिकी भाषा में लिखी इनकी दो कविताएँ यहाँ प्रस्तुत हैं—

आज़ाद हिरनियाँ

पहाड़ की चोटियाँ हरियाली से भर गयीं,
हिरनों का झुंड आज़ाद, चश्मे के किनारे...
ज़िंदगी, ज़िंदगी
तुम्हारे जलस्रोतों के पास
मेरी तरह हज़ारों प्यासे खड़े हैं।

मुझे याद करो

जब तन्हा और उदास हो,
इश्क़ की किताब का पन्ना पलटो,
पीले पड़े पन्नों के बीच
एक नीला लिफ़ाफ़ा, उसे पढ़ो,
फिर एक बार याद कर लो मुझे।
जब बहार की ऋतु आए
उदास बुलबुल चहचहाये
लालह की क्यारियाँ
ताज़ा फूलों की गंध
ज़ख़्मों से चूर दिल, ख़ुश होगा
फिर एक बार याद कर लो मुझे।

अंगूरों के बाग़ानों में नवजागरण की भोर

लेबनान

ख़लील मोतरान
जोउमाना हद्दाद

अंगूरों के बाग़ानों में नवजागरण की भोर

भूमध्यसागर के तट पर एक छोटा-सा देश है लेबनान, जिसके वासी 1200 ईसा पूर्व में फ़ोयनीसियन (Phoenician) व्यापारी थे। वस्तुतः ये यह सीरिया के दक्षिण में रहनेवाले प्राचीन सेमेटिक नस्ल के लोग थे। 1975 से लेकर 1991 तक लेबनान ईसाई और मुसलमानों के बीच गृहयुद्ध में बुरी तरह फँसा रहा। पिछले कुछ वर्षों में लेबनान दोबारा अपने को प्रगति की राह पर डालने में कामयाब हो पाया है। सीरिया, इज़रायल दो मुल्क इसकी सीमा से जुड़े हैं और बाक़ी हिस्सा समंदर का साहिल है!

लिवांट यानी भूमध्यसागरीय इलाक़ा, जिसमें लेबनान, सीरिया, जॉर्डन, लीबिया, मिस्र, ट्यूनीशिया, मोरक्को, इज़रायल, स्पेन, इटली, ग्रीस और टर्की देश आते हैं; ये सारे देश बेहद ख़ूबसूरत और यहाँ के निवासी आपस में एक-दूसरे से घुले-मिले रहे हैं। इज़रायल के वजूद में आने के बाद से प्रत्येक देश में इज़रायल को छोड़कर पड़ोसी देश के शरणार्थी मौजूद हैं। धर्म तो ईसाई और इस्लाम है, भाषा भी अरबी है। जो दूसरी भाषाएँ वजूद भी रखती हैं, उनके बहुत कम बोलनेवाले बचे हैं। इज़रायल में अलबता कई भाषाएँ जैसे फ्रेंच, अंग्रेज़ी, पॉलिश, जर्मन, अरबी और हिब्रू भाषा बोली जाती है। लेबनान में पिछले कई वर्षों के बाद फिर से सियासी उथल-पुथल शुरू हो गयी है। वहाँ पर ईरानी क्रांति का प्रभाव ख़ासा गहरा पड़ा। ऐसे हालात में इन देशों की अर्थव्यवस्था, स्थिरता, विकास सभी कुछ डगमगाया रहता है। विशेषकर बुद्धिजीवियों की स्थिति विचित्र है जो सच बोलने और लिखने या फिर झूठी ख़ामोशी ओढ़ने के बीच बुरी तरह से पिसे रहते हैं।

इस इलाक़े में रहनेवाले लोगों का जन्म किसी एक देश में और मृत्यु किसी दूसरे देश में और बीच का जीवन भटकते हुए विश्व के एक देश से दूसरे देश के बीच गुज़र जाता है। ये परिस्थितियाँ आम जनता को नहीं झेलनी पड़तीं। वे तो बेकारी, महँगाई में जूझते रहते हैं मगर बुद्धिजीवी और कलाकार वर्ग जो अपने आनेवाले समय पर नज़र रखते हैं वे चुप नहीं बैठ सकते—और इसकी क़ीमत उन्हें देनी पड़ती है क्योंकि ज़बान और क़लम की आज़ादी ही एक सच्चे रचनाकार की दौलत होती है।

उस्मानिया सल्तनत (आटोमन इम्पायर) में ये सारे देश एक झंडे तले थे फिर

हर मुल्क का अपना झंडा वजूद में आया, अपना हाकिम और अपनी व्यवस्था भी। इसलिए ये सारे देश साझी तारीख़ भी रखते हैं और सभ्यता-संस्कृति भी और दूसरी ओर अपना अलग एक इतिहास, समाज और विचार-व्यवस्था भी रखते हैं। इनका साझा अरब भाषा-साहित्य भी है। जिसको हम अलग करके भी देखें तो एक समय के बाद ये सारे फ़र्क़ मिट जाते हैं कि कौन किस देश का है—और बात अरब भाषा-साहित्य के संपूर्ण योगदान पर जाकर समाप्त होती है। देखना यह भी है कि इस इलाक़े में यूरोप और अमेरिका का हस्तक्षेप किस रूप में आरंभ होता है!

संपूर्ण अरबी साहित्य पर जब हम गहरी नज़र डालते हैं तो दो स्थितियाँ हमको साफ़ नज़र आती हैं, जिन्हें हम अरबी भाषा-साहित्य के उत्थान और पतन के दो प्रमुख काल कह सकते हैं। पहला अब्बासी काल (750-1258 ई.) है और दूसरा वह समय जब तुर्की ने इस इलाक़े पर आक्रमण कर अपना क़ब्ज़ा जमा लिया था। सबसे बड़ा ख़तरा अरबी भाषा को तुर्की ज़बान से था जो सरकारी भाषा बननेवाली थी। यह ख़ौफ़ वही ख़ौफ़ था जो इरानियों को अरब आक्रमण के बाद फ़ारसी भाषा के लिए था। पतन का यह दौर (1517-1800 ई.) तक रहा। इस दूसरे दौर ने फ़िरदौसी-जैसे कवि से शहनामा के 60,000 शेरों में ईरान की तारीख़ लिखवा डाली। अरब में अरबी भाषा की शुद्धता और पुरानी जड़ें *क़ुरआनशरीफ़* के कारण बची रहीं। क्योंकि उसको हर रोज़ प्रत्येक अरब पढ़ता जो इस इलाक़े के लोगों की आदत में शामिल था और आज भी उसी तरह क़ायम है। अरबी भाषा साहित्य के पतन काल का अंत नवजागरण (अलनहदा) से शुरू होता है जिसमें अरबी भाषा से अचानक साहित्य के फ़व्वारे फूटने लगे थे।

नवजागरण के समय में दो प्रवृत्तियाँ साहित्य में साफ़ नज़र आने लगी थीं जिन्होंने उसके लिए रास्ता बनाया था। लिवांट (भूमध्यसागरीय) इलाक़े में यूरोपियन प्रभाव सोलहवीं सदी में शुरू हुआ। पोप जॉर्ज XIII ने 1584 ई. में एक विशेष स्कूल रोम में लेबनानी मिशनरीज़ के लिए खोला, जिसका नाम मैरोनाइट स्कूल पड़ा। पोप जॉर्ज XIII ने विद्यार्थियों की सहायता वज़ीफ़ा और ज़मीन देकर भी की थी। लब्बोलुबाब यह कि लेबनानी शहज़ादे फ़ख़्र अल-दीन अल-मारी ने लेबनान से विद्यार्थियों को (1590-1635 ई.) इटली स्थित इस स्कूल में भेजना शुरू कर दिया था। इसी के साथ शहज़ादे फ़ख़्र-अल-दीन अल-मारी ने लेबनान में कॉलेज भी खोला ताकि विद्यार्थी अपने देश लौटकर बी.ए. की डिग्री ले सकें।

मैरोनाइट स्कूल वैसे तो अपने चरित्र में थियोलॉजिकल था, जहाँ पर सेक्युलर साइंस पढ़ने की सुविधा के साथ ही यूरोपियन भाषा, साहित्य एवं दर्शनशास्त्र भी पढ़ाया जाता था। जब वह लेबनान लौटते तो उन विद्यार्थियों को बहुत बड़े पैमाने पर यह बताना पड़ता था कि वास्तव में वह रोम के स्कूल से क्या सीखकर आए हैं? इसके पीछे विचार यह था कि इन विद्यार्थियों को कुछ महत्त्वपूर्ण मिशनरीज़ से स्कॉलरशिप मिल सकता है। बिशप गैब्रियल सिहयुनी अल-अधनी (1577-1648 ई.)

ने शरीफ़ अल-इदरीस की रचना *नुज़हत अल-मुश्ताक़ .फ़ी फ़िक्र अल-अमसिर-अल अफ़ाक़* का लैटिन में अनुवाद किया था। इब्राहीम अल-हक्कालानी के दिये कोर्ट टाइटिल्स का अनुवाद फ्रेंच भाषा में रीचेल्यू (Richelieu) ने किया ताकि अरब रचनाओं को फ्रेंच में पढ़ा जा सके। फ़ादर बुटरस अल-मुबारक (1660-1747 ई.) ने अरबी भाषा को ट्यूसकैनी में प्रिंटिंग की ट्रेनिंग दी और लेबनान लौटकर उन्होंने मदरसा 'एनतुरा' खोला। अल-मतरन जरमानूस फ़रहत (1670-1732 ई.) जो कई भाषाओं के ज्ञानी थे, इन्होंने अरबी दर्शन, साइंस, तर्कशास्त्र पर बहुत लिखा था। वह रोम से एलेप्पो आए ताकि वह मैरोनाइट इंसाईक्लोपीडिया बना सकें। उन्होंने एक पुस्तकालय भी बनाया। यूसुफ़ सामानी (1687-1768 ई.) वैटाकाइन पुस्तकालय में काम करने के साथ सीरिया और लेबनानी गद्य का अनुवाद भी करते थे और साथ ही पढ़ाते भी थे। मगर पढ़ाने की शैली और रूपरेखा यूरोपियन तर्ज़ पर होती थी।

1936 ई. में मैरोनाइन मिशन को रोम की 'होली अकादमी' ने देखना शुरू कर दिया और मध्यसागरी इलाक़े के गाँव-क़स्बों में साथ ही साथ प्रौढ़-शिक्षा स्कूल खोलना भी मठों और आस-पास के इलाक़ों में शुरू हो गया। विद्यार्थियों को शिक्षा के लिए रोम भेजना भी आरंभ कर दिया। दूसरी मिशनरियों जैसे कैथोलिक, प्रोटेस्टेंट और आर्थोडॉक्स गिरजाघरों ने भी देखा-देखी स्कूल खोलकर पढ़ाना शुरू कर दिया जो अब उनके मिशनरी कामों में शामिल हो गया था। 1755 ई. में लेज़ारटीज़ (Lazarites) ने दमिश्क़ में लड़कों के लिए एक स्कूल खोला था और कैपूचाइनीज़ (Capuchines) ने अपने सेंटर एंटीआच, बेरुत और एलेप्पो में खोल दिए। उन्नीसवीं सदी के अंत से पहले प्रोटेस्टेंट एजूकेशनल मिशन, जिसमें गर्ल्स ट्रेनिंग स्कूल; जर्मनी, डेनिस, ब्रिटिश और अमेरिका द्वारा सीरिया में प्रोटेस्टेंट कॉलेज शामिल थे जो 1886 ई. में क़ायम हुए और अब बेरुत में अमेरिकन यूनिवर्सिटी के रूप में मौजूद है। फ्रांस ने 1874 ई. में यूनिवर्सिटी सेंट जोज़फ़ की वहाँ शुरुआत की थी।

इन मिशनरियों के फैलते क़दम के समानांतर मदरसा 'एन वाराक़ा' (Ain waraqa) 1789 ई. में स्थापित हुआ जो पहला राष्ट्रीय स्कूल था जिसके बाद सिलसिला शुरू हो गया। यहाँ पर शिक्षा पुरानी अरबी पाठ्यक्रम से अलग हटकर यूरोपियन शिक्षा-पद्धति पर रखी गयी थी। पाठ्यक्रम में अंग्रेज़ी और फ्रेंच शामिल की गयी। 1863 में 'बतरुस अल-बूसतानी' नाम से पहला स्कूल ऊँची कक्षाओं के लिए खुला। इसका लक्ष्य सेक्युलर और साइंस स्टडीज, वर्तमान समय की ज़रूरत के अनुसार था।

शिक्षा के विस्तार के चलते उन्नीसवीं सदी की शुरुआत में एकाएक लेखकों, विचारकों को साइंटिस्ट, कवियों, पत्रकारों, प्रकाशकों और अनुवाद करनेवालों का स्वागत करना पड़ा। इतनी बड़ी संख्या में ज़रूरत के अनुसार कुछ तो लिवांट

(भूमध्यसागरीय) इलाक़े में रुके और कुछ आस-पास के अरब देशों की ओर चले गये। कुछ वर्षों बाद यह बहाव सीरिया लेबनानियों का नॉर्थ और साउथ अमेरिका की तरफ़ मुड़ा। इसका मुख्य कारण रोज़ी-रोटी थी और उस सियासी दबाव से छुटकारा भी था, जो तुर्की ने इन पर थोप रखा था। वे गये और नवजागरण का प्रारंभ अमेरिका और मिस्र दोनों जगह अरबी भाषा-साहित्य में हुआ।

मिस्र में फ्रांस का क़ब्ज़ा 1798 ई. में हुआ। दूसरा चरण नवजागरण का अरबी भाषा साहित्य में आया। पहली बार मिस्र के बुद्धिजीवी यूरोपियन सांस्कृतिक, साइंटिफ़िक प्रगति और भौतिकवाद से टकराये। नेपोलियन अपने साथ विद्वानों की बटालियन लाया था, जिन्होंने वहाँ साइंटिफ़िक लेबारेटरी और लाइब्रेरियों की स्थापना की ताकि वहाँ साइंस और साहित्य पर शोध किया जा सके। क़ाहिरा के बुद्धिजीवी इस बदलाव से ख़ुश थे, क्योंकि उनकी ज्ञान और शोध की प्यास बुझी।

आधुनिक रिवाज मिस्र के हाकिम मोहम्मद अली से शुरू हुआ और 1949 ई. तक अपने पूरे बल और प्रभाव से चला। उनका पूरा ज़ोर तकनीक और साइंस पर था। दूसरे वह इजिप्शियन स्कॉलर्स को शिक्षा के लिए विदेश भेजते थे, इसके तहत पहला बुद्धिजीवी मंडल इटली गया था। दूसरा फ्रांस गया। ये सारे लोग केवल यूरोप की संस्कृति एवं साहित्य में नहीं बल्कि मिलिट्री फ़ील्ड में भी दक्षता प्राप्त करते थे। पहले स्कॉलर जो फ्रांस गये थे वह रिफ़अत अल-तब तावी थे वह बाद में स्कूल ऑफ़ लैंग्वेजेज़ के और फिर ट्रांसलेशन ब्यूरो के डायरेक्टर बने।

वेस्ट्रानाइज़ करने का यह जोश जब अपने दूसरे आयाम पर पहुँचा तो 'इस्माइल' इस हद तक चले गये कि उन्होंने एलान कर दिया कि ईजिप्ट फ्रांस का हिस्सा है। इस्माइल के समय (1863-1879 ई.) में ईजिप्ट ने फ्रांस के कल्चरल संस्थानों से गहरे बुनियादी संबंध बना लिये थे। स्कूल, कॉलेज आधुनिकता के साथ केवल फ़ौजियों, तकनीशियन्स तक सीमित नहीं थे बल्कि आम आदमी और लड़कियों के लिए भी यह सारी सहूलियतें उपलब्ध थीं। इन सारी योजनाओं और सहूलियतों ने अरब नवजागरण अलनहदा को ज़बर्दस्त सहयोग दिया, ठीक फ्रेंच नवजागरण की तरह जो पंद्रहवीं सदी में बदलाव लाया था। प्राचीन ग्रन्थ और मास्टर पीस नये लेखकों के सामने एक मॉडल की तरह रखे गये। बाद में अरब नवजागरण का चरित्र यूरोपियन साहित्य की तरफ़ झुका नज़र आया। प्रोफ़ेसर इस्मत मेहदी की पुस्तक आधुनिक अरबी साहित्य के अनुसार इस नवजागरण के अंदर दो धाराएँ साफ़ बहती नज़र आयीं—पहली अरबी और दूसरी यूरोपियन। अरब धारा जो अल-अज़हर विश्वविद्यालय की तरफ़ से आयी वह इस्लामिक और अरब साहित्य की विरासत जो पतन के समय में केवल शक्ति और वजूद को बचाये रखने के लिए थी जो रौशनी बनकर लिवांट तक भी पहुँची। वे अरब जिन्होंने ख़ामोशी और धैर्य के साथ अपनी विरासत को जिया था जो अपने गहरे अवलोकन, मीमांसा और हाज़िरजवाबी के लिए मशहूर थे, बुज़ुर्गों के पदचिह्नों पर

चलते हुए उन्होंने आधुनिक शैली को अपनाया। जो यूरोपियन प्रभाव था, वह 1702 ई. में मिशनरियों और छपे साहित्य द्वारा अरब इलाक़े में एलेप्पो और सीरिया तक पहुँच चुका था। एलेप्पो प्रेस विशेष रूप से धार्मिक साहित्य और कुछ पुस्तकें स्कूल ग्रामर की भी छापते थे। ईजिप्ट में नेपोलियन ने 1798 में छापाखाना शुरू किया था।

अमेरिकन मिशन का अपना प्रेस माल्टा में था, जहाँ लेबनानी स्कॉलर अहमद फारिस अल शिदयाक़ को 1834 में अरब पब्लिकेशन का इंचार्ज बनाकर भेजा गया था। कुछ दिनों बाद उन्होंने अपना प्रकाशन इस्तांबुल में खोला जो केवल साहित्यिक पांडुलिपियाँ इस्तांबुल पुस्तकालय की छापता था। इसी तरह का काम वह पूरी दुनिया का करता था। सिद्दीक़ हसन ख़ान जो भोपाल के थे उनकी पुस्तक इसी छापेख़ाने से छपी थी। बाद में अल शिदयाक़ ने एक समाचार-पत्र अल-जवाइब भी इस्तांबुल से निकाला।

कैथोलिक प्रेस 1844 और सेंट जॉर्ज प्रेस 1948 में स्थापित हुआ। इस बीच अमेरिकन प्रेस माल्टा से बेरुत आ गया। सीरिया में छापेख़ानों की बाढ़-सी आ गयी जिनमें नेशनल प्रेस ख़लील अल-ख़ुरी का और इस्टेन प्रेस, डॉ. इब्राहीम नज़्ज़ार का और 'मताबात अल-मुआरिफ़' बुतरस अल-बूसतानी का सबसे मशहूर थे। उन्नीसवीं सदी के मध्य तक बेरुत में दस और उसी तरह दमिश्क़, एलेप्पो और यरूशलम में असंख्य छापेख़ाने वजूद में आए। एक नयी सांस्कृतिक ज़िंदगी की शुरुआत हो चुकी थी, जिसमें पूरी तरह प्रकाशनों का सहयोग और योगदान था।

अरबी भाषा-साहित्य का यह नवजागरण लिवांट और ईजिप्ट के बुद्धिजीवियों, मिशनरियों द्वारा कामयाब हुआ था।

लिवांट के रचनाकार एवं बुद्धिजीवी हाकिमों द्वारा प्रोत्साहित किये जाते थे या फिर चर्च द्वारा उन्हें सहयोग मिलता था। लेबनान के शिहाबी प्रिंस बशीर सेकंड के दरबार में मशहूर कवियों की विशेष मजालिस का इंतज़ाम होता था। जिसमें नीकोला यूसुफ़ अल-तर्क (1763-1828), बुतरस इब्राहीम करामा (1774-1861), अमन-अल-ज़ूदी (1814-1878) और नासिफ़ अल-याज़िग़ी (1800-1871) वग़ैरह कविगण मौजूद होते थे। इनमें याज़िग़ी जैसे बहुत अच्छे लेखक भी मौजूद थे। इनका बहुत बड़ा योगदान क्लासिकल इडियम को बदलने में माना जाता है। इनकी दो महत्त्वपूर्ण किताबें हैं। पहली अरबी ग्रामर की और दूसरी मजमा अल-बहरेन (दो समंदरों का मिलन) है। दूसरा नाम फ़ारिख़ अल शिदीयाक़ (1805-1887) है जिसने अरबी शेर के पहले अक्षर से शेरी-शब्दकोश बनाया।

नवजागरणों में जमील अल-दीन अल-अफ़ग़ानी का (1838-1898) नाम बहुत अहम है जो समाजसुधारक थे। यह थे तो अफ़ग़ानिस्तान से मगर बस ईजिप्ट में गये थे और ओराबी आंदोलन (1882 ई.) में शरीक रहे। उनकी पूरी कोशिश इस बात की थी कि मध्यकाल से इस्लामी शिक्षाओं को जिस तरह टीकाकारों ने डिब्बे

में बंद कर रखा उसे तोड़ा जाए। पहले उन्होंने धर्म में अर्थशास्त्र की जकड़न और सियासत में आयी गिरावट में सुधार लाना चाहा। मोहम्मद अबदुहा (1849-1905) जो एक मामूली किसान के बेटे थे मगर अपने इल्म से मुख्य मुफ़्ती बने जो बाद में अल-अफ़ग़ानी के अनुयायी और व्याख्याता बन गये। मोहम्मद अबदुहा ने बताया कि साइंस और इस्लाम धर्म के बीच कोई टकराहट नहीं है। उन्होंने क़ुरआन की आयतों की बड़े युक्तिमूलक रूप से व्याख्या की और इस्लाम की सही तौर से व्याख्या करनेवालों के ज्ञान की कमी को महसूस किया। वह सुधार की कोशिश और धार्मिक जागरूकता की वकालत में लग गये।

अल-अफ़ग़ानी और मोहम्मद अबदुहा को, उनकी इस तरह की व्याख्याओं की वजह से बहुत उत्पीड़ित किया गया। उनको जितना भी अत्याचार सहना पड़ा हो मगर उनके यथार्थवादी विचारों को उनके अनुयायी ज़रूर आगे ले गये, जिनमें ईजिप्ट के प्रसिद्ध राष्ट्रभक्त साअद जगहलूल (1857-1927) औरतों के अधिकारों के चैम्पियन माने जानेवाले क़ासिम अमीन (1865-1908) और अबदुहा की पुस्तकों के संपादक रशीद रिदा (1865-1935) मुख्य हैं।

सीरिया में अब्द अल-रहमान अल-कावाकीबी (1853-1902) भी अल-अफ़ग़ानी के अनुयायियों में से थे। उन्होंने अपनी पुस्तकों में अपने देशवासियों की पीठ पर जमकर शब्दों के कोड़े बरसाये हैं कि जागो, उठो! अतीत तुम्हारा जितना भव्य और महान था वैसा बनो। उन्होंने ध्यान खींचा कि पश्चिमी देशों में कितनी तेजस्विता फैली है और पूर्व में अँधेरा। अपनी मशहूर पुस्तक 'उम-अल-क़ुरा' (नगरों की माँ। इशारा मक्का है) में वह लिखते हैं कि किस तरह सामाजिक सुधार लाया जा सकता है, शाश्वत इस्लाम के उसूलों और संबद्धता के साथ लाया जा सकता है। यह बहुत बड़ी उपलब्धि है कि अरब भाषा-साहित्य में सृजनकर्त्ताओं की मदद से लोगों के दिमाग़ खुले और बुद्धिजीवियों द्वारा समाज में बदलाव ने करवटे लीं।

ऐसे बदलते माहौल में जब अंधकार और प्रकाश के बीच जंग छिड़ जाती है तो उसमें साँस लेनेवाली पीढ़ियाँ भी अपने तेज़ दिमाग़, गहरी दृष्टि से ख़ुद ब ख़ुद अपने परिवेश को देखती हैं; और उस कारवाँ को खींचकर आगे ले जाना चाहती हैं, जिस पर कई तरह की रुकावटें लगनी शुरू हो जाती हैं। पुराने देशों, प्राचीन सभ्यतावाले लोगों को मिशनरी ने सेवा भाव से बहुत-कुछ सहायता के रूप में दिया। वहाँ के पुराने बाशिंदों ने दोस्ती और इंसानियत के स्तर पर उसे स्वीकार किया। मगर जब यह दोस्ताना हमदर्दाना बर्ताव शोषण और क़ब्ज़े की तरफ़ बढ़ा तो रिश्ते दुश्मनी में बदले। यह कहानी लगभग मध्यपूर्व के हर देश के अलावा ईरान, अफ़ग़ानिस्तान, हिंदुस्तान और एशिया के किसी भी मुल्क की हो सकती है— मगर तब पत्रकारिता एवं प्रसार-प्रचार के माध्यम ऐसे न थे जो आज हैं। कल के लोग इस का न होना 'कमी' समझते थे मगर आज इसका होना लानत भी है और सौग़ात भी। परंतु मध्यपूर्वी देशों एवं अन्य युद्धग्रस्त देशों के लिए अभिशाप।

प्रोपेगेंडा का शक्तिशाली तंत्र किस तरह से झूठ पर पर्दा डालता है यह वही जान सकते हैं जिनके मुल्क इस अपमानजन्य समय से गुज़रे हों।

यहाँ पर एक अहम बात है जो हमको समझनी पड़ेगी। जो अरब क्षेत्र है वह अनेक रूपों वाला है। कुछ केवल बद्दू और रेगिस्तान का इलाक़ा है। कुछ पेट्रोलवाले हैं और कुछ सभ्यता, संस्कृति, साहित्य, कला से परिपूर्ण। फ़िलहाल कुछ देश ऐसे हैं जहाँ पेट्रोल भी है और तकनीक भी। पानी और खनिज है। धूप और वनस्पति है। ऐसे देशों पर हुक्मरानी का ख़्वाब ब्रिटेन, फ्रांस, जर्मन, अमेरिका ने बहुत पहले से देखना शुरू कर दिया था, जिसकी शुरुआत मिशनरी से हुई। अरब देशों के ईसाई और मुसलमान, अरब और कुर्द अपने देश को लेकर उसी तरह देशभक्त हैं जैसे अन्य देशों के नागरिक। अरब देशों को हमें समझना होगा कि कहाँ क्या है? इसलिए सभी को पिछड़ा, जाहिल, लड़ाकू कहना या समझना पश्चिम का यह प्रचार ज़्यादा दिन नहीं चलेगा। बद्दुओं (अरब ग्रामीण वर्ग) पर जो किताबें अंग्रेज़ों ने सऊदी के अरब-अल-ख़ाली रेगिस्तान को घूमते हुए लिखी हैं उनमें बद्दुओं के चरित्र और व्यवहार, संवेदना और प्यार के बारे में बहुत-कुछ लिखा गया है। बद्दू एक संस्कृति है। रेगिस्तान एक सच है। बद्दुओं के पास अपना वाचक साहित्य है और अब तो हर इलाक़े के बद्दू अपने देश की मुख्य धारा में जुड़ने लगे हैं और हर कार्यक्षेत्र में क़दम-से-क़दम मिलाकर चल रहे हैं। उनके लिखे उपन्यास, कविता, कहानियाँ पाठक चाव से पढ़ते हैं, क्योंकि उनके विचार और भावनाओं में अनुभूति की ताज़गी है। उनके ख़तरे भरे बद्दू-जीवन के ब्यौरे हमारे लिये रोमांचकारी हैं।

नवजागरण की पृष्ठभूमि को हमने ऐतिहासिक परिप्रेक्ष्य में देखा और अब हमें कवियों की नज़र से भी देखना होगा!

स्रोत

1. पी.के. हदीदी—अ शार्ट हिस्ट्री ऑफ़ सीरिया।
2. पी.के. हदीदी—हिस्ट्री ऑफ़ अरब।
3. जान ए. हाइवुड—मॉडर्न अरबी लिटरेचर।
4. इस्मत मेहदी—मॉडर्न अरबी लिटरेचर।

दो देशों का एक कवि

ख़लील मोतरान

लेबनानी कवि ख़लील मोतरान बालबेक (आटोमन सीरिया अब लेबनान) में 1 जुलाई, 1872 में पैदा हुए। ख़लील मोतरान उन कवियों में से एक हैं जिन्होंने अरब लेबनानी कविता को आधुनिकता की तरफ़ लाने का प्रयास किया। ख़लील मोतरान का परिवार परंपरागत पिछड़े यमन के ईसाई क़बीले अज़्द (AZD) से ताल्लुक़ रखता है। मोतरान के पिता व्यापारी थे मगर माँ का संबंध साहित्य से बहुत गहरा था। मोतरान पढ़ाई के लिए ग्रीक कैथोलिक स्कूल बेरुत गये जहाँ साहित्य के उस्तादों के उस्ताद और बुद्धिजीवी अल-शेख़ नासिफ़ इब्राहीम अल याज़ीजी का नेतृत्व मिला।

ख़लील मोतरान के पिता अबू यूसुफ़ मोतरान और माँ मलिका हायफ़ा के वासी थे। बालबेक के पाशा 'नाख़ले मोतरान', उनके चचाज़ाद भाई थे। ख़लील की माँ मलिका का संबंध एक महत्त्वपूर्ण फ़िलिस्तीनी परिवार से था। पिता 'हायफ़ा' के बेहद सम्मानित लोगों में से थे और दादा अहमद अल-जाज़्ज़ार जो सेंट जान डी एकरे (Saint John d'acre) के सलाहाकार थे। इन्होंने बड़ी समझदारी से निपोलियन बोनापार्ट की फ़ौजों से अपना गाँव बचाया था।

सुल्तान अब्दुलज हमीद, बेरुत के हाकिम की आलोचना अपनी कविताओं में करने के कारण उन्हें बेरुत छोड़ना पड़ा। 1890 में फ्रांस गये जहाँ फ्रेंच साहित्य का गहरा अध्ययन किया। एकाएक उनका झुकाव सियासत की तरफ़ बढ़ा और उन्होंने 'यंगट्रक' आंदोलन पेरिस में बढ़-चढ़कर हिस्सा लिया जिसके कारण वह तुर्की इंटेलीजेंस की नज़र में आ गये। इन सबसे बचने के लिए मोतरान साउथ अफ़्रीका में भटकते रहे। चाहते थे चिली में बसना और अंत में मिस्र आ गये जहाँ 1892 से लेकर अंतिम दिनों तक वहाँ बसे रहे। उनकी मृत्यु पहली जून, 1949 में हुई। एलेकज़ेनड्रिया और क़ाहिरा में रहकर मोतरान ने पत्रकारिता की परंतु सावधान रहे कि फिर किसी झंझट में न फँसें। 1900 में उन्होंने अल-हरम, अल-लीवा, अल-मुआय्यद समाचार-पत्रों का संपादन किया और कुछ समय बाद (1900-1909) ख़ुद का पाक्षिक 'अल मजल्ला-अल-मिसरिया' निकाला, जिसमें उन्होंने मुस्तफ़ा कमाल के राष्ट्रीय आंदोलन का समर्थन किया।

इसी दौरान मोतरान की मुलाक़ात एक पार्क में एक लड़की से हुई जिसको मधुमक्खी ने काट लिया था। यह मुलाक़ात गहरे प्रेम में बदली। अचानक उसे सीरिया लौटने पर मजबूर किया गया जहाँ जाकर वह सख़्त बीमार पड़ी और उसका देहांत हो गया। मोतरान को यह घटना तोड़ गयी। इसके बाद उन्होंने शादी नहीं की और अपनी बाक़ी ज़िंदगी में वह तन्हा रहे। उनकी मौत 77 वर्ष की आयु में हुई थी।

मोतरान कुछ समय खेती और तिजारत में व्यस्त रहे फिर उनकी रुचि नाटक में बढ़ी। दुनिया के कुछ बेहतरीन नाटकों का उन्होंने अनुवाद भी किया। 1935 से उन्होंने ड्रामा का डायरेक्शन भी कई वर्षों तक किया फिर वह शायरी की तरफ़ पलटे। शायरी ने मोतरान को शोहरत दी। उनकी लोकप्रियता विश्वस्तर पर बढ़ी। उनको 'दो देशों का एक कवि' (ईजिप्ट और सीरिया) कहा गया है!

ख़लील मोतरान की ज़िंदगी भर दो कोशिशें रहीं। पहली अरबी भाषा के ख़ालिसपन को बचाना और उसके बेसिक रूल का पालन करना, दूसरा था मौलिक लेखन करना। उनका कहना था कि हमें यूरोप का साहित्य पढ़ना ज़रूर चाहिए परंतु लिखना अपनी शैली में।

ख़लील मोतरान कवि सुलेमान अल-बोसतानी, जाहिलिया काल (500-620 ईस्वी) के कवियों से बहुत प्रभावित थे। उनका विचार था कि जो सहज प्रवाह और स्वाभाविक अभिव्यक्ति उस दौर के कवियों में थी वह इस्लाम के दौर के कवियों में नहीं पाई जाती है। इसलिए ख़लील ने अपना प्रेरणास्रोत जाहिलिया काल की शायरी को बनाया और इसका असर यह हुआ कि ख़लील कवि अलबरूदी और उनके समकालीनों की शायरी की तरफ़ उन्मुख नहीं हो पाए। क्योंकि वे सब अब्बासी-काल के कवियों के अनुयायी थे।

ख़लील मोतरान के इस लगाव का कारण यह भी माना जा सकता है कि जाहिलिया शायरी की तरफ़ उनका झुकाव अपने पुरखों के कारण हो या फिर उस 'अरबवाद' के कारण जो उस समय ईसाई कवियों के बीच अपने शिखर पर पहुँचा हुआ था। फ्रांस में मोतरान पूरी तरह फ्रेंच और अंग्रेज़ी साहित्य के प्रभाव में थे। विशेषकर रूमानी कवियों के प्रति उनका लगाव कुछ ज़्यादा ही था। लेमरटाइन (Lamartine), ह्यूगो (Hugo) और डी मोसेट (de Musset) वग़ैरह। डी मोसेट के बारे में उनका कहना था "ऐसा कवि जिसका जीवन लयात्मक साँसों पर थिरकता था। उसके साहित्य की हर पंक्ति उसकी संवेदना की गहरी सूक्ष्मता को दर्शाती है।"

मोतरान फ्रेंच कवियों को बेहतरीन कलाकार मानते थे, जो अपने काव्य में हुनर पैदा करने की विचित्र शक्ति रखते हैं। इसलिए उनका यह इसरार था कि हम पहले विषय चुनें फिर उस पर अपनी ख़्याली परवाज़ों को उड़ने दें और गहराई से उसके हर पक्ष को पहले महसूस करें। उनका अरबी एवं फ्रेंच शायरी के बारे में तुलनात्मक विचार कुछ यूँ था–

"यूरोपियन शायरी के पास बयानियाँ कविताएँ और महाकाव्य के अलावा भी अनेक विधाएँ और अभिव्यक्तियाँ हैं। जबकि अरबी शायरी एक तरह से चलनेवाले क़ाफ़िले-जैसी है।"

ख़लील मोतरान ने क्लासिक पोयट्री का पुराना फ्रेम अपनी शायरी में क़सीदा-जैसा ही रखा। ख़ासतौर से शब्द-योजना, वाक्पटुता और शुद्धता पर ज़ोर दिया है। उनका ख़्याल है कि कवि को पुराने रूपकों और छंदों में नहीं अटकना चाहिए वरना पाठकों के लिए शेर वर्तमान समय में न केवल समझना मुश्किल होगा, बल्कि निर्वाह भी ठीक से नहीं होगा। ख़लील ने अरबी शायरी में अपने फ्रेम पर इसरार करने के बावजूद जो सबसे बड़ा योगदान दिया है, वह कि ग़ज़ल का हर शेर नई बात न कहकर एक ही विचार, अहसास पूरी ग़ज़ल में कहे। उनका कहना था कि ग़ज़ल के विषय पर ही शीर्षक रखा जाएगा और ग़ज़ल का हर शेर उसी विषय से संबंधित होगा जो कवि लेकर चला है। इस बात का उदाहरण उनकी कविता *याद करो* में साफ़ नज़र आता है—

तुम्हें याद है जब हम दोनों बच्चे थे
ज़हला के वे अच्छे दिन
जब हम अंगूर के बाग़ में दबे पाँव जाते
अपनी परछाइयों को मिलता देख खिलखिला उठते
तुम्हें याद है हम किस तरह दौड़ते
ख़ुशी से उबलते हुए सबसे पक्के ख़ोशे पर झपटते
और जिसकी क़ीमत चुकाते अपनी मुस्कानों से?

ख़लील मोतरान की कुल शायरी चार जिल्दों में मौजूद है, जिसे *दीवाने ख़लील* का नाम दिया गया जो पहली बार 1908 में छपा था। बाक़ी तीन संग्रह तीस वर्ष बाद (1948-1949) में छपे। मोतरान की शायरी में बयानिया नज़्में, शोक गीत, प्रेम कविता, देशभक्ति के तराने मौजूद हैं। उनका अपनी शायरी के बारे में (अपने संग्रह की भूमिका में) कहना था कि मेरी तीन-चौथाई शायरी दरहक़ीक़त में इश्क़िया शायरी है।

ख़लील मोतरान ने शेक्सपियर, कारनेल, रेसाइन, विक्टर ह्यूगो, पाल बारगेटर के नाटकों का अरबी में अनुवाद किया था। 1912 में ओथेलो का अनुवाद सबसे लोकप्रिय और चर्चित रहा। शेक्सपियर के दूसरे नाटक हैमलेट, मैकबेथ, द मरचेंट, जूलियस सीजर, किंग लियर वग़ैरह को भी अरबी में ढाला। अहमद शौक़ी के देहांत के बाद ईजिप्ट थियेटर नेशनल कंपनी के डायरेक्टर बने। ख़लील मोतरान ने कोशिश की है कि वह अहसास को अपनी पूरी ईमानदारी के साथ कविताओं में लाएँ और तकरार की जगह वह इंसानी जज़्बात के नये-से-नये रंग बाँधें। मोतरान ने पहली बार व्यक्तिगत भावों को शायरी में जगह दी बल्कि व्यक्ति की भावनाओं को महत्त्व दिया। अपने पहले संग्रह की भूमिका में लिखते हैं—

"मैं दावा करता हूँ, बिना डरे और ईमानदारी से कहता हूँ कि इस तरह की शायरी, अपनी समझकर नहीं, बल्कि यह कल की शायरी है क्योंकि यह शायरी जीवन, यथार्थ और कल्पना की शायरी है। मेरी शायरी कुछ भी नहीं है सिवाय आँसुओं के जो मैंने बहाये, मेरे दर्द का आर्तनाद है और ज़िंदगी के हिस्से जो मैंने फ़िज़ूल में गुज़ारे। फिर सोचा कि इस सब को शायरी में कहकर मैं मुक्त हो जाऊँगा। मेरी सबसे बड़ी उम्मीद पाठकों से है कि जब वह मेरी कविताएँ पढ़ रहे हों तो मेरे अहसास की गहराइयों को महसूस करें और मेरे अनुभवों से लाभान्वित हों।"

ख़लील की कविता *बालबेक कैसेल* उनकी बेहतरीन कविताओं में से है जो उनके दिली अहसास को खोलती है। *हिकायते आशिक़ान* 36 पन्नों पर फैली उनकी लंबी कविता है जो उन्होंने 1897-1903 के बीच लिखी। इसमें उन्होंने उस घटना का बयान किया है जब वह उस लड़की से पार्क में मिले जिसकी मौत ने उन्हें गहरा सदमा दिया। ख़लील ने असंख्य कविताएँ उस लड़की के लिए लिखीं। इनमें एक कविता *गुलाब जो मर गया* के नाम से उसकी मृत्यु के वर्ष भर बाद उसकी मौत केएक साल पूरे होने पर लिखी थी :

ओ खोजी चिड़ियों, क्या पाती हो तुम इस मटरगश्ती में?
उनका जवाब था–
हम जवानों की उम्मीद हैं, यहीं तो रहता था हमारा महबूब।
जिसने झेली थी तकलीफ़ें।
वह गुलाब थी हमारे बाग़ का, जिसने हुकूमत की थी न्याय के साथ
सबकी रज़ामंदी के साथ।
जल्दी ही हम सबने देखा वह गिर गयी अपने राजसिंहासन से
और एकाएक ओझल हो गयी हमारी नज़रों से।
तभी तुम देखते हो हमें मटरगश्ती करते हुए जहाँ-जहाँ वह रहती थी
ताकि कोई सुराग़ मिल सके उसका।

कवि ख़लील समंदर के किनारे खड़े हो सूर्यास्त देखते हुए अपने को उसमें मौजूद पाते हैं। पछाड़ती मौजें अहसास की बेचैनी लेकर पत्थरों से टकराती हैं और कवि को लगता है कि उसका ग़म आँसुओं में पिघल समंदर बन चुका है!

शाम के ढलते ही मैं तुम्हें याद करता हूँ उम्मीद और ख़ौफ़ से
मेरे ख़्यालात मेरे सामने आन खड़े होते हैं ठीक सुर्ख़ बादल बन
मेरी आँखों से टपकते आँसू डूबते सूरज की किरनों में चमकते
जैसे कायनात का आख़िरी आँसू मेरे आँसुओं में मिलकर दे रहा हो पुरसा

ख़लील की लंबी कविता की ये कुछ पंक्तियाँ थीं। उनकी अन्य लंबी कविताओं में *शेर रोता हुआ, प्यारे जोड़े की मौत* है। उनके बेहतरीन गीत *शाम* नाम से हैं जो 1902 में उन्होंने लिखे थे।

ख़लील मोतरान जलावतनी और साहिबे दीवान कवियों के बीच एक अहम स्थान रखते हैं। अंतिम दिनों में जब वह बीमार पड़े तो निराशा, बेबसी, तन्हाई और शारीरिक पीड़ा ने उन्हें यह लिखने पर मजबूर किया :

यह दुखदायी बीमारी,
मैं सोचता था यह उपचार ढूँढ़ लेगी
मेरी लालसा का
मगर इसने तो मेरे बोझ को और बढ़ा दिया
न्याय और तानाशाही में क्या है .फ़र्क़
जब दो कमज़ोरियों ने मुझे अपना .क़ैदी बना लिया हो
दिल को निचोड़ लिया प्यार और आवेग ने
और शरीर को बना डाला मलबा बीमारी ने।

ख़लील मोतरान को पढ़ते और उनकी ज़िंदगी को देखकर फ़ैसला करना मुश्किल है कि उनकी ज़िंदगी दर्द से भरी कविता थी या कविता में उन्होंने अपने को निचोड़ दिया था। जहाँ उनकी निष्ठा अपने जज़्बे के प्रति अंतिम साँस तक ईमानदार रही।

आज के लेबनान की आधुनिक कविता

जोउमाना हद्दाद

जोउमाना हद्दाद का 6 दिसंबर, 1970 में लेबनान की राजधानी बेरुत में जन्म हुआ! अपनी छोटी-सी उम्र में उन्होंने अपने को साबित किया और एक अच्छी कवयित्री, पत्रकार और अनुवादक के रूप में जानी जाने लगीं। 'अल-नहार'– जैसे समाचार-पत्र में सांस्कृतिक पन्नों की संपादिका और 'जस्द' पत्रिका की एडीटर-इन चीफ़ बनीं, जो बहुचर्चित इसलिए थी कि वह केवल शरीर संबंधित कलाकृतियों और साहित्य को छापती है। 2007 से 2011 तक अंतरराष्ट्रीय पुरस्कार अरबी कहानियों पर मिले। 'अरबी बुकर' की चयन समिति में थीं और अब पुरस्कार बोर्ड के संस्थापकों में से हैं। अभी तक अनेक काव्य-संग्रह छपें जो आलोचकों एवं पाठकों द्वारा सराहे गये। कई भाषाओं में अनूदित इनके संग्रह विदेशों में भी छपे हैं। जोउमाना हद्दाद सात भाषाएँ जानती हैं। अभी उन्होंने *एंथ्रोलॉजी ऑफ़ लेबनान मॉडर्न पोयट्री* पूरी की जो स्पेनिश भाषा में छपी है। बीसवीं सदी में आत्महत्या करनेवाले 150 कवियों की एंथ्रोलॉजी भी बनायी है। देशी-विदेशी लेखकों के इंटरव्यू लिये हैं जिनमें मुख्य नाम अम्बर्तो इको (Umberto Eco), पॉल आस्टर (Paul Auster), जैस सारामेगो (Jase Saramago), पीटर हांडके (Peter Handke), एलफ्रिड जेलिनेक (Elfriede Jelinek) वग़ैरह। जोउमाना को 2006 का अरब प्रेस अवार्ड मिला। 2009 में इन्होंने लेबनानी फ़िल्म मेकर के साथ मिलकर फ़िल्म स्क्रिप्ट लिखी और उसमें काम भी किया। नसीरी हज्जाज़ द्वारा महमूद दरवेश पर जो डाक्यूमेंट्री बनी उसमें भी मौजूद हैं।

इतनी कम उम्र में चमत्कार करने वाली कवयित्री को इसलिए लिया गया है कि पाठक नए लेबनान की नई कविता का मिज़ाज भी देख लें और नए पुराने साहित्यकारों के बीच का अंतर भी जान लें।

∽ मैं औरत हूँ ∾

कोई अनुमान नहीं लगा सकता कि
मैंने क्या कहा, जब मैं ख़ामोश थी।
किसे देखती हूँ जब अपनी आँख मूँदती हूँ।

कब मैं,
क्या ढूँढ़ती हूँ जब मैं हाथ बढ़ाती हूँ
कोई नहीं, कोई नहीं जानता
कब मैं भूखी होती हूँ और कब निकल जाती हूँ यात्रा पर
कब मैं भटक जाती हूँ जब मैं चलती हूँ,

कोई नहीं जानता
कि मेरा जाना लौटने के लिए है
या फिर मेरा लौटना ठहरने के लिए
मेरी कमज़ोरी मेरा मुखौटा है या
मेरी शक्ति मेरा मुखौटा है
जो आ रहा है वह एक तूफ़ान है।

वे सोचते हैं कि वे सब जानते हैं
मैं भी उन्हें ऐसा सोचने देती हूँ
और मैं बोलती हूँ
वह मुझे पिंजड़े में बंद कर देते हैं
ताकि आज़ादी को उनका दिया उपहार समझूँ,
उन्हें धन्यवाद दूँ और उनका कहा मानूँ।
लेकिन मैं आज़ाद हूँ

उनसे पहले, उनके बाद, उनके साथ और उनके बिना।
मैं आज़ाद हूँ अपनी क़ैद और हार में,
मेरा क़ैदख़ाना वह है जो मैं चाहती हूँ।
क़ैदख़ाने की चाबी हो सकता है उनकी ज़बान हो
लेकिन जो घूमती है मेरी उँगली के इशारे पर।

मेरी इच्छाओं पर वह अंकुश नहीं लगा सकते,
क्योंकि मैं एक औरत हूँ।

वे सोचते हैं कि उन्होंने हमारी आज़ादी ख़रीद ली है
मैं उन्हें ऐसा सोचने देती हूँ और
ख़ुद पूरी आज़ादी के साथ बोलती हूँ।

मुझे याद नहीं

मुझे याद नहीं कि
इससे पहले मैंने कभी
दिन की रौशनी में अपने कपड़े उतारे हों
वह भी किसी मर्द के सामने
जिसकी आँखें बंद हों!

मुझे याद नहीं आता कि
इससे पहले मैं कभी यूँ कामुकता से उबली हूँ
और वह अपनी इच्छाओं पर यूँ बाँध लगाये
मैं भूखी थी और वह सहमा हुआ
मैं विजयी थी हर मायनों में और
वह रौंदा हुआ शहर!

मुझे याद नहीं, मुझे याद नहीं
कि इससे पहले मैंने किसी मर्द को
वहशियाना अंदाज़ से यूँ दबोचा हो
वह बन गया खिड़की, जो
मेरी दनदनाहट देखकर पाटोपाट खुल गयी।

चढ़ गयी उस पर बुख़ार की तरह और
मेरी ज़बान ने चूस लिया उसके सरसाम को
मैं जानती थी
मर्द का जिस्म एक यात्रा है
मेरा आना भी आसान और जाना भी।

मैं जानती हूँ मर्द के दो दिल होते हैं और
मेरा दिल वचनबद्ध
मर्द का आना एक हल्का सैलाब है और
जाना सिर्फ़ मलबे का ढेर

मेरे विद्रोही तेवर उन यादों के धुँधलके में
वह सब भूल जाना भ्रम है।

इससे पहले
मैं किसी ऐसे मर्द को नहीं जानती थी
जिसके आलिंगन ने मेरे दिल को छुआ हो

मैं इससे पहले
किसी ऐसे मर्द को नहीं जानती थी
जिसने मुझे हव्वा से औरत में बदला हो!

जलावतनी के ग़मों से तार-तार हुई ज़िंदगी की शायरी

जलावतनी

मिख़ाइल नोएमा

इलिया-अबू-मादी

जलावतनी के ग़मों से तार-तार हुई ज़िंदगी की शायरी

अपनी तरह से जीने का हक़ हर इंसान को है और यह हक़ उसे मिलना भी चाहिए, मगर ऐसा होता नहीं है। एक ज़माना था जब देश निकाला दिया जाता था। यह सजा मृत्युदंड से भी बढ़कर समझी जाती थी। क्योंकि इस बात का अहसास हर व्यक्ति को है कि देश प्रेम हर इंसान की कमज़ोरी है। घर-परिवार की आदत और अपने परिवेश में साँस लेना केवल सुरक्षा नहीं, बल्कि एक रूहानी सुख का भी नाम है। उसका छिनना और तिल-तिलकर मरना, इससे बड़ी सजा और क्या हो सकती है? ज़माना बदला मगर सजा नहीं बदली। नैतिकता के उल्लंघन की जगह यह सजा व्यवस्था के विरुद्ध खड़े होने पर दी जाने लगी। इसी सियासत ने पिछली सदी में अनेक कवियों और लेखकों को केवल विचारधारा के चलते दरबदर किया।

जलावतनी का साहित्य दो विश्वयुद्धों के कारणों से वजूद में आया जिसने साहित्य में एक सुखद बदलाव की शुरुआत की, ख़ासकर कविता में और इस परिवर्तन से अरब साहित्य भी नहीं बच पाया। अरब राइटर्स एसोसिएशन या पेन संस्था की बुनियाद 1920 में न्यूयॉर्क में पड़ी। जिसमें ख़लील जिब्रान (1883) मिख़ाइल नूआजमा (1889) अब्दुल मसीह हद्‌दाद (1890) और नासिब अरिदा (1887) शामिल थे, जो अपने माहौल के अनुसार वहाँ के साहित्यकारों से जुड़ना उचित समझ रहे थे। इनमें एमरसन, लांगफ़ैलो, पोय, वाल्ट ह्विटमैन वग़ैरह भी थे। दो भाषाओं को साथ लेकर चलने में उनका फ़ोकस वैसा नहीं बन पा रहा था जो सदी के आरंभ में ईजिप्ट कवियों और लेखकों शूकरे, अलमज़ीनी और अल अक़्क़द का गद्य परंपरा और पद्य में परिवर्तन को लेकर बन गया था। इस तरह का बदलाव विदेशी धरती पर रहकर अरबी भाषा में काफ़ी मुश्किल काम था। फिर भी, ख़ुद की तारीफ़ और कटाक्ष नयी कविता के विषयों की सीमा तक नहीं बँधा रह गया था। मिख़ाइल नोएमा ने इस बात को महसूस किया और खुलकर कहा कि हमें अब बाहरी तामझाम की इतनी ज़रूरत नहीं है जितनी रूहानी गहराई वाली नयी कविता की ज़रूरत है, जिसमें इंसानी संवेदनाएँ पूरी तरह से अपने को व्यक्त करने की क्षमता रख सकें।

इलिया अबू मादी (1899) का विचार था कि तुम यक़ीनन हम लोगों में से

नहीं हो अगर तुम लोग सोचते हो शायरी का मतलब सिर्फ़ छंद और लय है। यह सिर्फ़ बाहर का मामला है। असली बात तो वहाँ छुपी है जहाँ शायरी अहसास को बुनियादी रूप में अपने को खोलती है।

जलावतन कवियों का कहना था कि शायरी का विस्तार कवि की भावनाओं और कल्पना तक हो न कि 'अलनहदा' (नवजागरण) के कवियों की तरह वह केवल इतिहास, समाज और व्यक्तियों के चारों-तरफ़ घूमती रहे! अपने लेख *तुम्हारी ज़बान और मेरी* में वह लिखते हैं–

"आपके पास आपकी इनसाइक्लोपीडिया है और शब्दकोश हैं और मेरे ज़हन में वे शब्द बचे हैं जो मेरे कानों को पसंद आए। वे शब्द जो किसी इंसान की ख़ुशी और ग़म के वक़्त मैंने उसके मुँह से सुने थे। आप ज़बान से चिथड़े चुनते हैं जो आपकी भाषा है। मैं इन सारे चिथड़ों को अपनी उँगलियों से चिंदी-चिंदी कर दूँगा चाहे वे पहाड़ की चोटी से ही क्यों न मेरी राह में गिरे हों।"

जलावतनी का साहित्य या जलावतनी की शायरी वास्तव में एक तरह का 'नास्टेलजिया' था। जिसमें अपने वतन की याद और वे लोग जिन्हें विस्थापित लोग पीछे छोड़ आए थे। वे दुखद सपने और सुखद आशाएँ जो तन्हाई में उनका दिल बहला देती थीं। लगभग सभी अपने को एक ऐसा क़ैदी समझते थे जिनको समंदर ने अपनी ज़मीन से काट दिया हो।

नयी कविता और गद्य में पुरानी शैली को सिरे से ख़ारिज कर दिया गया। छोटी 'बहर' वाले शेर कहे जाने लगे और कुछ ने आज़ाद कविता भी कहनी शुरू कर दी जो श्रोताओं और पाठकों द्वारा पसंद की जाने लगीं। ख़ासकर मिखाइल नुएयमा की छोटी कविताएँ। शुरू में जलावतन कवियों ने वाल्ट ह्विटमैन की तर्ज़ पर कविता कही फिर अपनी ख़ुद की शैली अपनायी जिनमें ख़लील जिब्रान, यूसुफ़ असद ग़नीम और बराज़िल थे।

जो कवि सियासी या साम्यवादी विचारधारा के चलते देश छोड़ने पर मजबूर हुए थे, वे माली हालत से काफ़ी सँभल चुके थे मगर तेज़ रफ़्तार विदेशी ज़िंदगी, मशीन की बढ़ती अहमियत, धुआँ और हर तरह की रेल-पेल से इनका कवि-मन बेचैन हो उठा और ये वापस न जा सकने की छटपटाहट को अपनी कविता में व्यक्त करने लगे। अपनी कविता *द प्रोसेशन्स* में जिब्रान ने शहर की ज़िंदगी के वर्णन का अंत जंगल की तरफ़ जाकर रहने पर समाप्त किया है। 'अलगाव' का जो ख़्वाब वह देखते हैं, दरअसल वह लेबनान का बाग़ है। कवि नसीब अरीदा इस हद तक 'होम्स' को याद करते हैं कि लगता है वह सीरिया का शहर नहीं बल्कि इबादतगाह है। दूसरे कवियों के यहाँ जो सूर्योदय, सूर्यास्त, चिड़ियों का कलरव और वृक्षों का बयान मिलता है वह उसी भूमध्यसागरीय इलाक़े का है, ख़ासकर राशिद अय्यूब (1872-1941) ने अपनी रचना *धिकरा लेबुनान* [लेबनान में यादें] कवि क़ैसर मालूफ़ की रचना *अलहिजरा* को [विस्थापन का दर्द] और लिवास फ़रहत (1893) अपना दर्द *हियातु*

मशक़्क़त [सख़्त ज़िंदगी] में बयान करते हैं। अपने वतन की सादगी और रूहानियत जो दरहक़ीक़त में वहाँ का ज़िंदगी जीने का ढंग है। उसे ये सारे कवि याद करते थे। उनकी कविताओं से यह साफ़ उभरकर आता है कि बुनियादी रूप से ये सारे कवि स्वभाव से इंसानियतपसंद हैं। अपने देश में फैले अंकुश और अपमानजन्य परिस्थितियों को देखकर वे यह समझ चुके थे कि इन्हीं अत्याचारों के विरोध में जड़ता, उग्रता, भ्रष्टाचार और दादागीरी को इंसान के स्वभाव में बढ़ावा मिलता है। ये इस नतीजे पर भी पहुँचे कि किसी एक व्यक्ति की इच्छाएँ पूरे समाज के लोगों की ज़रूरतों और ख़ुशियों पर हावी नहीं होनी चाहिए। इनकी कविताओं में यूनिवर्सल लव का सुर केंद्र में आया और इसी के साथ बराबरी का जज़्बा भी उभरा।

जलावतनी की शायरी व्यथा और संवेदना की शायरी है। शायर का लहजा दुखी और शिकायती हो सकता है मगर अपने विश्वास और निष्ठा के प्रति वह कभी डाँवाँडोल नहीं दिखता। उनमें अब्बासी काल के कवि अल-माआर्री की तरह शंका का अंश भी कहीं नज़र नहीं आता है। यूरोपियन दर्शन को बहुत-से कवियों ने स्वीकार नहीं किया, मगर ख़ुदा के वजूद को ख़ारिज भी नहीं किया। राशिद अय्यूब अपनी कविता *यात्री* में अपनी आत्मा से कहते हैं कि तुम क़िस्मत की बात मान लो और जो भी घट रहा है उसे क़ुबूल कर लो। कवि नसीब अरीदा अपनी वर्तमान स्थिति से इस हद तक निराशा में डूब चुके हैं कि उन्हें अपने वतन और ख़ुद अपना कोई भविष्य नज़र नहीं आता है और इसीलिए वह अपनी कविताओं में ग़ैरइंसानी बर्ताव और इंसानी दुखों पर दिल खोलकर रोते हैं। वह पूछते हैं कि ज़िंदगी क्या है सिवाय आहों और आँसुओं के! मगर इस सारी तड़प में उनका विश्वास नहीं लड़खड़ाता है। जलावतन कवियों का विषय आध्यात्मिक एवं बिबलिकल और अंत में मौत का सच रहा है। अबू मादी की कविता *मुझे नहीं पता* और फ़ौजी मालूफ़ (1889-1930) की कविता, *हवा की क़ालीन पर सवार,* इसका बेहतरीन और हसीन उदाहरण हैं। आत्मा की तलाश को लेकर उसे कविता में बाँधने का प्रयास–जो अरब में स्थापित कवि थे उनकी नज़र में 'जलावतन' कवियों की शायरी में ढेरों कमियाँ थीं; व्याकरण, शब्द-योजना, शैली एवं चौखटे और ढाँचे में। मगर कुछ कवियों को इनकी कविता में सौंदर्य, रूपक, बिंब और कल्पना का विस्तार, भाषा का जादू, नये शब्द एवं अभिव्यक्ति तथा विषय सब-कुछ आकर्षित करता है।

जलावतन कवियों की मुक्त छंद कविता का आरंभ लैटिन अमेरिका से होता है। फिर नॉर्थ अमेरिका के कवियों से बौद्धिक संपर्क रहा परंतु यह बात प्रशंसनीय है कि इन कवियों ने इनकी विभिन्न गीत-शैलियों को अपनाया, पसंद किया परंतु उनकी नक़ल करने की जगह अपना मौलिक लेखन किया।

बंद आँखों से सच्चाई महसूस करनेवाला

मिख़ाइल नोएमा

मिख़ाइल का जन्म 1889 में लेबनान के बिसकिनटा में हुआ मगर विभिन्न जगहों ने मिख़ाइल की परवरिश की थी। प्रारंभिक शिक्षा रशन स्कूल में तथा तेरह साल की उम्र में नेज़ेरथ रशन टीचर्स ट्रेनिंग कॉलेज में हुई जहाँ उनकी प्रतिभा देखकर 1906 में इनको यूक्रेन भेजा दिया गया। बचपन से ही मिख़ाइल की रुचि काव्य की तरफ़ थी। अपनी पहली कविता *जमी हुई नदी* के नाम से रूसी भाषा में लिखकर इन्होंने पढ़नेवालों को चकित कर दिया था।

पोटलावा में पाँच वर्ष रहने के बाद वह लेबनान लौटे। कुछ समय बिताकर वह 1912 में अमेरिका चले गये और वाशिंगटन यूनिवर्सिटी से लॉ की डिग्री ली। अपने विद्यार्थी जीवन में उन्होंने कविता लिखना शुरू कर दिया था। अब उन्होंने कहानियाँ भी लिखनी शुरू कर दीं जो विस्थापित पत्रिका 'अलफुनून' में छपती थीं। पहले विश्वयुद्ध के समय इनको फ्रेंच सीमा पर जाने का मौक़ा मिला। उन्होंने फ्रेंच इतिहास का अध्ययन रेनेस विश्वविद्यालय से किया। अपना अध्ययन समाप्त कर जब मिख़ाइल अमेरिका लौटे तो उन्होंने एक साहित्यिक संस्था 'पेन' नाम से स्थापित की थी। उन्होंने न केवल इस संस्था की गतिविधियों में बढ़-चढ़कर हिस्सा लिया, बल्कि उसके प्रचार-प्रसार के लिए उन्होंने 'छन्नी' नामक पुस्तक लिखी जो साहित्यिक आलोचना के साथ ही विस्थापित साहित्य का मैनीफ़ेस्टो था। उन्हीं दिनों उनकी मुलाक़ात ख़लील जिब्रान से हुई और दोनों में गहरी रूहानी दोस्ती हो गयी। जिब्रान की मौत उनके लिए सदमा था, जिसका अहसास उनकी आत्मकथा को पढ़कर किया जा सकता है, जहाँ उन्होंने जिब्रान को याद करते हुए अपनी भावनाएँ व्यक्त की हैं।

जिब्रान की मौत ने बयालीस वर्ष के मिख़ाइल को इस हद तक मुतास्सिर किया कि वह 'पेन संस्था' को छोड़ सभ्यता एवं संस्कृति की गतिविधियों के प्रति इस हद तक उदासीन हो गये कि अमेरिका छोड़कर लेबनान लौट आए और अपने पारिवारिक फ़ार्म हाउस शाख़रब में रहने लगे! मिख़ाइल ने शादी नहीं की और वह 'शाख़रब के एकांतवासी' के नाम से मशहूर हो गये!

1934 में उन्होंने एक पुस्तक *जिब्रान ख़लील जिब्रान* नाम से लिखी जिसमें उनके जीवन-दर्शन और साहित्यिक योग्यताओं की चर्चा के साथ उनके जीवन का भी ज़िक्र किया। यह एक महत्त्वपूर्ण ग्रंथ माना गया। इसके अलावा मिख़ाइल कहानी, कविता, आलोचना आदि लिखते रहे। उनकी चर्चित पुस्तकों में *उसका नववर्ष* (1914) कहानी-संग्रह, नाटक *बाप और बेटे* (1918), *जिब्रान ख़लील जिब्रान* साहित्यिक आलोचना (1932) हैं। मिख़ाइल ने 1917 से 1930 तक चौबीस के लगभग कविताएँ लिखी थीं जो *पलकों की सरगोशियाँ* के नाम से छपीं! गोकि गिनती कम है परंतु उनका महत्त्व दो कारणों से बहुत ज़्यादा है। पहली जलावतनी कविताओं का विकास, दूसरा मिख़ाइल का अपना जीवन-दर्शन। जिब्रान की पुस्तक में ज़रूर उन्होंने जलावतनी कविता के बुनियादी नुक्तों को समझा है और उसकी विवेचना एवं व्याख्या बड़ी गहराई से की है। मिख़ाइल नोएमा ने कवि को इन शब्दों से परिभाषित किया है :

"अब हम अपने से पूछ सकते हैं कि कौन है कवि? क्या कवि पैग़म्बर है, दार्शनिक है, चित्रकार है, संगीतकार है या फिर सबको मिलाकर वह एक पुजारी है। वह एक पैग़म्बर है जो अपने रूहानी आँखों से वह सब देख लेता है जो दूसरे नहीं देख पाते हैं। जबकि एक चित्रकार वही बनाता है जो देखता है मगर कवि तो सुंदर शैली में मुँहज़बानी कल्पना का एक सुबूत पेश करता है। संगीतकार सुनता है लोगों की मिली-जुली आवाज़ें, उसकी पूरी ज़िंदगी संगीत ही है। दुख और सुख की आवाज़ों का मिश्रण, जिसको वह अपनी पसंद और मर्ज़ी से उसी तरह उतार- चढ़ाव देता है जैसा कि वह सुनता रहा है। और वह ज़रूरी समझता है छंद शैली को और इसीलिए शायरी में लय का होना ज़रूरी है मगर तुकबंदी ज़रूरी नहीं है। ख़ासकर अरबी शायरी में जहाँ पर इकलौती तुकबंदी कविता के अंत तक चलती रहती है। हमारे बीच बहुत से ऐसे कवि हैं जिन्होंने मुक्त छंद की पैरवी की है। हम ह्विटमैन और उनके अनुयायियों से सहमत हों या नहीं परंतु एक बात तो अपनी जगह सच है कि अरबी शायरी की छंद शैली जो आज भी अपना प्रभाव जमाये हुए है। वह केवल एक ऐसी लोहे की ज़ंजीर की तरह है जिससे हम अपने कवियों के दिमाग़ों को जकड़े रहें। इसको तोड़ना बहुत ज़रूरी था।"

"अंत में कवि एक पुजारी है। जिसके पास एक ख़ुदा है जिसकी वह वंदना करता है। सच और सौंदर्य के ख़ुदा की। यह ख़ुदा उसके वजूद में अपनी अनेक कैफ़ियतों के साथ दाख़िल होता है। वह कभी खिलते फूल में तो कभी मुरझाते फूल में नज़र आता है, तो कभी जवान चेहरे की सुर्ख़ी में तो कभी मरे हुए इंसान के चेहरे के पीलेपन में, कभी साफ़ नीले आकाश में तो कभी बादलों से घिरे आसमान में, कभी दिन की चहल-पहल में तो कभी रात के सन्नाटे में।"

मिख़ाइल ने अपनी शायरी को अरबी छंद की कारीगरी से निकाल लिया और मुक्तछंद को स्वीकार कर लिया। मिख़ाइल ने अरब लोकगीतों को भी अपनी कविता में जगह दी है और स्थानीय शब्दों का भी प्रयोग किया है! उनकी शायरी में एक गुनगुनाहट की कैफ़ियत व्याप्त रहती है। उनकी शायरी की मिसाल ताज़ा हवा से

दी जा सकती है जिसमें धूल और मिट्टी के कणों का बोझिलपन नहीं होता। उनके छंद और लय बड़े आराम से अपनी यात्रा करते हैं।

मिख़ाइल अपने दोनों साथियों ख़लील और मादी के बरअक्स ज़िंदगी को उसी तरह जीना स्वीकार करते हैं जैसी वह है। क्योंकि यहाँ किसी की आँखें और किसी के कान दूसरों के दुख को देखने-सुनने को तैयार नहीं हैं। उनकी शायरी में सदाशयता है, संतोष है और सब्र है। उनके पहले कविता-संग्रह की एक कविता *अपनी पलकें मूँदो तब देख पाओगे* की कुछ महत्त्वपूर्ण पंक्तियाँ–

जब कभी तुम्हारी ज़िंदगी का आसमान
काली घटाओं से भर जाए
तुम अपनी आँखें बंद कर लो
तुम्हें चमकते सितारे नज़र आयेंगे।
बर्फ़ से भरी हुई ज़मीन पर अगर लेटो
और आँखें बंद कर लो
तुम्हें महसूस होगा बर्फ़ के नीचे हरी घास का बिछावन है।
अगर तुम पीड़ित हो किसी बात पर
जिसका कोई विकल्प भी तुम्हारे पास नहीं
तुम अपनी आँखें बंद कर लो और देखो
बीमारी ने ख़ुद अपना इलाज ढूँढ़ लिया है।

मिख़ाइल नोएमा का विश्वास है कि हमारे अंदर ख़ुदा और शैतान दोनों का ही वास है इसलिए यह सोचना कि काश! यह दुनिया अच्छी होती और हम सुख से रहते...तो उस वक़्त हमको सुख का पता कैसे चलता जब तक दुख न होता? यही दुख सुख और अच्छाई-बुराई इंसान का संतुलन बनाये रखते हैं। अपने इस विश्वास को उन्होंने अपनी कविता *संघर्ष* में व्यक्त भी किया है।

मेरे दिल में शैतान दाख़िल हुआ और उसने वहाँ फ़रिश्ते को पाया
उसकी आँखें चमकीं और हुई आपस में घमासान लड़ाई
एक चीख़ा, यह घर मेरा है, दूसरा चिंघाड़ा मेरा है
मैं चुपचाप खड़ा, चश्मदीद गवाह बना रहा
मैंने ख़ुदा से पूछा 'क्या इस कायनात में कोई दूसरा ख़ुदा भी है
जिसके हाथ, तुम्हारे हाथ के साथ, शुरू से मेरे दिल में हैं।'
तब से आज तक मैं अपने को समझा नहीं पाया कि
आख़िर मेरे दिल में शैतान का घर है या फ़रिश्ते का।

उनकी इस लंबी कविता में यह बात बार-बार दोहरायी गयी है कि मधुरता और कटुता ही जीवन का संतुलन है। मौत और ज़िंदगी भी एक ज़ंजीर है जो घूमती ही

रहती है। ज़िंदगी में जो कुछ गुज़रता है उसका स्वागत खुलेमन से करना चाहिए। उनकी नज़्म *पतझड़ की पत्ती* का फ़लसफ़ा उमर ख़य्याम की रुबाइयों वाला है–

धड़कते दिल के साथ आगे बढ़ो
क़िस्मत के क़ाफ़िले के संग
बग़लगीर हो एक-दूसरे से बग़लगीर
बिना शिकायत किये हुए।

दूसरों पर इल्ज़ाम देकर क्या साबित करोगे
इसलिए
मत दो इल्ज़ाम शाख़ों को
न ही हवा और बादलों को
अगर तुम उनसे कुछ कहोगे तो
उनके पास तुम्हारी बातों का कोई जवाब न होगा।

वक़्त अचम्भों से भरा है
हादसों के होने और
इच्छाओं की नाकामियों से
भाग्य तुम्हारी बोली नहीं समझता है
बेहतर है आगे बढ़ो बिना इल्ज़ाम तराशे।

जाओ ताकि धरती पर फिर से बहार आए
और नैसर्गिक चक्र को वह पूरा कर सके
भूल जाओ धुँधलाये सौंदर्य को
जो था वह अब वापस नहीं आनेवाला
पता नहीं कितने गुलाब खिले होंगे तुमसे पहले
और अब जाने कितने मुरझायेंगे, क्या पता।

डरो मत जो गुज़र गया
मत दो इल्ज़ाम क़िस्मत को
तुमने जो भी जवाहर गँवायें हैं
उसे पा लोगे फिर से क़ब्र में
जाओ ताकि धरती पर फिर से बहार आए।

मिख़ाइल नोएमा की ज़िंदगी में औरत नहीं थी। वह एक बड़ी नेमत से महरूम रहे और अफ़सोस कि उनकी शायरी में भी औरत कहीं मौजूद नहीं है। यह भी अजीब इत्तफ़ाक़ है। वह शायद इस दुनिया में यात्रा करने के लिए आए थे या फिर छंदमुक्त कविता को स्थापित करने के लिए ताकि नयी पीढ़ी अपने समय की कठिनाइयों को लिख, आनेवाली नस्लों के लिए समय की सनद छोड़ जाए।

शायरी को ज़िंदगी की धड़कन माननेवाला शायर

इलिया-अबू-मादी

इलिया लेबनान के महाइदास्सा इलाक़े के एक पिछड़े गाँव में 1899 में पैदा हुए और जलावतनी की कविता के सबसे मशहूर नाम बने। अभी छोटे ही थे कि रोज़ी-रोटी की तलाश में एलेक्ज़ेंड्रिया जाना पड़ा और ग्यारह साल की उम्र में तम्बाकू के व्यापार का काम शुरू किया। एलेक्ज़ेंड्रिया केवल पर्यटक स्थल नहीं था बल्कि शिक्षा-केंद्र था। इलिया ने उसका पूरा लाभ उठाया और अरबी भाषा-साहित्य को पढ़ने में व्यस्त हो गये। साथ ही उनका कविता-लेखन भी चलता रहा। उनका पहला दीवान *अतीत की यादें* नाम से सन् 1911 में आया।

इलिया ने अमेरिका का रुख़ किया और सिनसिनाटी में जा बसे। व्यापार के काम में इलिया के गुणों को ख़त्म होता भाई मुराद देख रहा था। वह चाहता था कि भाई पढ़ें और लिखें। इलिया की प्यास शिद्दत पकड़ने लगी और छटपटाहट ने उन्हें लेबनान से दूरी का गहरा अहसास दिया और वह देश-प्रेम की कविताएँ लिखने लगे। तंग आकर 1916 में इलिया न्यूयॉर्क पहुँचे और 'पेन संस्था' के सदस्य बने। कुछ समय बाद वह विस्थापन की कविता के एक अहम स्तंभ बन गये। इसी के साथ उन्होंने पत्रकारिता शुरू कर दी। कई पत्रिकाओं के संपादक रहे। 1929 में 'अलसमीर' पत्रिका डेली न्यूज पेपर बना और अपने समय का सबसे महत्त्वपूर्ण विस्थापितों का पेपर माना जाने लगा। 1949 में इलिया-अबू-मादी जलावतन पत्रकारों के प्रतिनिधि बनकर यूनेस्को कॉन्फ्रेंस में शामिल हुए और सारे अरब देशों में मशहूर हो गये।

इलिया-अबू-मादी के तीन कविता-संग्रह उनके जीवन-काल में छप गये थे चौथा बेरुत में उनकी मौत के बाद छपा। *दीवाने इलिया-अल-मादी* (1911), *नाला* (1925), *सघनता* (1940), *ज़मीन और सोने की धूल* उनके कविता-संग्रह हैं।

इलिया-अबू-मादी का कहना है "तुम फिर हममें से नहीं हो जो यह समझते हो कि कविता का अर्थ सिर्फ़ छंद और रदीफ़ क़ाफ़िए का नाम है। यह तो केवल शायरी का ऊपरी ताम-झाम है। बात तो उस बुनियादी तलाश में है जहाँ जाकर वह अहसास की तह हासिल कर ले।"

इलिया-अबू-मादी अपने बाक़ी समकालीनों में अरबी भाषा-व्याकरण में सबसे पुख़्ता माने गये हैं। वह अपने शायरी के प्रारंभिक दिनों में अब्बासी-काल के कवियों अल-माअर्री और अबू नवास से बहुत प्रभावित रहे हैं। विदेशों में रहने के कारण इनकी सोच को विस्तार मिला। ख़ासकर ख़लील जिब्रान के साथ रहकर उन्हें जिब्रान की रूमानियत और युनिवर्सल-लव के दृष्टिकोण ने बहुत प्रभावित किया। उनकी अनेक कविताएँ आशावादी हैं जिनमें 'ज़िंदगी और मोहब्बत' भी है। उसके चंद शेर–

प्रसन्नचित हो हम प्यार की अभिलाषा करें
सूर्योदय के समय हँसकर उसका स्वागत करें
नाले व नदियों की गहराइयों को
अपनी .ख़ुशी भरी छलाँगों के साथ पार करें।
बुलबुल और कल्हाक .फ़ाख़्ता के साथ मगन हो गायें
पता नहीं कल यह दिन रहे भी या नहीं?
उन काली चिड़ियों की चहचहाहट को हम
सुनहरी झाड़ी में सुनहरे गीत समझकर सुनें।

मेंहदी की उस उड़ी गंध को
सूँघे और .ख़ुद पर मोहित हो लें
इससे पहले कि
बेदे मजनूँ का दरख़्त सूखे
मेरे प्यार!
आना, तूफ़ान की तबाही से पहले
मेरे .ख़्वाबों के मरने से पहले
इतनी देर मत करना कि
न सुबह हो न शराब का प्याला
न मैं हूँ और न मेरी याद।

उनकी एक लंबी कविता *शाम* है जिसमें एक लड़की डूबते सूरज को ग़ौर से देख रही है। उसकी आँखों में व्यथा पिघल रही है। उसकी उम्र को देखकर इलिया लिखते हैं कि वह क्यों इतनी उदास है। क्या वह अपना अंत सूर्यास्त में देख रही है कि अब चारों तरफ़ अँधेरा-ही-अँधेरा होगा या फिर उस बचपन की याद में खोई हुई है जो बादलों की तरह ग़ायब हो चुका है? क्या ख़ामोश घास के मैदान उसे उदास कर रहे हैं या जवानी के गुज़र जाने का ख़ौफ़ उसे रंजीदा बनाये हुए है? कवि उस लड़की से कहता है–तुम क्यों उदास हो, जब तक मौसम और दृश्य बदल रहे हैं, माहौल महक रहा है, तुम ख़ुश रहो और क्यों नहीं तुम

रात का स्वागत उसी तरह करती हो जैसे प्रकृति करती है!? अंत में उस लड़की से कवि कहता है–

अपने से दूर करो अपनी यह उदासी और
डूबा-डूबा अपना दिल।
और उसी तरह ख़ुश रहो जैसे लड़कियाँ इस उम्र में
अल्हड़ मस्त रहती हैं।
सुबह के समय तुम्हारा यह चेहरा सूरज की तरह
ख़ुशी से दमक रहा था
अब रात को
क्यों नहीं उसी तरह रौशन है।
ऐ जवान हसीन लड़की
ज़िंदगी में आनेवाले हर अच्छे-बुरे हादसे का
उसी तरह स्वागत करो जैसे कोई मेज़बान,
मेहमान को ख़ुशआमदीद कहता है
सुनो, मेरी बात ध्यान से सुनो।
ऐ ख़ूबसूरत, दिलकश चेहरेवाली
लड़की।

इलिया-अबू-मादी का देहांत 1957 में हुआ! एक लंबी ज़िंदगी के ऊबड़-खाबड़ रास्ते पर मन की लय पर मादी ने जो लिखा वह बचा रह गया। मगर एक इंसान की तरह उसने जिस तन्हाई, अपमान, अवसाद और क्लेश को हर दिन सहा उस जीवन की कोई 'डायरी' हमारे हाथ नहीं लगती है–जो उस शायरी से कहीं अहम और हक़ीक़ी होती; जिसमें अलंकार, छंद, बिंब, लय, शब्द-योजना का कोई झगड़ा नहीं होता। जो ज़िंदगी जाने-अनजाने में हर दिन किसी महाकाव्य की तरह कविता रचती है वह कवि की कही कविताओं से कहीं ज़्यादा सच्ची और पुरअसर होती है।

ख़्वाब और बेदारी में डूबी एक शाम

मुलाक़ात

खलील जिब्रान से नासिरा शर्मा की काल्पनिक मुलाक़ात

ख़्वाब और बेदारी में डूबी एक शाम

"सुल्ताना-सुल्ताना, रुको तो सही!"

पीछे से आती मर्दाना आवाज़ सुनकर मैंने पीछे मुड़कर देखना ज़रूरी नहीं समझा। पता नहीं फ्रांस की इस सड़क पर कौन ऊँची आवाज़ में किसे पुकार रहा है। बात मुनासिब-सी नहीं लगी। मैंने क़दम तेज़ कर दिये। अभी मुझे कैसेट ख़रीदना है और इंटरव्यू की तैयारी भी, कुछ सवाल तो दिमाग़ में हैं। मैंने ओपेन रेस्ट्राँ की तरफ़ देखा। धूप अभी मुलायम थी जो घने हरे दरख़्तों को और भी चटख बना रही थी। मैंने कुर्सी खींची और बैठने ही वाली थी कि मेरे सामने एक आदमी आन खड़ा हुआ।

'मरहबा। सुल्ताना मैं यहाँ बैठ सकता हूँ?

"जी?" मैं चौंक पड़ी। इन साहब को कोई ग़लतफ़हमी हो रही है शायद, मैंने सोचा और अदब से कहा "आप जिसे पुकार रहे हैं वह मैं नहीं हूँ मेरा नाम सुल्ताना नहीं है।"

"जानता हूँ मगर तुम हो मेरी सुल्ताना ही...यह बात तुम नहीं समझोगी मगर समझ लोगी ऐसा मेरा यक़ीन है। पहले भी मैं इस परेशानी से गुज़रा हूँ...कई बार तुम मुझे मिली हो, और हर बार तुमने मुझे पहचानने से इनकार किया है यक़ीन जानो मेरी नज़रें धोखा नहीं खा सकती हैं।" उस आदमी ने सीधे मेरी आँखों में झाँका।

"अगर आपका इसरार है तो..." मैंने अपनी झुँझलाहट दबायी और दिल में सोचा कि क्या यह नॉर्मल आदमी है। मुझे क्या करना चाहिए। इसको थोड़ा झेल लेना समझदारी है या फिर आगे बढ़ जाना?

"मैं यहाँ बैठ सकता हूँ सुल्ताना। अरसे से तड़प रहा हूँ वह सब कहने के लिए जो हमारे ऊपर गुज़रा था, इतना कह शालीन-सा दिखता वह अधेड़ कुर्सी खींच बैठ गया तो मुझे भी बैठना पड़ा। उसकी बेचैन नज़रें इधर-उधर देख रही थीं। मैं भी चौंकन्नी-सी हो गयी थी। रेस्ट्राँ में लोग अभी कम थे।

वह लगभग पचास साल का एक शानदार शख़्सियतवाला मर्द था। चेहरा तपा हुआ और आँखों में ग़ज़ब की बेचैनी। कपड़े सलीक़े के थे। हावभाव से शरीफ़ लग रहा था...शरीफ़ से ज़्यादा उदास।

"दो तुर्की क़हवा," उसने ऑर्डर दिया और फिर मेरी तरफ़ मुड़कर मुस्कुराया

"तुमने मुझे पिछली बार भी नहीं पहचाना था। तुम कैसे मुझे नहीं पहचान पाती हो सुल्ताना?"

"आप हैं कौन? अब जबकि हम एक साथ बैठ कॉफ़ी पीने जा रहे हैं तो आप अपना परिचय दे सकते हैं।" मेरा लहजा गंभीर और सख़्त था! उसने मुझे पल भर घूरा फिर धीरे से बुदबुदाया–

"तुम्हें खोकर मैं पागल हो उठा था। सच पूछो तो तुम्हारे साथ मेरा ख़ुदा भी मर गया था। मैं कैसे अपने ख़ुदा के बिना जिऊँगा। यह सोचकर मैं गहरे ग़म में डूब गया था।" इतना कहकर उसने मुझे देखा।

उसकी पुतलियों में मेरा चेहरा था और भय से मैं ठंडी पड़ चुकी थी। मुझे वह मुर्दा बता रहा है और ख़ुद...ख़ुद मेरे चेहरे पर फैले भय को वह ताड़ गया था। उसने तुर्की क़हवा की प्याली एक घूँट में ख़त्म की और अपनी जगह से उठ खड़ा हुआ। ठीक फ्रांसीसी जेंटिलमैन की तरह उसने हल्के से झुककर कहा–

"मैं जिब्रान, ख़लील जिब्रान।"

"क्या?" मैं सिर्फ़ इतना ही कह पायी। मेरा गला सूख चुका था। दिमाग़ जाग उठा। मैं हड़बड़ाकर खड़ी हो गयी।

ख़लील जिब्रान की महबूबा का नाम तो सलमा था फिर यह सुल्ताना कौन है? सुल्ताना को लेकर यह कैसी तड़प है? मेरे ज़हन में एक साथ कई प्रश्न उभरे। वह बैठ गया तो मैंने गहरी साँस ली और अपने को दिलासा दिया कि आराम से इस स्थिति का मज़ा लो। अगर यह सनकी है तो ठीक है और जिब्रान की रूह है तो बुरा क्या है? होटल लौटकर लैपटाप द्वारा सुल्ताना को गूगल में ढूँढ़ना क्या मुश्किल है। मैंने तुर्की क़हवे को दो घूँटों में पिया। कड़वाहट हल्क़ और ज़बान में भर गयी। तभी सामने से एक बूढ़ा शराब के नशे में अपने को सँभालता गुज़रा तो वह चौंके।

"सुल्ताना! तुम्हें याद है बाबा कितना पीते थे। पीकर उनका आतंक पूरे घर में छा जाता था। यहाँ के लोगों को देखो किस सलीक़े से शराब पचा लेते हैं, मगर बाबा। मामान भयभीत रहतीं और हम भाई-बहन सहमे-सहमे। माँ एक प्रीस्ट की बेटी थीं। इज़्ज़तदार घराने की परंतु हम जिस अरब समाज में रहते थे वहाँ पर औरत शौहर के ख़िलाफ़ आवाज़ नहीं उठा सकती थी। हमारी ग़रीबी और बेबसी दिन-ब-दिन बढ़ती जा रही थी।" इतना कह ख़लील जिब्रान चुप हुए जैसे सामने कुछ गुज़रता देख रहे हों। एकाएक चौंककर उन्होंने मुझे देखा और अजीब बेचैनी से पूछा–

"इस बार तुम कहाँ पैदा हुई हो?

"हिंदुस्तान।"

"फिर यहाँ...क्या कर रही हो?"

"मैं पत्रकार हूँ। फ्रेंच बुद्धिजीवियों का इंटरव्यू लेने आयी हूँ"

"ओह!"

"मुझे मेरी नई किताब..." मेरी बात अधूरी रह गई।

"सुल्ताना। आज मेरी मौत को गुज़रे सदी के लगभग हो गया है मगर हम आज भी समाज के सबसे प्रताड़ित जीव हैं। कभी सामंती समाज, कभी पूँजीवाद तो कभी... कब से हमारा शोषण हो रहा है। बुद्धिजीवियों के लिए कहीं कुछ नहीं बदला है अफ़सोस।" इतना कह ख़लील ने मुझे इस तरह देखा जैसे कोई छोटी बच्ची को देखता है।

"तुम्हें अपना गाँव 'बसरी' (Bsharri) याद है? वहाँ के दिलकश नज़ारे, वनस्पति की गंध, रिश्तों की गर्मी और अंगूरों की बेलों से भरी हर घर की छत। आह वे दिन।"

"आप यहाँ कैसे? आपको तो लेबनान में होना चाहिए था?"

"हाँ, काश! ऐसा हो सकता तो मेरी रूह इस तरह भटकती न होती। कुछ सियासत, कुछ ग़रीबी से तंग आकर हमने लेबनान छोड़ दिया था। बोस्टन के चाइना टाउन में हम बस तो गये, मगर यक़ीन जानो सुल्ताना एक पल के लिए भी मैं उन तेरह वर्षों को नहीं भुला पाया जो मैंने लेबनान में गुज़ारे थे। ऐसा नहीं कि फिर लेबनान कभी लौटा नहीं, लौटा तीन साल बाद लौटा ताकि अपनी पढ़ाई फिर से शुरू कर सकूँ। पंद्रह साल का था जब मैंने मदरसा-अल-हिकमा में दाख़िला लिया ताकि क़ानून की डिग्री ले सकूँ। साथ ही साथ मैंने अरबी, फ्रेंच भाषाओं और बाइबल का ज्ञान प्राप्त किया। बहुत-कुछ सीखा, पढ़ा और समझा। मैं ख़ुश था अपनी नादान सोच पर कि अब हम उतने ग़रीब नहीं रह गये हैं। मगर सुल्ताना हम इंसान या तो दूसरे इंसान से अमीर होते हैं या फिर ग़रीब। इसलिए हम कभी अपने बर्ताव में दूसरों के लिए इंसान नहीं बन पाते।" इतना कह ख़लील जिब्रान ने गहरी लंबी साँस भरी। "ग़रीबी ने एक बार फिर मुझे ज़िंदगी के इम्तहान में फ़ेल कर दिया। सलमा मुझे नहीं मिल सकी क्योंकि हमारे बीच अमीरी और ग़रीबी की खाई थी। उसकी शादी हो गयी। उसका शौहर अच्छा इंसान न था। सलमा हर तरह से दुखी और मैं पूरी तरह टूटा हुआ बोस्टन लौटा। थका, हारा, नाउम्मीद मगर आक्रोश से भरा हुआ। मुझे अमीरों के धन दौलत से, वर्गों की असमानता से शदीद नफ़रत पैदा हो गयी थी। मैं सिर्फ़ इसलिए ज़िंदा था कि मेरे दिल में सलमा ज़िंदा थी, मगर हक़ीक़त यह थी कि सलमा बच्चे की पैदाइश के दौरान मर चुकी थी। मैं उसकी क़ब्र पर पछाड़ें खाकर गिरा, मगर मेरे आँसू उसे फिर वापस न ला सके!"

"ओह!" मेरे मुँह से निकला।

"जानती हो सुल्ताना, उसने मुझसे जुदा होते हुए क्या कहा था?"

"क्या?"

"मैं चाहती हूँ कि तुम मुझे इस तरह प्यार करो जैसे एक कवि अपने ग़मगीन

ख़्यालात से प्यार करता है। मैं चाहती हूँ तुम मुझे उस मुसाफ़िर की तरह याद रखो जिसकी सोच में पानी से भरा तालाब है, जिसका पानी पीते हुए उसने अपनी छवि उस पानी में देखी हो। मेरी इच्छा है, तुम मुझे उस माँ की तरह याद रखो, जिसका बच्चा दिन की रौशनी देखने से पहले मौत के अँधेरे में डूब गया हो। मेरी आरज़ू है कि तुम मुझे उस रहमदिल बादशाह की तरह याद करो जिसकी क्षमा-घोषणा से पहले ही वह क़ैदी मर गया हो!''

ख़लील जिब्रान की इन पंक्तियों के साथ जैसे मौसम ने पहलू बदला हो। आसमान पर बादल घिर आए थे। हवा में ख़ुनकी बढ़ गयी थी। बैरे ने तुर्की कॉफ़ी के दो नन्हे प्याले हमारे सामने लाकर रखे। यह सही वक़्त था ख़लील के लिए कि उसकी छाती में कुछ गर्म पहुँचे जो उसके दिल की धड़कन को नॉर्मल रखे। आस-पास की मेज़े भर चुकी थीं।

''अभी मैं ग़म से सँभला भी नहीं था कि तुम मुझे छोड़कर चली गयीं। फिर टी.बी. ने बड़े भाई और माँ को निगल लिया। मेरे पास अब दूसरी बहन मारयाना बची थी जिसकी देखभाल मुझे करनी थी, उस अजनबी मुल्क और अनजान लोगों के बीच और...'' ख़लील जिब्रान ने कॉफ़ी का प्याला होंठों से लगाया।

''सुल्ताना! यानी ख़लील की बहन।'' मेरा दिमाग़ गुत्थी सुलझा चुका था। मैं उस इंसान की अज़मत की क़ायल हो गयी जो अपने हर रिश्ते में हरारत का तापमान एक-सा रखता रहा है।

''व्यथा ने अपनी आत्मा मेरी आत्मा से इस तरह नत्थी कर दी थी कि हम एक-दूसरे को महसूस कर सकें कि दिल क्या सोच रहा है और छुपी हुई आवाज़ की प्रतिध्वनियाँ क्या दोहरा रही हैं। ख़ुदा ने एक क़ालिब में दो जिस्म बना दिये हैं। अब इन्हें एक-दूसरे से अलग करना मुमकिन नहीं सिवाय प्राणपीड़ा के।''

ख़लील जिब्रान बोल रहे थे मैं सुन नहीं पा रही थी। मैं रोमांचित थी इस सच को जानकर कि मैं कभी लेबनान में एक क्रिश्चियन ख़ानदान में पैदा हुई थी और मेरा भाई जिब्रान मुझसे किस शिद्दत से प्यार करता था। मेरे दिमाग़ में ख़लील की पुस्तक 'दि प्रॉफ़ेट' की पंक्तियाँ उभरीं। वह पुस्तक मैंने पहली बार कनाटप्लेस में फ़ुटपाथ पर लगी पुस्तक की दुकान से ख़रीदी थी। नाम और काम दोनों मेरे लिये अजूबा थे! किताब फ़रोश ने कहा था ''यह किताब ख़ूब बिकती है।'' अंग्रेज़ी की वह किताब ज़हनी तौर से खुले आसमान की तरफ़ ले गयी थी। ख़लील जिब्रान नयी नस्ल के कवि थे। पीढ़ियों ने उनका अनुसरण किया। पहले वह केवल अरबी में लिखते थे। अरबों के चहेते बने फिर अंग्रेज़ी में लिखने से पूरी दुनिया के पाठक उनकी मुट्ठी में थे। मैंने ख़लील को गहरी नज़रों से देखा और सोचा ''यह शख़्स मेरा भाई है जन्म-जन्म का, मगर मैं अपने अंदर उसके लिए कोई कशिश महसूस नहीं कर पा रही हूँ आख़िर क्यों? दिमाग़ भटका। अपने इस जन्म के भाई का चेहरा परछाईं की तरह आँखों के सामने से तैरा। उन्हें मरे कुल बीस साल हो गये।

क्या उन्होंने भी...उमर ख़य्याम का फ़लसफ़ा समझ में आने लगा। मैंने नज़रें ख़लील जिब्रान के चेहरे पर गाड़ दीं। उनके चेहरे पर गहरा अवसाद छलक रहा था। उनके चेहरे के पीछे मुझे पहाड़ और वादी का फैलाव नज़र आया जो यक़ीनन लेबनान का दृश्य होगा। मेरा दिल भाई के वालेहाना प्यार से ख़ाली था, मगर ख़लील जिब्रान-जैसे इंसानी कवि के लिए धड़क रहा था।

"मैं इस दुनिया में तन्हा रह गया और इस तन्हाई को भरा काग़ज़ और क़लम ने। लेख, कविता, पेंटिंग, उसमें खोता चला गया। तुम लोगों के अलावा मेरा अपना कोई बन न पाया। सलमा की जगह कोई न ले सका। दरअसल तुम सबने मुझे जहाँ छोड़ा था मैं वहीं रहा और अब उसी मक़ाम पर जी रहा हूँ...अफ़सोस! यह दुनिया अपनी ऊपरी सजावट में काफ़ी बदली है मगर इंसान नहीं बदला। उसके अंदर की बर्बरता अभी भी ज़िंदा है।"

"हाँ, एक तरफ़ इंसान विकास की सड़क पर दौड़कर इंसानों के दुख से उन्हें मुक्ति दिलाने के नये-नये उपचार और आविष्कार कर रहा है तो दूसरी तरफ़ हथियार बम और...' मेरी बात अधूरी रह गयी है। वह जज़्बात से भरे लहजे में बोल उठे।

"इसीलिए मेरी कोशिश रही है कि मैं इंसानी जज़्बात की गिरहें खोलूँ। उन्हें उन जड़ मान्यताओं, संवेदनाओं की जड़ता से निकाल उन्हें ताज़ा हवा में साँस लेने के लिए आमन्त्रित करूँ। मैंने अपनी हर रचना में यही कोशिश की है चाहे वह 'घाटी की दुल्हन' या फिर 'विद्रोही आत्माएँ' हों या 'ब्रोकेन विंग' हो, 'आँसू और मुस्कान हो' या फिर प्रथम विश्वयुद्ध के बारे में मेरे विचार हों। मैंने सिर्फ़ दुनिया से अनुभव नहीं समेटे बल्कि बाइबल, तोरह और बुद्ध को ख़ूब पढ़ा था। मैं ईसा मसीह, मोहम्मद और अली से बहुत प्रभावित रहा हूँ जिसका अक्स मेरे लेखन में झलकता है। क्योंकि इन्हीं सारी चीज़ों ने बड़ी ख़ामोशी से मुझे ग़रीबी, क़िस्मत और ज़िंदगी के भेद को समझाया। इसी ने मुझे बीमारी और मौत से लड़ना सिखाया, मुझे विद्रोही इंसान में बदला।"

वह पल भर ठहरा फिर बोला "मैंने बालज़ाक, राडिन और ब्लैक को, यूरोपियन आर्ट और म्यूज़िक, उनके नवजागरण को भी क़रीब से महसूस किया। उसका अध्ययन किया। इसीलिए मेरी रचनाओं के लिए कहा गया कि कविता, चित्रकला, मूर्तिकला और संगीत एक साथ उसमें साँस लेते हैं। पेन से वह शब्दों में रंग भरता है। अहसास के बयान में वह ऐसे शब्दों को प्रयुक्त करता है जो उसके सही तर्जुमान बन सकें और गद्य में भी वह संगीत की लय लाने में माहिर है। उसकी अपनी मौलिक अभिव्यक्तियाँ जैसे सोयी हुई कायनात की साँसें, या फिर किसी पहरेदार की तरह देखती आसमान की आँखें। जब ये सारी समीक्षाएँ और विवेचना पढ़ता हूँ तो मेरा दिल तपकन से भर उठता है कि काश! मेरे लिये ख़ुदा इतना कंजूस न होता और मुझे बीमारी की जगह चंद साल और दे देता तो मैं अपने अंदर छुपे सृजन-सागर

को अपनी नयी रचनाओं में और गहराई से निचोड़ता और तब मैं बहुत मुतमईन हो मौत को आवाज़ देता कि मैं चलने को राज़ी हूँ–और तब बड़ी शान से मरता तो मेरी आत्मा सालहासाल से यूँ न भटकती और मैं किसी और जिस्म में दाख़िल हो एक बार फिर इस दुनिया को किसी और नज़र से देखता या फिर अपने लिखे हुए को और आगे बढ़ाता मगर मौत! आह यह बीमारी तन्हाई और बेचारगी!''

''आपको कभी बाबा, मामान, भाई या बहन भी इसी तरह मिले?'' मेरे मुँह से जाने कैसे निकल गया।

''माँ एक ख़ुशनसीब औरत के रूप में, पिता एक इबादतगुज़ार के रूप में, भाई एक प्रोफ़ेसर और बहन एक मॉडल के रूप में मिली, मगर मुझे किसी ने नहीं पहचाना। किसी के पास मेरे लिये वक़्त न था। सब अपनी नयी ज़िंदगी में ख़ुश और व्यस्त थे। अच्छा है।'' ख़लील जिब्रान ने एक गहरी साँस ली जैसे उसे किसी से कोई शिकायत न हो फिर धीरे से बोले ''शायद मैं गुनाहगार हूँ जो मेरी बख़्शिश (मोक्ष) नहीं। मैंने औरत की अज़मत के आगे सर झुकाया, उनकी इज़्ज़त की, उसके जज़्बात से खेला नहीं और सलमा के लिए रूह और बदन से निष्ठावान रहा। मगर अपनी पेंसिल से मैंने चित्र बनाये, औरतों के नंगे जिस्म जो मेरे लिये उतने ही पाक और पवित्र थे जितनी मेरे द्वारा लिखी कविताओं के अक्षर और उनसे टपकती ओस की बूँदें! मैं कायनात के हुस्न का दीवाना रहा और उसी कायनात में सबसे ज़्यादा ममतामयी और हसीन शाहकार औरत है सुल्ताना! औरत मेरे अंदर पिघली व्यथा की तरह साँस लेती है, मेरे इस दर्द को कोई नहीं समझा। जो समझ पाया वह मेरी तरह ख़ाली हाथ रहा।'' कहते-कहते ख़लील की आवाज़ भारी हो उठी, फिर उसने क़हवा के लिए हाथ हिलाया और बोला–

''मैंने अपनी आत्मकथा में अस्सी वर्ष पहले लिखा था कि नयी सभ्यता ने औरत को थोड़ा-सा समझदार बनाया है, मगर मर्द की लोलुपता के कारण उसकी पीड़ा बढ़ायी भी है। कल की औरत सुखी पत्नी थी, लेकिन आज की औरत अभागिन गृहस्वामिनी है। पहले वह आँखें बंद कर रौशनी में चलती थी और आज खुली आँखों के साथ रौशनी को पार करती है। वह सुंदर थी अपनी अज्ञानता के साथ, वह सदाचारी थी अपनी सादगी में और दृढ़ थी अपनी कमज़ोरी में! आज वह अपनी प्रवीणता के कारण कुरूप दिखती है, अपने ज्ञान में वह हृदयहीन लगती है। क्या कभी वह दिन आएगा जब सौंदर्य और ज्ञान, प्रवीणता एवं सदाचार–शरीर की दुर्बलता एवं आत्मा की शक्ति के साथ औरत में समाविष्ट दिखेगा? मैं उन लोगों में से हूँ जो रूहानी विकास को इंसानी ज़िंदगी की धुरी मानते हैं, मगर दक्षता की ओर जानेवाला रास्ता बहुत सुस्त और दर्दनाक है। औरत एक पक्ष में ऊपर उठती है तो दूसरा पक्ष उसके हाथ से छूट जाता है, क्योंकि जो रास्ता उस पहाड़ की चोटी पर जाता है वह भेड़ियों और चोरों से खाली नहीं है। यही विचित्र नस्ल सोते-जागते की स्थिति में मौजूद है जो अपने हाथों से गुज़रे कल की मिट्टी और भविष्य के

बीज पकड़े हुए है। भविष्य की ओर इंगित करती ये औरतें हमें हर शहर में नज़र आ जाएँगी। यह मैंने वर्षों पहले लिखा था जो आज का सच है सुल्ताना! बोलो मैं ठीक कह रहा हूँ?''

''काफ़ी हद तक। औरत की इस स्थिति की वह अकेली ज़िम्मेदार भी तो नहीं है और...''

''मानता हूँ...कुछ घंटे पहले की बात तो है मैं तुम्हें पुकार रहा था। तुमने मुड़कर देखने की जगह अपने क़दम तेज़ कर दिये थे। तुम्हें मेरी आवाज़ की तड़प भी नहीं रोक पायी। क्योंकि तुम इंसानी आवाज़ के पीछे के जानवर से ख़ौफ़ज़दा थीं। औरतें आज भी शंकित हैं। उसमें वह विश्वास कहाँ आ पाया है जो इस सारी प्रगति-शिक्षा और सहूलियतों के बाद व्यक्तित्व में आना चाहिए था। क्योंकि इंसान के अंदर का दरिंदा मरा नहीं है और उसी दरिंदे से ख़ौफ़ज़दा वह आधुनिक औरत है जो जीवन के हर कार्यक्षेत्र में मर्द से क़दम-से-क़दम मिलाकर चल रही है...उदास मत हो कॉफ़ी पियो और मेरे साथ चलो।'' इतना कह ख़लील ने पहले ही घूँट में काफ़ी की नन्ही प्याली ख़ाली कर दी और उठ खड़े हुए।

बूँदाबाँदी रुक चुकी थी। हवा नर्म थी। बदन को इस तरह सहला रही थी जैसे माँ नवजात शिशु को थपकती है। हम पैदल चलते हुए वहाँ पहुँच गये जहाँ चित्रकारों की भीड़ थी। हर उम्र के आर्टिस्ट क़ुदरत, इमारत और इंसानी चेहरों को काग़ज़ पर पेंसिल से उकेर रहे थे।

''मैं 'अल-महाजिर' न्यूज़ पेपर और जरनल 'अल-फ़ुनून' में लिख रहा था। मैंने संगीत पर पुस्तक लिखीं और 1904 में मेरी पहली प्रदर्शनी लगी। मैं वहाँ मैरी हासकेल से मिला जिन्होंने मेरी ज़िंदगी का रुख़ ही बदल डाला। वह एक प्रिंसिपल थीं। उन्हें मेरे लेखन और चित्र में संभावना दिखी और उन्होंने मुझे प्रोत्साहन दिया। मुझे पेरिस जाने का मौक़ा मिला और मैंने राडिन के नेतृत्व में चित्रकला को गहराई से पढ़ा और समझा। मैं उस औरत के प्रति आभारी रहा। जीवन में जाने कितने मर्द-औरत मेरी कविता, चित्रकला, कहानियों के दीवाने रहे। मेरे लंबे वार्तालाप उनसे हुए। ख़त, फ़ोन, आमने-सामने बैठ कर जैसे इमेल मीशेल, बारबर एविंग, मीजादा। इनसे मेरे वही रिश्ते थे जो मिख़ाइल नोएमा, नसीब अरीदा, अब्दुल मसीह हद्दाद और बाक़ी मर्द बुद्धिजीवियों से रहे। हमारे बीच साहित्य की शिद्दत हमारे रिश्तों की कड़ी थी। लेकिन कुछ कमज़र्फ़, संकीर्ण सोच, और औरत को जिंस समझने वाले, उनको मेरी बौद्धिक दोस्त की जगह मेरी महबूबाएँ साबित करने की कोशिश कर रहे हैं। मेरी नज़रें झुक जाती हैं कि औरत के प्रति इतनी जड़ सोच और मुहब्बत के प्रति अनादर! लोग अहसास को, ख़ासकर मर्द-औरत के बीच के रिश्तों को, उसकी रंगारंगी के बारीक फ़र्क़ को समझ नहीं पाते। आख़िर क्यों? यह मेरा अपमान है उस मुहब्बत का अपमान है जो मैंने सलमा से की थी।

''ज़माना बदला मगर औरत को देखने का नज़रिया नहीं बदला! आपका

एतराज़ हक़ बजानिब है, मैं भी महसूस करती हूँ। बुरा लगता है ख़ासकर तब जब यह तंगनज़री कलाकारों के बीच में वजूद रखती हो। जिस तरह दर्द का दर्द से रिश्ता होता है, उसी तरह कला का कला से गहरा संबंध होता है। कुछ अच्छा पढ़कर, देखकर आप उस रचना के लट्टू हो जाते हैं मगर रचनाकार के नहीं। हमारे बीच कच्ची ज़हनियत वाले भी हैं जो दो किनारों को मिलाने की हिमाक़त कर बैठते हैं और अंत में दोनों को खो देते हैं। आपको नहीं लगता कि यह भी सामंती सोच का बोसीदा लिबास है और पूँजीवाद का झिलमिलाता लबादा! जहाँ क़लम की शक्ति और ख़ूबसूरती की जगह आप उस फ़नकार से किसी नये शाहकार की जगह उसकी नज़दीकी की नाबालिग़ तमन्ना कर बैठें।'' मेरे अंदर का उबाल फूटकर बह गया।

''वाह सुल्ताना! तुम्हारे ख़्यालात सुनकर महसूस हो रहा है कि तुम सिर्फ़ मेरी हमशीरा (बहन) ही नहीं हमख़्याल भी हो। आख़िर हो किस की बहन ख़लील जिब्रान 'दि प्रॉफ़ेट की' में जाने से पहले तुम्हें कुछ सुनाना चाहूँगा। तुमने मेरा लिखा पढ़ा ही कहाँ था। मुझसे दूर ही चली गयी थीं-ख़ैर सुनो-लेकिन भाई के नाते मैं पहले एक सवाल पूछना चाहूँगा, क्या तुम अपनी ज़िंदगी से ख़ुश हो? तुम्हारा शौहर का तुमसे बर्ताव और तुम्हारा बच्चों के प्रति सुलूक कैसा है?

''अच्छा है। मैं एक गृहस्थ के साथ बौद्धिक जीवन को जीती हूँ जहाँ मेरा संबंध पति-पत्नीवाला दासी और मालिक का नहीं बल्कि दोस्त का है। हमारी सोच का दायरा सिर्फ़ हमारा परिवार नहीं बल्कि पूरा समाज, यह सारा संसार है। संक्षेप में कहूँ तो मैं उधार की ज़िंदगी नहीं जी रही हूँ न समझौते की। जो है वह अपनी ख़ुशी और इच्छा से! हमारे अपने बच्चे भी इसी तरह स्वतंत्र और उन्मुक्त हैं मगर रिश्ते की ज़ंजीर से बँधे और इंसानी मर्यादा के घेरे में रहकर...इससे ज़्यादा मैं कुछ नहीं कह सकती हूँ।''

''ख़ुश हूँ यह सुनकर और तुम्हारा काम, उससे कितनी मुतमईन हो?''

''अभी तो बहुत आगे जाना है। यूँ चंद वर्षों की तपस्या अदब में क्या अहमियत रखती है?''

वह हल्के से मुस्कराए, ''अच्छा सुनो मैं तुम्हें सुनाता हूँ–

एक-दूसरे से प्रेम करना मगर
उन्हें बँधुआ मत बनाना
मुहब्बत के समंदर का मचलना
अपनी रूह के साहिल में बाँध रखना
एक-दूसरे का जाम भरना मगर
एक-दूसरे के जाम से पीना मत
साथ-साथ खड़े होना मगर बहुत क़रीब नहीं
बल्कि उस मंदिर के खम्भों की तरह

जो दूर रहकर भी साथ खड़े होते हैं।
ओक का वृक्ष और साइप्रस का दरख़्त
कभी एक-दूसरे की छाया में नहीं उगते हैं।

पढ़ते-पढ़ते एकाएक आवाज़ थम गयी और क़दम रुक गये। पुल के नीचे दरियाए सेन को कुछ लम्हे बहता देखते रहे फिर बोले, जो आगे तुम्हें सुनाने जा रहा हूँ उसे ध्यान से सुनो और इस बात को हमेशा याद रखना, सुल्ताना।''

मुहब्बत और शंका में कभी संवाद नहीं हो सकता
दोस्ती एक प्यारी ज़िम्मेदारी है अवसर नहीं,
तुम अपनी छाया तभी देखते हो
जब सूरज की तरफ़ पीठ करते हो
मर्द जो औरत की छोटी ग़लती माफ़ नहीं करते
वे सदा उनके महान कर्तव्य से वंचित रहते हैं
ज़्यादातर औरतें मर्द का दिल उधार लेती हैं
बहुत कम ऐसी होती हैं जो उसकी मालिक होती हैं
अगर तुम मालिक हो तो उसका इज़हार कभी मत करना
मुहब्बत से कहना कि ख़ुदा मेरे दिल में है
उसकी जगह बेहतर है कहना कि
मैं ख़ुदा के दिल में धड़का।

इतना कह ख़लील इस तरह चुप हो गये जैसे वह अपना लिखा नहीं किसी और इंसान का लिखा सुना रहे हों। दरियाए सेन नीचे बेआवाज़ बह रही थी, हम पुल पर आहिस्ता-आहिस्ता क़दम उठा रहे थे। मेरे दिल में दर्द-सा उठा।

''मुझे अफ़सोस है कि मैंने आपको ज़्यादा नहीं पढ़ा''

''अब पढ़ना। उदास मत हो तुम। अच्छा अब इजाज़त लूँ तुमसे सुल्ताना'' ख़लील जिब्रान ने पूछा तो मुझे अपने परिवेश का ध्यान आया।

फ्रांस की सड़कों पर झुटपुटा उतर आया था। सड़कों के लैम्प पोस्ट रौशन हो गये थे। जवान जोड़े एक-दूसरे से सटे हँसते गुज़र रहे थे। आसमान पर लौटते परिंदों के झुंड थे। और सूरज डूबने की लाली का चश्मदीद गवाह, आसमान का वह टुकड़ा काला कामदानी का दुपट्टा ओढ़ने की तैयारी कर चुका था।

''अब आप कहाँ जाएँगे?'' मैंने अजीब-सा सवाल किया। उनका जाना मुझे दर्द दे रहा था।

''लेबनान...अपने गाँव। तुम्हें देखकर घर और वतन याद आ गया।''

''क्या हम फिर मिलेंगे? मैंने धीरे से पूछा जैसे इसके अलावा और कुछ पूछना बचा न हो।

''हो सकता है?'' इतना कह जिब्रान ने अपने चारों-तरफ़ अलविदाई नज़र

डाली और मुड़कर बोले "न्यूयॉर्क के अपने स्टूडियो से मैं कभी नहीं निकलता था। मेरी ज़िंदगी केवल आर्ट थी। जब कभी निकलता तो बहन मारयाना से मिलने बोस्टन जाता या पार्क में टहलता। यह मेरे लिये मशहूर था। मगर आज मैं स्टूडियो और राइटिंग टेबिल को छोड़कर हर जगह घूमता हूँ और देखता हूँ नयी पीढ़ी क्या लिख रही है, क्या बना रही है... पता नहीं कब तक मैं उनकी रचनाओं में यूँ ही भटकता रहूँगा जाने कब तक?"

ख़लील जिब्रान हवा में तहलील हो गये, मगर उनके शब्द कानों में जलतरंग की तरह बजते रहे–

तुम्हारे बच्चे तुम्हारी औलादें नहीं हैं
वे बेटा-बेटी हैं ज़िंदगी के रास्ते के...–
वे तुम्हारे द्वारा आए हैं मगर वह तुमसे नहीं हैं
माना कि वे तुम्हारे साथ हैं मगर तुम्हारे नहीं
तुम उन्हें अपना प्यार दे सकते हो मगर विचार नहीं
उनके पास उनके अपने .ख्यालात हैं
तुमने उन्हें बदन ज़रूर दिया है मगर आत्मा नहीं
उनकी रूह में तुम कल का घर बनाओगे
उसमें कभी दाख़िल नहीं हो सकते हो सपने में भी नहीं
तुम एक कमान समान हो और बच्चे दूर फेंके ज़िंदा तीर हैं
तीरअंदाज़ ने रास्ते में दूर तक निशाने लगाये हैं
तुम्हें वह झुकायेगा भी ताकि तीर
दूर तक आसानी से जा सके
.ख़ुशी से तीरअंदाज़ के हाथों झुको
क्योंकि जहाँ वह तीर फेंकना पसंद करता है, वहीं
उसे कमान भी पसंद है जो स्थिर है।

स्रोत

1. द ग्रेटेस्ट वर्क्स ऑफ़ ख़लील जिब्रान, जैको पब्लिशिंग हाउस 121 एम.जी. रोड मुंबई 23।
2. रूहानी विकास इंसानी ज़िंदगी की धुरी, ले. नासिरा शर्मा 'किताब के बहाने' किताबघर।

अपने समय का चमकता सितारा
वह शायर जिससे न ज़िंदगी ने वफ़ा की न मुहब्बत ने
अपनी शायरी से दिलों पर राज करनेवाला कवि
रंगों को शब्द देने वाला

परिशिष्ट

मीर अली एबाद 'नैसाँ'
असरारुल हक़ मजाज़
अहमद शामलू
नास्सेर ओवेस्सी

अपने समय का चमकता सितारा

मीर अली एबाद 'नैसाँ'

इलाहाबाद से कुछ दूरी पर 'कहरा' नाम के स्थान पर मीर अली एबाद का जन्म हुआ। उनके पिता जनाब सज्जाद हुसैन सम्मानित सय्यद परिवार से थे जिन्होंने कहरा में एक शानदार मस्जिद और कोठी बनवाई थी। इसके अब केवल अवशेष बचे हैं।

मीर अली एबाद का देहांत 1917 में हुआ। जन्म की कोई तारीख़ एवं वर्ष नहीं मिलता परंतु वह नब्बे वर्ष तक जिए जिससे उनकी पैदाइश का वर्ष मालूम किया जा सकता है। उनकी शिक्षा में अरबी, फ़ारसी एवं अंग्रेज़ी भाषा शामिल थी। पढ़ाई खत्म कर वह तहसीलदार बने और अपने काम की दक्षता के कारण उन्हें ब्रिटिश सरकार द्वारा पहले ख़ाँ साहब फिर ख़ान बहादुर का ख़िताब मिला। शायरी के चलते उन्होनें 'नैसाँ' तख़ल्लुस रखा। उनकी दो शादियाँ हुईं। पहली पत्नी से एक बेटी हुई। उनकी मौत के बाद दूसरी पत्नी से दो बेटे और एक बेटी हुई। उनका बाक़ी परिवार पाकिस्तान चला गया। मगर वह अपने वतन कहरा में रहे।

मीर अली एबाद जीवन के अंतिम दिनों में बीमार रहने लगे थे जिसके कारण उन्हें इलाहाबाद आना पड़ा। यहाँ उनका इंतकाल 17 अप्रैल, 1917 को हुआ। उस दिन इलाहाबाद के सारे बाजार उनके शोक में बंद रहे। कवि मेहदी हसन नासिरी ने उनके शोक में एक लंबी नज़्म लिखी जिसके आख़िरी के शेर दिए जा रहे हैं :

बुझ गई अफ़सोस शमा-ए-नासिख़ व रश्के मुनीर
मिट गया वह ख़ानदान जिसका नहीं मुमकिन नज़ीर
यूँ तो रोएगा इलाहाबाद का बरना व पीर
शेर का मातम करेंगे हाँ मगर हम और शहर
नासिरी दिल ख़ूंचुका व साल फ़ौतश बरज़बान
आह, अली एबाद नैसाँ ख़ानबहादुर दाद जा...

मीर अली एबाद–मुंशी शायर मुनीर के शागिर्द थे। दीवाने मुनीर में ऐसे अनेक शेर हैं जिसमें इनके प्रति प्रशंसा, गूढ़ स्नेह एवं अंतरंगता पढ़ने को मिलती है। नैसाँ कवि के रूप में बहुत 'पुर-गो' थे। शायरी की हर विधा में उनको महारत हासिल थी। ग़ज़ल, क़सीदा, मर्सिया, मसनवी और रुबाई में उनके अहसास ढलते थे। 'तरही' मुशायरों में ख़ुद अगर नहीं पढ़ते थे तो अपना कलाम अपने शागिर्दों से पढ़वाते थे। वह अपनी ग़ज़लें शागिर्दों में बाँट देते थे।

मीर अली एबाद नैसाँ के कलाम के कुछ नमूने नीचे दिए जा रहे हैं :

यह तो सच है कि मेरी आह में तासीर नहीं
दोनों हाथों से जिगर किसने सँभाला अपना
छुप के आईना-ए-दिल तोड़ न पर्दानशीं
एक तो रहने दे मुँह देखने वाला अपना

आई .ख़ुदा की याद
आँखें खुलीं तो वक़्ते नमाज़े सहर न था
बरसों बुतों के इश्क़ में तक़दीर से लड़ा
बंदा इधर रहा कि .ख़ुदा भी जिधर न था

भड़का दिया हवा-ए-तमन्ना-ए-वस्ल ने
इतना बुलंद शोलए-दाग़े जिगर न था
काबे में शमा, दिल में चमक, दैर में चराग़
नूरे जमाल था कहाँ जलवागर न था।

नोट : यह थोड़ा सा मैटर रज़िया काज़मी न्यूजर्सी अमेरिका के एक छोटे से लेख द्वारा मिला जो उन्होंने इंटरनेट पर अपने कवि पिता 'शोला' के उस्ताद मीर एबाद अली नैसाँ को उनके मृत्यु दिवस पर एक श्रद्धांजलि के रूप में 17 अप्रैल, 2013 में लिखा था। यह 'इलाहाबाद के शोअरा' नाम से आई पुस्तक का हिस्सा है। इस पुस्तक के लेखक 'मुस्लिम सलीम' हैं जो स्वयं कवि, लेखक एवं पत्रकार हैं।

वह शायर जिससे न ज़िंदगी ने वफ़ा की न मुहब्बत ने

असरारुल हक़ मजाज़

असरारुल हक़ मजाज़ की पैदाइश 19 अक्टूबर, 1911 में उत्तर प्रदेश के रुदौली बाराबंकी में हुई। वह मजाज़ लखनवी के नाम से जाने जाते थे। शिक्षा आगरा और लखनऊ में हुई। बी.ए. की डिग्री अलीगढ़ विश्वविद्यालय से प्राप्त की। मजाज़ का संबंध जिस परिवार से था वह कवियों का परिवार था जिसमें मुज़तर ख़ैराबादी उर्दू शायरी के उस्तारों में गिने जाते थे। मजाज़ की बहन सूफ़िया जाँनिसार अख़्तर की पत्नी थीं। वह भी एक महत्त्वपूर्ण कवि थे जिनके बेटे जावेद अख़्तर हैं।

मजाज़ ने अलीगढ़ आते ही अपनी शायरी से धूम मचा दी और तरक़्क़ीपसंद तहरीक और प्रोग्रेसिव राइटर्स एसोसिएशन के प्रथम श्रेणी के कवियों में गिने जाने लगे। उनकी शायरी जो ग़ज़ल, नज़्म, गीत में व्यक्त होती थी इसमें इश्क़, इंक़िलाब और दर्शन का मिश्रण था। मजाज़ ने एक नज़्म (1935-36) *नज़रे अलीगढ़* के नाम से लिखी, 'ये मेरा चमन है, मेरा चमन...' जो अलीगढ़ विश्वविद्यालय का तराना बनी। मजाज़ की गहरी दोस्ती फ़ानी बदायूनी और जज़्बी जैसे शायरों से थी जिन्हें वह 'दिल व जिगर' कहते थे और अली सरदार जाफ़री और मख़दूम को 'मेरे दस्त व बाज़ू' कहते थे।

मजाज़ जिनसे मुहब्बत करते थे उनकी शादी कहीं और हो गई। इस हादसे से संबन्धित उनकी कई नज़्में हैं। इसी तरह एक शादीशुदा ख़ातून जो मजाज़ की 'फ़ैन' थीं और मजाज़ को वह बेहद पसंद थीं मगर वह भी मजाज़ के लिए शौहर को नहीं छोड़ पाईं। उन पर लिखी गई रूमानी नज़्में हैं। लोकप्रिय, विशेषकर लड़कियों का पसंदीदा कवि जीवन भर कुँवारा रहा। शिद्दत से पीने के कारण उनकी हालत ख़राब होती गई। आज़ादी मिलने के बाद उन्हें राँची के मेंटल हास्पिटल में रखना पड़ा। उनकी मुलाक़ात कवि क़ाज़ी नज़रूल इस्लाम से हुई जिन्हें उन्होंने फ़ौरन पहचान लिया और कहा, "तुम चुप क्यों हो नज़रूल! चलो ढाका, लाहौर, माना कि वे अब दूसरे देश हैं लेकिन वहाँ शरण तो मिल सकती है। उर्दू का कीट्स कहलानेवाले मजाज़ लखनवी 5 दिसंबर, 1955 की कड़कड़ाती ठंड में

लालबाग की एक गली में हमसे जुदा हो गए। निशातगंज के क़ब्रिस्तान में उन्हें ख़ाक के सुपुर्द किया गया!

उनकी नज़्मों के संग्रह शब-ए-ताब, आहन्ग, साज़-ए-नौ हैं। मशहूर गायक जगजीत सिंह ने टीवी सीरियल 'कहकशाँ' में इनकी कई ग़ज़लें गाई थीं। इसका एक एपिसोड मजाज़ पर केन्द्रित था, जिसे अली सरदार जाफ़री ने लिखा था।

मजाज़ की अपनी ज़िंदगी जैसी भी गुज़री हो मगर उनकी शायरी और उनके चाहनेवालों का सिलसिला उसी ताज़गी से चल रहा है। उनके सम्मान में 28 मार्च, 2008 में इंडियन पोस्टल सर्विस ने डाक टिकट जारी किया था। उन पर सलमान अख़्तर ने *मजाज़ और उसकी शायरी* नाम से एक पुस्तक लिखी, जिसके टुकड़े कई देशों में दर्शकों के सामने पेश किए गए।

मजाज़ को संगीत का भी ज्ञान था। उनकी नज़्मों के शब्द पढ़ते हुए महसूस होता कि दिल के हारमोनियम पर उनके अहसास की लय अपनी धुन पकड़ रही है। उनकी नज़्म *जवान ख़ातून से ख़िताब* दरअसल अपने में एक पूरा कालखंड लिये हुए है। इसके शब्दों की गहराई और उसके अर्थ आज भी उतने ही महत्त्वपूर्ण हैं जितने कल थे। इसमें ख़्वाहिश, मुलायमियत, मिठास और साथ-साथ चलने का आग्रह है और बहुत कुछ मौजूद है।

मजाज़ हमारे बीच से बहुत कमउम्री में चले गए वरना उनके अंदर का फूटता शायरी का आबशार अपने बहाव में उसी तरह क़ायम रहता।

अपनी शायरी से दिलों पर राज करनेवाला कवि

अहमद शामलू

फ़ारसी कवि अहमद शामलू का जन्म 12 दिसंबर, 1925 में ईरान की राजधानी तेहरान में हुआ। उनके पिता का नाम हैदर शामलू और माँ का नाम कौकब अराक़ी था। पिता फ़ौज में थे। शामलू पाँच बहनों के इकलौते भाई थे। फ़ौजी माँ-बाप की औलाद होने की वजह से शामलू की प्राथमिकता शिक्षा। विभिन्न शहरों में हुई। शामलू का बचपन न बहुत अच्छा गुज़रा न बहुत ख़राब मगर उनकी संवेदनाओं के अनुसार उस घर का माहौल नहीं था। जगह-जगह जाने से शामलू की शिक्षा में बाधाएँ भी आतीं और कोर्स भी हर जगह का अलग होता।

29 वर्ष के शामलू को तूदेह (साम्यवादी पार्टी) के सदस्य होने के कारण उस समय वर्ष भर के लिए जेल जाना पड़ा जब डॉ. मुस्दिक़ की सरकार गिर गई थी। शामलू के काव्य-संग्रह, पुस्तकों के लिए जमा की गई शोध पांडुलिपियाँ, अनुवाद सब के सब ज़ब्त हुए और पूरी तरह से नष्ट कर दिए गए। अरसे तक शामलू को विदेश में पनाह भी लेनी पड़ी मगर न उनका क़लम रुका न विचार बदले। शामलू ने फ्रेंच और जर्मन भाषा से बड़ी संख्या में अनुवाद किए। ख़ुद उनकी कविताओं का अनुवाद विश्व की अनेक भाषाओं में हुआ। उनका नाम 1984 में नोबल प्राइज के लिए चुना गया था। उनकी पुस्तकें लगभग उन्नीस हैं जिनमें उनके दूसरे संग्रह 'ताज़ा हवा' (1957) के लिए कहा गया था कि फ़ारसी कविता की तारीख़ में हाफ़िज़ के बाद यह एक अहम घटना घटी है। अहमद शामलू नई कविता के जन्मदाता नीमा योशीज से प्रभावित हैं। शामलू की कविता जटिल है परंतु उपमाएँ ईरानी हैं जो बड़ी सादगी से उन्हें सरल बना देती हैं। उनका सबसे महत्त्वपूर्ण काम 'किताब-ए-कूचे' (गली की किताब) है जो 13 खंडों में है। यह ईरानी लोककथाओं को समझने के लिए व्याख्या देती है और ईरानी भाषा और उनके विश्वास की गिरहें खोलती है। इसके अलावा शामलू ने बच्चों के लिए बहुत लिखा, साथ ही ड्रामे भी। पत्रकारिता के संग क्लासिक फ़ारसी कवियों, विशेषकर हाफ़िज़ पर काम किया है।

शामूल को फ़रोग़-ए-फ़रुख़ज़ाद अवार्ड (1973) बयान की स्वतंत्रता के लिए, ह्युमन राइट्स वाच अवार्ड (1970), स्टिंग डेगरमैन अवार्ड (1999), फ्री-वर्ड अवार्ड नीदरलैंड (2000) मिले।

अहमद शामलू ने लिखने और बोलने की आज़ादी के आन्दोलन में लेखकों को समर्थन दिया और 1976 में सेंसरशिप के विरोध में उन्हें देश छोड़ना पड़ा। इस्लामी सरकार को भी उन्होंने इस बाबत ख़त लिखा। शामलू की लोकप्रियता के कारण वर्तमान सरकार उन्हें गिरफ़्तार नहीं कर पाई मगर उनके लेखन के छपने पर पूरी तरह पाबन्दी लगा दी।

शामलू ने तीन बार विवाह किया। पहले विवाह से उनके दो पुत्र और एक बेटी हुई। विवाह के दस वर्ष बाद तलाक़ और लंबे तन्हा जीवन के बाद दूसरी शादी अपने से चौदह वर्ष बड़ी महिला से की जो ज़्यादा न चल पाई। तीसरा विवाह आयदा से किया। आयदा के ईसाई माँ-बाप शामलू के दो बार तलाक़ की वजह से इस शादी से झिझक रहे थे। शामलू के साथ आयदा अन्तिम क्षण तक रहीं। बाद में शामलू बहुत बीमार रहे। आयदा उनके साहित्यिक कामों में जिस तरह मदद करती थीं वैसी ही लगन से उन्होंने शामलू की सेवा भी की।

शामलू ने 70 के लगभग किताबें लिखीं। 16 कविता-संग्रह, 5 एंथ्रोलॉजी ऑफ़ पोयट्री, 5 खंडों में उपन्यास व कहानी, 9 खंडों में बच्चों का साहित्य, 9 खंडों में कविता अनुवाद, फ़ारसी में 21 उपन्यास। अन्य भाषाओं से फ़ारसी में 5 संग्रह लेखों के, भाषण व साक्षात्कार 10 खंडों में इत्यादि।

शामलू इतवार 23 जुलाई, 2000 रात के नौ बजे इस दुनिया से विदा हुए। उनकी शवयात्रा में हज़ारों लोगों ने शिरकत की और विश्वस्तर के बुद्धिजीवियों के बीच शोक छा गया। 27 जुलाई को उन्हें करज में ज़मीन के आग़ोश में सुला दिया गया। आयदा करज में शामलू की शायरी के साथ तन्हा रह गईं। इस्माइल नौरेयाला का शामलू के बारे में कहना है—"आप हर ईरानी घर में उनकी आवाज़ में पढ़ी उनकी शायरी का कैसिट देख सकते हैं। कुछ वर्षों पहले वह एक मिथक बन चुके थे। उनके शब्दों का करिश्मा किसी पैग़ंबर वाला था। वह किसी कानून के अधीन नहीं थे। उन्होंने ज़िंदगी जी मगर उनकी ज़िंदगी और शब्द ईरान की कई पीढ़ियों के दिल व दिमाग़ में धड़कते रहे जो उन्हें उम्मीद, विश्वास और जीने का हौसला देते थे।"

रंगों को शब्द देनेवाला

नास्सेर ओवेस्सी

ईरान की राजधानी तेहरान में 1934 में पैदा हुए। पोलिटिकल साईंस की पढ़ाई के बाद इटली चले गए। जहाँ से बीआक्स फाइन आर्ट किया।

स्पेन, इटली, ईरान में कल्चरल अटैची के पद पर रहे। इनका शौक़ बचपन से चित्रकारी की ओर रहा। इन्हें 1957 से 2007 तक विभिन्न राष्ट्रीय एवं अंतरराष्ट्रीय पुरस्कारों और सम्मानों से नवाजा गया।

इनके चित्रों की प्रदर्शनी तेहरान, फ्रांस, भारत, ब्राजील, इटली, मिलान, न्यूयॉर्क, ज़्यूरिक इत्यादि देशों में हुई। फिलहाल अब वर्जीनिया में रहते हैं।

उनकी इस पेंटिंग में औरत है जिसके हाथों में खुली पुस्तक है और उसके चारों तरफ़ ईरानी साज-सज्जा है उसी के साथ ईरानी कवि उमर ख़य्याम का एक शेर लिखा है जो उनका दर्शन लिये हुए है कि हम सबको मरना है और इस मिट्टी में मिल जाना है। ऐसा प्रतीत होता है जैसे चित्रकार ने बैक ग्राउंड का रंग मिट्टी के विभिन्न शेडो द्वारा दियाया।

एई दूस्त बिया ब नाम-ए-ख़ुद बेख़ुरीम
इन यक दम मरा ग़नीमन बेशुमरीम

(मित्र! आओ अपने नाम का जाम पिएँ और इस पल की अहमियत को समझें। इस शेर का अर्थ आगे के शेरों में खुलकर सामने आता है।)

इस चित्र को अपनी पुस्तक शृंखला के लिए इसलिए चुना कि यह दर्शन हमारे क़रीब है। लेखक मौत की नींद सो जाते हैं मगर उनकी रचनाएँ नए लेखकों के हाथों पहुँच ज़िंदा हो जाती हैं उसी तरह जैसे मिट्टी में मिला इंसानी वजूद अनेक रूपों में दोबारा ढल जाता है।

⚙⚙⚙